Play at the Center of the Curriculum

(Sixth Edition)

以游戏为中心的幼儿园课程

（第六版）

［美］ Judith Van Hoorn, Patricia Monighan Nourot
Barbara Scales, Keith Rodriguez Alward 著

史明洁 等 译

中国轻工业出版社

图书在版编目（CIP）数据

以游戏为中心的幼儿园课程：第六版／（美）朱迪斯·范霍恩，（美）帕特里夏·莫尼根·努罗塔，（美）芭芭拉·斯凯尔斯，（美）基思·罗德里格斯·奥尔沃德著；史明洁等译. —北京：中国轻工业出版社，2017.12（2024.2重印）

ISBN 978-7-5184-1305-8

Ⅰ.①以…　Ⅱ.①朱…②帕…③芭…④基…⑤史…　Ⅲ.①游戏课—学前教育—教学参考资料　Ⅳ.①G613.7

中国版本图书馆CIP数据核字（2017）第217388号

版权声明

Authorized translation from the English language edition, entitled PLAY AT THE CENTER OF THE CURRICULUM, 6th Edition by JUDITH VAN HOORN; PATRICIA MONIGHAN NOUROT; BARBARA SCALES; KEITH RODRIGUEZ ALWARD, published by Pearson Education, Inc., Copyright © 2015 Pearson Education, Inc.

All rights reserved. No part of this book may be reproduced or transmitted in any form or by any means, electronic or mechanical, including photocopying, recording or by any information storage retrieval system, without permission from Pearson Education, Inc.

CHINESE SIMPLIFIED language edition published by PEARSON EDUCATION ASIA LTD., and CHINA LIGHT INDUSTRY PRESS Copyright © 2017.

本书中文简体翻译版授权中国轻工业出版社"万千教育"独家出版，并仅限在中国大陆地区销售。未经出版者书面许可，不得以任何方式复制或发行本书的任何部分。

本书贴有Pearson Education（培生教育出版集团）激光防伪标签。无标签者不得销售。

责任编辑：王慧超　　　责任终审：杜文勇
策划编辑：高　君　　　责任校对：刘志颖　　　责任监印：吴维斌

出版发行：中国轻工业出版社（北京鲁谷东街5号，邮编：100040）
印　　刷：三河市鑫金马印装有限公司
经　　销：各地新华书店
版　　次：2024年2月第1版第11次印刷
开　　本：787×1092　1/16　印张：28.25
字　　数：340千字
书　　号：ISBN 978-7-5184-1305-8　　定价：82.00元
读者热线：010-65181109
发行电话：010-85119832　　010-85119912
网　　址：http://www.chlip.com.cn　　http://www.wqedu.com
电子信箱：1012305542@qq.com
版权所有　侵权必究
如发现图书残缺请拨打读者热线联系调换
240080Y1C111ZYW

译 者 序

《以游戏为中心的幼儿园课程（第六版）》不仅向读者介绍了儿童发展理论方面的重要人物——皮亚杰、维果斯基、米德和埃里克森等人的重要理论，论述了游戏如何促进儿童的象征性思维、语言和读写能力、逻辑—数理思维、问题解决能力、想象力和创造力的发展，还将与儿童游戏和课程相关的理论和实践有机地结合起来，利用翔实的案例向教师展示了如何从儿童的游戏中选择课程方法和内容，以确保课程取得成功。本书列举了大量的儿童游戏案例，阐述了游戏和发展理论、教学策略以及将游戏置于课程中心的指导原则。本书还向教师展示了如何布置儿童所在的教室和安排儿童的一日活动流程，以使儿童的学习发生在他们自发的且有教师指导的游戏活动中。

本书阐述了教师应如何将发展适宜性的标准应用在以游戏为中心的课程中。针对所有儿童的发展适宜性实践是一种综合的、以游戏为基础的、接纳所有儿童的个性和文化差异的课程。以游戏为中心的课程能照顾到特殊儿童的需求。以游戏为中心的课程整合了儿童的多种文化、语言和家庭背景。

此外，本书还探讨了教师可能需要应对的儿童的问题，包括儿童的暴力行为和攻击性游戏，阐述了可以使用游戏评价儿童发展的许多办法。本书涵盖了当代幼儿教育界非常感兴趣的课程领域：数学、语言和读写、科学、艺术与社会。本书还呈现了许多关于玩具和游戏作用的新思想和观察记录，而这对于教师和家长来说是非常有用的。本书还提出了媒体技术的应用指导原则，以促进儿童的健康和能力发展。

本书的出版对于有效贯彻我国的《3—6岁儿童学习与发展指南》（以下简称《指南》）具有重要的借鉴意义。《指南》中的重要原则与本书的思想具有高度的一致性，具体表现在：（1）关注儿童学习与发展的整体性；（2）尊重儿童发展的个体差异；（3）理解儿童的学习方式和特点；（4）重视儿童学习品质的培养。《指南》指出，3—6岁儿童的学习是以直接经验为基础，在游戏和日常生活中进行的；要珍视游戏和生活的独特价值，创设丰富的教育环境，合理安排一日生活，最大限度地支持和满足儿童通过直接感知、实际操作和亲身体验获取经验的需要，严禁"揠苗助长"式的超前教育和强化训练。因此，本书的理念与方法能为我国的幼儿教育工作者和研究者提供具体而又详细的指导。

  本书的翻译分工如下：前言、第1章至第7章和第14章由史明洁翻译，第8章由张伟利翻译，第9章由郭放翻译，第10章由韩佳格翻译，第11章至第13章由周桂勋翻译，最后由史明洁统稿。由于译者水平有限，加之时间仓促，翻译不当之处，敬请读者斧正。

史明洁

2017年1月

前　言

在《以游戏为中心的幼儿园课程（第六版）》中，我们重申了游戏在幼儿教育中的重要作用。这是我们对幼儿教育方式进行改革的一个重要时期和机会。幼儿时期是公民一生中的一个重要阶段。这个时期教育的收益非常大。

现在，儿童在学校和社区玩游戏的机会变少了。同时，游戏与发展之间的自然联系正逐渐得到认可。这是一个用发展理论、研究和实践者的智慧使幼儿教育协调发展的时代。发展理论表明，游戏对于儿童的智力、个性、能力、自我意识、社会意识的发展具有重要作用。研究证据显示，游戏能够促进儿童在各领域的发展和学习。

因此，我们相信具有发展适宜性的、全面的以及整合的幼儿园课程是以游戏为中心的。我们将展示如何利用游戏来促进儿童的发展。我们提出，游戏是儿童在幼儿园、学前班和小学低年级学习和发展的重要方式。

我们相信，一个理想的幼儿教室以丰富的游戏为特点。我们的经验告诉我们，教师能够创设适合幼儿的班级环境，安排好一日活动流程，让成人所期望的学习在幼儿自发的且有教师指导的游戏活动中发生。

教育者要向社会保证儿童能够为成为有能力的公民而获得必要的能力和技能，这一点非常重要。在许多学校，教育者用学业期望和学习标准表示为承担这一责任而付出的努力。在这一版中，我们特地阐述了在以游戏为中心的课程中如何达成发展适宜性标准。

> ……几乎所有的儿童都能很好地游戏……游戏教会儿童如何进行社会交往，并促使他们获得认知上的发展……一旦他们走上社会，这些能力会终身为他们服务（Sennet，2008，p.268）。

本书将理论和实践有机地结合在一起。本书会展示，经验丰富的教师将如何从儿童的游戏中汲取课程方法和内容，以保证课程取得成功。我们会在本书中紧密结合儿童的游戏案例、游戏和发展理论、教学策略以及将游戏置于课程中心的指导原则进行阐述。

通过将可靠的理论、研究与实践案例相结合,本书对游戏进行了有力的论证。幼儿教育专业的教师和学生会发现这是一本有价值的参考书。它既不是一本"介绍基本方法"的书,也不是一本简单的"理论"书,而是把二者结合起来,以多种形式服务于读者。

本书可以供那些想让儿童获得进一步发展的人作为参考。这本书还为在职教师和准教师提供了教学方法,指导他们通过游戏支持儿童的发展。把儿童的游戏和发展作为蓝图,教师因此成为儿童学习环境的创建者。

本版新增的内容

- 本版讨论了目前幼儿教育界流行的、与幼儿游戏实践和政策相关的话题,增加了与理论和实证研究紧密相连的、发生在教室中的真实案例。本书引用了大量的新材料。

- 每一章中的"家庭多样性"阐述了以游戏为中心的课程如何通过多种方式提供一种欢迎所有儿童和家庭参与的教育项目。在这一版中,我们更加注重儿童所处家庭文化的多样性。在各章中,我们增加了讨论和案例,说明教育者该如何利用儿童的长处进行教育,满足特殊儿童以及来自多元文化背景的儿童,包括双语学习者的需要。

- 每一章都进行了重新编排以提升学生的学习效果,这些编排包括:学习目标、小结以及知识应用。每一章开头都列出一些"学习目标",让读者了解本章的主要内容。每一章的"小结"部分会突出主要概念,复习主要观点。每一章的"知识应用"部分会对本章内容加以总结,让读者评价自己对主要概念的理解程度,思考如何在幼儿教育项目中应用本章内容。

- 本版引入了"倡导游戏"这个新重点。幼儿教育专业人士正在倡导能够使儿童受益的游戏实践和政策。在第1章中,我们描述了许多方式,让幼儿教育者和学生在多种层面上,即从与儿童、家长和同事一起努力倡导游戏的日常活动到影响公共政策,成为有经验的游戏倡导者。许多章通篇都体现了一个新特点叫作倡导行动。书中的案例和故事描述了教师在为儿童创设环境和设计游戏体验的过程中,在帮助家长理解游戏的重要意义的过程中,在成功地倡导对儿童的生活产生重要意义的政策的过程中，是如何倡导游戏的。
- 根据现有的教学框架和标准，我们对数学与科学这两章（分别是第7章和第9章）进行了彻底改写和组织，增加了核心概念和过程。第9章反映了科学框架和标准下的工程和技术的内容。我们强调工程和技术是传统幼儿教育项目中的重点内容，能够为儿童提供机会进行建构游戏。
- 目前，人们对儿童的健康、良好的身心状况以及安全越来越重视。在修改后的户外游戏这一章（第12章），我们为教师列举了无数的实用策略和资源，进一步强调户外游戏对儿童健康发展和成长的巨大作用。我们增加了打闹游戏，对其概念进行了清晰的界定，讨论了它对儿童发展的重要意义。修改后的玩具和技术这一章（第13章）考虑了新媒体技术的益处和危害，就使用屏幕技术的指导原则提出了建议，以促进儿童的健康、良好的身心状况以及能力的发展。

本书的组织与架构

这本书是为具有不同经验和知识背景的学生编写的。第1章到第6章介绍了基本的概念和原则。我们建议读者先读这几章。

第1章呈现的是以游戏为中心的、以促进儿童发展为目标的课程的基本原理和框架。通过无数的案例，本章展示了教师如何通过自己计划的活动来平衡儿童自发的游戏和教师指导的游戏，以支持儿童的学习，实现教育项目的目标。

第2章和第3章介绍了有助于我们理解儿童游戏和发展的理论与研究。本章主要向读者介绍了发展理论方面的主要人物——皮亚杰（Piaget）、维果斯基（Vygotsky）、米德（Mead）和埃里克森（Erikson）——以及当代研究者的工作。我们论述了游戏如何促进儿童的象征性思维、语言和识字、逻辑—数理思维、解决问题能力、想象力和创造力的发展。

第4章和第5章把儿童发展的重点聚焦于教室中的实践。我们探索了教师在做准备、进行活动指导和精心策划游戏中的作用。这两章阐述了与干预策略、环境、材料和安排时间有关的、教育者在项目实施过程中需要考虑的许多因素。借助案例和实践策略，本章还探讨了教师如何应对儿童的暴力行为以及攻击性游戏。

第6章阐述了可以使用游戏评价儿童发展的许多办法，描述了用以游戏为中心的方法真实地评价儿童。本章有很多体现州和国家课程标准的游戏案例。

第7章至第11章探讨的是当下幼儿教育界感兴趣的课程领域：数学、语言和读写、科学、艺术与社会。有关课程领域的每一章都从一个案例开始，以说明课程如何融入儿童自发的游戏之中。这些章节讲述了儿童自发的游戏和教师指导的游戏如何通过教师计划的活动得以平衡。读者会在以游戏为中心的课程中发现丰富的实践案例。在这几章中，我们讨论了教师如何应对教室中民族与文化多样性所带来的越来越多的挑战，以及如何以发展适宜性的方式达到教学目标和教学标准。

第12章强调了户外游戏对于促进儿童身心健康的重要性。户外活动能让儿童参与体育活动，接触自然，有机会自发游戏和进行探究。本章针对在学校环境中允许儿童进行打闹游戏的地点进行了大量的论述。本章呈现了有关规划、观察、解读和评价幼儿户外游戏的最佳方法。

有关科学和户外游戏的章节重点探讨了让儿童与自然和环境进行接触的重要性。第10章新增加的内容，阐述了用最新的方法促使儿童使用自然材料。

第13章阐述的是游戏、玩具和媒体技术相互作用影响儿童生活的方式。我们呈现了许多对于教师和家庭来说很实用的关于玩具和游戏的新思想和观察记录。我们提出了媒体技术的应用指导原则，以促进儿童的健康和能力的发展。

由于学生的学习背景不同，教师可以调整这些章节内容的讲授顺序，利用推荐的一些资源扩展学生的理解。第7章到第13章的顺序，教师可以根据自己的课程结构加以调整。

第14章扩展了发展和游戏理论，详述了第2章和第3章中论述的皮亚杰和维果斯基的建构主义理论。本章还阐述了游戏在培养儿童的智力、个性、能力和自我意识方面的作用。我们对儿童早期的工作和自主性给予了特别的关注，因为它们与教育的广泛目标相关。在阅读了前面注重儿童体验的各章内容之后，再读本章会更有意义。

本书的特点

针对所有儿童的发展适宜性实践：一种综合的方法

整合性的、以游戏为基础的课程认可所有儿童的个体和文化差异。它不是原有课程的"补充"，而是以一种综合的方式丰富课程。以游戏为中心的课程能够照顾到特殊儿童的需求。本书从始至终都在探讨以游戏为中心的课程应该如何整合儿童的多种文化、语言和家庭背景。

案例

每一章都以一个与儿童游戏和教育相关的案例开始,以聚焦于儿童的世界。每一章都提供了无数的教学案例。这些实践性的观察记录为读者获得日常教学经验奠定了基础。

学习目标、小结和知识应用

每一章都以一系列最重要的学习目标开始,以便让读者了解这一章的重点内容。每一章的小结突出了核心概念,并复习了该章的要点。每一章结尾的"知识应用"部分,可以让读者评价自己对该章主要概念的理解程度,并考虑如何在自己的幼儿教育项目中应用这些内容。

倡导游戏

在本书中,我们把倡导游戏作为教师的一种职业行为。涉及倡导游戏及其重要作用的章节能够使读者在倡导游戏方面更有经验,收到更好的效果。我们承认,幼儿教育工作者在学校和社区中以及在州和国家层面上有多种倡导游戏的方法。教师们通过在儿童学习和成长过程中,为他们提供有利于成长的、适宜的环境和经历这种"倡导游戏的日常行动"来支持儿童的游戏。在向家长和同事展示游戏如何促进儿童的发展和学习时,他们也在倡导游戏。幼儿教育者作为经验丰富的、坚定的倡导者一起努力来倡导促进游戏、使儿童受益的公共政策。成功倡导游戏的案例使未来的教师获得力量,参与社会的变革。

目 录

第 1 章	**通过教师的眼睛看游戏**	001
	游戏处于以发展为基础的课程的中心	003
	游戏作为幼儿教育课程的中心：一种实践的模式	008
	幼儿教师如何看待游戏	012
	游戏与发展适宜性实践	017
	以游戏为中心的课程的评价标准	019
	教师的关键作用	023
	倡导游戏	025
	小结	028
	知识应用	030
第 2 章	**游戏与发展理论**	033
	游戏和发展的建构主义理论	035
	皮亚杰的发展理论与游戏	035
	维果斯基：发展与游戏	042
	米德：游戏和自我的发展	046
	埃里克森：游戏和对童年内心世界的掌握	049
	小结	054
	知识应用	055
第 3 章	**为发展奠定基础的游戏：文献**	057
	游戏与智力发展	058
	游戏、想象力与创造力	069
	游戏与社会道德发展	072
	游戏与情感发展	075

	小结	077
	知识应用	078
第4章	**精心安排游戏：创设环境**	079
	精心安排游戏的指导原则	081
	精心安排游戏的一系列策略	083
	为游戏创设环境	083
	课程中游戏的延伸	098
	小结	102
	知识应用	103
第5章	**精心安排游戏：与儿童互动**	105
	游戏和鹰架	107
	自发的、教师指导的和教师主导的游戏	108
	选择一种策略	119
	游戏与学校文化	122
	对暴力游戏的回应	124
	小结	131
	知识应用	133
第6章	**作为评价工具的游戏**	135
	儿童游戏评价的特点	136
	检验评价的目的	139
	来自多元文化背景的儿童的游戏和评价	141
	有特殊需要的儿童的游戏和评价	144
	年龄适宜性发展评价与个体适宜性发展评价	145
	游戏如何满足评价的需要	150
	以游戏为中心的评价的实施原则	152
	收集与组织信息的策略	154
	使用以游戏为中心的评价促进以游戏为中心的课程	161
	小结	162
	知识应用	165
第7章	**以游戏为中心的数学课程**	167
	数学的本质	169

幼儿数学教育的目标和基础 170

　　　数学理解能力的发展 172

　　　以游戏为中心的课程能够促进儿童数学思维的发展 182

　　　对儿童数学理解能力的评价 187

　　　以游戏为中心的数学课程的学习环境 191

　　　小结 198

　　　知识应用 199

第8章　**语言、读写与游戏**　　　　　　　　　　　　　　　**201**

　　　读写初始 203

　　　游戏、语言和读写行为：天然的伙伴关系 203

　　　培养读写行为 206

　　　重视读写行为的重要性 211

　　　小学低年级的语言和读写学习：游戏激发动机 214

　　　通过游戏提高儿童读写能力的动态方法 217

　　　平衡各种游戏的机会以支持儿童语言和读写能力的发展 222

　　　读写标准：呼吁责任 224

　　　小结 225

　　　知识应用 227

第9章　**以游戏为中心的科学课程**　　　　　　　　　　　　**229**

　　　游戏有助于科学认知的发展 230

　　　平衡化的幼儿科学教育课程的目标 234

　　　科学的本质 236

　　　科学、游戏和儿童发展 239

　　　自然与环境：发展儿童的场所感 241

　　　促进教育公平，追求所有人的卓越 243

　　　游戏生成的科学课程与科学课程生成的游戏：建立联系 248

　　　以游戏为中心的科学课程的框架和标准 252

　　　培养科学教育的信心 254

　　　小结 256

　　　知识应用 258

第 10 章 以游戏为中心的艺术课程······261
  艺术课程设计指南······263
  平衡化的艺术课程······280
  有关儿童艺术创作发展模式的知识······282
  重要的思考······285
  小结······288
  知识应用······289
  附录：早期学习者的基础艺术活动表······291

第 11 章 游戏与社会化······293
  对父母说再见······294
  多样性丰富了当今课堂中的社会环境······298
  传统的研究与实践······302
  受研究启发的现有实践······303
  游戏架起了理论与实践之间的桥梁······307
  幼儿园课堂社会生态的研究······311
  厨房游戏再思考······314
  学前教育中正式的社会学习标准概述······319
  小结······320
  知识应用······322

第 12 章 户外游戏······325
  户外游戏的重要性······327
  户外教学目标与指导原则······335
  户外游戏计划中的最佳实践······337
  观察与解读户外游戏······342
  教师在户外游戏中做出决定······347
  支持户外游戏的教学方式······350
  支持户外探究······351
  评价儿童的户外游戏······352
  倡议所有儿童都参加户外游戏······354
  小结······356
  知识应用······358

第 13 章　作为游戏工具的玩具和技术..................361
选择玩具和媒体技术作为游戏工具的原则..................363
玩具的种类..................363
玩具的使用与儿童的发展..................366
被围困的儿童：玩具和市场..................369
儿童生活中的媒体技术..................373
在以游戏为中心的课程中使用媒体技术的建议..................377
媒体技术：游戏生成的课程和课程生成的游戏..................382
媒体技术、标准和游戏..................388
小结..................389
知识应用..................391

第 14 章　结语：整合游戏、发展与实践..................393
建构主义与发展..................395
建构主义与社会文化发展理论..................398
进一步了解皮亚杰和建构主义理论..................400
社会经验和对事实的建构..................405
游戏与发展..................406
游戏在童年和社会中的意义..................411
作为游戏倡导者的幼儿教育专业人士..................415
小结..................417
知识应用..................420

术语表..................423

参考文献..................435

第 1 章

通过教师的眼睛看游戏

学习目标

➤ 写出以游戏为中心的幼儿园课程所依据的基本原理。
➤ 描述一种实施以游戏为中心的课程的模式以及要考虑的重要因素。解释下列定义:儿童自发的游戏、教师指导的游戏和教师主导的游戏。
➤ 总结本章中被采访的四位教师谈到的主要观点。
➤ 解释全美幼教协会在与儿童自发的游戏或者教师指导的游戏相关的发展适宜性实施中的立场。
➤ 讨论与幼儿发展有关的、实施幼儿学习与发展标准所面临的挑战与机遇。
➤ 解释为什么教师的角色对于以游戏为中心的课程质量至关重要。
➤ 描述教师可以采取哪些行动从而使自己成为有力的游戏倡导者。

布兰登做出夸张的手势,大声唱道:"你能为我的奶牛挤奶吗?"在他与他的学前班同学们充满活力地唱完这首歌——"好的,女士"之后,他们的教师安娜,叫来贝姬和提诺,让他们搞清楚今天的日期并数出他们上学的天数(今天是第26天)。当其他儿童加入数数的行列中时,布兰登从口袋里拿出了一辆玩具汽车。他转了转车轮,将车身转了个方向,并向克里斯展示了一番。过了一会儿,他伸出手触摸卡拉的鞋带,并轻声说道:"我的鞋上有搭扣。"接着,他将自己鞋上的尼龙搭扣分开又粘在一起。

安娜向孩子们宣布自由活动的时间到了,并让他们离开集体讨论活动的圆圈去参加自己选择的活动。布兰登坐直了身体,渴望被点到名字并做好了开始活动的准备。当他的名字被点到时,他走向娃娃家,此时克里斯和安迪正在打开橱柜。布兰登宣布:"我要做早餐。"(他拿起咖啡壶。)"这是你的咖啡。"(他假装将咖啡倒入杯中并递给克里斯。)

玛丽是班级里的新成员,她带着宠物鼠走进了娃娃家。布兰登停下了正在从事的早餐准备工作,对玛丽说:"你不能把弗拉菲带到这里来,你应该让它待在它的笼子附近。"

几分钟后,孩子们的游戏主题从进餐变成了消防。布兰登和安迪走到积木区拿了一些长的积木"水管"。他们花了几分钟时间假装扑灭了几个由积木搭建成的"火"。布兰登不小心弄倒了一个建筑,使得搭起这个建筑的瓦莱丽和保罗生气地叫喊起来。布兰登接着把积木水管变成了一把枪,对着他们射击。

当布兰登和安迪在积木区踩来踩去时,他经过依然捧着宠物鼠的玛丽身边,并对她说:"你抱它抱得太紧了。看,应该像这样抱。"他将宠物鼠从她那里拿走,轻轻抱着它,看着它的眼睛,并拍了拍它。"弗拉菲上个假期都待在我家,我负责给它喂食。看,它还记得我。"

布兰登、安迪和玛丽接下来花了十分钟为弗拉菲建了一座小屋和一个迷宫。布兰登已经有超过一个月的时间每天都选择在积木区进行游戏。他们收集了五块拱形积木作为屋顶,用它盖住长方形场地的一部分。场地是由长条形的积木围起来的,当长条积木用光后,他们找了两块短一些的积木并排摆放来代替长的。

在建好"屋顶"后,布兰登冲向附近的一个桌子,此时罗瑟和卡伊正在那里闲谈和画画。他抓起一张纸,在纸中央匆忙地涂写了起来,并在这个过程中碰掉了几块模板和剪刀。"这是我的地图，迷宫的地图。"他说。布兰登接着从老师那里要了一些胶带来粘到地图上。他指着纸上用两条交叉的线组成的一个图形说："看到这个 × 了吗？那里就是迷宫的出口。"

每个有关儿童游戏的观察记录都展示了儿童游戏的多维性。仅仅通过短时间地观察布兰登的游戏，我们就能了解到他在社交能力方面发展的方式。例如，我们知道布兰登能够通过提出一个适宜的话题——做早餐，来加入克里斯和安迪在娃娃家玩的游戏。这个观察也告诉我们，布兰登正在发展认知能力。在他的游戏中，他一开始用一块积木象征性表征一个水管，而后又表征一把枪。在为弗拉菲建造房子的时候，布兰登用两块短积木表示一块长积木，表现出他已经掌握了数学中的等量知识。通过观察布兰登的游戏，我们看到了他如何把发展中的能力应用在实践活动中。

这个观察同样引出了教师提出的关于儿童游戏的一些问题。例如，教师应该如何回应在集体教学时玩游戏的儿童？教师怎样才能用更多的自己计划的活动来平衡儿童的自发游戏？当儿童每天都选择同样的游戏材料或主题时，教师是否应该进行引导？与枪有关的游戏应该被禁止吗？游戏如何帮助我们认识和评价儿童的认知、语言、社会性、情感和身体的发展？我们如何确定我们正在建设一种能保证公平和让所有儿童获得学业成功的整合性课程？一个以游戏为中心的课程如何满足学习框架和学习标准的需要？

观察布兰登将我们引向了本书提出的核心问题：为什么在幼儿教育项目中游戏应当是课程的中心？

游戏处于以发展为基础的课程的中心

使游戏成为课程的中心所依据的基本原理是什么？以游戏为基础的幼儿教育项目要将幼儿（学习者）的发展特点置于课程的中心，这是本书的前提。本书列举的证据说明游戏是幼儿期的一项基本活动，是幼儿发展的核心力量。在幼儿期，游戏至关重要且能推动幼儿的发展。

游戏的力量可以促进儿童的发展

正如我们在接下来的几章里描述的，游戏既是儿童发展的一个方面，也是儿童发展的源泉。游戏是儿童的人格、自我意识、智力、社会性和身体素质的表现方式。同时，儿童通过游戏将他们的精力引向自己选择的活动，而这又会促进他们的进一步发展。

游戏对于儿童获得最大程度的发展和最佳的学习效果至关重要。游戏的特点与儿童的特点之间的匹配对于幼儿的发展产生了协同作用，而这是教师主导的活动无法做到的。

然而，以游戏为中心的课程并不是放任自流的课程，它是一个通过游戏的力量来促进儿童的发展的课程。游戏能够促进从出生到8岁儿童的全面发展：情感、社会性、智力、语言和身体。它综合了儿童已经习得的所有内容。在这种课程中，教师扮演着积极的角色来平衡儿童自发的游戏、教师指导的游戏、教师主导的游戏以及教师计划的活动。以游戏为中心的课程能够支持儿童在所有情境和环境中的发展与学习，包括室内和户外。

尊重儿童的游戏就是尊重"全面发展的儿童"。我们把儿童看作处于全面发展中的个体，其发展的过程是综合的。这种观点与认为幼儿发展是线性地获得彼此独立的技能的观点，认为学前班和小学低年级儿童已经长大，他们无需通过丰富的游戏活动来获得发展的观点形成了鲜明的对比，后者并没有得到研究的支持。

在推广以游戏为中心的课程的过程中，我们就游戏对于儿童的发展效果做了短期和长期的研究。就短期效果来看，游戏营造了合作、积极主动的教室氛围，也为儿童带来了智力上的挑战。就长期效果来看，我们发现，游戏能够支持儿童获得广泛的发展，有利于儿童自我主导能力和勤奋品质的养成。这些能力和品质受到家长和教师的重视，并且是儿童以后作为成人在社会中发挥作用所需要的。

贯穿本书，我们强调一些特定领域的课程是如何支持儿童的游戏并充实儿童的游戏内容的，如数学、语言和读写、科学、艺术、社会以及技术。这种想法与广泛流传的理念——游戏只能促进主观能力的发展——形成了对比。我们的观点与小学中年级教师经常持有的游戏理念，即把游戏作为学生完成工作的奖励相反。

这并不意味着在我们眼中所有的游戏都是平等的。游戏很有趣，但它不仅仅是有趣的。以游戏为中心的课程并不是让教师站在一旁观看，而要求教师有很强的能力、高度投入且有目的性。其中，关键的

游戏包括兴趣、动机和积极的投入

一方面是教师要为儿童提供依靠自身能量促进自我发展的环境。在接下来的章节中，我们将说明以游戏为基础的课程是如何支持儿童自身的发展能量的。

游戏作为基本的人类活动

游戏是一种发生在各个年龄阶段和各种文化中的人类现象。墨西哥的家长会教他们的婴儿玩一种叫多提亚（tortillas）的拍手游戏，而大一点的儿童和成年人会玩一种叫卢提亚（loteria）的游戏。南亚的青少年会踢足球，而小一点的儿童会一边唱歌一边玩一种跳跃游戏。中国的学步儿会一边拍手一边唱赞美祖母的儿歌。作为人类，我们不仅享受自己在游戏中的投入状态，而且着迷于与他人一同玩游戏。娱乐和体育产业反映了观看他人玩游戏是一种流行文化。

建立在理论、研究和从业者智慧基础上的实践

把游戏作为幼儿园课程中心这一想法基于四种幼儿传统行业的从业者——（1）幼儿教育从业者；（2）研究游戏的理论家与研究员；（3）儿童发展和学习领域的研究员和理论家；（4）教育史学家——所从事的工作。这四种幼儿传统行业的从业者让我们了解了以游戏为基础的实践。

游戏与从业者的智慧：从古至今，游戏一直是幼儿教育项目的核心。一个玩积木的大班幼儿可能花一个小时专注于手上的工作，但当他被要求坐下来练习写字母表中的字母时，只要十分钟他就会扭来扭去。幼儿教育工作者已经观察到了这一点并指出，幼儿将精力与热情带到了游戏中，而这些游戏不仅推动了幼儿的发展，而且与他们的发展密不可分（如：Paley，2004，2010）。

游戏的特征：研究游戏的理论家在描述游戏的特征时提出了几种可能的原因，说明游戏对于儿童发展的重要性。根据这些理论家的观点，游戏具有下列一个或多个特征：（1）积极参与；（2）内在动机；（3）关注手段而非结果；（4）非文字的行为；（5）不受外部规则限制。

当儿童积极参与时，我们观察到他们十分热情且注意力高度集中。成年人总是惊讶于儿童从感兴趣的游戏中被分散注意力时表现出的不情愿。例如，在没有得到安娜鼓励的情况下，布兰登展现出了他对自己正在做的事情的迫切渴望。这就是我们所说的内在动机——儿童发自内心地对参与活动的渴望。当儿童积极参与并受到来自内心的激励时，他们展现出了使用语言与他人交流、解决问题、绘画、奔跑和攀爬等方面的能力。儿童的自主性、主动性和勤奋感都根植于内在动机和积极的参与中。

我们注意到，当儿童注重手段而非结果时，他们关注的是活动本身及活动带来的乐趣，而较少注意目标是否达成或是否有结果。儿童很清楚哪些成人做的事情他们不能做，尽管成人对他们某些能力的期待［例如，等待点心、分享、使用剪刀、（在小学低年级）学习阅读、加减法以及完成简单的家务活等］总是令他们感到很沮丧。相反，在他们的游戏中，儿童可以改变目标和实现目标的方式。

当我们观察到儿童在为找到解决问题的方法而改变手段或目标时，我们常常能感受到他们的愉悦心情。这些开放式的探索为儿童创造性思维的发展提供了机会，而这恰恰是为了使儿童做出唯一、"正确"的回答而设计的课程所缺少的（Monighan-Nourot，Scales，Van Hoorn，with Almy，1987）。

儿童的游戏经常是不受外部规则制约的假装游戏。这种幻想游戏对于一个正在学习在真实世界中发挥作用的儿童来说有多大的帮助呢？通过在假装游戏和假设的情境中创造与运用符号，儿童的象征性思维能力得到了发展。通过游戏，儿童明白了现实与想象之间的界限，也对可能成为现实的事情形成了愿景——这是促使他们进行发明创造的动力。

实践、研究和理论：幼儿教育工作者总是受心理学、人类学、社会学和教育学方面的理论与研究的指导。将游戏作为课程中心的做法来自许多领域的理论家和研究者所做的工作，他们检视了游戏在儿童发展与学习中的作用。

早在一个世纪之前，理论家们就探索了这种联系。他们的理论和文章反映了这些理论家生活的年代。因此，我们从当今能反映人们对儿童发展的关心与理解的方面来讨论这些理论。在接下来的几章中，我们借助皮亚杰和维果斯基的理论来理解游戏在儿童认知发展中的重要性。我们借助埃里克森和米德的理论来理解游戏在发展儿童的自我意识和帮助他们建立社会关系中的作用，还要借助维果斯基和埃里克森的理论来理解游戏如何反映文化和社会的问题。

在21世纪，我们发现对于儿童游戏的研究正在急剧增加。与之相比，30年前几乎没有关于儿童游戏的书籍，而且检索杂志也几乎找不到相关文章。在1993年出版的本书的第一版中，我们指出儿童游戏领域中的文献正在增加。当我们为了编写本书的第六版而审视相关研究时，我们发现在儿童游戏领域中的实证研究和文章正在迅速增加——有几百篇近期发表在国际杂志上的论文和大量近期出版的书籍（如：

Cohen & Waite-Stupiansky，2011；Elkind，2007；Fromberg & Bergen，2006；Hirsh-Pasek，Golinkoff，Berk，& Singer，2009）。此外，在这个版本中，我们探讨了近期出现的批判性思考，即强调幼儿教育在创建具有包容性的、多元文化的以及气氛和谐的班级中遇到的挑战（如：Falk，2012；Fennimore & Goodwin，2011；Levin，2003，2013）。

游戏与学校教育传统：关于学校教育历史的叙述同样使我们将游戏置于幼儿教育课程的中心位置。历史学家调查了诸如"什么内容是值得学习的"等问题，其中，一个重要的问题是——"谁应该学习"？此外，他们还调查了正式学校与在工业化程度低的传统社会中的非正式的学徒制之间的差异（Dewey，1915）。

中东地区和欧洲的早期学校为儿童设定了具体的目标和期望，如训练出能够书写公文的抄写员。他们只选择让处于童年中期和青春期的男孩上学。后来，随着正规学校的普及，上学的理由和对教学内容的期望也随之发生了变化。几世纪之前，学校通常只培养从事专门职业的学生。入学学生的数量开始增长，而且学生的多样性也开始增加。学校教育的基本原理和期望在持续变化着。

在19世纪末，更多的成年人需要具备基本的识数和读写能力，而更多的精英需要在技术方面具备更多的能力。在此期间与20世纪初，不到七八岁的男孩和女孩会进入类似学校的机构之中。对于工人子弟来说，这些机构是为了避免他们受伤而设计的照料他们的场所。相反，对于较富有家庭的孩子来说，这些机构是致力于支持他们发展的保育学校和学前班。游戏构成了这些教育项目的主要内容。

20世纪50年代中期，儿童照料中心、幼儿园、学前班以及小学低年级逐步融合的教育目标导致人们对高度规划、强调"学术"技能的课程和项目施加了越来越多的压力（Nourot，2005）。正规的学校教育的历史和现在的教育实践使我们明确了我们的立场，即游戏应当作为幼儿教育课程的中心。

游戏作为幼儿教育课程的中心：一种实践的模式

我们认为，对于幼儿教育工作者来说，现在就是一个关键的时刻。我们不能让那些导致许多年幼的学生失败的教育实践继续下去了。无论是在学校、家庭还是在社区，无论是在室内还是在户外，幼儿进行游戏的机会都变少了。

这也是一个存在诸多可能性的时代。研究者与从业者们正在了解游戏在儿童发展的相关方面所具有的核心作用，这些方面包括社会—情感、认知、语言和身体。以研究为基础的幼儿教育方面的文献也证实了游戏的重要性。我们应当将游戏置于课程的中心，并依照实践者、理论家和研究员的智慧进行教育实践。

以游戏为中心的项目可以保证平等对待儿童，因为它们是基于儿童的长处而不是儿童的缺点设计的。为了满足所有儿童的需要，我们建议幼儿园和学前班在坚定地坚持以游戏为中心的同时，还应该将一日生活活动和一些教师主导的活动作为补充。在一、二年级这段过渡期，除游戏和日常生活活动外，可以延长教师计划的活动的时间。在小学低年级，教师可以将游戏与工作融入日趋复杂的方案教学中，进一步将游戏与儿童的学科学习整合到一起。

在我们看来，对幼儿园到小学低年级的儿童的教育应当促进有能力的儿童以及未来有能力的成人的发展。这需要借助平衡的、以游戏为中心的项目来实现。在这种项目中，儿童自发的游戏和教师计划的游戏都不是唯一的模式。如左图所示，游戏位于一个平衡的课程的中心。

在本书通篇所描述的以游戏为中心的课程中，儿童在这三个层面上不断地活动。我们展示了儿童如何在游戏中重复日常生活活动和教师主导的活动；教师如何利用游戏的力量计划日常活动；教师如何开发有效的评价策略以及教师如何把儿童的游戏整合到课程之中。我们展示了如何在日常生活活动中让幼

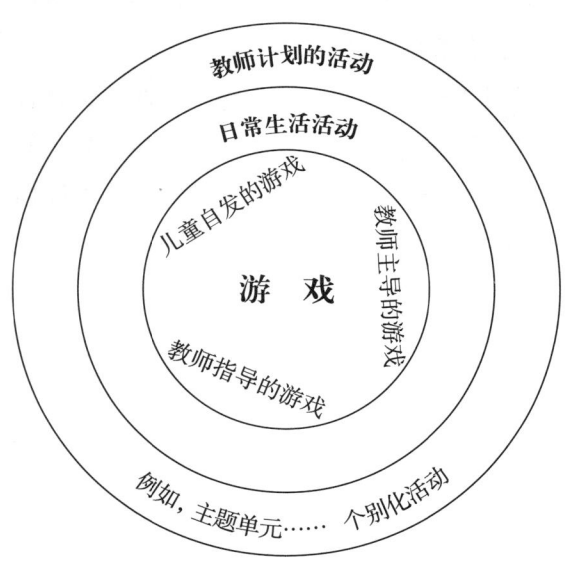

处于平衡的课程中心的游戏

儿园儿童摆放餐桌、让学前班儿童种植花草、让一年级儿童写第一封信并邮寄出去、让二年级儿童学习认识时间。我们检视了教师计划的活动如何将方案教学、主题单元以及学科领域的单元学习活动全部囊括。

与常见的强调工具性游戏（也就是说，游戏用来支持与学科相关的目标的实现）相反，我们强调内容领域的课程能够丰富并支持儿童的游戏。我们的焦点从游戏转移到日常生活活动再转移到教师计划的活动（并且总是回到游戏），并且我们的观点与传统的观点截然相反。当儿童游戏的时候，他们受到内在动机的驱使，并专注于他们最感兴趣的东西。他们还最大程度地练习和发展各种能力。在游戏中，自我主导的学习不仅能使儿童投入并集中注意力，而且能为所有儿童提供机会来发展自我调节能力和练习自我控制能力。

当儿童投入到诸如写信、发送电子邮件、清洁或者学习系鞋带等日常活动中时，他们也就正在忙于对自己身边的成人的生活来说很重要的事情。日常生活活动的目的是显而易见的。这些日常生活活动有需要学习的程序和要遵守的社会规则。儿童的游戏并不是这样的。例如，当布兰登假装为早餐制作咖啡时，他并不需要遵照成人制作咖啡的程序。他可以按照自己的意愿，选择把咖啡变成橙汁或者冰激凌。游戏也有规则，但是儿童拥有决定它们的权力。

当我们比较儿童活动的基本原理时，我们发现，儿童在游戏、日常生活活动以及教师计划的活动中的参与程度是不同的。儿童玩游戏是因为他们自己内在的兴趣。在游戏中，没有"一个任务"是成人强加给儿童的。儿童无需特意满足成人的期望。完成非自己选择的任务或者日常生活活动则需要一种意志力，这就是自我调节（自律性）。除非教师计划的活动与儿童的发展水平一致，否则很难让儿童坚持完成任务。在童年中期之前，多数儿童很难保持足够的意志力来学习只有成人才具备的能力，如读、写等。

在童年中期，儿童对掌握日常生活的能力越来越感兴趣，能力也变得越来越强。从古至今，处于传统文化中的儿童以及那些去正式学校读书的儿童一般在7—8岁时（童年中期的开始）才被期待完成这些任务。在许多国家，直至今日仍然如此。在这些国家中，直到儿童七八岁的时候，教育者才开始向他们介绍正式的阅读或数学课程。直到童年中期，教育的重点才转移到为儿童创办教育项目，提供丰富的非正式的机会促进儿童学科能力的发展。

游戏连续体

在幼儿的教育环境中，游戏常常被描述为儿童自发的、教师指导的或者教师主导的活动。我们并没有把它们当成不同的游戏类别来看待，而是使用这些术语突出游戏的最大特点。

- 儿童自发的游戏：指的是由内在动机而产生的行为，它是自我主导的，表现的是儿童自己的兴趣和愿望。

    4岁的格雷丝和索菲娅在院子里散步，她们来到一棵枫树底下，此时是10月末，地上铺满了树叶。索菲娅踢着树叶。当格雷丝开始捡树叶时，索菲娅跟她一起捡了起来。她们花了一些时间捡红色的、橙色的和金色的树叶。索菲娅掉了一片树叶，她们看着它飘落在地面上。她们把树叶散开，然后又去捡更多的树叶。当一片大的金色树叶旋转着飘落在地面上时，格雷丝欢快地喊道："它是一架直升飞机！"

    在儿童自发的游戏中，游戏的特点最为明显。这个案例显示了游戏的所有特点：积极参与、内在动机、关注手段而非结果、非文字的行为、不受外部规则限制。

- 教师指导的游戏：指的是教师以有目的的方式影响儿童的游戏。作为一个教育术语，指导的意思是影响某个人的思维或行动。在下面这个案例中，儿童积极参与游戏。尽管他们选择参与游戏，但是罗丝安既是游戏的发起者，又指导了他们的活动。

    5名幼儿正聚集在一个大桌子旁制作一个大型的拼贴画，画面的内容是海洋和多山的海岸线。他们的老师罗丝安在包装纸上画了一个简单的草图，并投放了一些彩色纸和一些小东西，包括干花、羽毛和贝壳。她还投放了一些颜色鲜艳的彩色美工纸、剪刀和胶棒。她希望儿童能够利用这些材料以及附近架子上的材料制作拼贴画。当她计划这个活动并选择材料的时候，她一直记着班里有注意力缺失障碍的孩子——洛根喜欢用鲜艳且有触感的材料粘贴东西。洛根选择了一些乳白色的贝壳，并把它们粘在一个海浪上面。罗丝安注意到杰登一直在观察洛根。当洛根查看这些材料的时候，他感到犹豫不决，手从几个贝壳上面轻轻地拂过。罗丝安悄悄地靠近他并问道："你想先粘哪一个？"

- **教师主导的游戏**：指的是由成人组织的、由成人主导或者控制的儿童游戏，例如唱一首歌。即使教师在用温柔的声调说话，或者为儿童提供了多种选择，教师的意图也仍然很明确、具体。尽管教师会发出命令或指令，但是活动的特点仍然可以被定义为游戏。只要这个活动是由成人的目标主导的，那么它就是教师指导的或者教师主导的游戏，而不是儿童自发的游戏。下面是一个鲜明的教师主导的游戏的例子。

>　　莫莉所教的二年级班里的所有儿童都在咯咯地笑。莫莉和耶·萨克的妈妈金太太也在咯咯地笑。上周，金太太和孩子们一起制作了一道韩国菜，还为孩子们提供了筷子。尽管一些儿童很轻松地使用筷子吃了粉条、蔬菜和豆子，但是多数儿童以及莫莉老师都发现吃这些东西很具有挑战性。课堂活动结束之后，金太太主动表示愿意当志愿者来学校教孩子们使用韩式筷子。同多数筷子比起来，这些筷子更细、更短。今天，她带来了干芸豆，并把它们放在莫莉摆好的盘子里，这些豆子才不至于滚得到处都是。金太太向儿童展示了如何握住筷子一次夹起一个豆子。她先是一次夹起一个豆子，然后一次夹起两个，然后三个。这对于手眼和小肌肉协调能力是多么大的挑战啊！尽管只有少数几个儿童能轻松地使用筷子，但是所有儿童都全神贯注地投入其中。伊桑发现他一次能够夹起一个豆子，然后两个、三个。其他人被他的"技艺"吸引住了。当伊桑操作的时候，金太太随着他的动作大声喊："一、二、三。"很快，每个人都喊："一、二、三。"然后，他们咯咯地笑了起来。

　　儿童自发的游戏、教师指导的游戏和教师主导的游戏这三个概念看似是为了区分三个独立的游戏领域，然而，正如表1.1所示的那样，我们是把它们作为一个连续体——从儿童发起的游戏到教师发起的游戏，而对它们进行概念化。

表 1.1　游戏连续体

儿童自发的游戏	教师指导的游戏	教师主导的游戏
儿童发起	◄---------►	教师发起

实际上，这三种游戏情境很少单独存在。例如，我们常常看到儿童把日常生活中的数学元素整合到他们的自发游戏之中。同样，教师也常常计划一些活动，以延伸儿童对这些相同概念的理解。对幼儿教育项目的观察表明，游戏能导致教师计划的活动的产生，同理，教师计划的活动也常常导致游戏的产生。

在本书中，我们通篇都强调儿童自发的游戏、教师指导的游戏和教师主导的游戏之间的平衡依赖许多因素，例如儿童的发展水平和兴趣、家庭文化和学校文化等。幼儿教育工作者采用能够反映所有儿童需要的、教师主导的、适宜的策略来平衡游戏。例如，一个对字母—语音的关系和基本的数概念不理解的一年级儿童可能既需要更多的成人的指导，也需要更多的机会在自发游戏情境中发展对字母—语音关系和基本的数概念的理解能力。

我们必须结合儿童生活的背景来看待儿童在学校的课程。每周去幼儿园两天且多数时间都在外面玩游戏的儿童，与那些每天都去幼儿园、晚上回家爱看电视的儿童相比，二者对游戏有不同的需要。

幼儿教师如何看待游戏

在下面的讨论中，我们再回到布兰登的故事及对他的老师安娜的访谈。我们还从对其他幼儿园和小学教师的访谈中获取素材，这些老师讲述了他们如何实施以游戏为中心的课程。

通过布兰登的老师的眼睛看游戏

布兰登的老师安娜通过观察布兰登的游戏来理解他的成长和发展。

游戏为布兰登提供了让他选择自己喜欢的活动的机会。通过观察他的游戏，我更加了解布兰登了。在30~40分钟时间内，他会去好几个学习区看一看，但是我注意到他会长时间玩同一个主题的游戏，如消防员游戏。同他在我提供的结构性更强的课程（例如，今天在集体教学时间我介绍数数技能的时候）中的表现相比，在自选活动时间，他的注意力更为集中。

他在我们班绝对是一个比较爱说的孩子。他的社会性交往技能在提高，而且他常常对其他儿童表现出关怀的态度。我注意到他今天对宠物鼠弗拉菲表现出特别的关心。他热衷于照顾它。尽管他对弗拉菲有点占有欲——因为他曾把它带回过家，但我觉得这对他来说是一个非常棒的机会，可以培养他的责任感。他对了解宠物鼠很感兴趣，并从图书馆带回一本书，还复制了里面的一张图片。自选时间给他和其他儿童提供了一个培养自己兴趣的机会。

一般情况下，他会跟其他儿童友好相处，但是有的时候他也具有攻击性，例如，当他把别人搭好的积木弄倒时。今年，他很少像去年那样直接跟别人发生肢体冲突。我一直在观察记录他这方面的行为表现，而且发现这些攻击性行为在他很忙或者周围的人太多的时候更容易发生。在今天的场景中，他把积木当作枪引起了我对战争游戏的疑问："我应该制止这类游戏吗？"这个问题很经典，我常常不确定该怎么做，特别是像今天这种主题发生的时刻。

安娜继续说：

我一直在试着判断该把什么东西跟我的书面记录一起放在档案袋里。今天，我想把地图保存起来。他急于把它带回家，所以我决定复印一份地图保留起来。

在游戏方面我做了很多尝试。这是一个渐进的过程。通过观察儿童的行为，我发现我的做法是对的。很难相信我的教育项目与3—4年前相比有多大差别。我给每个孩子准备了一张桌子。无论是全班集体活动还是区域中的活动，全部的"室内"活动都是由教师主导的。我的项目绝对是以游戏为中心的。我投放了能够促进儿童的读写、数学、艺术和社会性交往能力发展的材料，包括一些在教师指导性更强的活动中使用的材料。现在，我们有了工作台和更大、更开放的空间。我做的第一件事是订购积木。自从我来到这所学校，这里的学前班在长达12年的时间里都没有积木。在这里待的时间最长的学前班教师说，她曾经用过的那套旧积木很可能仍然在学区仓库的某个地方。

我还扩大了娃娃家。一开始，娃娃家非常小，但是我从没把它当成一个孩子们在完成一些别的事情之后能够去玩的特殊区域。现在，我认识到娃娃家是多么重要了。当我把娃娃家变得更吸引移民儿童时，我也乐在其中。我在里面放了很多有关他们家人的照片、不同地方和来自不同文化的人的图片、穿着各种各样少数民族服装的洋娃娃，以及儿童熟悉的来自他们自己文化背景的物品，如吃米饭用的碗和筷子。在我的教室里，孩子们能够通过游戏表达自己所知道的东西，他们似乎感到更自在。

无论如何，我认为同这个教育项目曾经以教师主导的活动为主时相比，孩子们现在显得更具有创造性，更有思想。例如，我能在他们的故事和日记中看到这一点。去年在我班上的学生现在有一半都在克里斯廷老师的班上。上周她告诉我她注意到了一个不同之处。在我班上待过的孩子会主动发起学习活动，而且他们的专注力保持的时间更长。她还注意到，他们会跟每个人合作，而不仅仅是和好朋友，他们还会尊重彼此的工作。

安娜提到萨拉的妈妈也注意到了一个不同之处。几年前，安娜在还不会阅读的儿童中开展过一个结构化很强的阅读项目。今年，儿童在入学的第一天就开始学习写日记了。她把纸和铅笔放在教室的很多地方，以鼓励儿童书写。尽管安娜仍然致力于提高儿童的语音意识，但是现在她会使用更多的策略。

萨拉的妈妈告诉安娜她非常高兴，因为安娜终于开始教阅读了。实际上，萨拉在家里也进行了很多读写活动。安娜知道5年前当她教授正式的阅读课，并让她的学生在作业本上写作业的时候，萨拉的姐姐也在她的班上。安娜意识到这两个姐妹的故事并不能得出令人信服的结论，但是她认为总体来讲，现在她的学生在阅读和写作中更具有自我主导性了。安娜指出，在自选活动时间（她称作游戏时间）或任何特定的时刻都可能会有一个儿童正在阅读或者写作。

在这个简短的对话中，布兰登的老师提到了对于以游戏为中心的课程来说至关重要的一些问题，这些问题是本书通篇都在讨论的。她根据自己对儿童的认真观察和对他们的兴趣和发展的理解，讨论了她的教育项目的发展问题。她把书面观察记录和游戏照片作为评价项目的部分内容，并把儿童在游戏中创作的作品（例如布兰登画的地图）放在学生的档案袋里。安娜认真反思了她对幼儿游戏的干预效果以及她的疑问，例如，"关于战争游戏该怎么处理"以及"如何帮助移民儿童在教室中感觉更舒服"。她还对课程理念进行了实验，例如利用游戏支持儿童萌发的读写能力以及数概念的发展。

在整个美国，幼儿园和小学低年级教师继续在自己的教育项目中检验游戏的作用。教师尽力在教育项目中给予所有儿童自主权，也就是说，包容来自不同背景的儿童及其家庭，满足儿童发展的需要。当我们撰写本书的时候，我们拜访了无数所学校的教师和管理者并与他们交谈，就目前教育实践的多样性以及对儿童游戏的理解状况进行探讨。我们有意识地突出了与布兰登所在学校老师们的对话，因为这所学校的幼儿园、学前班和小学低年级的教师表现出广泛的多样性，既包括那些实施以教师主导的、基于技能的课程的教师，又包括那些实施以游戏为中心的课程的教师，例如兰迪、帕特和克里斯廷。我们与这些教师的对话证明了一些典型且重要的理念以及教育者在实施以游戏为中心的课程中所引发的担心。

作为一名幼儿园教师，兰迪强调游戏在满足儿童个体的社会性和情感需求中的作用。作为一名学前班教师，帕特提出了"什么是好的游戏"以及评价的问题。作为一名有两年教龄的小学一年级教师，克里斯廷注重儿童自己选择游戏的重要性。她还讨论了游戏课程如何向学生提出挑战，让他们在一个舒适的环境中使用他们正在发展中的学业技能。

兰迪：在幼儿园中满足儿童个体的需要

我认为游戏能为儿童提供机会，让他们自己进行选择，自己做出决定，有助于儿童的社会化。当儿童玩游戏的时候，他们会交流彼此的情感和想法。在我的项目中，这一点尤其重要，因为几乎班上所有的孩子都有特殊的需要。对于许多孩子来说，英语是他们的第二语言。同集体教学时间相比，游戏给他们提供了一个机会，让他们在一种较不正式和较舒适的情境中表达自己。游戏还为儿童提供了流利地使用自己的母语和以非言语的方式表达自己想法的机会。这有助于培养他们的自我价值感。

在我提出的众多问题中，有一个是："对于那些把英语作为第二语言的学生来说，我做的是最好的吗？"在他们的戏剧表演游戏中，我很难跟上他们的对话。当我想到像布兰登这样的孩子时，我发现我对于如何解决攻击性游戏还存在疑问。

帕特：从作业本、书桌到积木、泡泡

我认为游戏是由孩子们自主决定的，而并不是成人主导的，如他们自己阅读。如果这个选择是他们自己做出的，从逻辑上来讲，他们应该享受其中。游戏为幼儿提供了时间去发展他们的语言技能，与他们的同伴友好相处，做出选择并学会负责任。同时也为我提供了机会，让我更好地了解儿童，观察他们在做什么，发现他们对做什么真正感兴趣。游戏还为我提供了与每一个孩子互动的时间。

我希望发生的所谓的"好的游戏"取决于儿童。昨天，我观察到玛丽萨

在玩我认为对她来说是"好的游戏"。玛丽萨似乎总是跟着别的孩子玩。然而，昨天，她独自一人在一个小的娃娃家玩。她选择了自己想玩的游戏。她对自己说了很多话，而且注意力一直很集中。这对于她来说是一种新的行为：选择自己喜欢的活动并坚持玩下去。

我已经承诺要写观察记录。我需要更多地了解在观察时我要看些什么。还有，我想提一些问题，以发现孩子们在真正想什么，让他们能够不用思考"正确的答案是什么"就能做出回答。我感觉我在学习如何干预儿童方面正处在新阶段。

克里斯廷：让儿童在一年级按照自己的节奏发展

在自选活动时间，孩子们可以操作积木、乐高和其他操作材料、艺术材料（如颜料和马克笔），还可以到娃娃家玩。他们也可以在这个时候给家长志愿者或我讲一个故事，或者在创造性地使用单词拼写方面得到同伴的帮助。

我认为，孩子们需要时间按照自己的节奏，尝试那些他们正在发展起来的概念。目前，他们正在进行书写活动。有的孩子还在写字母，而其他的孩子已经能够写完整的句子。正如在其他领域一样，儿童在语言方面的能力范围是很广泛的。在自选活动时间，儿童在一种他们自己感到舒适的水平内工作。在过去的一学年里，我延长了游戏时间。现在，我计划每天让孩子们至少玩30~40分钟的游戏，通常在下午稍早一点的时候。当孩子们有足够的时间对自己要学习的内容进行选择的时候，他们更能够在一天结束的时候专注于一日流程安排中的社会学习活动或者科学活动。

我的另一个目标是与家长有效地讨论我的教育项目。游戏在我们这个地区从来都不是小学一年级课程中传统的组成部分。家长常常问我，如果要为学生二年级的学习做好准备，那么我们是否真的有时间让他们玩游戏。

儿童的发展与社会生活相关

当我们参观学校的时候，我们听到教师谈了很多关于游戏、儿童发展、教育实践以及州学习标准的问题。我们感到很开心，因为学校教师分享了这么多的故事。这些参观活动也为我们留下了深刻的印象，因为教师们显示了他们的洞察力并提出了问题。在本书中，我们回答了这些问题并分享了与我们交流过的一些教师的故事，以及我们自己的故事。我们在实践、研究和游戏理论之间搭建了桥梁，以一种有趣的方式论述游戏。

游戏与发展适宜性实践

一些与我们交谈过的教师告诉我们，他们的课程主要由游戏构成——儿童自发的游戏、教师指导的游戏以及教师主导的游戏。其他的教师，如克里斯廷，正在尝试把更多的游戏整合到课程中。有些教师在疑惑游戏是否适宜，而且如果这样做，应该采取哪种游戏方式。所有的人都在试着回答这个问题，即游戏在满足他们所教儿童的需要方面所起的作用。

发展适宜性实践（Developmentally Appropriate Practice, DAP）：全美幼教协会使用的一个术语，用于描述以儿童发展理论和研究为基础的、被设计用来满足儿童发展需要的幼儿教育项目（Copple & Bredekamp，2009）。全美幼教协会的最新出版物和其立场声明《幼儿教育项目中的发展适宜性实践：服务从出生到8岁的儿童》（*Developmentally Appropriate Practice in Early Childhood Programs: Serving Children from Birth Through Age 8*）更加强调游戏在儿童发展和学习中的核心地位。科普尔和布雷德坎普 (Copple & Bredekamp) 解释说这份立场声明反映了最新的研究结果，并认可更宽泛的社会背景的重要性，包括儿童的生活环境。2009年发布的这份立场声明反映了幼儿教育者秉持的核心价值观之一，即认识到童年既是一个学习的时期，又是一个用来"欢笑、爱、游戏和拥有乐趣"（p. x）的时期。

> 游戏是培养儿童的自我调节能力以及促进儿童的语言、认知和社会能力发展的重要工具……高水平的戏剧表演游戏能够带来值得记录的认知、社会和情感方面的好处。然而，儿童在成人主导的活动和使用媒介的活动中花费的时间更多，以想象力和丰富的社会互动为特点的儿童游戏的形式则在减少……游戏非但没有减少学业学习，反而能够促进潜藏在这样的学习之下的能力的发展，从而促进学业成功。（pp. 14，15）

大多数与我们交谈的教师在思考自己的教学如何满足具有多元文化背景的儿童和家庭的需要方面，都会把儿童的这些发展与学习需要考虑在内。例如，在讨论自己的教育项目时，罗斯玛丽既考虑了3—4岁儿童的典型发展特点，又考虑了双语儿童的特殊需要。尼尔考虑到了6—7岁儿童的需要，包括儿童个体的需要，例如被诊断为具有能影响工作记忆的学习障碍的罗伯特的需要。一个以游戏为中心的课程能够提供综合的、对于支持儿童的全面发展来说至关重要的的环境，特别是在整个幼儿园阶段以及小学低年级阶段。下面的文章《根据儿童的经验促进他们的学习》表明，当儿童在游戏中建立新的友谊和解决问题时，他们是如何利用自己的经验和背景知识的。

> **家庭多样性** **根据儿童的经验促进他们的学习**
>
> 莉萨和彼得正在"邮局"工作着，他们把物品打包并寄往"菲律宾"。
>
> 莉萨："我们有足够的纸给这些物品（三本书）打包吗？它们是给住在菲律宾宿务岛我的奶奶瓦妮莎买的。"彼得捡起两张报纸。
>
> 彼得："我们必须把这些用胶带捆在一起。等等，这儿有胶带，我拿着这个。"
>
> 他们剪了两条短胶带，并用这两条短胶带横着把两张报纸粘在了一起。然后，他们试着剪一条长胶带，但是胶带粘在一起了。莉萨剪了四条短胶带，并把报纸粘在一起。
>
> 莉萨："好，把书放在这儿。"他们把书包装好，试着把包裹的边缘弄整齐，但是由于书大小不一，所以这是一项很困难的任务。"这一定很贵！我打赌它有一吨重。"
>
> 他们把包裹放在一个秤上，上面有一个教师制作的非标准化测量表，量表上有三种不同的颜色，表明三种不同的重量。
>
> 彼得："看到了吗？指针指向绿色，说明这个包裹很重。要收费3美元！"他拿起带有星星的邮戳、印泥盒并在包裹的左上角盖了三个邮戳。"等等，你需要在包裹上写上地址。"
>
> 莉萨捡起一支细马克笔，慢慢地写下"GRUM VNSESSA 632 SEEBOO"这几个字。然后，她认真地选择了一支粗的红色马克笔，在地址的左侧画了一颗心和一只蝴蝶。
>
> 在这个游戏中，莉萨发起了一个游戏主题，把她与她挚爱的奶奶、自己的新同学和学校联系了起来。在本学年开始的时候，莉萨能用自己的母语米沙鄢语跟自己的家庭成员很舒服且流利地交流，但是跟其他儿童用英语交流时感到很犹豫。莉萨的游戏告诉我们，她在讲英语方面取得了巨大进步，包括对语言的掌握，增加了句子的长度、复杂性以及词汇量。现在，她对用英语向同伴发起会话并维持会话表现得很自在。
>
> 莉萨和彼得的表现表明，他们知道一些关于数学知识在日常情境中应用的基本信息。他们知道在邮寄包裹前要称重，而且他们对重量的概念也有一些初步的理解。莉萨和彼得都表现出他们理解包裹的重量与邮寄的费用之间的关系，莉萨还表现出她知道数词是用来写地址的。当莉萨和彼得在估计他们打包物品需要多少张报纸时，他们正在学习几何图形和空间关系。在邮局，他们能够学习关于重量、价格、地址和地区的信息，把信息进行加工并应用它们。

> 当我们看莉萨和彼得的时候，我们注意到，他们能够持续地玩他们的合作游戏长达20多分钟。在这一期间，他们遇到一些问题，例如，彼得注意到一张纸不足够打包物品。莉萨用胶带解决了这个问题，每次，他们都能找到另一个人能够接受的解决办法。他们的游戏是复杂的、合作性的、想象性的，也是快乐的。

以游戏为中心的课程的评价标准

我们希望儿童通过参与幼儿教育项目收获什么呢？幼儿教育工作者都知道，幼儿期对于儿童的发展来说是很关键的时期。因此，我们对我们的教育项目、对作为教育工作者的自己以及对我们所照料的每一个儿童都抱有很高的期望。幼儿教育工作者如何决定对学生的发展、学习品质以及学习的期望呢？我们如何判断课程是否使所有儿童受益并支持儿童的全面发展呢？

在整个幼儿教育和保育的历史中，对于幼儿的发展与学习存在不同的、有时甚至相反的教育期待，对于课程存在不同的观点，对于评价学生的进步和学业成绩也存在不同的方式（Almy，1975）。

迈泽尔斯（Meisels，2011）在探讨共同核心州立标准（Common Core State Standards）时，把它比喻成路线图。从教育的视角来看，教育期待、学习标准和水准等术语被用于指称教育目标（终点）；我们需要知道我们的目标，这样我们才能判断路径，知道我们要走多远，以及我们何时能够到达。我们实施的课程就是儿童选择的达到终点的路径，而评价结果能给我们提供证据，证明儿童在这条路上处于什么位置，以及他们何时到达终点（也就是说，"我们已经到达终点了吗"）。

迈泽尔斯的比喻强调了我们需要把学习标准、课程和评价联系起来。学习标准可以用来回答这个问题："学生们应该学什么以及他们何时应该学这些知识？"这个比喻还帮助我们把今天争论的问题放在历史的背景中来看待，以及帮助我们理解目前各种利益相关者、教育工作者、家庭、专业教育组织以及政策制定者对当前的学习标准所持有的不同的视角。

实施以游戏为中心的课程的幼儿教育工作者在各种不同的环境中工作。在一些教育项目中，教师自己决定他们认为适合儿童的学习期待或者标准。然后，在此基础上，他们计划课程活动和制订评价计划。其他教育项目中的教育工作者被要求开发与州政府采纳的学习标准或者抱有的教育期待相一致的课程和评价工具。一般来说，幼儿园教师会遵从某一学习标准。"开端计划"（Head Start）以及"高宽课程"（High Scope）这样的教育项目在全国范围内拥有自己的学习标准。

由于幼儿教育工作者是幼儿权利的倡导者，所以我们需要了解学习标准，无论我们的个人视角是什么，无论我们是否被强制实行学习标准。因此，在本书中我们讨论了发展和实施发展适宜性标准的一些关键问题。在接下来的几章中，我们会通过一些案例，展示教师在以游戏为中心的课程中如何突出学习标准。

发展适宜性标准的实践原则

标准化运动植根于不同的教育哲学理念基础和不同的政治视角。尽管从20世纪80年代开始，标准化运动对K—12年级教育项目的影响日渐加深，但是直到2000年，许多全国级别的协会和州教育部才开始考虑幼儿园和学前班儿童的学习标准问题。2001年提出的《不让一个孩子掉队法案》（No Chlid Left Behind Act）以及开发幼儿学习标准的试点计划推动了确保学习标准能使幼儿受益的一些工作。在2002年的立场声明文件《早期学习标准：为成功创造条件》（Early Learning Standards: Creating the Conditions for Success）中，全美幼教协会和州教育部幼儿专家全国委员会（NAECS/SDE, 2002）探讨了与幼儿学习标准的开发与实施相关的问题。这一重要的声明指出，幼儿早期学习标准能够带来高质量的使幼儿受益的教育经验，但是只有在下列四种情况下才能够得以实施：

1. 对儿童目前的发展能力、生活情境以及经验来说，幼儿学习标准的内容和结果具有发展适宜性。（pp.4-5）
2. 无数的利益相关者都参与到早期学习标准的开发和审核活动之中。利益相关者包括家长、其他社区代表以及包括幼儿特殊教育专家在内的幼儿教育工作者。（p.6）
3. "通过以符合道德规范的、适宜的方式支持所有儿童发展的活动的实施和评价实践，早期学习标准才能够取得成效。"（p.6）这意味着教学实践能够促进儿童进行社会互动，课程能够增进幼儿的投入程度和探索的深度。

    "评价幼儿的进步情况必须与能够代表学习标准的重要的学习紧密联系起来；必须在技术、发展以及文化方面具有有效性；必须产生综合的、有用的信息。"（p.7）
4. 学习标准伴随着对幼儿教育项目的强烈支持，包括对专业人员和专业发展的支持以及尊重所教儿童的家庭，并把他们作为合作伙伴。（pp.7-8）

识别最重要的早期学习标准：10多年来，全美幼教协会都在与其他全国性教育委员会合作，找出对于幼儿来说"重要的理念"以及具有发展适宜性的重要方法。许多全国性教育委员会都开发了以K—12年级学科为导向的学习框架和标准，包括国际阅读协会（International Reading Association，简称IRA）、全美数学教师委员会（National Council of Teachers of Mathematics，简称NCTM）、全国艺术教育协会联盟（Consortium of National Arts Education Associations）、全国科学教师协会（National Science Teachers Association，简称NSTA）、全国社会学习委员会（National Council for the Social Studies，简称NCSS）、全国运动与体育协会（National Association for Sport and Physical Education，简称NASPE）以及国际教育技术学会（International Society for Technology in Education，简称ISTE）。

全美幼教协会曾经与国际阅读协会以及全美数学教师委员会联合发过立场声明。他们都强调为儿童提供机会，让他们在自发的游戏中以及更多教师主导的活动中回顾这些重要理念和方法的重要性。这些声明支持上面总结的全美幼教协会提出的关于开发与实施早期学习标准的四种情况。幼儿园至小学低年级的学习标准中的内容必须有意义，而且能够鼓励儿童进行积极的参与，使他们获得参与经验。学习标准应该依据儿童前期在家庭、社区以及学校中获得的经验制定。学习标准应该使实施的课程更具包容性，能够满足儿童的特殊需要，反映儿童及其家庭的文化和语言。在本书中，我们倡导的课程类型与全美幼教协会的立场声明是一致的，即在儿童发起的游戏以及在教师计划的活动中，开展有深度的、能够给儿童提供机会去回顾这些重要理念和方法的、鼓励儿童参与的课程。

学习标准的开发与实施：挑战与可能性

从2002年开始，K—12年级以及早期学习标准的采纳和实施引起了幼儿教育界的广泛讨论。在与幼儿教育工作者的讨论中，我们发现他们关心的问题常常与全美幼教协会的四种情况相关。例如，教育者担心学习标准导致人们无法恰当地理解幼儿的综合学习过程，即学习标准无法反映幼儿发展与学习以及文化与个体差异的特点。许多教师认为他们被迫开展更多由教师主导的教学活动，并且课程的关注点更狭窄，只聚焦于英语语言艺术和数学内容。

教育者非常担心他们被迫使用的评价常常不具有发展适宜性，特别是在使用"高风险测试"做出"高风险"决定时，例如，告诉家长他们的孩子还没有做好进入小学一年级的准备。实际上，全美幼教协会和州教育部幼儿专家全国委员会的联合立场声明《早期学习标准：为成功创造条件》强调"这种错误地使用与标准相关的评价违背了教育职业道德行为规范"（p.7）。

2010年，随着K—12年级英语语言艺术和数学领域州共同核心课程标准试点计划的实施，幼儿教育工作者和研究者更加焦虑。提出这些标准的目的是联邦政府希望在全国50个州提供一致的教育期待，确保高中毕业生在大学和工作场所能够取得成功。从原则上来讲，他们是根据实证研究得出的证据来开发并实施州共同核心课程标准的，它应该识别哪些学习内容最重要并能使学生获得高水平的认知能力。

在2010年的联合声明中，全美幼教协会和州教育部幼儿专家全国委员会表示出担心，认为州共同核心课程标准可能会导致意想不到的结果，例如，缩小幼儿课程的范围，只聚焦于全面发展的儿童。从2010年开始，无数的批判性分析文章对州共同核心课程标准做出回应，认为其使用的课程开发、实施和评价的方法缺乏实证性的研究作为依据（如：Meisels，2011；Miller & Carlsson-Paige，2013）。对州共同核心课程标准批评最多的人是戴安娜·瑞维奇(Diane Ravitch)，她是1991—1993年美国前教育部长助理，也是标准化运动的发起人之一。例如，她指出"尽管没有人知道它们将会怎样影响学生、教师或者学校，但是它们被强加于这个国家的学生身上"（2013，n.p.）。

幼儿教育工作者写了许多批评文章，研究者也表达了对于降低幼儿教育项目中游戏重要性的担心。一位杰出的研究者、学者戈普尼克（Gopnik，2011）在她的文章《为什么幼儿园不应该像学校：新的研究显示对越来越小的孩子进行越来越多的教学可能产生事与愿违的结果》（*Why Preschool Shouldn't Be Like School: New Research Shows That Teaching Kids More and More, at Ever-Younger Ages, May Backfire*）中呈现了相关的研究结果。

2013年，数学和英语语言艺术领域的州共同核心课程标准几乎被美国50个州全部采纳。在同一年，K—12年级第二代科学领域学习标准也发布了，供各州采纳。越来越多的州开始参与到实施学习标准的计划之中，同时，在与课程和评价保持一致方面也遇到了关键性的挑战。

2012年，全美幼教协会发布的报告《州共同核心课程标准：幼儿教育的注意事项与机遇》（*The Common Core State Standards: Caution and Opportunity for Early Childhood Education*）就是为了让幼儿教育工作者了解这些标准可能带来的影响。报告指出了"州共同核心课程标准中可能对幼儿教育造成威胁的那些方面"（p.2）。全美幼教协会对教育机遇的讨论指出，对于幼儿教育工作者来说，参与州和地方性学习标准实施过程是一个关键时期。全美幼教协会根据《早期学习标准：为成功创造条件》（NAECS/SDE，2002）中提出的四种必要情况进行了分析。2012年的报告对这四种情况进行了系统的回顾，提出了对每一种情况的担心。对于第三种情况的讨论与以游戏为中心的课程关系特别密切：

> 早期学习标准通过以符合伦理的、适宜的方式，支持有关幼儿发展的学习标准的实施与评价实践获得效果……特别关键的是，保留多种形式的教学方法——包括使用游戏、小组和集体教学的形式——被认为对幼儿来说是具有发展适宜性的教学手段。（NAEYC，2012a，n.p.）

我们推荐所有关心幼儿教育的人士都读一读全美幼教协会的这个报告以及"州共同核心课程标准试点计划关于幼儿健康和教育专业人士的联合声明"（Alliance for Childhood，2013）。只有通过这样认真的分析，教师才能够倡导适宜的政策，开发出能发挥游戏作用的、均衡的、综合性的课程。这就是我们在本书通篇采纳的方法，以支持所有的教师实施以游戏为中心的课程。

教师的关键作用

如果游戏处于幼儿课程的中心，那么如何开发课程呢？以游戏为中心的课程会不断地生成课程。教师是以游戏为中心的课程的关键。知识丰富的教师会使用广泛的教育技巧，为幼儿精心安排一系列活动，包括从儿童自发的游戏到教师指导的游戏、教师主导的游戏，再到以学科为导向的教学活动，然后再回到游戏中去。这些活动的安排应该来源于班级中儿童个体的发展需要，并与他们的需要保持一致。

教师应该如何培养儿童的读写能力、数学思维、艺术表达能力、社会性、自尊、科学思维、学习品质以及幼儿教育中所注重的其他技能呢？教师如何以综合性的、有意义的方式突出学习标准呢？让我们看下面的例子。

> 斯科特介绍自己时说他是一位"刚刚从小学三年级被转到学前班的老师"。这是他第一年尝试着"把游戏整合进入……把游戏作为主要教学方式"。斯科特很少有机会参观其他教育项目，所以在这一年的开始时，他感觉自己像一边在游泳，一边在下沉一样，"在我的下沉过程中，我把教师设计的教学活动看作救生筏。它们让人感到安全，它们就像我所知道的课程。"
>
> 斯科特花费一年中多数的时间创设一种环境，让儿童在其中能够通过各

种活动选择游戏并坚持玩这个游戏。斯科特需要阅读足够的书籍来说服自己,游戏是幼儿发展的基石。然后,他才能够开始根据这个信念做出改变。

他总结道:"对于我来说,这是在智力上最具有挑战性的一年。我正在学习如何为游戏制订计划,以及如何使用游戏评价儿童的成长。我喜欢'生成课程'这个概念,但是每天把它付诸实践需要耐心以及创造性。很多事情并不像我想象的那样能够实现。"

"因为我是一个有经验的教师,有时候我感觉应该能够立即做这件事。但是它并不按照想象的那样能够奏效。它需要我的思维方式有一个重要转变,以及我规划教育项目的方式也要有所转变:一种范式的转变。"

斯科特还描述了有时候当"高年级"的同事来他的班级中时自己的感觉。"我知道他们认为我'只是'在游戏。最终我能为自己所做的事情进行辩护,解释为什么游戏如此重要。"

"我一直在开玩笑说,我想进行能够'提升游戏地位'的游戏,而不是'降低游戏地位'的游戏!"我想向家长展示游戏如何让他们的孩子受益。上周我们第一次举行了开放日活动。我把去年的幻灯片和开学后前两周的幻灯片播放给家长看。当家长看到揭示游戏重要性的、"鲜活的"例子时,他们受到了很大的震撼。当我讨论儿童的自尊如何发展时,我展示了吉米和安德莉亚建造比他们自己还高的高塔时的幻灯片。(我希望自己有个摄像机能拍摄当时的场景。)

这些幻灯片还给了我一个谈论儿童游戏与社会性发展的机会。我有目的地选择了班上每一个学生的幻灯片,让他们的家长看到有关自己的孩子的信息,了解游戏对于他们自己的孩子在社会性发展方面的重要性。

当然,我也强调了儿童在学习领域学习的方式,以及有多少内容他们是通过游戏学到的。我演示了幻灯片,让家长看到孩子们用积木建构物体,在沙箱那里一边玩"制作辣椒"游戏一边倾倒、测量的场景,还谈到了他们在数学概念方面的发展。当我谈论孩子们的读写能力的发展情况

以游戏为中心的课程促进身体的发展

时，我使用幻灯片展示孩子们在自己日记中书写的内容、在黑板上写画的内容，以及一个孩子给另一个孩子读书时的情境。幻灯片帮助家长把游戏与自己孩子在各个领域的发展情况联系了起来。

我发明了一种展示儿童进步的方式。四个精彩的幻灯片——如果我可以这样说的话——显示了格奈特的积木建构活动在去年2个月的时间里如何变得越来越复杂。

正如本书通篇案例所展示的那样，以游戏为中心的课程都是教师精心安排的，它并不是一步一步实施的、由教师说教的课程。因此，这本书不是教给教师如何一步一步实施课程的指导手册。然而，我们讨论的以游戏为中心的课程不同于放任自由的游戏方法，例如许多学校课间休息时间进行的、没有观察或者干预的游戏活动。以游戏为中心的课程包括教师认真计划和准备的活动，既有室内活动，也有户外活动。以游戏为中心的课程需要有趣的教师，他要喜欢自发性的游戏，喜欢参与儿童的游戏，有创造力，并且具有反思性和分析能力。

在《从游戏到实践：把教师的游戏与儿童的学习联系起来》（*From Play to Practice: Connecting Teachers' Play to Children's Learning*）一书中，作者内尔和德鲁（Nell & Drew，2013）描述了一些游戏工作坊。在工作坊中，教师可以利用游戏材料投入游戏活动中。通过有趣的、富有创造性的活动，教师能够对以游戏为中心的课程获得深刻的理解。了解游戏价值的教师在开发课程的过程中，通过自己的趣味和想象力激发了儿童的兴趣，培养了他们创造性的学习品质。

倡 导 游 戏

人们经常想游戏倡导者究竟意味着是什么。"advocate"（提倡）这个词被用于描述在立法和司法程序中的正式角色（"advocate"也有律师一意）。我们听到人们用这个词描述对公共事务的高水平的和大力的倡导，例如，在众多记者面前发言的国家发言人。实际上，幼儿教育工作者确实以对公共事务的高度公开和公众化的方式倡导游戏。但是这只是倡导游戏的一系列努力中的一小部分。

一系列倡导游戏的活动

　　幼儿教育工作者倡导游戏有多种方式。教育人士在个人及公共的"日常倡导活动"中互相学习，互相支持。有一系列广泛的游戏倡导活动，包括在人际层面、教育项目层面、学校层面，以及社区、州、国家、国际层面上的倡导活动。在本章的案例中，我们能够看到每位教师都在倡导游戏。有时候，它可能是我们与合作的教师关于如何促进儿童在户外游戏方面的对话。倡导游戏可以促使我们联合社区居民，强烈要求政府在当地的游戏场地栽种能提供阴凉的树木。我们可以通过向镇上的另一位教师提供一个关于游戏的视频来倡导游戏，也可以通过向全国游戏协会签署一个广泛传播的声明来倡导游戏，还可以通过给报纸写信或者给博客写回复的方式来倡导游戏。我们常常通过让自己了解游戏的方式来支持游戏，也常常通过确保让儿童有时间玩游戏来支持游戏！

　　实施以游戏为中心的课程的幼儿教育工作者为了倡导游戏会重现有趣的想法。我们分享并依赖彼此的想法。斯科特举办开放日的想法并不新颖，但是他利用自己关于儿童的知识以及对他们家庭的了解展现了幼儿的游戏。他支持并促进儿童游戏的一些办法是什么呢？当你分析这个案例中引用的话语时，你会发现什么？在把游戏、快乐和学习之间的联系变得对于家庭来说更"真实"方面，他做了什么？

　　……我把一个包括去年和今年头两周儿童学习情况的幻灯片一起展示给家长看。这些幻灯片还给了我一个谈论儿童游戏与社会性发展的机会。我有目的地选择了班上每一个学生的幻灯片，让他们的家长了解一些关于自己孩子的个人信息，认识游戏对于自己的孩子在社会性发展方面的重要性。

　　当然，我也强调儿童在学习领域所学到的内容的方式，以及有多少内容他们是通过游戏学到的。我演示了幻灯片，让家长看到孩子们用积木建构物体，在沙箱那里一边玩"制作辣椒"游戏一边倾倒、测量的场景，还谈到了他们在数学概念方面的发展。当我谈论孩子们的读写能力的发展情况时，我使用幻灯片展示孩子们在自己日记中书写的内容、在黑板上写画的内容，以及一个孩子给另一个孩子读书时的情境。幻灯片帮助家长把游戏与自己孩子在各个领域的发展情况联系了起来。

　　我发明了一种展示儿童进步的方式。四个精彩的幻灯片——如果我可以这样说的话——显示了格奈特的积木建构活动在去年2个月的时间里如何变得越来越复杂。

成为一个了解如何倡导游戏的人

在本书中，我们通篇倡导以游戏为中心的课程，扩大所有儿童在自己社区进行游戏的机会。本书的目的就是帮助读者成为专业人士。在每一章中，你不仅会发现教师如何开发并倡导以游戏为中心的课程的例子，而且能找到丰富的更新了的参考资料。

读者具有各种各样的背景和经验，可以代表儿童发声。我们中的有些人现在对在教育项目层面上与儿童一起工作更感兴趣。我们中的有些人更喜欢参加公共领域的活动。下面的文章《用行动倡导游戏：游戏倡导者的工具包》，向我们展示了要想成为一个有效率的、见多识广的游戏倡导者，如何搜集并开发工具。

> **成为一个见多识广的游戏倡导者**
>
> **用行动倡导游戏：游戏倡导者的工具包**
>
> 当我们思考成为更好的幼儿游戏的倡导者时，"从自身做起"是一个好的建议。无论我们的经验和我们倡导游戏的方式是什么，我们都需要坚持、专业并全力以赴。
>
> 在过去，我们的"工具包"是关于游戏的档案袋或者装有游戏资源以及如何倡导游戏的文件夹，里面包括许多东西，有宣传页、目录、清单、印刷品、研究报告以及政策资料。我们仍然建议游戏工具包应该包括一个实用的档案袋或者文件夹，但是我们有许多资源现在都是电子版的。这使它们更便于存档和分享——分享就是在倡导游戏。
>
> 倡导游戏的工具包不仅应该包括资源和信息，还应该包括激励我们承担使命和坚持下去的经验和感受。当我们对游戏在儿童健康发展和学习中所起的作用了解更多时，我们会变成更加见多识广的游戏倡导者。通过尊重并享受儿童生活中的以及我们自己生活中的游戏，我们维持着自己的精力和驱动力。在倡导游戏的时候，利用知识、价值观以及我们的情感，我们将变成更加有效的游戏倡导者。下面的活动和资源是倡导游戏的工具包的第一步。

用游戏做游戏

- 游戏！游戏是人类的基本活动。一定要把理论付诸实践。我们所有人都知道，成人以及儿童都需要游戏。在阅读本书的时候，你要把关于游戏重要性的知识变成现实。花点时间去游戏。为什么游戏对你来说是重要的呢？你如何选择游戏？
- 你对游戏的经验和记忆是什么样的？你在童年的时候玩游戏吗？你曾在哪里玩游戏？那时候你玩什么游戏，跟谁一起玩？根据记忆，用你自己从婴儿到现在的游戏经历创建一个文件夹或者剪贴簿。
- 采访一位年长的家庭成员，询问你的家庭中有哪些常见的、传统的游戏或规则游戏。描述你的家庭和文化中的游戏遗产。游戏如何反映你的家庭所在地区的背景、文化和语言？

- 绘制一幅游戏地图。打印一张地图并标出你所在社区的儿童和成年人在哪里玩游戏。标出户外游戏空间——安全的开放空间、公园和游戏场地。识别哪些空间是私人空间和公共空间？有没有室内游戏空间，如儿童博物馆、休闲娱乐中心以及健身房？为了支持游戏，你的社区需要些什么？

- 了解更多幼儿教育工作者的工作和他们倡导游戏的方式。参观一项以游戏为中心的幼儿教育项目并写一篇详细的幼儿游戏观察记录，观察记录的时间为10~20分钟。对一位教师进行一次非正式采访，了解在以游戏为中心的课程环境中实施课程的机遇与挑战。随着阅读本书和你对游戏了解的加深，继续你的观察和讨论。这些教师和你的同事以何种方式倡导游戏？

扩大倡导游戏的工具包

第1章以关于倡导游戏的会话开始。在接下来的几周里，你会有许多机会扩大自己倡导游戏的工具包。你可以把在学校和社区里的观察记录放在里面，也可以把从阅读物和讨论中收集到的信息放在里面，还可以把搜集到的网络资源放在里面。我们希望等过了一周又一周之后，随着你对游戏指导方式的扩展，你会发现更多的例子，在你的工具包里增加更多的资源，为倡导游戏找到更多的机会。成为一个游戏倡导者需要时间。因此，我们会在本书的最后一章对倡导游戏的讨论做一个总结，聚焦于如何使用工具和资源有效地倡导游戏。

小　　结

- 游戏处于以发展为基础的课程的中心。把游戏放在课程中心的基本原理就是幼儿（学习者）的发展特点应该是课程的核心。本书列举的证据说明游戏是幼儿的基本活动，也是幼儿发展的核心力量。因此，基于儿童发展的教育项目就是一个以游戏为中心的教育项目。游戏同时也是儿童发展的一个方面，是儿童发展的源泉。游戏是儿童正在发展中的人格、自我意识、智力、社会性和身体素质的表现方式。同时，儿童通过游戏将他们的精力用在自己选择的活动之中，这些活动会刺激儿童进一步的发展。

  - 以游戏为中心的课程根植于四个方面：幼儿教育从业者的智慧、关于儿童游戏的研究和理论、儿童发展与学习领域中的研究和理论以及教育历史学家的著作。

- **游戏作为幼儿教育课程的中心：一种实践的模式。**教育者开发出一种包括游戏、日常生活活动和教师计划的活动的课程。游戏包括儿童自发的游戏、教师指导的游戏以及教师主导的游戏。然而，实际上，这些分类方式不是单独存在的。在以游戏为中心的课程中，根据儿童的发展和对儿童学习、兴趣、优点以及需要的期待，几种游戏方式之间的平衡会发生变化。

- **幼儿教师如何看待游戏。**本章，我们从对四位教师的采访中选取了素材，他们从多个方面反思了以游戏为中心的课程。安娜讨论了她如何改变教室的空间安排，并投放了能反映儿童家庭文化的材料，培养儿童的读写、数学、艺术和社会发展能力。幼儿园教师兰迪强调游戏在满足儿童个体社会性和情感需要方面的作用。学前班教师帕特讨论了什么是"好的游戏"这个问题的答案如何取决于一个儿童或者一组儿童。她还谈论了以游戏为中心的课程的评价。小学一年级教师克里斯廷重点探讨了在儿童发展中选择的重要性，以及游戏如何向儿童提出挑战，让他们在舒适的环境中使用正在发展中的学业技能。

- **游戏与发展适宜性实践。**发展适宜性实践是全美幼教协会用来描述教育项目的一个术语。这些教育项目是根据儿童发展理论和研究而设计的，用来满足儿童发展的需要。全美幼教协会最近的出版物及立场声明——《幼儿教育项目中的发展适宜性实践：服务从出生到8岁的儿童》把重点放在游戏在儿童的发展和学习中的核心作用方面。科普尔和布雷德坎普解释说这份立场声明反映了最新的研究结果以及对更广泛的社会背景的认知，包括儿童生活的环境。2009年发布的立场声明反映了幼儿教育者的一个核心价值观，即认可童年既是一个学习的时期，又是一个用来"欢笑、爱、游戏和拥有乐趣"的时期。

- **以游戏为中心的课程的评价标准。**目前幼儿学习标准与州共同核心课程标准都试图回答这个问题："学生应该学习什么以及他们应该何时学习这个内容？"许多幼儿教育工作者都被要求在教育中突出州政府所采纳的学习标准或抱有的教育期待，把课程和评价与那些标准联系起来。在本章，我们探讨了一些与发展和实施早期学习标准和州共同核心课程标准相关的可能性和关键挑战。

- **教师的关键作用。**我们主张教师在以游戏为中心的课程中的关键作用。以游戏为中心的课程是一种不断发展中的课程——一种生成性的、变化着的课程。知识渊博的教师使用各种各样的技巧，认真安排一系列活动，从儿童自发的游戏到教师指导的游戏、教师主导的游戏,再到以学科为导向的教学活动,然后再回到游戏中去。这些活动的安排应该来源于班级中儿童个体的发展需要,并与他们的需要保持一致。

- **倡导游戏**。幼儿教育工作者寻找许多方式倡导游戏。这一系列努力包括在人际层面、教育项目层面、学校层面、社区层面以及州、国家甚至国际层面上倡导游戏。当我们倡导游戏的时候,我们利用自己的知识、价值观和感情,使我们成为更有效的游戏倡导者。

知 识 应 用

1. 写出以游戏为中心的课程的基本原理。

    a. 从本章的案例中或者你自己的观察结果中举例说明。

2. 描述一种实施以游戏为中心的课程的模式。

    a. 解释定义:儿童自发的游戏、教师指导的游戏和教师主导的游戏。

    b. 讨论教师在平衡游戏、日常生活活动和教师计划的活动时需要考虑的两个问题。

3. 总结被采访的四位教师的主要观点。

    a. 采访一位来自幼儿园的老师,了解他在课程中使用游戏的情况。

    b. 写出采访的结果,说明为什么你认为游戏应该被置于课程的中心位置。

4. 解释全美幼教协会提出的针对儿童自发的游戏或者教师指导的游戏有关的发展适宜性实践中的立场。

    a. 阅读本章引用的一篇参考资料,讨论它如何有助于你形成有关幼儿发展适宜性实践的观点。

    b. 在一家幼儿教育机构中观察一个有特殊教育需要的儿童游戏时的场景,把你的观察与全美幼教协会的立场声明联系起来。

5. 讨论开发和实施幼儿学习与发展标准所面临的挑战与机遇。

    a. 与两位正在实施早期学习标准或者州共同核心课程标准的教师谈一谈他们对于机遇与挑战的看法。

    b. 阅读并讨论本章中引用的关于学习标准的参考文献中的一篇,说说你还有什么问题。

6. 解释为什么在以游戏为中心的课程中教师的作用很关键。

   a. 参考本章中的两个案例或者你自己观察到的案例。

7. 描述为了成为游戏倡导者，教师可以做的一些事情。

   a. 实施并反思"用游戏做游戏"这一部分中所描述的一个活动，为你的游戏工具包增加一些素材。

   b. 根据推荐书目，按照出版社网站上的说明为你的游戏工具包增加一些内容。

   c. 写出你这个学期就可以开始的有关倡导游戏的两个活动计划。

第 2 章

游戏与发展理论

学习目标

➤ 描述关于"遗传决定论—环境决定论"的争论,以及你如何理解建构主义理论对这一争论的贡献。

➤ 解释让·皮亚杰发展理论中图式的作用以及同化与顺应的动态平衡过程。

➤ 说明你如何理解社会经验和游戏在维果斯基发展理论中的核心地位。

➤ 简要描述乔治·米德关于儿童发展的三个阶段(游戏阶段、规则游戏阶段和泛化的他人阶段)并举例说明每一个阶段与儿童游戏的关系。

➤ 讨论埃里克·埃里克森描述的前四个心理社会发展阶段以及儿童如何利用游戏在每一个阶段(信任、自主、主动和勤奋)取得进步。

📝 5岁的苏菲带回家一张画有大蝴蝶的画，她自己还在画的一角认真地写上"ＢＴＲＦＹ"几个字母。她的家长找到老师，担心她的错误拼写方式会影响她秋季进入学前班后的学习。📩

罗西安娜老师带的小学低年级混龄班的儿童深深地陶醉于第三周的项目活动——开饭店。他们用纸和橡皮泥制作比萨、菜单、侍者的制服、用于交易的纸币，他们还讨论了为这个饭店制作一个网站。一组儿童制作了餐具垫和一个写有"别忘了橄榄"的比萨饼店广告，他们还在思考是否要在菜单中加入寿司。校长对这个以游戏为中心的项目活动的价值提出质疑，不明白它如何能够达成学区制定的学习标准。📩

教师如何回答关于在教室中开展游戏的问题呢？教师可能最经常引用的陈词滥调是"游戏是儿童学习的方式"或者"游戏是儿童的工作"。但是，游戏如何促进儿童的发展和学习呢？游戏与某种系统的工作方式有关，还是游戏只是儿童在幻想中翱翔的证据，抑或是我们给予儿童的自由？

为了回答这些问题，我们需要整理关于游戏的本质以及它是如何发展的知识。尽管其他动物也进行游戏，但是有些游戏只有人类才有能力玩，其中包括运动游戏、假装游戏、规则游戏。经过这些阶段的发展，游戏为儿童的智力、创造力、想象力、自我概念以及以积极的、道德的、合理的方式与他人互动能力的发展奠定了基础。在本章以及后面的各章，我们将探讨游戏如何有助于儿童的发展，如何整合身体、社会情感以及认知能力等因素，培养全面发展的儿童。许多教师发现如何解释游戏在儿童发展中的作用及其在教室中的地位是一项挑战，因此探讨有关儿童发展的理论将帮助教师应对这一挑战（Sherwood & Reifel，2013；Smith & Gosso，2010；Trawick-Smith & Dziurgot，2010；Wood，2010；Broadhead & Wood，2010；Howard，2010；Jones & Reynolds，2011；Kuschner，2012）。

尽管我们主要关注游戏在儿童发展中的作用，但是我们也不能对这一事实视而不见，即游戏是欢笑、幽默、创造性和美的源泉。它使我们的内心充满幻想，使我们对未来充满想象。它帮助我们坚持努力，探索各种情感。它会给我们带来自主和快乐，使我们成为真正的人。记住这一点，我们邀请你思考发展本身如何促进游戏——人类存在的一个基本内容。

在本章，我们将探讨童年期游戏发展的主要理论。在根据儿童和教师的日常生活创立一种实践理论之前，我们从讨论发展心理学中更为经典的理论开始。

游戏和发展的建构主义理论

在历史上，人们曾经试图理解人类如何从弱小的婴儿发展为具备各种能力的成人。在西方，这曾经引起有关"遗传决定论"和"环境决定论"的争论。"遗传决定论"提出成人的能力存在于婴儿的基因之中，只需要培育就可表现出来。"环境决定论"认为成人的能力是通过经验形成的，而且这种经验是以成人的形式反映出来的。建构主义涉及遗传论和环境论这两种理论。

建构主义出现在19世纪晚期和20世纪早期，它认为在社会和物质环境中发展着的儿童通过每天应对挑战来探索和适应环境。此外，它还认可游戏在儿童发展中的核心作用。在本章中，我们主要学习四位"经典"的建构主义理论家的思想，并探讨这些理论如何通过以游戏为中心的课程，帮助幼儿教育工作者理解并支持儿童的发展。这些理论家是：

- 让·皮亚杰（Jean Piaget）（1896—1980）。
- 列维·维果斯基（Lev Vygotsky）（1896—1934）。
- 乔治·赫伯特·米德（George Herbert Mead）（1863—1931）。
- 埃里克·埃里克森（Erik Erikson）（1902—1994）。

这些理论家有着类似的建构主义思想来源。实际上，这个相似的来源反映在他们的书名之中，比如米德（1934）的《心灵、自我与社会》（*Mind, Self, and Society*）、埃里克森（1950/1985）的《童年与社会》（*Childhood and Society*）、维果斯基（1978年出版的英文版）的《社会中的心智》（*Mind in Society*）以及皮亚杰的论文（1995年发表的英文版）《社会学研究》（*Sociological Studies*）。他们的理论差异在很多方面反映出他们生活的时间、地点以及他们的兴趣、背景和专业教育（Beck，2013）。最重要的是，这些理论反映了这些理论家就人类如何发展所提出的具体问题。

皮亚杰的发展理论与游戏

尽管让·皮亚杰主要研究了认知发展，但是他的理论也强调了社会性、道德、语言和情感发展。皮亚杰把知识的发展看作调整儿童早期认识事物的方式，使之变成更适合、更概括的认识方式的渐进过程。他指出,儿童通过普适性的智力发展阶段逐步发展。生命的前两年属于感知运动阶段,这一阶段还可以细分为六个小阶段。在此阶段,儿童对世界的理解是通过动作和感觉信息的协调逐步建构的。但是,儿童缺乏在象征性游戏中反映出来的表征能力和语言。

下一个儿童发展的主要阶段为前运算阶段,通常发生在2—7岁,还可以细分为三个小阶段。前运算阶段的儿童缺乏与逻辑思维相关的大脑运算能力。这个阶段有时也被称作前概念阶段,因为这一阶段的儿童不能形成真正的概念,而这些概念是儿童进行分类、认识事物之间关系的基础。

第三个阶段是具体运算阶段,包括三个小阶段,通常出现在7—12岁。这一阶段的特点是能够看到儿童出现了典型的、可以被证实的理性和逻辑思维。然而,他们的思维仍然与真实的物品相关,而且与具体事物的特点紧密相关。

接下来是形式运算阶段,从青春期早期开始,可以分为三个小阶段。在此阶段,儿童的思维逐渐摆脱了具体事物的限制,出现假设—演绎思维的特点。在皮亚杰职业生涯的晚期,他很少对各个时期进行正式的定义。

皮亚杰的理论通过强调儿童自发的、自主的活动,把儿童置于建构的中心(Mooney,2000;Saunders & Bingham-Newman,1984)。在幼儿时期,无论在独自游戏中还是在同伴游戏中,儿童通过自发、自主的活动建构知识的情况都是与游戏联系在一起的。

在皮亚杰的建构主义理论中,知识的学习不仅仅是从环境中收集信息或者模仿其他人的行为,而是基于个体带给每个环境中的内容而获得的。儿童已经建构的图式或者思维模式,会随着儿童根据已有的知识理解新经验得到修改和增补。

当一位家长给两个男孩读故事书时,书中出现了"看不见"(invisible)这个词,4岁的基姆向他的朋友托尼解释这个词是什么意思。"就像你走进一个看得见的地方(go inside visible),然后在看得见的地方,就没有人能看见你了!"基姆说道。然后,托尼点了点头表示理解。基姆的解释来自他在藏猫猫游戏中获得的经验,即如果你藏在某个地方,你就不能被看见了。

根据皮亚杰的观点,知识的建构方式是不断地适应;人类以不断修改自己与环境互动的方式来满足自己的需要(参见:Piaget,1962,1963,1947/2003)。

皮亚杰提出了互动的过程是同化与顺应的过程,这一互动过程是发展与学习的源泉。在同化过程中,新的经验加入到已有的思维结构中,并由已有的思维结构加以解释。最为重要的是，新经验不像在杂货清单上增加新项目一样，不是简单地加到已有的经验之上。相反，要改变新经验来适应个体思维现有的结构或"模板"。举一个玩橡皮泥或者黏土的例子进行说明。儿童可以根据已有的经验，对像黏土一样的物质进行捏、拍、印模、搓等活动：

> 当卡亚遇到一种由玉米淀粉和水组成同时具有某些黏土特性，但不同于黏土的物质时会发生什么？可能她对这种新材料从她的手指缝漏下去而不是形成一种形状而感到很吃惊。卡亚努力顺应这些新材料提供的差异，因为卡亚将来会把已经改变了的同化结构应用到类似于黏土的物质中。[1]

在皮亚杰的理论中，顺应是对同化的补充。顺应能使思维结构发生改变以适应新经验。顺应是一个过程，新图式或者思维模式通过这一过程产生出可能的行为——改变已有的模式来接受新的信息。顺应使我们能够应对环境中出现的挑战，例如，卡亚本以为老师给她准备的是橡皮泥，可出现的却是一种新材料，解决这个游戏中出现的惊奇事件，就是应对环境中出现的认知挑战。

同化能让我们根据已有的知识来理解我们的经验。它让我们巩固、泛化，并在新情境中应用我们目前的思维结构。顺应向我们提出挑战，使我们做出改变并适应新信息。

根据皮亚杰的理论，这些过程中存在着不断交互的作用，这些交互作用会根据哪些适合和哪些不适合我们的图式而交替产生冲突和平衡状态。当意识到一个新想法或新概念不适合我们的思维结构时，我们的思维模式就需要改变，我们的思维进而就能得到持续发展。通过同化与顺应的交互作用，儿童平衡自己的内部状态，满足他们智力发展的个人需要。

在幼儿时期，同化与顺应的过程不断产生波动。首先，思维模式是适应新情境的。然后，带来矛盾的新要素出现了。之后，思维结构发生改变以适应这些新要素。这个建构与扩展的过程标志着幼儿关于这个世界运转方式的早期思维，从个人的想法和概念发展为更稳定的、内部思维模式与外部世界（与他人观点是协调一致的）之间更具可预测性的关系。

由于幼儿对世界的理解与他接触的环境紧密相关，并且缺乏成人思维的稳定性，所以他们的行为主要由游戏主导，他们同化现实以满足当下的需要，转换成自己当下

---

[1] 卡亚再次使用"类似于黏土的物质"这个概念时，她的认知结构中就增加了这种新材料，而在此之前却没有。——译者注

的观点。通过游戏和同化作用，幼儿改变真实的想法以服从于自己当下的需要和需求。

三种类型的知识

皮亚杰提出了三种主要的知识类型：物理知识、逻辑—数理知识和社会知识。在游戏中，儿童的三种知识都得到了发展。物理知识（physical knowledge）来源于物体操作活动，让他们能够对物体的物理特性进行概括。例如，通过游戏中的实际操作，儿童可能发现石头会沉入水底，而软木塞会浮在水面上，积木堆叠得太高可能会倒，沙子和水可以用来建模。

逻辑—数理知识（logical-mathematical knowledge）是儿童在反思物体与动作之间的关系之后建构的，例如，比较两个球的大小或者两块积木的相对长度。在逻辑—数理知识中，儿童使用的概念不是来自物体本身，而是来自儿童发现的关系之中。物理知识和逻辑—数理知识这两种类型的知识是通过儿童自己的经验建构的，游戏对二者的发展起着关键作用。

相反，社会知识（social knowledge）是他人给予的，包括事物的名称以及社会传统，例如，吃快餐时或者在集体环境中的恰当行为。这类知识属于知识链条中比较灵活的那部分内容，它依靠模仿和记忆获得。然而，社会知识的应用也依靠通过逻辑—数理知识创造的智力结构。正如卡米（Kamii，1982）指出的，"褒义词"和"贬义词"这样的分类知识来自社会经验，但是正是儿童有关分类的逻辑—数理知识，使他们学会判断什么时候成人不允许他使用某个词。

实际上，物理知识、逻辑—数理知识和社会知识在任何幼儿教育的情境中都密切相关，下面的例子会让我们看到这一点。

象征性思维通过假装游戏得到发展

4岁的伊妮德正在帮助助理教师玛德琳把食物摆放到餐桌上。玛德琳指导说："每个盘子里都需要一块饼干。"伊妮德从盒子里取出饼干，在每个盘子里放了一块，满眼期待地看着老师。"那里，"玛德琳说，"让我们一起数一数（盘子）吧——1、2、3、4、5、6、7。"伊妮德跟着她的老师数。"现在让我们数一数饼干吧——1、2、3、4、5、6、7。"她们又一起数了一遍。玛德琳问:"如果每人一个杯子,我们需要多少个?"

伊妮德从一摞杯子中小心地拿出一个,把它放在每个装有一块饼干的盘子旁边。当她放下杯子的时候,有两个倒了,她把它们直立起来之后,专心地看着桌面上摆放得不整齐以致把空杯子挤得要倒的地方。在她放下另一个杯子之前,她把手伸到桌子其余的地方寻找一个平整的地方。

伊妮德带着期望的眼神看着玛德琳,用她的手指指着第一个杯子。"1、2、3,"她开始数,接下来有点犹豫。玛德琳跟着她一起数,"4、5、6、7,"她们数完了7个数字。然后,老师总结道:"7个盘子、7块饼干、7个杯子。"伊妮德很有成就感,脸上绽放出了笑容。"你愿意摇铃让大家吃点心吗?"玛德琳问。伊妮德点点头,转身离开去摇铃。

在这个案例中,我们看到伊妮德建构了关于在餐桌上摆放饼干和杯子的物理知识。她学习了有关如何在平整和不平整的表面上保持物体平衡的知识。伊妮德也建构了关于杯子和桌子表面之间关系的逻辑—数理知识,还学习了一一对应知识。玛德琳用一一对应的方式帮助她数数,向她展示了7个盘子、7块饼干和7个杯子是相等集合的概念。玛德琳还帮助她学会了英语中数字名称和数序的社会传统知识,以及杯子对应于盘子的位置。伊妮德使用了摇点心铃的知识,叫她的同学来享受她的劳动成果。教师理解并支持儿童学习的能力,取决于他们辨认儿童已经建构的知识类型的能力,并找到策略去强化这个建构。如何提供机会让儿童建构他们自己的学习能力并应用他们通过游戏活动从他人那里学到的知识,这对于教师来说是一项挑战。

皮亚杰:游戏发展阶段理论

皮亚杰的理论与游戏研究密不可分。他的许多重要作品都包括他观察自己的三个孩子在生命前2年的游戏以及他在瑞士日内瓦幼儿园观察其他孩子游戏的记录。

在他的重要著作《儿童期的游戏、梦和模仿》(*Play, Dreams and Imitation in Childhood*, 1962)中,游戏成为他的理论核心。他展示了儿童表征世界的能力是如何通过一系列阶段而得到发展的——在这些阶段,同化和顺应过程逐

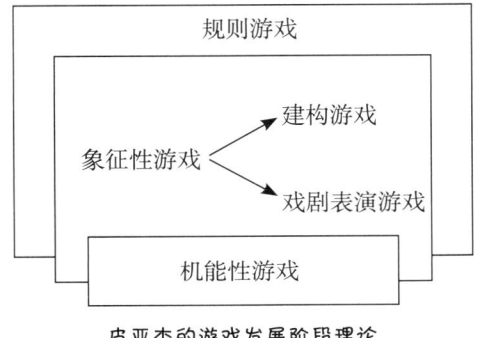

皮亚杰的游戏发展阶段理论

渐地、更好地彼此协调一致。儿童表征自己内心关注点和理解的能力在他们的游戏中显露出来，并通过一系列阶段逐渐发展。随着每个新阶段的发展，它综合前面所有阶段游戏的可能性。在下文中，我们将简要描述这些阶段。

练习性游戏或机能性游戏：儿童发展的第一阶段叫作练习性游戏或者功能性游戏（functional play）阶段，这是感知运动智力（sensorimotor intelligence）阶段的主要特点。练习性游戏或者机能性游戏被皮亚杰（1962）叫作"快乐地展示自己已经学会的动作"的游戏。在这样的游戏中，儿童用物品或者他们自己的身体不断地练习他们的动作图式。它通过婴儿的游戏展示出来——婴儿通过不停地用手臂和腿抓、拉、踢、推等来享受掌握这些动作的乐趣。儿童在参与其他活动的时候，例如，溅起水花、筛沙子、吹号或者骑自行车等，这种练习性游戏还会持续进行下去。练习性游戏或者机能性游戏在整个童年期和成年期一直都是一种主要的活动形式。有多少成年人在打电话的时候会信手涂鸦，享受慢跑或者随着音乐跳舞的乐趣？在人的一生中，练习性游戏始终是人获得发展和快乐的重要来源，也是学校课程的基本特征，在后面的章节中会加以论述。

象征性游戏：象征性游戏（symbolic play）开始于儿童大约18个月的时候，是前运算智力（preoperational intelligence）阶段的主要特点。象征性游戏包括使用心理表征（mental representation）来进行假装，即用一个物品假装另一个物品或者假装某个角色。象征性游戏为以后的抽象思维能力以及组织工作和游戏经验的能力的发展奠定了基础。皮亚杰描述了象征性游戏的三种主要形式：建构游戏、戏剧表演游戏和规则游戏，这些游戏形式与概念性思维的发展相一致。

首先，建构游戏（constructive play）把练习性游戏或机能性游戏与各种更复杂的象征性游戏形式自然地联系起来。在建构游戏中，儿童用一些具体的物品代表其他的物品；用积木或者橡皮泥代表一座房子是典型的例子。建构游戏的目的就是使具有象征意义的物品在思维表征中尽可能接近被表征的物品。

> 3岁的桑迪正在寻找尺寸和数量合适的小棍，以便在她的生日蛋糕上插上5根蜡烛。

紧随建构游戏之后的就是戏剧表演游戏（dramatic play），有时两种游戏形式也会重叠出现。这种游戏包括创造想象中的角色和情境，建构出假想的物品，但是表征形式更加抽象。儿童不再简单地用物品代表其他物品，他们使用手势和语言创造假想的角色，创造具有复杂主题、人物和脚本的情境。有时候，这类游戏是自然发生的社会性戏剧表演游戏，包括与他人协商扮演的角色和表演的主题。有时候，儿童也可能独自进行这类游戏，由一个人完成多个人物、主题和各种情境的表演。

在乔希用积木搭建了一座车库并把一辆玩具汽车停在里面之后，他假装一家人挤进汽车并开车去海边旅行。

桑迪在扮演一个过生日的女孩，她邀请几个孩子在生日派对上扮演客人。她"吹灭"生日蜡烛，其他人分享她用沙子做的生日蛋糕。

象征性游戏、建构游戏和戏剧表演游戏对儿童的智力和社会性发展提出了挑战。当他们掌握了这些游戏时，他们就为玩规则游戏奠定了基础。规则游戏大概出现在六七岁，并作为主要的、外显的游戏形式从童年中期、少年期一直持续到成年期。外显的游戏是一个重要的概念，因为年龄大一些的儿童和成人在幼儿期之后一直进行建构游戏和戏剧表演游戏，但是常以更隐蔽的形式进行。

戏剧表演游戏和建构游戏以个人幻想、假设—演绎

逼真的玩具可以促进儿童开展游戏

思维（hypothetical-deductive thinking）的形式出现，丰富了成人的内心感受，就像外显的戏剧表演游戏丰富了幼儿的生活一样。

规则游戏

规则游戏（games with rules）需要游戏者遵守一系列主导游戏的外部社会规则。在皮亚杰的理论中，这类游戏标志着儿童从前运算阶段过渡到了具体运算思维（concrete operational thought）阶段。在这类游戏中，规则可以在游戏开始之前由游戏者约定，也可以由孩子们一边发明游戏一边协商。成人协商规则以及遵守已定规则的能力的基础，是在儿童早期阶段社会性戏剧表演游戏中常见的临时商量规则的活动中奠定的（参见：Piaget，1965c）。

皮亚杰（1962）还对象征性游戏的情感特征进行了理论梳理，探讨了情感宣泄或者情感的"综合消除"，即在游戏中允许儿童通过破坏性行为进行情感宣泄。他还探讨了象征性游戏的补偿功能，认为象征性游戏能够提供机会"解决"儿童真实生活中的困扰或者不愉快的事情。例如，一个孩子打洋娃娃的屁股可能是在宣泄他自己受到惩罚时的愤怒情绪。整晚都在森林中狩猎的游戏，可能反映了儿童对于自己在天黑之后不被允许待在外面的反抗。

维果斯基：发展与游戏

列维·维果斯基是一个建构主义理论家，他主要阐述了儿童的发展与学习在文化和历史背景下如何通过社会性互动而发生。他的重要著作《社会中的心智》论述了永远不要离开社会、文化和历史背景去考虑或讨论心智。

维果斯基的理论对幼儿教育实践与研究的影响不断扩大。维果斯基认为在社会环境中的冲突和问题解决，正如假想和游戏一样，是儿童发展的基本特点（Berk，1994）。在本章，我们将探讨他的理论中的四个重要的社会认知过程：最近发展区、从人际交往知识到内省知识的过渡、心理工具的获得以及从隐性规则到显性规则的过渡。

最近发展区

维果斯基创造了"最近发展区"（zone of proximal development，简称ZPD）这个词，是指作为社会互动的结果，儿童的理解力得到进一步发展所需要的情境。他论述道，当儿童投入能够产生这个区域的社会和认知合作活动时，他们的表现超越平时的水平。维果斯基解释说游戏是发展的基础，事实上也是发展的源泉。他说："游戏是发展的源泉，能够产生最近发展区"（1967，p. 16）。

通过观察儿童的象征性游戏，教师能够发现新概念、技能和能力如何出现在每一个孩子与其他孩子开展的游戏中。

> 斯蒂文和安东尼在户外游戏场地的隧道附近玩游戏。斯蒂文趴着，假装痛苦的样子，呻吟着说："你给我吃点药吧。"安东尼假装喂他药，斯蒂文跳起来，宣布："我的病好多了。"然后安东尼成了病人，斯蒂文喂他药。他们俩人轮流着玩了两次。安东尼说："我饿了。"然后，他们冲进教室去取他们的午餐盒，拿着一个脆饼干回到户外游戏区。斯蒂文举起饼干问："这是什么字母？"安东尼回答说："什么字母也不是。"然后，斯蒂文咬了一口饼干。安东

尼喊道："现在它变成了字母 B。"然后，他继续咬自己的饼干。"什么字母？"斯蒂文喊道。"字母 O。"安东尼回答。最后一口饼干吃完了。斯蒂文伸出他的空手问道："现在是什么字母？"安东尼高兴地喊道："没有字母！"他俩一起倒在地上大笑起来。

安东尼和斯蒂文创造了一个最近发展区，在这个发展区中他们对字母的理解能力得到了发展。在将游戏视为最近发展区的来源时，我们强调共同建构（co-construction），也就是说，由游戏者合作建构一个假想的事实，并由他们协商的规则来维持这个游戏。由于对于幼儿来说，与他人建立关系是最重要的，所以他们愿意与他人进行假装活动，这使他们接受并发明新的象征性的意义，规范自己的冲动，合作建构假装的事实。正如这个案例所展示的，儿童共同建构知识，这在很多幼儿教育环境中都能够观察到。

学习中的人际交往与内省智力

维果斯基对于人们理解游戏和发展的另一个重要贡献是，他声称发展中的每个能力都首先发生在社会或者人际的（interpersonal）层面上，然后发生在个人或者内省的（intrapersonal）层面上（Vygotsky, 1978）。在这个理论看来，儿童与成人之间的社会互动或者同伴之间的社会活动能够促进儿童的发展，也最为重要。

在多数文化中，这包括童谣和婴儿游戏。婴儿听到的人际交流模式，不仅包括语言的结构，还包括节奏和语调。下面的文章《一个妈妈用母语跟她的孩子玩游戏》具体解释了这一理论。

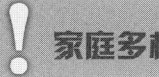
家庭多样性　一个妈妈用母语跟她的孩子玩游戏

> P 太太用菲律宾方言跟她 18 个月大的儿子玩挠痒痒游戏。她用左胳膊抱着他，把右手高高地举过他的头顶，说："卡贡的风筝，风筝。"
> 她的儿子专心地看着她把手伸向自己，她的声音也越来越具有戏剧化。
> "它要落在哪儿？"
> 她把手向下伸，去挠他的前胸，他们两个都大笑起来。
> "这里！这里！"

幼儿不断地与他人一起学习新概念或者技能，例如，艾米在水箱旁边和她的同伴一起学习如何用漏斗试着往气球里装水。然后，她在家中的洗澡盆里试着使用她的新概念和技能。在学校里，儿童通过正式的和非正式的活动向成人和其他儿童学习。

通过这种方式,他们能够根据具体时间和文化环境来理解各种活动以及成人的角色。

在退休晚宴上,当列尼被问到从她开始教书到现在的30多年时间里幼儿教育的变化情况时,她是这样说的:

> 油画和素描画方面的活动还是跟从前一样。但是在书写以及假装书写方面情况就不同了。在有计算机之前,我就开始教书了。在20世纪80年代,当孩子们玩"办公室游戏"时,他们假装用旧的立式打字机打字。现在孩子们用电脑——不仅仅是玩假装游戏,而是用真电脑写邮件并发送班级电子邮件。此外,我记得自己在上二年级的时候,还学习用抽水钢笔写字,我们的课桌上还有墨水瓶。
>
> 我开始教书的地方是一个农业区。当孩子们在外面玩游戏的时候,他们假装开拖拉机和卡车。他们会从园子里"摘"些食物去"做饭"。有时候他们会摆水果摊。现在,我班上的孩子们会假装去超级商场——他们开着面包车或越野车,还会玩去上班的游戏。
>
> 部分差异反映了孩子们带到学校的内容是什么。但是,我认为大部分差异来自我所做的事情。
>
> 我总是通过有目的地创设环境和计划课程来反映家庭生活。如果你今年走进我的教室,你会看到孩子们来自许多不同文化和国家的家庭。我们已经习惯于使用彼此母语中的简单用语。我已经说西班牙语好多年了,现在我在学习说汉语普通话。

获得心理工具

维果斯基(1978)解释道,人类利用工具使事情变得可能并且更简单。有些工具是具体的物品,例如杠杆和轮子,它们会使物理工作变得更简单。杠杆和轮子是简单的工具,其他工具则是复杂的,它们常常把几个简单的工具结合起来(例如,汽车的马达)。

心理工具(mental tools)是人类进化和文化发展的要素。心理工具有时候被称为"思维的工具"(Bodrova & Leong, 2007)。心理工具常常使认知以及物理活动更可能实现和更简单。例如,语言,无论是口头语言还是手语,都是沟通中的核心心理工具,特别是在对更抽象的想法和概念进行沟通时。科技,例如平板电脑、电脑和社交媒体,都是心理工具的例子。来自各种文化以及各个时期的儿童都从他人——同伴以及成人那里学习使用心理工具。教师知道有些心理工具对于成人来说可能看起来相当简单，但是对于幼儿来说却是挑战。后面的章节会列举许多例子，以说明心理工具的获得以及它们在语言、技术、科学、数学和艺术领域中的应用。

在下面的案例中，元认知策略的使用就是一个心理工具。伊莱贾通过说"放在一根线的上面，两根线的下面"来确保他能按照自己正在编织的模式进行编织。

> 山姆（5岁）和伊莱贾（8岁）就读于同一所课后儿童托管中心。一天下午，山姆看见伊莱贾在用一个手工纺织机进行编织。
>
> 伊莱贾："你想试试吗？"
>
> 山姆："我不知道怎么编织。你怎么知道下一步要干什么？"
>
> 伊莱贾："这儿。看。我在编织这个图案。我把这根线放在另一根线的上面，两根线的下面。看，它穿过一根线的上面，两根线的下面。你试试。"
>
> 山姆："一根线的上面。好的，下面。这不对。"
>
> 伊莱贾："你帮我编织这一行吧。把那根线（绿色的）向下拉。现在我往上拉（绿色的）。好，现在再把那两根线拾起来——红色和橙色的——然后我向下。记住，一根线的上面，两根线的下面。一根线的上面，两根线的下面。跟我一起说：'一根线的上面，两根线的下面。'"
>
> 山姆："这太复杂了。"
>
> 伊莱贾："那你下次再试吧。"

理解规则

维果斯基阐明了儿童对规则的理解是如何发展的。他声称，所有的游戏都有规则。随着儿童的发展进入新的水平，这些规则变得更加清晰。按照这样的方式，规则不清晰的戏剧表演游戏（假装游戏）为规则清晰的游戏奠定了基础。戏剧表演游戏中的规则主导角色的分配、行为以及游戏情节。例如，"爸爸们像这样摆手"和"消防员必须先把他们的消防水管挂起来"。然而，在戏剧表演游戏中，儿童理所当然地遵循这些规则直到游戏者之间因意见不一致，产生冲突。然后，儿童会维护自己所认为的规则，用来主导游戏中的人物行为和假想事件。

随着儿童开始能够明确表达自己对于规则的想法，他们也开始遇到自己周围的同伴和成人提出的想法。这些规则来自儿童的经验和他们的家庭以及文化背景。在游戏开始之前，协商游戏规则的能力就开始发展了，例如跳棋游戏。对于发展迟缓的儿童、情感遇到困惑的儿童或者家庭和学校对他们期待不一致的儿童来说，协商游戏规则特别具有挑战性。然而，一个以游戏为中心的幼儿园课程的根本是儿童对社会规则的相互理解,例如,扔积木或者扬沙子可能伤到其他儿童。有鉴于此,儿童开始理解为什么商定规则对于社会的运行是至关重要的。

维果斯基的象征性游戏的水平

维果斯基还为我们理解游戏如何与象征性思维发展水平相关做出了贡献。他观察到非常年幼的儿童利用物品本身去理解这个物品的意义,因此这类儿童还无法进行抽象思维。在象征性游戏中,儿童利用物品来表征想法、情境和其他物品。用于表征其他物品的物品叫作"物品替代物"(pivots)。儿童使用物品替代物来表示对单词意义的思维表征。例如,当山姆在他的厨房游戏中选择一本书来表征一个墨西哥卷饼时,他用一个能够打开并合起来的物品表示他的"墨西哥卷饼"这个名词概念,让它看起来像一个真正的墨西哥卷饼。当儿童的表征能力开始发展时,物品替代物就变得不那么必要了。物品替代物的意义可能完全出现在儿童的头脑之中,例如通过一个想象中的物品来表征。对于维果斯基来说,

对于维果斯基来说,儿童在游戏中使用物品意味着其思维发展进入了一个关键阶段

儿童在游戏中使用物品以促进物品替代物的意义在头脑中的发展,标志着其思维发展进入了一个关键阶段(参见:Vygotsky,1967,1978)。

米德:游戏和自我的发展

在所有的幼儿教育机构中,教师都试图理解并促进儿童自我概念的发展。在《心灵、自我与社会》一书中,乔治·赫伯特·米德(1934)描述了游戏与稳定的自我发展之间的关系。

对于米德来说,游戏是幼儿学会区别自己的视角和身边他人视角的主要工具。随着儿童假装其他人的角色,以及他们学着把自己所扮演的角色与游戏伙伴所扮演的那些角色进行协调,他们开始从其他人的视角来看待自己的行为。

罗伯特在扮演一家餐厅里的服务员。当他询问顾客是否已经准备好开

始点餐时,他正在从"顾客"的视角考虑问题。然后他与后厨的"厨师"进行沟通,然后告诉他的顾客:"要等一个汉堡包的时间很长。你最好去麦当劳吃吧。"

这个在自我和其他人之间的协商活动也发生在游戏脚本之外。我们看到罗伯特、他的厨师和他的顾客必须弄清楚,在老师宣布要收玩具时他们如何把厨房的道具和家具收拾好。

游戏阶段

根据米德的理论,幼儿园和小学低年级为儿童提供了推动力和环境,让他们把自己看作他人组成的社区中的一个独特的人。在米德的理论中,幼儿园的幼儿处在自我发展的游戏阶段。这是儿童能够完成从自我到他人角色转换的一个阶段。这也是斯米兰斯基(Smilansky,1968)描述的角色游戏的开始阶段。儿童可以变成老虎、宇航员或者兽医,然后仅需稍加改变游戏内容或者补充一个角色,他就又变回了自己。

3岁的杰德宣布:"我是消防员!"然后,他挥舞着一个假想的消防水管到处跑。5分钟以后,他变成了一只小狗,汪汪叫着,用四肢着地爬行。

在米德看来,这个孩子刚刚开始区别作为一个社会个体的自我和作为一个自然人的自我。例如,在把他自己变成一只小狗的时候,杰德开始弄清楚其他人可能从他们的视角看待他。在这个时期,儿童常常假想出一些伙伴,表达这些伙伴的观点和自我的观点。这个阶段的儿童会形成初步的自我概念,包括自己的观点,并表征其他人如何看待这些观点。侧重点因文化而异,例如,在注重个体的文化中,对文化价值观和儿童行为解读的侧重点可能不同于那些注重集体文化或者相互依赖的文化的侧重点。

规则游戏阶段

随着角色游戏变得越来越复杂,儿童进入米德所说的自我发展的规则游戏阶段。正如下面关于辛迪的案例所显示的那样,儿童能够协调她自己的"我"与其他人所表达出的关于"我"的观点。

5岁的辛迪扮演的角色是一个正在吃早餐的孩子的母亲,同时她也是正在上班路上的丈夫的妻子,一个刚给芭蕾舞教练打过电话的芭蕾舞演员,这是娃娃家经常发生的典型场景。

辛迪不仅需要根据她认为合适的每个角色调整自己的音调、手势和语言，还必须根据自己的角色，想象出其他辅助角色并协调他们。她一直在用纸板碎屑做炒鸡蛋，并从一个木质积木里往外倒牛奶。

此时，处于规则游戏发展阶段中的孩子在学习用其他人可能采取的多种视角来协调她对自己的表征。她能够考虑到跟其他游戏者相关的、不同角度的"假想中的她自己"在"主我"和"客我"之间顺利转换，还考虑到作为社会个体的她自己，以及在游戏中作为一个演员的她自己。

泛化的他人阶段

米德所描述的自我发展的第三个阶段就是泛化的他人阶段。在这个阶段，儿童不仅协调我、自我和多个"我"，而且会根据行动发生的情形采取一个元认知（metacognitive）的立场。例如，辛迪可能开始评论自己文化中对母亲、芭蕾舞演员或者配偶角色的限制规则。幼儿教育工作者经常看到这一阶段的儿童讨论他们的角色。他们这样评论——"医生这样说话"或者"婴儿这样走路"。

刚开始的时候，这样的协商对于身处两种文化或者双语背景中的幼儿来说特别具有挑战性。然而，正是这些可能性才促进儿童从他人视角看待问题的能力得以发展。

在戏剧表演游戏区，恩美和铉宰正全神贯注地玩着厨房游戏，他们边准备着假装的食物边用韩语交谈着。

恩美："这碗特殊的米饭和泡菜给爷爷吃。"

铉宰："再给奶奶盛一碗米饭！这碗给我们的'哥哥'正智。"

讲韩语的时候，他们能正确地表达他人的视角、关系以及习俗中的细微差别，这些都很难翻译成英语。例如，在这个简短的只有两句话的交流之中，他们表现出对祖父母的尊重，这一点不仅能从他们使用的爷爷、奶奶的词语中看出来，还能从恩美使用的"特殊的米饭"这个敬语中看出来。铉宰使用"哥哥"一词表示他们假装的哥哥正智比她大。她还表达出她知道这两个不同的计数系统，并且使用正确的计数系统数了碗的数量。在这两个句子中，两个孩子使用的动词形式表明他们都知道自己在跟同伴谈话。

在泛化的他人阶段，随着儿童用主导游戏的规则来协调游戏者的视角，规则游戏开始变得有趣。米德强调社会环境的重要性，儿童正是在这样的环境中学习规则游戏。正如他们在游戏中的角色行为以及他们在游戏之外协商角色的行为所反映的那样，这种行为也反映了儿童对我们文化中社会规则的理解。这一发展过程需要时间。稍大一点的幼儿园儿童和学前班儿童[1]可能遵守游戏规则并严格按照规则进行游戏。教师们发现，儿童很高兴能为"糖果乐园[2]"（Candy Land）或者"梯子和滑梯[3]"（Chutes and Ladders）等游戏制定或设计规则（Monighan-Nourot，Scales，Van Hoorn，with Almy，1987）。

> 4岁半的莎莉一个人专心致志地玩了30分钟的糖果乐园游戏。她开始坐在地板上并把所有的卡片放在面前，排成一行——正面朝上。然后，她小心地翻开游戏板，把所有的标记物放在起点处。之后，她选择了一个标记物。这时，她注意到她的老师帕特在观察她，她邀请老师坐下来跟她一起玩。
>
> 莎莉解释道："首先，你必须拿起一只兔子或者什么东西作为你的标记物。然后看游戏板，看你自己想去哪里，然后拿起跟它相配的那张卡片！"

帕特解释说莎莉发明了自己版本的规则游戏。在这个跟原来规则相反的游戏中，她玩得很高兴。她先决定她想去哪里，然后再拿起卡片。

埃里克森：游戏和对童年内心世界的掌握

埃里克森关于游戏对幼儿情感发展的重要性的论著颇丰（参见：Erikson 1950/1985，1977）。在给他的理论命名的时候，他把"心理"（psycho）和"社会"（social）结合起来，强调个人的心理状态与社会环境密不可分。

---

[1] 在美国，preschooler是指3—4岁幼儿，相当于中国幼儿园的小班和中班儿童；kindergartner是指5岁幼儿，类似于中国幼儿园的学前班儿童。——译者注

[2] 糖果乐园，美国老牌经典桌游之一，也是全世界很多孩子的第一款桌游。每个玩家拥有代表自己的颜色的小人，每一轮小朋友轮流抽卡片，根据颜色决定前进、后退或不动，同时还有一些图片会给前进道路设置障碍，谁先到达糖果城堡即获得胜利。游戏没有文字说明，只有图片，简单易懂，适合2岁半以上的儿童识别颜色和简单的数字，并且教会小朋友按顺序玩游戏，耐心等待自己的轮次。——译者注

[3] 梯子和滑梯，美国经典的桌游戏。棋盘是100个格子，上面标注1—100。四个玩家各有一个代表自己的人物，轮流扔骰子（或者转转盘），按照点数（1—6）走相应的格子数，停下来的时候，碰到梯子就爬梯子，碰到滑梯就滑滑梯，先跳到100者胜。这个游戏没有文字说明，只有图片和数字，规则比较简单，适合不会认字的学龄前儿童。游戏目的是认识1—100的数字，也有简单加减法的启蒙。本游戏中的爬梯子和滑滑梯的设计基于奖惩制，走到做了好事的格子就可以爬梯子，走到犯了错误的格子就被惩罚滑滑梯，这样也教会了小朋友简单的因果关系。这种游戏也可以让小朋友学会按顺序玩游戏，耐心等待自己的轮次。——译者注

由于多种原因，心理社会发展理论（psychosocial theory）一直影响着幼儿教育实践。教师关心的是促进儿童的情感与社会性发展。教师用心理社会发展理论来促进儿童的心理健康发展。埃里克森描述了从婴儿到老年期健康的人格发展阶段。在大量的著作中，他总结了儿童的社会和情感发展如何与他们的家庭、学校以及所生活的文化环境相关联。正如埃里克森所解释的那样，心理社会发展理论扩展了弗洛伊德的心理分析理论，它既考虑到儿童的心理维度，又照顾到外部社会和文化的维度（Erikson，1950/1985）。

埃里克森描述了人格逐步发展的八个主要阶段（Erikson，1950/1985）。前四个阶段描述了从婴儿到幼儿期的发展。这些并非每个人必经的阶段。埃里克森强调，尽管健康的人格能展示出特定阶段的优秀的心理品质（例如，信任），但是健康的人会终身努力平衡各阶段的优秀的心理品质和不良的心理品质（例如，不信任）。例如，在某一过度信任他人就可能带来危险的情境中，如从高墙上跳下去，人们会表现出不信任，这对所有年龄段心理健康的人来说都是如此。

婴儿期：信任对不信任

在生命的第一年，婴儿完全依赖他们的养育者。养育者在照料中的敏感性和一贯性不仅使婴儿对她产生依恋，还让婴儿对自己以及外部世界产生一种信任感。情感健康的婴儿所形成的基本信任感，对于他们在学步儿时期自主性的发展至关重要。

> 在步行去早市的时候，阿基尼舒服地被妈妈背着。她侧着身，看见妈妈跟几个自己每天都能看见的妇女打招呼。一个妇女笑着把手伸向她，摸了摸阿基尼的后背。阿基尼能感到妈妈温柔的大笑声。当她的妈妈弯下腰去为晚餐挑选蔬菜时，阿基尼轻轻地摇晃到一侧，和妈妈紧紧地贴在一起。

学步儿期：自主、羞愧对怀疑

在生命的第二年和第三年，儿童不断增长的运动和认知能力有助于他们的心理社会能力的发展。这是一个儿童发展自我力量感，即"我能行"的阶段。儿童的自主性是通过他们的学校、家庭和社会而得到发展的。埃里克森强调，成人会去检视那些幼儿被允许做或者被期

游戏将想象和社会生活联系了起来

望做的事情，检视成人如何对儿童的行为设置界限或者限制，因此儿童的自主性是一个（与成人互动后）综合发展的结果，而不是来源于儿童的羞愧感和怀疑。

> **家庭多样性** 一个特殊教育专家访问家庭
>
> 2岁的伊桑大肌肉动作发育迟缓。从他出生开始，一位特殊教育专家纳迪亚每月都会拜访伊桑的家几次。她观察到伊桑会和他的妈妈玩他最喜欢的游戏——"你能抓到我吗"。伊桑的妈妈用手和膝盖着地，看着伊桑的眼睛，以游戏的声音提高音调说："你能抓到我吗？"她转过身开始爬走，伊桑在她的身后爬。她迅速回头看了一眼伊桑，调整自己的速度，确保他离自己足够近。忽快忽慢，忽快忽慢。伊桑离妈妈永远不超过一两英尺远。"哦，伊桑，你快抓到我了！你抓到了！"妈妈爬得足够慢，让他只要全速爬行就能够抓到她。
>
> 后来，在他妈妈和纳迪亚交谈的时候，伊桑继续围着家具爬行。有那么一会儿，他在长沙发后待了几分钟。纳迪亚叫道："伊桑，你在哪儿？你藏起来了吗？"伊桑咧嘴笑着出现了。

教师们发现，即使自主性正在健康发展的儿童，他的自主性、羞愧感以及对自己能力的怀疑这三者也不是一直处于平衡状态，会随着活动的变化而彼此之间转换。

> 威廉已经摆了高高的一摞盘子、叉子和勺子，他开始摆放餐桌。他碰到了椅子，结果导致叉子和勺子撒得到处都是。他的老师罗恩注意到这个自立、自信的孩子对自己的能力产生了怀疑，他把头转向老师，似乎想从老师那里得到安慰。罗恩待在原地，用平静的声音说："继续，你能做好。"

幼儿阶段和游戏阶段：主动性对内疚

埃里克森把下一个阶段，通常是4—6岁这个阶段，叫作"游戏阶段"。这也是主动性对内疚的阶段。幼儿在活动中表现出的自主性逐渐发展成持续时间更长的、复杂的主动性。当儿童的主动性表现得不适宜或者发展过度时，他们就会产生内疚感。例如，尽管姑妈告诫布瑞恩要当心别碰到他的表弟，但是布瑞恩仍然从一个柱子跨到另一个柱子，结果因失误摔倒在小表弟杜安身上，导致小表弟哀号着表示抗议。

随着儿童的发展，他们具有更强的运动能力、认知能力和社会能力。这也意味着他们能够同他人一起玩复杂的游戏，并能较长时间地玩这个游戏。作为一个学步儿，伊桑玩的藏猫猫游戏因为得到了妈妈的帮助而发展了他的自主性。较大的幼儿园儿童和学前班儿童喜欢做一些规则改动较大的藏猫猫游戏。

儿童逐渐增长的小肌肉和大肌肉协调能力、力量以及他们正在发展中的认知能力促进了他们主动性的发展。

5岁的马修坐在地毯上的拼图架旁边。他选择了一幅由30多块拼图组成的、具有挑战性的、画着抽象图案的拼图。他从拼图的一边开始拼,并悄悄地对自己说:"是这个吗?这个吗?这儿,我找到了!"

对于埃里克森来说,在这个阶段,儿童在创造自己的"微观现实"的时候,其想象力不断浮现(Erikson, 1977)。他描述了这个阶段儿童如何通过设计复杂的情节(如人物角色多、轮流玩时有冲突)来表达自己游戏的主动性。

在这个阶段,儿童通过游戏克服过去的失败和现在的矛盾。善恶角色(有力量的角色,如超级英雄、外星人等)之间的冲突是常见的主题。儿童的主动性与成人的限制之间的矛盾也通过幻想游戏(fantasy play)得到表达,例如,"淘气的男孩"。在戏剧表演游戏中,儿童进入幻想世界来探索主动性和独立性。在幼儿园和学前班中,有关孤儿、儿童与父母分离,或者不得不在森林中或海边保护自己的游戏主题也很常见。

以游戏为中心的幼儿园课程能够促进儿童探索一些心理社会问题,比如主动性以及因违反成人的禁令而产生的内疚感。与此相反,通过模仿范例学习的课程模式可能危害到儿童主动性的发展。在每一个由教师主导的课程中,成人常常根据幼儿的学习过程和结果判断其对错,因此幼儿学会了依靠成人的判断和认可,而不是他们自己的内部资源对自己做出判断。例如:

在完成教师示范的教学任务时,丽贝卡把事先剪好的表示"草"的绿色纸条贴在写有自己名字的那一页纸上,然后把"树干"垂直贴在"草"的上方。她开始撕一些卫生纸表示"落叶"。当老师巡视教室的时候,她停下来说:"丽贝卡,你的树干贴得很好,但是你的草应该沿着纸的下面边缘贴。"教师撕下表示"草"的绿色纸条和棕色的树干,把它们放在自己示范的位置。教师继续指导另外一个儿童的活动去了,丽贝卡把手放在她的大腿上,漫无目的地扫视着教室。

卡茨和查德(Katz & Chard,2000)指出,其他人强迫儿童进行过多的活动会破坏儿童的内在动机、注意力、主动性、信心和幽默感,而这些对于儿童一生的学习过程来说都是至关重要的。

成人可以通过提供安全的环境来支持儿童的游戏。在这个环境中,成人设置了适当的限制以发展儿童的主动性。在这一阶段,如果儿童的主动性得到发展,那么他们就能够为童年中期勤奋对自卑阶段发展起来的效能感和目标感奠定坚实的基础。

勤奋对自卑：童年中期的游戏和工作

主动性阶段（游戏过程比游戏结果重要的阶段）的灵活目标会逐渐演变成目标导向的学习任务。在执行任务的过程中，儿童不仅具有"我能行"的态度，还习得了坚持性和自我评价能力。

> 莱斯利带的二年级的班级中有几组儿童在写剧本，他们稍后将去两个学前班表演这个戏剧。在过去的一周里，彼得、莉萨、莉亚就如何根据霍默·普赖斯的故事和面包圈机写剧本，以及如何把它表演出来讨论了几十个想法。他们描写了这样一个场景：面包圈机制作了几十个面包圈，面包店里的三个孩子正在帮助店里不停地把面包圈摞起来。他们打草稿，然后朗读，并就每一部分达成一致意见，然后跟他们的指导老师一起纠正错误。
>
> 哦，更多的面包圈！
> 哇！面包圈越来越多！
> 快点，拿那个！
>
> 他们停下来审视这个剧本。"我们用真面包圈吧。""我们如何才能表现出有那么多面包圈呢？""我们能够表现面包圈出来的速度越来越快吗？"下一周，他们将修改并排练。下周五是学前班开学的日子。

埃里克森（1977）写道，游戏从童年中期到成年期一直都十分重要。在童年中期，儿童已经具备认知能力和运动能力去充分参与自己文化所重视的活动。儿童根据这些文化期待，形成勤奋的品质或者自卑感。在这个阶段，每种文化都会提供正式的教育或者培训，以让儿童承担一些成人的角色（Erikson，1950/1985）。例如，儿童在家里要从事家务劳动，开始接受读写和数学方面的正式教育，或者在某些传统的文化中，他们可能去做学徒，学习某种手艺。

小　结

通过理解皮亚杰、维果斯基、米德和埃里克森的发展理论中有关游戏作用的描述，幼儿教师获得了支持，了解了如何在教室中使用游戏。这些理论家指出，每个孩子都是通过建构的过程得到发展的，而且这个建构的过程受家庭和社会的价值观及历史的影响。在幼儿教育项目中，这些过程会产生同伴游戏文化，反映了儿童集体和个人对世界的理解。通过尽可能多地了解儿童带到学校的社会文化因素，通过认真观察、倾听和理解儿童，教师能够促进所照看的儿童的学习和发展。

把游戏置于课程的中心位置，我们既保护了儿童和社会的短期未来，也保护了它们长远的未来。游戏促进了儿童的智力及其各种表现形式的发展。它还能促进与情感、个性、社会化、想象力和思维的灵活性等有关的一般能力的发展，这些能力有助于确保人能够适应变化和进行自由选择。

尽管并非所有的游戏都能促进儿童的进一步发展，但是我们认为，游戏对于幼儿来说，是课程的核心。游戏为教师提供了评价儿童以及实施课程目标的线索和工具。最重要的是，在儿童与群体进行协商的时候，他们的自我概念得到发展，它能让儿童智力、社会、道德、身体和情感的潜能得到最大发展。意识到游戏固有的可能性，为教师理解教室中的每一个儿童提供了许多新的途径。这个意识既促进了专业知识的发展，也促进了艺术的发展，它使教育学前儿童成为能够实现个人抱负的重要职业。

- 游戏和发展的建构主义理论。在遗传决定论—环境决定论的发展理论中，遗传决定论提供了儿童的生物基础，而环境决定论提供了决定生物基础如何发展的环境因素。建构主义的理论进一步论述了儿童作为一个积极的力量建构他们自己，因此影响并改变着发展中的遗传和环境因素。
- 皮亚杰的发展理论与游戏。在皮亚杰的建构主义发展理论中，儿童在世界上有效发挥作用的能力完全取决于这个孩子能做什么。在儿童全部行为的背后是生物和心理图式。把世界同化到孩子的图式中去，使它能够在世界上起作用。然而，当图式不适合儿童的目标时，它们要进行修改以适应现实。同化与顺应的动态平衡与儿童游戏的发展密切相关，儿童的发展要经历从机能性游戏到象征性游戏再到规则游戏的一系列阶段。
- 维果斯基：发展与游戏。虽然皮亚杰注重发展中的感知动作和表征方面的内容，但是维果斯基注重的是文化——历史和社会发展的维度。维果斯基的著作中有四个核心理论：

① 所有的概念学习首先发生在社会互动中，后来得到内化。

② 所有的学习都发生在一个最近发展区内。在这个发展区内，社会互动的内容具有发展的挑战性，但是是可以达到的。

③ 就像所有的工具一样，"心理工具"扩大了个体在世界上互动的能力。从一定程度上来讲，发展需要获得这些工具。

④ 社会和文化提供支配活动的规则。这些规则首先被儿童默默地理解，然后通过发展和互动，才能明确地得到理解。

正如皮亚杰一样，对于维果斯基来说，游戏是所有发展中一个至关重要且关键的方面。

- 米德：游戏和自我的发展。社会学家乔治·米德关于儿童自我的发展写道，从一个没有区别的观点开始，自我的概念融入他人的概念中，最终导致一个完全不同的观点，其中，儿童是一个社会他人中的一个社会个体。米德对游戏如何影响儿童自我发展的理解成为其著作的依据。

- 埃里克森：游戏和对童年内心世界的掌握。埃里克森描述了心理逐步发展的8个主要阶段（Erikson，1950/1985）。前4个阶段描述了从婴儿开始的发展过程：信任对不信任；自主、羞愧对怀疑；主动性对内疚；勤奋对自卑。埃里克森强调，尽管不是必须经过这些阶段，但是具有健全人格的人会表现出特定阶段的优秀的心理品质（例如，信任），健康的人会继续调整以平衡该阶段的优秀的心理品质和不良的心理品质（例如，不信任）。埃里克森强调游戏在童年每个发展阶段的作用。

知 识 应 用

1. 描述关于"遗传决定论—环境决定论"的争论，说明你如何理解建构主义理论对这一争论的影响。

    a. 解释所有建构主义发展理论中的一个核心内容。

    b. 用你自己的话解释游戏如何与建构主义发展理论相关联。

2. 解释皮亚杰发展理论中的图式和同化与顺应动态平衡原理的作用。

    a. 列出并举例说明皮亚杰提出的三类知识。

    b. 描述并举例说明皮亚杰理论中游戏的三个阶段。

3. 论述为什么社会经验和游戏是维果斯基发展理论的核心。
   a. 列出维果斯基理论的四个核心概念，说明每个概念与儿童游戏的关系。
   b. 说明你如何理解儿童的象征性游戏中的物品替代物。
4. 简要描述乔治·米德关于儿童发展的三个阶段（游戏阶段、规则游戏阶段和泛化的他人阶段）并举例说明每一个阶段与儿童游戏的关系。
   a. 讨论米德的儿童自我概念从未分化的自我概念到理解自己是其他人中的一个社会个体的过程。
   b. 列出米德著作中关于游戏的三个阶段，每个阶段举例说明。
5. 讨论埃里克·埃里克森描述的前四个心理社会发展阶段，说明儿童如何通过游戏在各个阶段形成优秀品质（信任、自主、主动和勤奋）。
   a. 埃里克森提出发展的八个阶段，每个阶段都有心理社会性方面的优秀和不良的心理品质。前四个阶段分别是婴儿期、学步儿期、幼儿期、童年中期。把这些时期与下列某个阶段表现出的优秀心理品质和不良心理品质对应起来：勤奋对自卑；自主、羞愧对怀疑；信任对不信任；主动性对内疚。
   b. 用你自己的观点说明游戏如何能够帮助幼儿发展信任、不信任、自主、羞愧、怀疑、主动性、内疚、勤奋和自卑。

第 3 章

为发展奠定基础的游戏：文献

学习目标

➢ 讨论儿童如何通过游戏发展象征性思维、语言和读写能力、逻辑—数理思维以及解决问题的能力。

➢ 列出想象力和幻想的三个方面的内容，描述它们与儿童游戏的关系。

➢ 解释社会道德发展与自律和他律的关系。

➢ 讨论皮亚杰、埃里克森和维果斯基是如何看待游戏在情感发展中的作用的。

本章，我们将通过研究文献来了解游戏如何影响儿童各个方面的发展。我们将从游戏对智力发展的影响开始，然后探讨游戏对创造力和想象力的影响，对社会化（socialization）和道德发展（moral development）的影响，以及它与情感发展的关系。同时，我们也展示了以游戏为中心的幼儿园课程如何能够达成幼儿教育的标准。

在历史上，幼儿教师相信儿童游戏本身是有价值的（Bergen & Fromberg，2006；Elkind，2007；Nourot，2005；Singer & Singer，2005；Wolfe，2002）。不过，由于幼儿教育工作者更加关注教育实践的具体结果，所以游戏便成了儿童完成幼儿园课程目标的工具。许多游戏的倡导者都问："哪些学业知识和社会知识是通过幼儿时期的游戏建构的？"

最近很多研究都以这个工具为中心，支持游戏在建构和巩固学前儿童和小学低年级儿童特定的知识、技能和能力发展中的核心作用，或者支持"教育性游戏"的观点（例如：Fromberg & Bergen，2006；Hirsh-Pasek，Golinkoff，Berk，& Singer，2009）。我们的立场略有不同，我们认为游戏本身对于儿童来说是至关重要的，并且建议教师通过把游戏整合到班级课程中来实现教育目标。

游戏与智力发展

对于让·皮亚杰和列维·维果斯基来说，游戏都与表征密切相关——也就是说，在象征性游戏和象征性角色扮演游戏（symbolic role-playing）中，儿童如何表达思想、情感和需要。智力发展的其他要素还包括：儿童如何理解他人的观点、如何使用策略与其他人进行游戏（就像在规则游戏中那样），以及如何解决问题。我们将通过阐述游戏对儿童的语言、读写和逻辑—数理思维的作用来表明它对儿童智力发展的影响。

游戏与象征性思维的发展

象征性思维是智力表征的一个重要内容，它隐藏在与学前儿童游戏有关的假象之下。它构成了儿童建构自己的读写、数学推理和解决问题等抽象思维能力的基础。象征性活动意味着创造意义，并通过手势（假装开车）、语言、语调（"好的，亲爱的，上床睡觉的时间到了"）、物品（用沙子和石头制作生日蛋糕）来表达意义。人们常常研究象征性行为的发展（Bergen，2002；Fromberg，2002；Honig，2007；Johnson，2006；McCune，1985；Rubin，Fein，& Vandenberg，1983）。

萨莉捡起一块木质积木放到耳朵边。她用手指做了一个按按钮的动作，然后说:"你好,米老鼠在吗?"

大约从18个月开始,儿童就会出现象征性思维。关于这一点,我们可以从他们使用的语言和玩的假装游戏(pretend play)中得到证明。从这一时期开始,儿童通过想象把物品或情境转换成不同于原物品或情境的能力,构成了他们智力发展和交流的基础(Piaget,1962;Vygotsky,1976)。

使用物品进行象征性游戏:借助维果斯基的理论——用"物品替代物"代替具体的物品进行游戏,能够引起儿童的想象和假装活动。研究者研究了幼儿使用物品进行的游戏,他们发现,随着儿童游戏能力的发展,他们在游戏中似乎能够使用越来越不同于被表征的物品的东西来玩游戏,这奠定了他们抽象思维的基础(Nourot,2006)。

使用物品进行游戏可以促进儿童想象力的发展

抽象出一个物品的基本特征并从心理上表现出这些特征的能力取决于象征性距离(symbolic distancing)。1993年,西格尔(Sigel)创造了"象征性距离"这个词,它是指一个物品与它所代表的物品的相似程度。例如,为了表示一辆汽车,用某块积木可能比另一块积木更好,因为它的形状和大小更像汽车。儿童使用看起来不同于被表征的物品的东西进行想象性游戏的能力随着年龄的发展而发展,并且主要是通过游戏建构的(Fein,1981;Scarlett,Naudeau,Salonius-Pasternak,& Ponte,2005)。

象征性角色扮演游戏:儿童还会在角色扮演游戏中进行象征性转换。研究表明,随着儿童表征自己想法的能力的发展,他们无需借助服装或道具就可以在游戏中不断创造假想的角色和情境,并且使用更微妙的行为,如手势和语调,来表示游戏中假想角色的转换。教师或许会注意到儿童进入假想角色时所具有的一些微妙的变化,如儿童的声调、走路姿势或者手势上的变化(Fromberg,2002;Henderson&Jones,2002;Morgenthaler,2006;Nicolopolou,2007;Smilansky,1968,1990)。

促进有特殊需要的儿童的象征性游戏的开展:在与幼儿和发展迟缓的儿童一起工作时,象征性距离这个概念特别有用。某些有特殊需要(special needs)的儿童很难把现实与幻想区分开来（Bergen，2003；Mindes，2006；Odom，2002；Preissler，2006）。当象征性距离具有挑战性时，大多数儿童会选择一个仿制品或者从外观或功能上看起来很像真实物品的东西来代替真实物品。教师可以在融合教室中投放一系列游戏材料，以促进有特殊需要的儿童获得成功。沃尔夫伯格（Wolfberg，1999）研究了在自闭症儿童游戏中如何为他们的想象力和假装行为提供支架。她认为，通过示范和精心安排的游戏，教师和同伴都能支持儿童使用越来越抽象的象征性思维进行表征。

  4岁的艾德娜和5岁的乔纳都是融合教育幼儿园的孩子，她们在表演游戏区玩着平行游戏。艾德娜在教室内开着购物车到处转，每转一圈回来后都会仪式性地轻敲玩具收款机。乔纳也在假想的商店里玩着，一次又一次不停地把塑料玩具食物打包放进购物袋，然后再拆开。她们的老师扮演收银员的角色，通过示范和指导乔纳怎么在艾德娜的购物车上装货物，并帮助艾德娜把货物送到她在积木区的汽车那里，为艾德娜和乔纳精心设计了一些合作性的游戏情节。随着两个孩子逐渐掌握了假装游戏的顺序，教师逐渐减少了直接示范性的指导，进而变成口头提示，最后变成一位观察者。

换位思考：与同伴游戏时儿童需要换位思考，或者在头脑中呈现他人的观点，以协商游戏内容。

  萨曼莎和埃丝特拉用积木搭建了一座城堡，她们都想扮演城堡中的公主这一角色。除非有人让步，否则游戏无法持续下去。她们的老师建议她们公主有个来自其他王国的表姐来访。于是，两个女孩立即开始讨论两个公主的服装和皇冠有什么差别，以及她们可以怎样用积木搭建在两个城堡之间旅行所乘坐的马车。

游戏者之间联合起来共同持续并稳定地游戏，取决于他们心理表征他人观点的能力以及在协商角色和游戏情节过程中的换位思考能力（Ariel，2002；Curran，1999；Sluss & Stremmel，2004）。尽管在融合教育教室里我们也能看到认知和情感发展迟缓的幼儿跟同伴进行游戏，但是他们在换位思考方面可能存在特殊的困难。例如，很多这样的孩子很难评价自己的行为会对他人产生什么影响。许多在社会性和情感发展方面有特殊需要的儿童是以自我为中心的（egocentric）。这样的孩子可能不会跟别人打招呼，但是如果别人不跟他打招呼，他就会很难过。以游戏为中心的课程能够给所有的孩子提供机会参与一些活动，如让步、协商等，以培养他们的社交能力，帮助他们同他人建立友谊（Anderson & Robinson，2006；Bergen，2003；Buchannan & Johnson，2009；Coplan，Rubin，& Findley，2006；Dunn，2003；Kemple，2004；McCay & Keyes，2001；Mindes，2006；Odom，2002；Panksepp，2008）。

衡量游戏的需要：新来到一个班级中的儿童或者在与同伴进行协商方面有困难的孩子，他们的游戏脚本的幻想成分与他们已有的认知水平差别不能太大，这样他们才能感到舒适、安全。几乎每个人都知道娃娃家、积木区与卡车或者骑三轮车的游戏脚本。游戏场景中儿童越少需要象征性距离，就越有更多的精力投入到与同伴的沟通之中。这对于发展迟缓的儿童来说可能是一个特别重要的问题，他们可能在游戏中的象征性距离需求方面有特殊困难，也可能在进入游戏情境时面临挑战。这也是教师在教授自我调节方面有困难的幼儿或者存在害怕、焦虑等不良情绪且会做出攻击性行为的幼儿时需要考虑的问题（Ariel，2002；Göncü，1993；Green，2006；Haight，Black，Ostler，& Sheridan，2006；Scarlett et al.，2005）。

象征性游戏中的文化与语言环境：衡量游戏情境中儿童的社会性与认知需求，对于评价和支持各种文化和不同语言背景的儿童以及有特殊需要的儿童的发展具有重要意义。幼儿教育项目能够让多元文化和语言背景的儿童及其家庭感到更多的力量（Brown & Conroy，2011；Bruder，2010；Gray，2011；Guralnick，2010；Kirmani，2007）。所有的儿童都需要熟悉的游戏辅助材料的支持。学习双语的儿童以及那些具有多元文化背景的儿童会从自己熟悉的游戏脚本和游戏辅助材料中获益，也会从那些能够让他们重复并扩展游戏脚本和辅助材料中获益（Burton & Edwards，2006；Espinosa，2010；Göncü，Jain，& Tuermer，2007；Reynolds，2002）。由于性格或家庭期望不同，有些儿童会自然地进行独自游戏或平行游戏，这是他们满足自己需要的一种方式。当孩子的家庭或者他们所处的文化背景不重视或者不鼓励学校中的游戏时，教师要对这些问题保持敏感（Cooney，2004；Hughes，2003；Joshi，2005；Roopnarine，Shin，Donovan，& Suppal，2000）。

发明策略：最复杂的游戏——规则游戏，要求参加游戏的人在规则框架内反思所有游戏者的关系。例如，一个玩"大富翁"游戏的游戏者想弄清楚谁在按照规则公平地进行游戏、谁没有，甚至他可以和谁结成联盟从银行借钱。这些以及类似的对熟练的规则游戏的游戏者的元认知要求，需要儿童的心理发展到一定程度才能从一个客观的立场看到社会性和象征性行为——然后使用这个信息形成一个策略（DeVries，2006；DeVries，Zan，Hildebrandt，Edmiaston，& Sales，2002；Kamii & Kato，2006）。

儿童通常直到六七岁时才会采取这种有策略的行为。例如，当3岁大的孩子玩"鸭子、鸭子、鹅"游戏时，当鹅被摸到并被叫出名字时，所有的孩子都站起来跑掉了。他们明白游戏的基本规则，但是不能用自己的视角协调不同游戏者的视角。4岁的孩子理解只有"鹅"需要站起来，此时被摸到的那个人要跑，而鹅必须追并抓住"它"。在这个年龄段，游戏者只会围着圆圈相互追逐，然后"鹅"自然逮不到"它"。5—6岁的时候，扮演"鹅"的儿童开始使用策略，常常在"它"设法跑回空位置之前，从相反的方向沿着圆圈跑回去逮"它"。

当孩子们在游戏开始前自发地发明策略以及讨论并协商规则时，规则游戏就成为学校课程适当的补充。教师可以为儿童提供规则游戏的材料和游戏板，也应该鼓励儿童发明并协商他们自己的规则。在小学低年级，玩规则游戏和发明规则游戏变成游戏的主要内容。儿童利用这一新出现的游戏发展阶段来巩固他们对规则和策略的理解，并使之成为一个展示并发挥自己新认知能力的机会。

游戏与语言和识字能力的发展

许多有关儿童使用符号的研究已经把游戏与语言及识字能力的发展联系在一起了。有些研究者重点研究早期语言发展与游戏中符号使用的并列关系（Bergen & Mauer，2000；Christie，2006；Pellegrini & Galda，1993；Uttal et al.，1998）。其他人研究了儿童使用语言中的元素玩游戏的方式，如使用语音或词义。儿童对语音的

一日生活中的物品承载着儿童的象征性游戏

探索、对词语的组织和对词义的理解共同构成了儿童发明独特的语言形式的环境，以及掌握他们必需的新语言形式的语言环境。这种使用语言和语音的游戏也构成了音素意识和语音意识（phonological awareness）的基础。语言游戏在幼儿教室中随处可见，在幼儿园一日生活中随时可见。

幼儿园喝果汁的时间到了。在等待轮到自己倒果汁时，詹姆斯和伊娃开

始咯咯地笑。詹姆斯说:"你是果汁鹅(juicy-goosey)。"伊娃说:"你是果汁笨鹅(juicely-goosely-foosley)。"然后,他们两个笑作一团。

约普(Yopp,1995)和沃斯克(Wasik,2001)的研究指出,使用语音玩游戏有助于儿童音素意识的发展。音素意识(phonemic awareness)包括意识到并操作单词中单个发音的能力。它包括对口语中声音的理解以及在口语交流中对断音的理解。

幼儿识字课程的标准包括解码声音和符号所需要的一些概念,如叙事能力和故事理解能力以及音素意识和语音意识。

游戏中的识字——解码符号:早期读写能力的研究说明了儿童如何在假装游戏活动中融入识字游戏。这样的游戏把识字的社会功能融入假装游戏的脚本中,并体现了与文字和早期书写相关的早期识字学习标准(Christie,2006;Davidson,2006;Einarsdottir,2000;Neves & Riefel,2002;Roskos,2000;Roskos & Christie,2000a,2004;Singer & Lythcott,2004)。

> 在一个学前班的教室中,儿童用积木搭建起了银行、商店和饭店。为了从银行得到钱到别处去花,银行的"柜员"让"顾客们"从图书馆的角落里拿来空白册子并在上面写上他们的名字。数出纸当作钱之后,"柜员"在空白册子上写下"支出"(CRTO "credit to"),并用橡胶印章在上面盖了戳。

除了理解文字的社会功能之外,儿童在学校接受的语言和数学符号书写教育需要他们具备对符号进行转换的能力。例如,能够理解"bat"(蝙蝠)和"14"是表征、单词和数字的符号。这种能力与儿童用积木表征卡车或电话机的能力类似。

在游戏中能够熟练进行符号转换的儿童,也做好了准备理解书面语言中通用的文化符号系统的一些微妙之处——一些成人认为理所当然却让儿童感到困惑不解的情形(Dickinson & Tabors,2002;Mayer,2007;Opitz,2000;Weitzman & Greenberg,2002)。例如,儿童常常不理解看似一样的符号却被赋予了不同的含义。字母 C 有时候读作[k]音,如在单词"cake"中,有时候却发"city"中的[s]音。对于在假装游戏中还没发展出多种形式转换概念的儿童来说,这种字母外形不变但发音不一致的情形是让他们感到非常困惑的事情。例如,当儿童根据自己的想象把一块长方形的积木看作一辆小汽车、一个人、一块三明治时,他们在操作书面记号和符号系统时就能理解其中的差异。在象征性游戏和语音解码过程中,一个物体(始终看起来不变)被大脑转换为许多不同含义的东西是必要的。

还有一个类似的概念，即看起来不同的物体可能被转化为表达同一个含义的符号。例如，在游戏中，你可能看到珍妮使用一块积木、一块乐高或者一辆玩具汽车代表宇宙飞船上的对讲机。这些选择既取决于儿童能利用什么物体，也取决于他利用这些物体的相关抽象特点来代替他物的象征能力。在儿童学习辨认书面语言符号的时候，这一概念就被唤起，例如，在理解 A 和 a 在字母表中表示相同的音时。

这些能力与文字和书写的学习标准密切相关。这里有几个例子：当基拉（Kira）在签名表中寻找贴有标签的照片时，她说："我的名字以字母 K 开始。"她明白字母能够组成单词，并且能区分文字和图片。当迈克尔在阅读区假装给泰迪熊读书时，他翻着书，并看着书上的图片和下面的文字。他读书的方式恰当而又得体。当阿莉萨在教室中的"饭店"用笔记本和铅笔为瑞奥丹点餐时，她使用了符号和早期书写的一些形式来进行更复杂的游戏。当艾米丽在她完成的积木塔边斜着竖起一个标牌"不要碰"（Du not dstrub）时，她使用的是字母和用语音拼出的单词及基本的标点符号。

叙事能力的发展：儿童能否进入像怀特（E. B. White）在《夏洛的网》（*Charlotte's Web*）中所创造的那个动物会说话的"假设的"世界或假想世界，或者在讲述和写作故事时自己创造这样一个框架，这取决于他们在表演游戏中所建构的理解能力（Kalmart, 2008; McVicker, 2007; Riojas-Cortez, 2001）。对娃娃家游戏中多种角色和假想的情境进行协商，或者在超级英雄冒险的情境中发令或者进行扮演，都需要幼儿具备写诗歌或者写自叙故事时所需要的象征性思维能力。

扮演不同的人物角色并且按照事件的顺序讲述故事，为读写能力的一个重要方面——叙事能力的发展奠定了基础。阅读理解故事的能力，特别是在人物、动机和情节方面的理解能力，也取决于儿童换位思考和安排事件的先后顺序，以赋予事件意义的能力（Bruner, 1986; Fein, Ardeila-Ray, & Groth, 2000; Fromberg, 2002; Gallas, 2003; Nel, 2000; Nicolopolou, 2007; Roskos & Christie, 2000a）。儿童理解故事概念的能力也属于早期识字能力发展教育标准的一部分内容。

这些以及游戏和识字能力的其他方面以各种方式与学习标准联系在一起。例如，当伊桑说"让我们先读那本有关青蛙的书，那是我最喜欢的一本书"时，他选择读书是为了娱乐。在集体教学时间，诺厄表演了上周读的《绿野仙踪》（*Wizard of Oz*）里面的稻草人走路的样子。这样做的时候，他复述并表演了故事。在讲故事时间，当埃玛听《夏洛的网》时，她预测夏洛会跟威尔伯到集市上去。她在读书或者听故事时会预测接下来将发生什么。

游戏和逻辑—数理思维

游戏与智力发展之间的另一个关系是逻辑—数理知识的建构。其中的一个表现形式是儿童通过身体活动建构因果关系（cause-and-effect relationships）。积木建构、骑自行车、玩沙和玩水游戏都能培养儿童空间关系的建构能力、对重力的理解能力以及对其他物理概念的理解能力。这些真实的生活经验对于儿童将来理解问题和解决问题的能力的发展是至关重要的。它们构成了儿童学习科学概念和获得发展的基础（Bodrova & Leong，2007；Chalufour & Worth，2004，2006；DeVries et al.，2002；Forman，2005；Hamlin & Wisneski，2012；Kamii & DeVries，1993；Kamii, Miyakawa, & Kato，2004；Seo，2003）。

游戏活动很容易与早期科学学习标准联系在一起。当杰弗里为搭建跑道找到一块积木时，他正在把游戏作为发展提问能力和解决问题能力的手段。当梅甘在假想的医院里给她的娃娃称体重时，她正在使用科学工具和方法了解世界。当马休和勒妮把橡皮泥混合起来，为制作农场里的动物找到恰当的颜色时，他们正在学习物质在混合、降温或者加热之后，其性质可能发生改变。当阿德里安用稻草和黏土制作砖坯时，他正在学习地球是由具有不同性质的材料组成的，并且它能够为人类活动提供资源。

在逻辑—数理思维发展的过程中，儿童为组织并解释环境中的意义建构了自己的图式或者思维模式。这样做的同时，他们发展了分类的能力，并把物品和自己的想法联系起来（例如，把物品按照从最少到最多来排序）。游戏为儿童提供了广泛的机会，让他们按照自己的节奏来建构概念。

> 在过去的两周里，玛丽几乎每天都在用一套8种颜色的粗蜡笔。今天她的行为有了新的变化。她选择了一大盒细蜡笔，共40种颜色。她挑出所有红色的细蜡笔，并把它们同橙色和粉色的蜡笔分开，单独摆放。她在给一小片木头用多种红色蜡笔涂色时，说道："这是给我妈妈的。"莉莉坐在她的旁边。玛丽转过身，给她递过去一支细蜡笔，说："这里应该涂更多的红色。"

在这个案例中，玛丽正在协调"多于"和"少于"以及"相似"和"不同"的关系。对于这些关系的协调就是逻辑推理能力的开始。智力发展将促使学前儿童的游戏更趋成熟。

表演游戏还有助于儿童以另一种方式来发展分类能力和关系概念。在下面的例子中，在大卫决定使用什么作为一个道具时，他在分辨熟悉的物品的相似特点。在选择烹饪书时，可能是因为它开合时候的感觉更像一个热狗，所以他扫视四周后，没有选择铅笔和网球，而选择了这本书。他后来用铅笔表示芥末酱瓶子。这种对物品相似特征的选择性注意是另一个概念，同时它对于分类能力的发展是至关重要的。

6岁的大卫在为他的"儿子"彼得做晚餐。彼得说："可是我想吃热狗！"大卫扫视了娃娃家之后，找了一个对他来说具有"热狗"特点的道具说道："好的，我做的热狗很好吃。"他从书架上选择了一本烹饪书，打开后，把一支塑料马克笔"夹"在中间。他问："你要芥末酱吗？"彼得点点头，于是大卫在"热狗"上方摇着一支铅笔，假装那是一瓶芥末酱。

游戏与逻辑—数理思维之间的另一个关系依赖于角色扮演游戏中所固有的符号转换能力。那些把自己变成兽医、小狗或者宇航员且每次又能变回自我的孩子，已经显示出他们具有了"可逆性"（reversibility）思维能力。这是在儿童中期伴随逻辑思维发展而出现的一种思维能力，它对于基本的加减能力的发展来说十分重要。有些研究者猜测，假装游戏中思维的转换奠定了皮亚杰守恒概念的基础（Golomb, Gowing, & Friedman, 1982）。守恒是指能够理解物体位置或形状的改变不会减少或者增加物体的数量，就像角色扮演游戏中扮演了一个角色之后，这个人的身份保持不变一样（Forman & Kaden, 1987）。

4岁的凯茜在他们一家人观看了《苏斯狂想曲》（Seussical）的音乐剧后问道："他们看起来不是那样的，对吗？我的意思是他们是真人穿着道具服装扮演的。"她的父母带着她回顾了一遍这个节目，并写下了扮演特定角色的演员名单。第二周，凯茜用羽毛、一些布和线制作了"奇怪的动物"服装，把她的毛绒玩具和娃娃装扮起来。这显示出她如何发展了关于身份改变的概念。

逻辑—数理思维的各个方面都会在儿童的游戏中显现出来。排序、分类、数数、测量以及比较等例子，每天都能在儿童的游戏中看到，并且都能与早期数学和科学学习标准联系起来。例如，当娜奥米在为假想的烤箱中的小甜饼通过大声数数来计算时间时，她正在按照机械记忆数数。当埃利奥特想要在画架上涂更多的红色颜料时，他恰当地使用了比较性的词汇。当奎因在假装的餐馆里数出6枚硬币买冰激凌时，他理解了数字的含义、简单的运算以及在日常活动中硬币的用途。当泰森把恐龙按照从小到大的顺序排列起来的时候，他正在进行连续排列和排序。

游戏与问题解决

能够使人从新的视角解决问题或者用一种独特的方式使用一种工具等灵活思维能力是批判性思维的一部分。成人面对问题时会从不同的角度交替进行自我对话，并想象出可能的结果。让儿童以与成人相同的方式通过游戏来检验自己的想法，有助于他们解决问题。这一过程还会让儿童在玩游戏时发现新问题或者提出新问题，并对自己的经验进行深入思考（Chalufour & Worth，2006；Holmes & Geiger，2002；Levin，2013；Segatti，Brown-DuPaul，& Keyes，2003；Wolfe，Cummins，& Myers，2006）。

正如下面第一个例子中所显示的那样，这一尝试各种办法的思维活动可能并没有语言出现；也可能正如第二个与同伴进行协商例子中显示的那样，出现了口头交流的现象。

> 二年级学生克丽茜和杰克在堆积一座沙山，他们围绕沙山设计了一条路，能让球从上面滚下来。潮湿的沙子在烈日的照射下开始变干，路面也因此开始坍塌。他们开始用更多的沙子进行"修补"工作，但是沙子太干了，黏不到一起。见这种办法不奏效，他们开始在干沙子下面挖掘出以前用过的湿沙子。

对受同伴欢迎的儿童进行的研究表明，思维灵活的儿童经常会找到独特的替代性方法来解决争端并做出妥协（Howes，1992）。

> 4岁的埃丽卡和3岁的梅利莎在玩医院游戏，医院里有病床、医疗道具和两个洋娃娃。她们同意让她们的"患者"（洋娃娃）分享玩具病床，但是病床上只有一个枕头。埃丽卡拿了一个毯子把它折了几下放在自己的洋娃娃的头下面。她总结道："现在我们都有枕头了。"游戏继续进行，没有因为争端而受到干扰。

那些研究儿童游戏的研究者认为，儿童从"游戏中"的演员转变为"游戏外"的指挥者而发生的冲突以及接下来的协商活动，迫使他们从游戏伙伴的角度思考问题。在游戏中，儿童通过动作和对话扮演角色，把故事内容向前推进。在游戏之外，儿童从假想的角色中走出来，就新角色、与角色相适宜的行为以及游戏的情节进行协商。如果一个孩子想让游戏继续下去，那么他就必须做出让步（Fromberg，2002；Göncü，

1993；Reifel，Hoke，Pape，& Wisneski，2004；Reifel & Yeatman，1993；Sheldon，1992）。

我们考察的所有早期教育学习标准都强调与其他人协商与解决社会问题、同情他人，并努力取得成功的能力。这些能力和品质在每天的游戏活动中都能得到培养。例如，加勒特和莉莉在玩宇宙飞船游戏，他们商量由谁来扮演驾驶员和由谁来扮演副驾驶员的角色，由此在游戏中与同伴协商解决社会冲突并进行合作。米沙摔倒了，伤着了膝盖。在老师从院子另一端赶过来的同时，杰克拥抱了她，并说："你会没事的！"他以这种方式表达了对他人的同情心和关心。肖恩和希瑟为乔莎摆好颜料盒，并帮她把画架倾斜了一定角度，让她能够在轮椅上够得到这些材料。他们在与同伴互动中以这种方式展示出对来自多元文化背景以及具有不同能力的其他人的差异的尊重。埃米莉连续三天都在参与道路主题的项目活动，不断地增加新标志，坚持用支撑物建桥。她"在游戏和项目活动中以这种方式显示了她的意志力"。

有特殊需要的儿童的游戏

以游戏为中心的课程可以使遇到问题时常常不会解决的儿童受益。这些儿童包括许多有社会和情感问题的儿童以及发展迟缓的儿童（Bergen，2003；Buchannan & Johnson，2009；Koplow，1996；Odom，2002；Wolfberg，1999；O'Neill，2013）。灵活性是解决问题的一个重要方面（Holmes & Geiger，2002）。因为灵活性、语言和认知之间的联系紧密，所以某些有特殊需要的儿童缺乏这种灵活性，以一种死板的方式对环境做出反应。在游戏中与同伴进行充分互动的机会能够促使儿童解决问题能力的发展。

在一个小学二年级融合教育班级中，乔和哈罗德正在玩小赛车。乔具有学习障碍，他的视觉加工和视觉辨别能力有点问题。当乔在地毯上推他的车的时候，他说："我想让我的车跑快点。"哈罗德环顾了一下教室，看见一张桌子并说道："我们可以使用一张桌子，因为它很光滑。"乔环视了一下教室并喊道："我们去那儿玩吧。"他指着教室里一个用闪闪发亮的瓷砖铺设了地面的区域。两个孩子把他们的车拿到瓷砖处，开始玩赛车游戏。

尽管在特殊教育领域中的一些研究和文章表明，有特殊需要的儿童无法解决问题，但是乔与同伴哈罗德通过合作成功地解决问题这个例子表明：在不同的情境中，观察每一个孩子的能力是非常重要的。

与之相关的一个问题是教师的作用。吉尼希和迪保罗（Genishi & DiPaolo，1982）以及佩莱格里尼（Pellegrini，1984）指出，教师在同伴协商游戏过程中出现可能会阻碍儿童独自解决人际交往问题的能力的发展。另一方面，斯米兰斯基（Smilansky，1968，1990）等研究者讨论了教师在儿童游戏中出现的方式可能会使儿童解决意见分歧的能力得到发展。教师可能会发现，在指导那些认知、社会性或者情感发展迟缓的儿童以及那些当其他同伴不按自己的意愿进行游戏就极具攻击性的儿童时，自己所扮演的角色和干预的时机特别具有挑战性。

在这些以及全部的游戏干预方式中，教师的敏感性、根据儿童的能力提供支持以及按照他们的意图给予足够的耐心是至关重要的（Bergen，2003；Brown & Marchant，2002；Clark，2007；Fromberg，2002；Mindes，2006；Wolfberg，1999；Fiorelli & Russ，2012；Leong & Bodrova，2012；Spivak & Howes，2011）。

游戏能够促进儿童发展的思想是维果斯基最近发展区理论的主要特点（Vygotsky，1967，1978）。他指出，当儿童在游戏中受到同伴的挑战时，他们的能力会超出平时的水平。儿童愿意与他人进行社会互动，愿意从他人的角度思考问题，有助于儿童的发展，这一点在游戏中最为明显。研究者研究了混龄组和混龄班中儿童的游戏后指出，当年龄较小或者只会玩简单游戏的儿童与比自己大的儿童或者精于游戏的儿童一起玩时，他们表现出较高的游戏水平（Connery，John-Stgeiner，& Marjanovic-Shane，2010；Katz，Evangelou，& Hartman，1990）。那些在象征性游戏转换中想象力更丰富、与同伴沟通中头脑更灵活的儿童，正在建构对于批判性思维能力和解决社会问题能力至关重要的概念。

游戏、想象力与创造力

当审视游戏在儿童发展中的价值时，想象力和创造力有时被认为是儿童理所当然应具有的能力。关于哪些课程适合21世纪儿童的发展已经有了很多论述（Almy，2000；Galinsky，2010）。布鲁纳（Bruner，1976）很好地描述了这一难题，他提出："教育制度如何才能让儿童应对越来越难以预测的未来呢？"

一种可能性就是培养儿童的适应能力、灵活性和创造性思维。这些品质是至关重要的，因为"无论环境如何变化，它都会选择会玩的个体"（Ellis，1988，p.24）。对于说教式教学效果的担忧以及对于以技能为基础课程效果的担忧，已经引起研究者的注意并且发表了相关文章，以督促教育者认真考虑如下需要：培养儿童具有想象力和灵活性的思维，为他们提供丰富的、各种各样的视觉和表演艺术活动的机会（Brown，2009；Elkind，2003，2007；Gallas，2003；Holmes & Geiger，2002；Isenberg & Jalongo，2001；McGhee，2005；Power，2011；Prairie，2013；Robson，2010；Singer & Lythcott，2004；Singer & Singer，1990，2006；VanderVen，2006）。

正如下面的例子所示，在日常游戏中儿童的活动能够通过无数的方式达到早期艺术学习标准。当罗宾从化妆箱中拿了围巾，并在积木区搭建的舞台上跳舞时，她就在通过视觉艺术、舞蹈、音乐和戏剧来发展自我表达能力。当帕蒂变成邪恶的皇后，咆哮着并降低声音威胁悲伤的公主时，她展示了她对艺术的欣赏、兴趣和有关艺术的知识。同样，当莱斯莉为一棵树和花儿剪枝叶的时候，她说："我想像史蒂夫那样做拼贴画。"她也展示了她对艺术的欣赏、兴趣和有关艺术的知识。

辛格（Singer）写了大量文章来论述游戏对于儿童想象力发展的作用。在辛格看来，假想游戏对于儿童内在想象力的发展至关重要（参见：Singer，2006；Singer & Singer，1990，2005，2006）。它通过让儿童参与能够引起好奇心的活动，对其他情境进行探索，来促进他们创造力的发展。此外，他们的研究也强调了想象性游戏对于儿童的社会心理发展的帮助：参与很多假想游戏的儿童在遇到新情况时，更容易感到高兴，处理问题的能力会更灵活。

独自游戏可以促进儿童专注和想象力的发展

想象与幻想的三个方面

伊根（Egan，1988）进一步发展了维果斯基关于游戏促进儿童早期发展的思想。他声称，幻想和想象是适宜儿童早期课程的内容，因为它们突出了教师对幼儿的高度关心。伊根的研究强调了在儿童早期阶段想象和幻想的三个方面：(1) 幼儿时期同伴文化的口语化特征；(2) 在游戏主题中创造戏剧化的、具有紧张关系的对立人物的重要性；(3) 假装游戏中固有的好奇心、想象力和愉悦感。

早期阶段的口语文化：伊根（1988）发现了幼儿期儿童通过口头方式讲述幻想故

事的能力的源泉。随着幻想游戏中故事的发展，它的意思得到了澄清和扩展。在独自进行的戏剧表演游戏中，儿童把幻想性的故事讲给自己听，而在社会性戏剧表演游戏中，游戏的意义是在班级同伴文化中通过沟通和协商来传达的（Ariel，2002；Dyson，1997，2003；Fromberg，2002；Katch，2001；McEwan & Egan，1995；Nicolopoulou，Scales，& Weintraub，1994；Paley，1981，1994，1995；Perry，2001）。

把日常生活中的人物、情境和事件拓展到假想的王国中，这体现了儿童的一种逻辑思维能力。这种能力包括模糊性和矛盾，也把思维和情感融合在了一起。这种通过叙事形式表达意义的能力，是人类排序和分类经验的早期表现形式（Bruner，1986，1990）。这种游戏中相互矛盾的逻辑形式就是伊根（1988）所说的"虚构思维"，它既可能出现在儿童幻想的系列游戏事件中，也可能出现在角色扮演游戏中。例如，4岁的伊琳假装自己是一个海中的怪物，她知道她既是自己所扮演的角色，又不是自己所扮演的角色。这种早期的矛盾为儿童中期出现的非矛盾逻辑形式奠定了基础。伊根认为一个人在通过逻辑思维使问题简单化之前，必须创造可能性并对各种可能性感兴趣。幼儿对事实的掌握开始于对已知世界边界的扩展，并在游戏中产生新的维度和可能性（Nourot，2005）。

游戏中的两极对立面：儿童的游戏常常围绕着二元对立的主题而建构，例如爱/恨、危险/拯救、允许/禁止、大/小、好人/坏蛋、死亡/重生、丢失/找到（Bettelheim，1989；Corsaro，1985；Egan，1988；Garvey，1977/1990；Katch，2001；Paley，1988）。这些对立的矛盾能够帮助儿童分辨物理世界与社会世界的特点，并在这些世界中界定自己。思维与情感的统一使他们通过戏剧表演游戏中讲述的故事获得各种能力，并理解生活。下面的案例表明儿童如何在有意义与无意义、可能与不可能、寻常与不寻常、安全与危险，以及对一些人来说被允许和被禁止之间灵活地转换。

> 多莉和露丝在假装巫婆，她们用一个羹匙从伙伴的胳膊上吸血，然后跑到娃娃家炉子上的锅那里，把从受害者身上吸来的、想象中的血吐进去，然后边搅拌边咯咯大笑。昆西也是一个巫婆，他穿着一个闪闪发光的斗篷，手里拿着一个杯子，里面放着一个塑料柠檬。他说："这杯饮料有毒，里面放了指甲。"
>
> 之后，昆西举起杯子说："但是如果你喝了这杯有魔力的饮料，你就可以醒过来。"于是，他给了刚刚加入游戏的约翰一些。约翰问："我能一起玩吗？"

多莉说："可以，但是你必须像我们一样当巫婆。"约翰模仿他从多莉那里听到的咯咯笑声，假装从露丝身上吸血。之后，昆西把他的杯子递给露丝说："它会让你从巫婆变成一个公主。"她假装喝了能变成公主的饮料，然后其他的巫婆试着把她从公主变回巫婆。"不不，喝这个。"昆西用他的饮料让小伙伴在坏巫婆和好巫婆之间转换，这个情节持续了几分钟，直到老师宣布整理时间到了才结束。

上述案例中通过二元对立的方式对人物、情节和环境的安排，例如好巫婆/坏巫婆/公主以及死亡/重生等，很好地解释了故事情节的即兴发挥，甚至阐明了儿童是如何理解自己的。尽管游戏中关于人物和事件的分歧可能使游戏产生瑕疵，但是儿童迫切地渴望游戏能够持续进行下去。儿童对游戏主题、对立人物的安排，例如好人/坏人或者危险/拯救等，使他们能够共同理解接下来的协商过程，使游戏丰富多彩（Nourot，1997，2006）。

惊奇、魔力和愉悦：尽管逻辑思维能力的发展和与他人协商能力的发展是幼儿想象性游戏的重要方面，但是游戏的本质在于其迷人的方面，这是终身的创造性过程（Ariel，2002；Brown，2009；Csikszentmihayli，1993；Nachmanovitch，1990）。想象性游戏带来的愉悦和惊奇是与他人的有力联结，也是儿童进行自我调节的动力。此外，想要获得这种惊奇和愉悦感的愿望产生了有力的动机，让儿童超越自己的观点，包容他人的观点。这样做的同时，儿童既感受到友谊的力量，又体验到游戏中幻想的力量（Jones & Cooper，2006；Jones & Reynolds，2011；Reynolds & Jones，1997）。

游戏与社会道德发展

在幼儿园、日托中心、学前班、小学低年级的教室中，我们每天都能看到儿童社会互动、幻想游戏、建构游戏以及规则游戏的差异。这些差异反映了儿童的文化、家庭、个人风格以及他们道德和社会发展的各个方面。研究者在游戏中观察到，当教师能够理解儿童游戏的发展顺序和行为密码，以及儿童家庭和文化的社会背景时，他们就能很好地支持儿童的游戏（Bowman & Moore，2006；Gaskins，Haight，& Lancy，2007）。

在一个大班的教室中，乔恩和芮欧愉快地用积木搭建着一个"牧场"。当他们咯咯地笑着并低声交谈幻想游戏计划的时候，他们显得很亲密。一个男孩对另一个孩子说："假装坏蛋能够到这儿。"保罗从旁边看着，然后开始在芮欧和乔恩的边上自己搭建积木。随着他们搭建的牧场超越了他们的搭建区域的范围，保罗平静地说："那我往哪儿搭积木呢？"芮欧说："我知道，我们会在这儿画一条线，让你也搭积木，我们不会越过界限。"

在这个案例中，我们看到保罗学会了维护自己的权利，乔恩和芮欧没有放弃已经建造的牧场，学会了从第三方的视角理解问题。

德弗里斯和赞（DeVries & Zan，1994）以及卡米（Kamii，1982，1990）在探讨幼儿在班级中的自律性（autonomy）和他律性（heteronomy）时，赞同皮亚杰的儿童道德发展理论（Piaget，1965c）。道德自律性是以一个人自我管理为特征的；道德他律性意味着由他人来管理自己。道德自律性得到发展的儿童将道德标准看作内在的指导原则，无论是否会被家长或者教师"抓到"自己在做不恰当的行为，他们都会独立地遵守这些原则。在一个促进道德自律的班级里，儿童与同伴一起根据他们的经验建构公平与不公平的信念。通过与同伴一起进行互惠式互动（reciprocal interactions），经历社会道德的两难选择，儿童学会了对自己的行为做出明确的选择，并练习了换位思考（DeVries & Zan，2005）。在前面的案例中，乔恩和芮欧能够考虑保罗想跟他们一起玩的愿望，同时保留自己的互动游戏空间。他们做出让步，尊重彼此，替对方着想。

帕滕关于游戏和社会参与行为的研究

帕滕（Parten，1932）在一所由家长作为志愿者的幼儿园研究了儿童的社会行为。根据观察，她假设了儿童在游戏中的一系列社会互动行为，从旁观行为到独自游戏、平行游戏以及两种形式的小组游戏。

旁观行为：旁观行为（onlooker behavior）是指当别人玩游戏的时候，儿童在一旁观看，可能因为他不愿意参加游戏，也可能因为他在寻找参加游戏的机会。游戏经验不丰富的儿童会在一个游戏外观看，通过观察并模仿他人来学习——有时候他不确定如何才能加入游戏当中。游戏经验丰富的儿童能够在旁观时做出选择，判断选择哪个活动，或者确定最有效的策略进入他人正在进行的游戏之中。有时候，旁观者只是对游戏或者其他人的行为感兴趣。敏感的教师了解旁观的这些功能，通过观察巧妙地干预儿童的行为，判断自己能起到什么作用，帮助儿童对游戏行为做出选择。旁观行为不是不成熟的行为，而是代表儿童需要这段时间来思考自己的行动。

独自游戏：独自游戏（solitary play）是指儿童单独玩的游戏，没有明显的同伴互动。

  4岁的阿玛尼在画架上小心地画着一幅心形图案，并用鲜亮的粉色填充。她停下来短暂地思考了一下，然后给画作加上了胳膊和腿。她说："对，这是一个有心脏的人！"

  帕滕发现独自游戏是她班上幼儿的典型游戏，但是最近的研究表明独自游戏根据儿童的年龄和游戏环境不同具有多种功能。例如，独自游戏可能为复杂的戏剧表演游戏提供背景，例如可以用玩具恐龙表演家庭戏剧；它也可以给儿童提供一个暂时免于同他人协商的休息机会，例如用小钉板进行独自游戏。敏感的教师懂得儿童需要在班级里保护隐私，需要独自游戏的机会，也需要与同伴分享并进行小组游戏的机会。对于一些受到暴力创伤的儿童来说，独自游戏是非常重要的（Scarlett et al., 2005）。

平行游戏：平行游戏（parallel play）是指儿童与他人分享游戏材料或者彼此离得很近，但是没有合作游戏的意图。儿童可能通过游戏材料进行非言语沟通，但是不会发展出联合游戏的主题或者内容。例如，朱利安和海伦正在分别用小积木和一个大的娃娃玩游戏。他们每个人都在表演着自己的人物角色。当一个孩子放下一块积木或者娃娃时，另一个孩子可能把它拿起来，但是他们都不理会对方的游戏。这类游戏代表了幼儿早期的、尚未分化的小组游戏（group play）形式，教师可能常常把它作为形式丰富的小组游戏的序曲，也把它看作儿童与同伴进行合作游戏前的"试水"。

小组游戏：帕滕区分了两种形式的小组游戏。第一种为联合游戏，儿童会在彼此临近的地方分享游戏材料或者就游戏材料和空间进行协调，但是缺少真正的合作。它在形式上类似于平行游戏，但是它包括一些小组合作游戏的要素。例如，弗兰克和桑德拉在一个小桌子上玩着乐高积木。他们就每人从一篮子零件中选择多少个轮子进行协商，但是随后他们继续完成自己的作品，而不是一起合作游戏。

  第二种形式的小组游戏是合作游戏，包括对联合游戏的主题，以及如何与同伴继续游戏等内容进行协商，其特点是儿童时而进入，时而走出游戏去建构角色或事件。例如，三个孩子在玩开饭店的游戏，他们可能轮流扮演顾客、厨师、服务员，同时还从游戏之外的视角评论游戏情节，例如"假装汉堡包烤糊了"。

游戏与情感发展

儿童在游戏中经历的连接感和愉悦感与他们的情感发展密切相关（Thompson，2013）。儿童的情感发展（emotional development）指的是他们感知或体验丰富情感的能力，如快乐、悲伤、愤怒、嫉妒、兴奋、惊奇和恐惧等。情感发展还包括儿童管理或者规范表达自己情感的能力。皮亚杰、维果斯基和埃里克森都强调游戏对情感发展的重要性。

在幼儿园中，表现某个儿童成为孤儿或者与父母分离，或者不得不在森林中或海边保护自己的戏剧表演游戏主题很常见。其他常见的主题还包括生与死。有的时候，儿童的意图与成人的禁止之间的冲突也通过班级中的幻想游戏表现出来，如"淘气的婴儿"。

埃里克森（1950/1985，1977）的研究和著作表明，通过社会性戏剧表演游戏，儿童能够表现他们对一些重要的生命主题的认识。生与死、爱与恨、关心与嫉妒等主题经常出现在幼儿的游戏之中。埃里克森写道："游戏的年龄为儿童提供了微型的现实场景，在其中他能够使用玩具（由那些鼓励他进行游戏的人提供）来表现重生，纠正并重新建构过去的经验……"（Erikson，1977，p.99）

在他们的游戏中，儿童重新确认自己，同时常常也会吓到他们自己。埃里克森也提醒我们，儿童游戏的目的性进一步得到发展。在戏剧表演游戏中，儿童进入幻想之中，让他们能够探索最初的想法和独立性。

> 贝比、贝蒂和海伦在玩沙子。他们建造了一座火山，并设计了一个发生危险和进行援救的情节。当瀑布从他们潮湿的沙堆火山上流下来时，贝比和贝蒂大声地笑了起来。当海伦开始用脚踩踏沙子的时候，他们大声进行抗议。在后来的游戏中，三个孩子在超级英雄进行援救的情节中，对善与恶的原型表现出冲突。

皮亚杰（1962）也指出，游戏是儿童情感发展的奠基石。正如埃里克森一样，他认为游戏的宣泄功能（liquidating function）能够让儿童把强烈的情感中立化，通过假想游戏释放这些情感。他还描述了幻想游戏的补偿功能（compensatory function）有助于儿童对无法躲避的、让他们产生无助或者恐惧的事件进行改写。与之相似，维果斯基

(1976，1978)也认为，游戏是儿童对自己的行为和情感进行自我规范(self-regulation)的主要方式。

当代的理论家和作家都强调儿童情感发展的重要性。进入学校对于儿童的情感发展提出了进一步的挑战。在学校里，他们会进行比较，要接受一些挑战，例如不安全感、嫉妒、谦卑、骄傲以及不自信等。学会与其他人积极进行互动，等待自己的轮次，调节自己的情绪，这些都为情感的发展奠定了基础。加德纳(Gardner，1993)指出，"人际和内省智能"的特点是能够准确解读他人的情感、动机和愿望并做出反应，评价自己的感情并用它们指导行为。同样，戈尔曼(Goleman，1995)也阐释了以同情和自我规范为特点的情感智商。情感智商是他和兰蒂尼(Lantieri)在他们的著作《开发情感智能：培养儿童内在力量的技术》(*Building Emotional Intelligence: Techniques to Cultivate Inner Strength in Children*，2008)中为教育者和家庭所开发出的一个概念。实际上，幼儿教育研究与文献有一个趋势，就是强调游戏在幼儿情感发展中的重要性(Bodrova & Leong，2007；Bowman & Moore，2006；English & Stengel，2010；Honig，2007；Hyson，2004；Jones & Cooper，2006；Landreth，Homeyer，& Morrison，2006；Nessen & Hawkins，2010；Soundy & Stout，2002)。

游戏和某些儿童生活的残酷现实

当代游戏在一定程度上引起的危险，对于儿童来说既无法理解，也令人恐怖。这一情况对于幼儿教师和游戏研究者来说都是个棘手的问题(Ariel，2002；Farish，2001；Katch，2001；Lancy，2002；Levin，2003b，2013；Waniganayake，2001)。很多在教师眼里非常危险或者充满暴力和攻击性的游戏，可能来自儿童需要通过想象(与成人说出情感压力相同的方式)来重复和修复令他们感到恐怖或者困扰的经历(参见：Clark，2007；Haight et al.，2006；Katch，2001)。

> **! 家庭多样性   一个孩子应对姑姑的死亡**
>
> 6岁的贾森在休息时间组织他的同学在学校草坪上采摘蒲公英。他们制作了花束。当他们回到教室的时候，他们把花束存放在衣帽柜里。在当天进行游戏和项目活动的时候，孩子们用积木制作了一个棺材，还为扶柩者制作了扶手。贾森指导他们祈祷、唱歌，表演了一个假装的葬礼。其他儿童也加入进来。当把棺材放在地毯上那个用胶带做的表示坟墓的标记上时，孩子们把蒲公英花束撒在棺材上。贾森19岁的姑姑上周六在一次枪击案中不幸身亡。

贾森的老师明白，通过游戏弥补那些社区暴力事件以及晚间新闻报道的灾难场景给儿童带来的心理不平衡是学校中游戏的一个重要内容。这些儿童游戏反映的都是其所在社区发生的、令人不安的事件。贾森与同伴积极的合作游戏有助于他的心理康复。

儿童也试着理解媒体中出现的可怕的图像和信息。例如2001年9月11日之后，全国的教师都报告说儿童在游戏中不停地用飞机撞楼房，以表达他们对电视上持续出现的这些画面的困惑与不解。

儿童常常通过恐怖的游戏主题、有关使用武器的游戏、暴力或者语言方面的禁令，来努力发明一些对自己来说有意义的游戏。他们呈现的这些游戏的情感根源和游戏治愈他们心理的可能性，必须由教师认真解读（Katch，2001；Koplow，1996；Levin，2013；Levin & Carlsson-Paige，2006）。

但是有时候，对于儿童来说，使用游戏解决情感问题压力太大。但是当儿童的游戏形式对其他儿童和教师都造成干扰或者给他们带来苦恼时，教师可以向专业人士寻求帮助。学校咨询师和心理分析师一直在探索方法，让儿童努力理解恐怖或者令人困惑的事件（Axline，1969；Erikson，1950/1985，1977；Landreth，Homeyer，& Morrison，2006；Winnicott，1971）。埃里克森曾经论述过"儿童中断游戏"的情况。当儿童的压力或焦虑达到足够高的水平时，他们会缩短游戏时间。受到严重创伤的儿童可能无法以传统的方式用游戏再现并克服压力和冲突。这些儿童可能需要专家在治疗环境中以及教师在学校环境中给予敏感的、谨慎的、精心的辅导（Koplow，1996；Scarlett et al.，2005）。

小　　结

游戏在儿童发展的各个方面都起着关键作用。本章我们主要回顾了关于影响儿童发展和学习的多种游戏方式的研究和文献资料，以及游戏如何提供与学习标准相关的经验。

- **游戏与智力发展**。大量的研究表明，游戏对儿童的象征性思维、语言和读写能力、逻辑—数理思维、解决问题的能力的发展起着关键性作用。
- **游戏、想象力与创造力**。有很多证据表明，游戏能够促进儿童想象力和创造力的发展，这一点有时候会在课程中被忽略。
- **游戏与社会道德发展**。儿童在道德发展的过程中以及在社会协调能力发展的过程中会经历多个阶段。游戏对于儿童这一发展来说是一个重要条件。
- **游戏与情感发展。** 儿童情感的发展在幼儿教育中至关重要。关于游戏在儿童情感发展中的重要性有大量的研究和理论文献。

知 识 应 用

1. 讨论儿童如何通过游戏发展象征性思维、语言和读写能力、逻辑—数理思维以及解决问题的能力。
    a. 用物体和象征性角色扮演游戏举出想象性游戏的例子。
    b. 说出你自己对换位思考是如何理解的。为什么换位思考很重要，它在游戏中是如何发展的。
    c. 描述读写和叙事能力的发展如何在儿童的游戏中得到促进。
    d. 讨论游戏如何有助于儿童逻辑—数理思维的发展，并举例说明。
    e. 用你自己的话说一说，你如何定义解决问题的能力，这种能力如何在游戏中得到培养。
2. 列出想象力和幻想的三个方面的内容，并描述它们如何与儿童的游戏相关。
3. 解释社会道德发展与自律和他律有何关系。
    a. 举例说明旁观行为、独自游戏、平行游戏和小组游戏。
4. 讨论皮亚杰、埃里克森和维果斯基是如何看待游戏在情感发展中的作用的。
    a. 举例说明儿童如何用游戏来解决情感问题。

第 4 章

精心安排游戏：创设环境

学习目标

➢ 描述教师支持儿童游戏的四个指导原则。

➢ 从教师可以使用的支持儿童游戏的一系列指导策略中确定四个间接策略。

➢ 说明认真规划的环境、常规、一日活动流程如何使儿童的游戏时间和游戏选择达到最佳效果，并且在二者之间取得平衡。

➢ 比较课程中游戏的两种延伸方式，并说明它们有何不同。

> 在安所在的幼儿园教室中，环境的设置有利于儿童游戏的开展。娃娃家有厨房用具、辅助材料，以及一个小沙发和一把摇椅。此外，还有一个长着亚洲面孔的女洋娃娃和两个男洋娃娃，其中一个男洋娃娃是非裔美国人的面孔，另一个男洋娃娃是高加索人的面孔，它们被放在靠近摇椅的两张小床上。孩子们用不同尺寸的纸盒制作了一台DVD和一台电视机。帽子和服装被放在架子上和挂在挂钩上，娃娃们的衣服被放在抽屉里。装有玩医院游戏的道具盒敞开着，被放在临近娃娃家的架子上，同经常被用到的、附有夹子的空白笔记板以及铅笔放在一起。安考虑了游戏环境中的这些主要因素。她解释说一个当地的内科医生前天刚刚访问过幼儿园，向孩子们介绍了游戏中投放的医疗用具，并解释了一些术语。
>
> 在户外区域，三层的攀爬架可供儿童根据自己的水平接受挑战，下面铺了柔软的橡胶垫，还有一个坡道通往滑梯处。对于使用轮椅的安吉来说，这里有足够的空间让她从轮椅上下来并挪动到滑梯上。攀爬架周围过道的设计使轮椅能够轻松进出这个游戏设施。游戏场地还有一个小花园，里面有几把长椅、一个放有盆栽植物的桌子。坐轮椅的儿童也可以到这个花园，绘画用具放在一个小车里，因为很多孩子都喜欢画植物和后院里的兔子。

为了让以游戏为中心的课程取得较好效果，教师必须精心安排课程，使课程的各要素自然衔接，与儿童的发展水平相匹配，提供机会让每个儿童都能得到发展，让作为一个整体的班级也能取得进步。有经验的教师在培养儿童对游戏环境的信任感和安全感方面，使用种种策略"加大投入"，促进儿童的发展（Barnes & Lehr，2005；Bowman，2005；Clawson，2002；Derman-Sparks & Ramsey，2005；Piaget，1977；Singer，Golinkoff，& Hirsh-Pasek，2006；Singer & Singer，2005；Swick，2002）。

在为游戏创设环境时，一个主要的步骤是使用实际的策略把对知识的期望与对儿童发展和学习的理解联系起来，以支持儿童的游戏。这些策略可以通过一种教学方法得到解释。在这种方法中，教师结合儿童行为发生的背景看待儿童的行为，注意到儿童从前玩过的游戏主题以及这个班级中的社会等级。它们提醒教师，当有些因素发生变化时，例如班上来了新同学、有特殊需要的孩子或者有双语学习者（dual language learner）时就需要在小组游戏中做出改变。教师要利用各种发展和学习理论解释他们观察到的信息（Corsaro，2011；Henderson & Jones，2002；Hughes，2003；Paley，1999；Reynolds，2002）。

以游戏为中心的课程并不是由固定的内容组成的，而是由儿童在游戏中产生的主题和概念形成的。

精心安排游戏的指导原则

以下4条通用的原则能够指导我们思考，在儿童自发的游戏和教师主导的或教师指导的游戏背景中，教师可以使用哪些方式来支持儿童的游戏。

1. 从儿童的视角出发。
2. 作为一个敏锐的观察者。
3. 看到游戏所建构的含义。
4. 作为一个环境管理者。

在下面的例子中，我们描述了如何把这些原则应用到不同年龄的幼儿身上，如何应用到班级中有特殊需要的儿童以及来自不同文化、社会经济背景、语言背景的儿童身上。

从儿童的视角出发

第一个原则是指教师要结合教室中的材料，从儿童的经验出发。发展适宜性实践（DAP）是全美幼教协会提出的一个术语，它指出教育要与幼儿的发展年龄相适宜（Bredekamp，2004；Copple & Bredekamp，2009；Sylva，Siraj-Blatchford，& Taggert，2010），还包括教育要与每个孩子的发展及其文化背景相适宜。

罗尔从家里习得的概念或态度有哪些是独特的、不同于米可或者弗兰斯的呢？乔·安的父母即将离婚这件事会如何影响她的发展和行为呢？有脊柱裂的布莱恩滑滑梯或者荡秋千时需要什么特殊的设备呢？从儿童的视角出发，教师需要按照发展适宜性实践的原则工作：既要了解特定年龄儿童的正常发展水平，也要了解对每个儿童来说有意义的校内外生活经验。例如，埃米尔玩的持枪和士兵游戏与近期他的家庭从一个遭受战争破坏的国家移民到美国有什么关系？在户外增加一个私密的小空间，再放几个小马玩具，会不会鼓励弗兰和席琳之间进行互动，而不是仅仅看着其他孩子玩游戏？

教师作为敏锐的观察者

在课程中精心安排游戏的第二个原则是教师成为儿童行为的敏锐观察者。教师观察儿童的技能可通过下列方式得到发展，例如，合理安排教室中的具体巡视时间，在可撕下的便签纸上写下观察记录，或者在室内或户外的某个特定区域坐下来长时间观察儿童。教师在与一组儿童工作时也可以使用观察策略观察他们，并花点时间记下儿童工作和游戏时的观察、问题、经验和假想。

教师可以在儿童自发的游戏和教师计划的活动之间架起一座桥梁

看到游戏所建构的含义

根据第三条原则，敏感的教师意识到儿童通过自己的经验来建构意义或者理解力。有时候，在游戏伙伴提出使用一块新积木搭建楼房或者为一个角色提供一件服装时，意义就出现了。有时候，当教师和儿童坐在一起，弄清楚一个新单词的拼写时，意义就产生了。儿童与成人或其他儿童互动时产生的知识与互动发生时的背景相关，这一点非常重要。通过观察儿童的游戏，了解相关的知识和背景，教师能够以各种方式巧妙地干预儿童的游戏，使他们能够积极地参与游戏。这样的知识能够使教师判断是否该退出儿童的游戏，并给予儿童独立接受挑战或解决冲突的机会，也可以帮助教师判断是否有必要给予儿童更多的指导，或是把游戏引向别的方向。

教师作为环境管理者

第四条原则是指教师管理环境的能力。教师为儿童制订计划或者设计项目活动，让他们获得经验。教师要对所需空间、基本材料、辅助材料、时间等进行安排，确保儿童通过自己的游戏来建构知识。在承担这种角色时，教师通过间接的、精心安排的社会和生态（或物质的）环境来支持儿童的游戏，包括儿童自主游戏的时间（Corsaro，2012；Cryer，Harms，& Riley，2006；Curtis & Carter，2003；Greenman，2005；Hand & Nourot，1999；Katz & Chard，2000）。

精心安排游戏的一系列策略

精心安排的游戏指导策略包括成年人从间接的指导到直接的指导。最间接的策略包括布置和装饰物理环境，并基于对儿童游戏的观察和记录来设计课程。

在第5章中，我们描述了在教师主导的精心安排的游戏中，程度不断加深的教师指导技巧。尽管创设环境与教师的直接干预是作为单独的游戏策略分别论述的，但是技巧娴熟的且善于观察的教师经常使用多种策略来支持儿童的游戏。他们常常从间接的策略开始，然后逐渐过渡到较为直接的策略。他们会巧妙地以成人的身份介入，变成一个非指导性的角色。

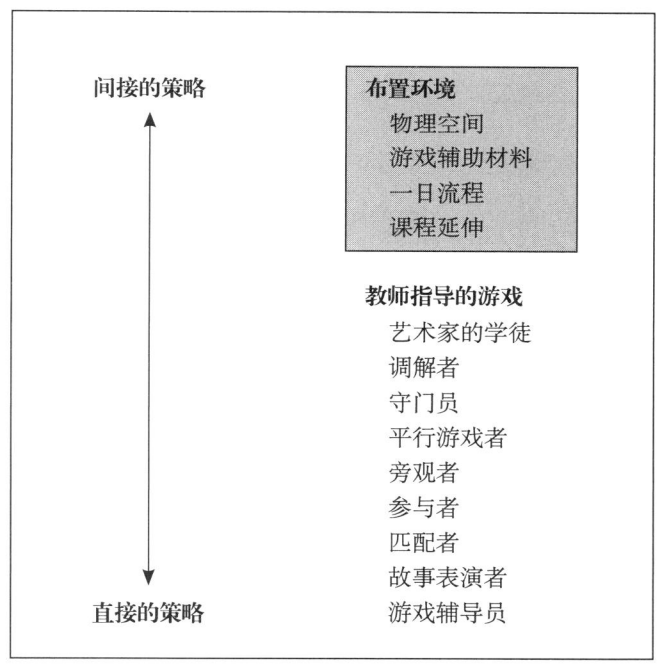

游戏指导策略

为游戏创设环境

作为成人，当我们看一下办公室、餐馆或者户外烧烤区时，我们就会知道什么活动以及哪些行为是被期待的。当儿童在室内和户外不同的区域进行游戏的时候，他们也在学习一些被期待的明确的行为规则和不明确的行为规则，找出特定区域的适宜的规则。然后，环境"会做出回答"。但是儿童也会通过回顾以前他们在这个区域所做的事情，通过他们从自己的文化、环境、事件和周围人那里了解到的知识来建构属于自己的意义，然后儿童会按照被期待的那样去理解这些意义（Cook-Gumperz，& Corsaro，1977；Corsaro，2012；Qvortrup, Corsaro, & Sebastian-Honig, 2011）。

在这一系列指导策略的间接性指导那一端，教师通过精心安排环境，让儿童进行游戏。他们首先提供让儿童游戏的物理空间，这是一个能够反映出他们尊重儿童的发展、需要、特殊能力和兴趣以及家庭和社区的过程。教师还可以利用他们的专业技能，根据在儿童游戏中的观察，根据儿童游戏的开展以及发展，深入地实施或者延伸课程。由于教师要对儿童的进一步需要做出反应，或者儿童已经能够自己获得这些材料，所以游戏的辅助材料要经常更换（Chalufour & Worth，2004；Curtis & Carter，2003；Reynolds，2002）。

为儿童准备物理空间

在为游戏创设物理空间时，需要考虑的问题有：如何安排室内和户外空间？有没有安全的进行打闹游戏（rough and tumble play）的空间，一个可供儿童尽情跑、跳和追逐的地方？有没有明显标记的柔软的空间（soft spaces），例如柔软的椅子或小块的户外草坪，一个可供儿童保护隐私的地方？有没有其他的有明显界限的区域，如娃娃家、阅读区、积木区？通过鼓励儿童自主选择以及进行持续性的游戏，所有这些安排都有助于支持儿童游戏的复杂性的发展。

关于儿童游戏环境的研究表明，每个儿童有30～50平方英尺[1]的室内可用空间是最理想的。每个儿童有不足25平方英尺的室内空间可能会导致儿童之间攻击性行为、注意力不集中行为的增加（Smith & Connolly，1980）。对于教师来说，拥挤的物理空间会导致更多的说教式教学，限制儿童之间的互动行为。在户外，研究发现能满足各种选择需要的和有树木、草坪的自然环境能够提升儿童参与游戏的程度，减少他们的攻击性游戏行为（Moore & Wong，1997）。

在创设游戏环境的时候，教师应该考虑游戏区域（供儿童游戏的空间）以及外围空间（游戏区之外，供人们走动的空间）。教师应该考虑那些能够让儿童暂时休息或参加游戏的空间、独自游戏或与他人一起玩游戏的空间、漫无目的地移动或者有目的地移动的空间、把材料组合或者分开的空间。教师还要考虑让游戏自然过渡，以

---

[1] 1平方英尺约等于0.09平方米。——译者注

及在室内和户外供儿童交流的空间（Clayton & Forton，2001；Curtis & Carter，2003；Hand & Nourot，1999；Kostelnik，Onaga，Rohde，& Whiren，2002；Kritchevsky，Prescott，& Walling，1977；Rui Olds，2001；Trawick-Smith，1992，2010）。"幼儿园和学前班的教室环境"和"幼儿园和小学低年级的户外环境"这两幅图提供了支持以游戏为中心的课程的室内和户外的环境布置方案。

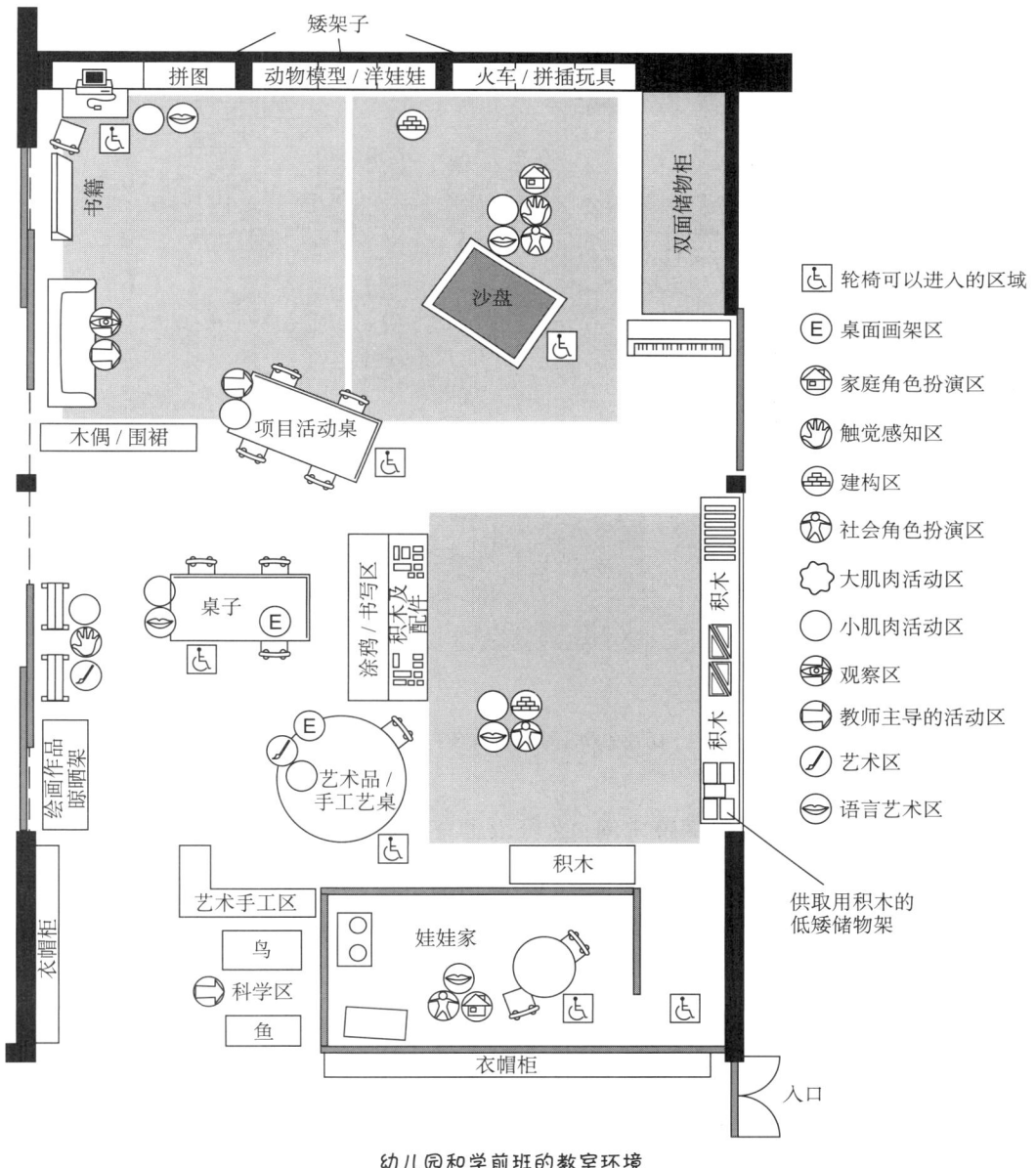

幼儿园和学前班的教室环境

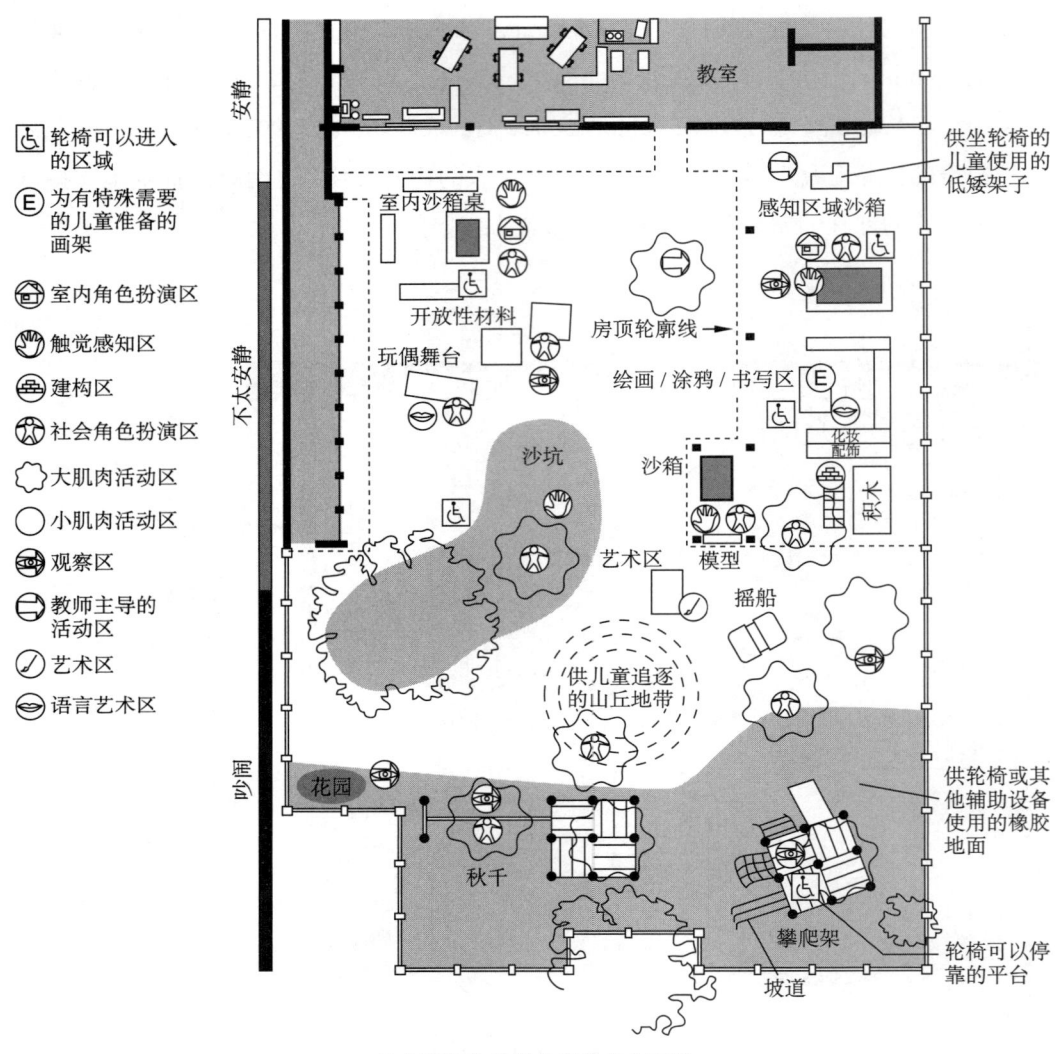

幼儿园和小学低年级的户外环境

为有特殊需要的儿童调整空间：当班级里有特殊需要的儿童时，教师对于物理空间的考虑尤为重要。教师不能认为只要把有特殊需要的儿童放在融合（inclusive）班级中，就能够让他们进行社会性融合了（McEvoy，Shores，Wehby，Johnson，& Fox，1990）。教师要意识到每个儿童需要特殊的、可选择的学习策略（Barnes & Lehr，2005；Erwin，1993）。在有些活动中，为那些不能长时间站立的儿童调整设施，例如画架或者放在普通定位板上的健身球等，可能会促使儿童积极参与活动（Hanline & Fox，1993；Sandall，2003；Thomas，2005）。基于这个认识，教师可以安排环境，支持儿童进行更多自发的独自游戏和同伴游戏。对于坐轮椅的儿童来说，少即是多。

例如对于杰克来说,他那宽大的、僵硬的腿部支架使得他在教室中行动成为一个挑战。教师和儿童可能需要思考哪些家具和材料可以搬出教室,或者放在储藏室里,以便他们可以使用其他设施并挪动。

把游戏区域联系起来的室外环境,如操场、滑梯、轮胎和网等,最容易使游戏持续下去。多样的挑战水平和多样的材料有助于儿童进行选择。通道应该能够容纳轮椅和其他可移动的辅助设施。坡道、平台和固定的桥对于停靠轮椅,让儿童接近攀爬区域很有用(Burkhour,2005;Frost,Wortham,& Reifel,2012)。

通道和边界:有关儿童环境的研究表明,游戏活动区域之间有明显的边界以及区域之间有明显的通道能够帮助儿童专注于游戏,有助于他们保护互动空间(interactive space)(Corsaro,2003;Perry,2001;Ramsey & Reid,1988)。然而,边界一定要足够低矮,既能让儿童看见环境中可能发生什么事情,又能让成人便于观察儿童。较低的师幼比例也有助于维持游戏的主题。成人站在旁边,既能防止他人闯入或者儿童分心,又能为儿童之间进行游戏互动提供间接支持。

> 约翰和萨拉正在积木区玩飞机场的游戏。安德鲁和科林追逐着跑到户外,试验他们刚刚用纱线和纸制作的魔力飞机。他们路过积木区的时候,把约翰和萨拉费了好大力气刚刚建成的一个控制塔和跑道撞倒了。萨拉和约翰生气地流下眼泪,不断地谴责着对方。如果从艺术区到户外的通道能够改道,安德鲁和科林就能绕过积木区,这样的事情就可以避免发生。

安静的和吵闹的区域:另一个安排空间的策略是把安静的区域和吵闹的区域分开或者把私密活动与小组活动安排在不同的区域。比较吵闹的区域,如积木区、戏剧表演区、阅读区、书写区、数学活动区以及攀爬区,能够培养儿童的社会交往能力。沙箱、水箱、艺术活动区和计算机区情况各异——在有些情况下,有些儿童可能会进行社会互动;在另外一些情况下,同合作游戏相比,它们可能更能促进较平行游戏和独自游戏(Curtis & Carter,2003;Ramsey & Reid,1988)。一般来讲,能够促进儿童大肌肉发展的游戏活动设施,例如三轮车和户外攀爬架,比那些能够促进儿童小肌肉发展的游戏活动设施,例如拼图、桌面玩具、微缩玩具或者蒙台梭利材料,更能够促进社会互动,实际上,也更能够促进社会性戏剧表演游戏(sociodramatic play)。教师可能会发现,小肌肉游戏玩具能够促进独自游戏和平行游戏的发展(Hendrickson,Strain,Trembley,& Shores,1981)。

为儿童独自游戏或者与一两个朋友进行游戏而提供的私密空间,可以通过家具进行区隔。这些提供给儿童的"藏身之所"能够让每天在集体教育环境中生活8～10小时的儿童缓解疲劳,这一点特别重要。

教师在指导儿童的过程中表现出童心

使特殊需要的儿童融入班级: 在融合教育班级中,能够促进社会互动的区域特别重要。许多有特殊需要的儿童在发展适宜的社会技能方面会遇到挑战,教师不要假设这些社会技能存在,这一点是很重要的;相反,即使他们表现出更年幼儿童的特点,教师也要认真观察并支持儿童的努力(Creasey,Jurvis,& Berk,1998;DEC/NAEYC,2009;Kostelnik,Onaga,Rohde,& Whiren,2002;Odom,2002;Sheridan,Foley,& Radlinski,1995)。贝克曼和科尔(Beckman & Kohl)发现,提供互动的玩具能够增加残疾儿童和正常儿童之间的社会互动(引自:McEvoy et al.,1990)。同样,霍纳(Horner)发现,在能够自由选择玩具的环境中增加玩具的数量,能促使残疾儿童更好地发展社会交往能力(引自:McEvoy et al.,1990)。

有健康障碍的儿童可能受益于对体能要求不高的游戏。同时,教师还要让他们融入小组游戏,并能让他们选择何时进行观察、何时加入游戏(Burkhour,2005;Frost et al.,2012)。安静的地点对于一些容易分心或者感到沮丧的儿童来说特别重要(Bronson,2000;Kostelnik et al.,2002;Kranor & Kuschner,1996;Odom,2002)。

汉娜被诊断为多动症(ADHD)和语言发展迟缓。在她的家长、学校的心理专家以及特殊教育教师的共同支持下,汉娜已经完全融入潘姆老师的一年级班级里去了。潘姆老师发现汉娜在与其他儿童进行互动方面经常出现困难。作为汉娜个别化教育计划(Individualized Education Plan,IEP)的一部分,潘姆老师和学校的心理专家试图对她进行评价,支持她跟同伴进行社会活动并取得进步。

除了与班上的同伴进行互动之外,汉娜还会参加下午的儿童照料活动,这意味着她每天跟班上的儿童生活10个小时——从早上7:30至下午5:30。

潘姆老师观察到汉娜每天在阅读阁楼上独自安静地消磨时间，阅读绘本或者悄悄地跟毛绒动物玩具说话。当汉娜感到沮丧的时候，潘姆老师发现通过建议汉娜去阁楼或者另一个安静的区域，她能帮助汉娜学会自我监控（self-monitor）自己的行为。

柔软的空间：儿童也会受益于教室中柔软的、能够给他们提供隐私和避难功能的区域。带有枕头、摇椅、地毯和感知材料（如沙子、黏土等）的区域能够让儿童在环境中产生舒适感，带来合作和友谊。当儿童变得生气或者沮丧的时候，教师可以给他们一个机会，让他们独自进入一个安静的、柔软的空间，一个没有硬物、无法伤害自己的区域。成人可能需要陪伴儿童，因为那时他们可能非常具有攻击性或者出现行为障碍。

图书角位于教室的中间。地上铺着暖色调的地毯，既结实又柔软。靠近一面墙的地面上铺着一块小地毯，钢琴对面放着一个长沙发。有几个薄薄的、长方形的、可拆洗的、带有天鹅绒枕套的枕头，供儿童可以在集体教学时间坐在上面或斜靠在钢琴腿上。地毯另一边的墙角处摆放着两个桦木书架，每个书架都有五层展示绘本的展板，儿童坐在柔软的地毯上就能够够到图书（Beardsley，1991，p.52）。

一些户外空间也可以很柔软。一棵带有阴凉的大树和一块草坪，可以让儿童坐在下面观看、阅读、独自游戏或者跟朋友一起游戏——这些能够在激烈的户外游戏中为儿童提供庇护所。

在户外的花园里，乔希和泰勒背靠着一排捆好的干草，静静地读着绘本。他们靠在种植箱的边缘处，种植箱里绽放着孩子们去年秋天种的水仙花和番红花。

弗里德里克·福禄贝尔（Friedrich Froebel，1782—1852）论述了幼儿园或者作为"儿童的乐园"的要素，以及自然、生命与美的重要性。为儿童提供真的植物和小动物，让他们获得真实的生活经历，让他们有机会去照顾这些生物是至关重要的。让儿童使用真实的工具进行园艺、木工、洗碗、擦家具等活动，有助于儿童获得胜任感。其他材料还包括反映文化多样性的物体以及来自儿童生活经验的表征，如照片和音乐等。

模式、颜色、光、视觉和听觉等都是环境中各种形式的美。在墙上或地板上使用布料、绘画作品、颜色、音乐和植物都能传达一种对环境的尊重和照料，对于儿童来说也是一种愉悦的审美形式。在户外环境中能够亲近水和大自然也是美的重要形式（Hand & Nourot，1999；Wolfe，2002）。要想了解这种方法现在的拓展情况，请参阅艾丽斯·沃特斯（Alice Waters，2008）的著作《可食用的校园：一种普遍的建议》（*Edible Schoolyard: A Universal Idea*）。

户外游戏空间：尽管我们讨论的很多内容在室内和户外游戏环境中都很重要，但是户外游戏环境为儿童的学习和发展提供了独特的机会。户外游戏为儿童提供了选择那些在室内环境中受限制的自然材料的机会，如沙子、水、生物等。户外游戏为儿童提供了发展加德纳（Gardner，1999）提出的自然智能的机会，让儿童能够从新鲜的空气、鲜活的植物中受益，也能够从照顾小动物的机会中受益。户外空间充满了各种运用小肌肉和大肌肉进行游戏的机会。石头、叶子、砖块、花儿和羽毛等自然材料都可以应用于儿童的戏剧表演游戏。这些材料成为了分类、触摸以及进行艺术创造活动的宝贝（Topal，2005；Torquati & Barber，2005）。在加州伯克利市的一所幼儿园，一个由沥青铺设的游戏场地被柔软的空间、草地、小花园和树木所取代，结果减少了儿童事故和攻击性行为的发生率（Moore & Wong，1997）。

近期，关于户外游戏场地对身体残疾儿童与正常儿童同伴关系的影响的研究发现，提供明确的户外游戏场地更能够引起身体残疾儿童与正常儿童之间的互动。菲斯曼（Fisman，2001）研究了真实的和理想中的游戏场地，发现儿童喜欢具有多种选择、区域用途灵活且有私密空间的户外游戏场地。

> 在另一个城区学校附近有一个农场。秋天、冬天和春天的时候，这个学校的教师常常带领班上的孩子去观察季节的变化。花园、鸭子、鸡、兔子、山羊、两匹马还有一头猪为儿童观察和照料动植物提供了机会，学校里的老师把这个农场当作他们设计课程内容的一部分（Waters，2008）。

不幸的是，在注重幼儿学习成绩的洪流中，有一些教育工作者开始限制儿童的户外游戏时间，特别是在小学。然而，越来越多的研究表明，这种做法是南辕北辙的（Jarrett & Waite-Stupiansky，2009；National Association of Early Childhood Specialists in State Departments of Education，2002；Walker & Berthelesen，2008）。

当空间有限的时候：公立学校的低年级教室常常空间有限，教师在利用可移动辅助设备方面颇具创意。例如，在一个一年级教室中，餐桌与课桌占据了班上的大部分空间。教师在墙上搭建了能折叠的画架，这些画架在自由游戏时间能被拉出来、支起来。为了节省空间，她还把能运到户外的艺术材料和木工材料用推车运到户外，或者放在一个能存放桌子的地方。

其他教师认为当游戏在教室中的特定区域进行的时候，让所有孩子一次都坐下来的餐桌位置是不必要的。把教室中的大餐桌位置腾出来之后，教师就能够根据他规划的游戏活动循环利用中间区域，并腾出空间让儿童进行积木游戏和大型的戏剧表演游戏。

临近的区域：区域设置好之后，即使区域之间有明显的划分，教师也可以考虑把两个区域放在临近的位置，供游戏中产生丰富想法的儿童有机会到临近的区域游戏。例如，在一个小学一年级教室中，持续进行的木工游戏激发了儿童为临近的积木区飞机场建造直升飞机的想法。在二年级教室中，由儿童搭建的一个邮局启发了在两侧的银行和一间办公室里游戏的儿童写信。在这样的游戏中，儿童综合发展了有关"邮局"和"数学"的概念。

为了鼓励儿童在活动区（activity areas）产生丰富的想法，格里芬（Griffin，1998）建议教师保留一个小盒子，里面装有游戏辅助材料、拼图、石头以及儿童在戏剧表演游戏中可以使用的各种各样的小东西。通过这种方式，拼图和与结构化游戏相关的小东西更有可能回到原来的游戏区。而且，儿童也被允许按照自己的用途灵活处理材料。

 家庭多样性 **家庭因素及清理**

> 文化和家庭因素可能影响儿童对学校里将物品放回原来储藏位置的文化传统。例如，一个住在拖挂车里或者拥挤的房子里的孩子可能已经学会把东西储藏在看不见的地方，而不是陈列在架子上。相反，那些来自由成人进行清理工作的家庭中的孩子可能对于让他们自己把教室中的材料收起来没有理性的期待。

游戏辅助材料：环境中提供的游戏辅助材料与象征性距离相关。对于社会性戏剧表演游戏来说，年龄更小的或者游戏经验不丰富的儿童需要更现实的道具来支持或者鹰架他们的游戏主题及角色。由于他们的象征性距离能力发展得还不够好，所以当一个看起来更真实的道具（如玩具电话）无法获得的时候，他们还不会用一块积木或者一个想象的手势来代替。通常来讲，2—3岁幼儿更喜欢在戏剧表演游戏中使用真实的道具。扫帚、电话、玩具食品、盘子、救火车以及玩具动物都是鹰架他们进行戏剧表演游戏的必要要素。如果这些无法获得，幻想游戏可能就得让位于抢玩具了，角色和情境中的象征性距离就几乎不可能产生。

此外，会玩复杂游戏的儿童喜欢拥有很多非结构化的道具。也就是说他们喜欢在戏剧表演游戏中使用功能不限的道具。包装用的纸盒、石头、棍子和积木都是非结构化的道具。这些非真实的道具给儿童留有余地，让他们能够进行后续的转换，例如，拿鹅卵石当钱、食物、埋藏的宝藏、马戏团的票——在一个游戏的情节中可能全部出现。

小学低年级的儿童喜欢在正式的游戏和戏剧表演游戏中使用帽子和围巾。在这样的活动中，他们通常会使用非结构化的道具和想象的道具（Heathcote & Bolton，1995）。他们还会在幻想游戏中使用微缩模型、模型、游戏规则作为辅助材料。这个年龄段的许多儿童还喜欢收藏，并用托盘或盒子装这些收藏品。

> 有好几天的时间，兰德尔和安博一直在一个纸盒中建造火山。在用橡皮泥建造好火山之后，他们使用红色和橘色的面巾纸表征火山冒出来的火焰，使用牙签和纸表征火山边上的树和房子。他们花费时间给树枝涂色来表征火山灰和燃烧的树木，并讨论住在房子里的人和动物逃生和自救的方法。

教师掌握好介绍道具的时机也是很重要的。在学年开始的时候，随着儿童相互认识，教师要向儿童介绍真实物品的仿制品和与熟悉的游戏脚本相关的道具。在幼儿园中，能够扩大娃娃家里熟悉的游戏脚本内容的辅助材料盒（accessory boxes）、汽车和卡车可以在一年中的稍晚时间向儿童介绍。许多教师都围绕各种主题，如餐厅、办公室、海滩之旅以及露营等，提供各种各样的辅助材料。他们在进行相关主题的课程时或者在儿童要求的时候，会向他们介绍这些玩具。辅助材料或道具盒可以用纸箱、冰激凌盒或者塑料箱来充当（Desjean-Perotta & Barbour，2001；Myhre，1993）。表4.1为不同主题和内容的材料盒提供了一些建议。一些教师在教室的指定区域提供有关各种主题的、可循环利用的辅助材料盒；另一些教师在娃娃家或者户外攀爬架替换或者增加设备。在小学低年级，这些辅助材料盒是儿童表演游戏和进行故事写作的有利道具。

为有特殊需要的儿童准备的游戏材料：患有自闭症、语言障碍或者语言发展迟

表 4.1 关于各种主题和内容的辅助材料盒的建议

办公室
订书器
胶带
旧的计算机或者传真机
用纸板做的复印机
电话
计算机键盘
用盒子做的电脑显示器

涂料商店
刷涂料戴的帽子
涂料桶
刷子、刮刀
按颜色梯度排列的色卡纸
收款机和"钱"
订货本和铅笔
家庭装修目录本
电话

花店或水果摊
塑料花、水果、蔬菜
盒子、篓或展示桌
收款机和"钱"
写价格用的黑板

面包店
橡皮泥、五彩纸屑
烤盘纸、装饰用的裱花袋
烤箱
电话
写价格用的标签或黑板
收款机和"钱"
展示用的积木
烘焙用书

加油站
三轮车、货车
打气用的大盒子
塑料软管
收款机和"钱"或"信用卡"

玻璃清洗设备（喷水瓶、橡胶滚轴）
洗车用的大箱子

餐厅
围裙
厨师帽
菜单
桌布
镀银餐具
盘子
玩具食物
写"特价菜品"用的黑板和粉笔
点餐本和铅笔
收款机和"钱"
电话

银行
柜员的窗口
现金盒
银行存折
办公用品
玩具钱

鞋店
鞋和鞋盒
测量脚的量具、卷尺和直尺
袜子
电话
收款凭单
价格标签
收款机和"钱"

露营
睡袋
帐篷
露营炊具
手电筒
背包

旅行和护照办事处
电脑键盘、代表电脑显示屏的盒子
玩具照相机
绘画和书写材料
空白的本子
旅行手册

医院或医生办公室
绷带
医疗玩具（如血压计、注射器）
病床或垫子
放有杂志的候诊室
白大褂
橡胶手套
病历、带有夹子的写字板和记录患者信息用的纸
电话
电脑键盘、代表电脑显示屏的盒子

宠物店
玩具动物
代表宠物笼子、水族箱的盒子
收款机、收据和"钱"
制作项圈的材料、宠物玩具和动物食品

自助洗衣店
用纸箱做的洗衣机和烘干机
塑料或草编的筐
分好类、折叠好的、要洗的衣物
玩具熨斗和熨衣板
衣架和衣挂
收款机或零钱兑换机
布告板和通知
杂志

缓的大龄幼儿能够受益于环境中各种各样真实的或者仿制的游戏辅助材料，这些材料能够支持他们的假想游戏。这些用于假想游戏的服装和道具能够使那些不能用语言顺利表达自己想法的儿童更充分地参与到假想游戏的角色和情境中（Cate，Diefendorf，McCullough，Peters，& Whaley，2010；Marvin & Hunt-Berg，1996；Wolfberg，1999）。为这些儿童而调整的、具有科技元素的玩具，例如由电池驱动的吹泡机或者电动摇骰子机，能够使一些身体残疾的儿童很容易地参与到游戏中（Locke & Levin，1998；Stone & Stagstetter，1998）。

熟悉的材料与新颖的材料之间的平衡：儿童需要在熟悉的材料和新颖的材料之间取得平衡。除了传统的娃娃家道具之外，教师还必须考虑儿童的文化和家庭背景。儿童的家庭使用筷子和炒勺吗？他们家烧烤吗？摘樱桃的筐、珠子、线、帽子或者矿工帽是儿童熟悉的物品吗？如果我们想让所有的

教师谨慎地进入儿童的游戏，帮助他们将游戏持续下去

儿童都在教室中找到熟悉的游戏脚本，我们必须鹰架那些让他们感到舒服的、自在的象征性行为（Derman-Sparks & Ramsey，2005；Derman-Sparks & Edwards，2010；Genishi & Dyson，2009；Genishi，Huang，& Glupczynski，2005；Hughes，2003；Reynolds，2002）。

美术区和音乐区能为儿童创造机会，供他们使用新的游戏辅助材料或者调整旧材料（Bronson，1995）。在一个班级中，把装满大米、珠子或卵石并密封起来的小罐子放在木琴和打节奏的乐器旁边，与能够让儿童制作个性化沙锤的材料放在一起。在另一个班级中，一场关于毕加索油画的讨论提醒教师将一些柔和的颜料混合在一起，使颜料变浓，让儿童尝试画他们在公共图书馆里借来的书中看到的"点彩画"（Beardsley，1991）。

可替代的游戏材料：教师可以通过组合或者重新安排材料来创设环境，鼓励儿童进行特定类型的游戏。例如，同单纯地投放黏土相比，和黏土一起投放牙签可能会鼓

励儿童进行更多的社会互动。随着儿童结构概念的发展，他们会在游戏中建造生日蛋糕或者桥梁，使他人也参加进来。

安静的和私密的区域能给儿童提供机会，让他们在开始玩游戏之前探索材料。在最初的探索中，儿童关注的是"这个东西（材料）能干什么"。在探索一段时间之后，当"我能用这个东西或者材料做什么呢"这个问题出现时，儿童便开始了真正的游戏（Hutt，1997；Wohlwill，1984）。

> 桑迪把另一个孩子刚刚放下的一个旧计算器拿起来。她按下按键，观看显示屏上出现的数字达10分钟左右。第二天她又来了，继续她的探索，尝试按每一个键，并记住每个键在显示屏上显示的数字。第三天，她邀请马克一起玩。她说："到我的商店里来吧，你可以买小甜饼。"然后，她把这次假装购买的钱放入收款机。

能够为儿童提供机会让他们进行探索与自我纠正活动（exploratory and self-correcting activity）的材料包括小钉板、微缩模型和拼图。这些材料给了儿童一个放松的时间，让他们可以远离与同伴进行协商的心理负担，帮助他们恢复一种秩序感和对自己生活的控制感。支持儿童独自游戏的材料也可以让学习英语作为第二语言的儿童或者有语言障碍的儿童从社会交往的压力中解脱出来（Clawson，2002）。这个功能似乎与年龄相关。麦克劳埃德（McLloyd，1983）发现，3岁的幼儿会在更多的独自游戏中使用这些材料，而5岁的幼儿经常参与合作游戏，他们有时也选择独自游戏，无论游戏材料是什么结构的。他们具备更强的沟通能力，这使得他们在需要隐私或者合作的时候说出自己的需要。

游戏中的安全

与幼儿游戏环境相关的一个最重要的问题是玩具的安全和游戏环境的安全。每年都有几百个儿童在玩商业化玩具的时候受伤，其中许多伤害事故发生在学校中。因此，教师必须了解情况并且密切观察。

随着1973年的《危险物质法案》（*Hazardous Substances Act*）、2011年8月12日修订的《消费者产品安全法案》（*Consumer Product Safety Act*）、2008年的《消费者产品安全改进法案》（*Consumer Product Safety Improvement Act*）的相继发布，政府增加了对于玩具安全标准的规定。这些标准包括玩具制造商要明确标明玩具适合儿童的年龄等内容。例如，带有小零件或者边缘锋利的玩具必须明确标明，警告家长这些不是为3岁以下儿童设计的玩具。具有烧伤儿童的潜在危险的电动玩具一定要标明对8岁及以下儿童具有危险性。家长和教师应该意识到有些进口玩具使用的油漆里面可能含有铅。

消费者发表的文章警告教师和家长要注意玩具安全问题。消费者产品安全委员会提供了资源,例如"为了儿童:请考虑玩具安全"(For Kids' Sake: Think Toy Safety)(2005)、"在购买节日礼物之前,请先购买CPSC玩具安全提示"(Shop CPSC Toy Safety Tips Before Shopping for Holiday Gifts,2008),其目的是为了预防玩具和游戏场地对儿童造成伤害。美国儿科学会提供了假期玩具安全提示(2012)。美国玩具制造商与消费者产品安全委员会共同研发并出版了预防玩具造成潜在事故的指南(2012):

1. 根据儿童的兴趣和发展阶段选择适宜的玩具。这包括避免给婴儿和学步儿玩带有长绳或者小零件的玩具。"Choke tubes"可以用来测量疑似危险的玩具零件的大小。
2. 认真阅读包装上的标签,扔掉对于儿童来说可能危险的包装材料(例如塑料袋),选择使用无毒油漆的玩具。
3. 保持玩具清洁、修缮良好。把那些为较大儿童设计的玩具放在较小儿童够不到的地方。
4. 监督儿童的游戏,特别是非常小的幼儿的游戏,确保他们不要以对他们的健康和安全来说很危险的方式玩玩具。

并不是所有的玩具都被列在消费者安全指南之内。家长、教师和其他与儿童及其家庭有关的专业人士必须保持警觉。许多在海外能够买到的产品达不到这些标准。有些孩子从他人的阁楼里得到的玩具可能年久失修,有些玩具的零部件的油漆含有铅或者丢失了某些零部件,这些都是潜在的危险。

游戏场地的安全:另一个问题是游戏场地的安全。全美幼教协会要求每个儿童拥有75平方英尺(约7平方米)的户外游戏空间,作为该幼教机构认证标准的一部分。全美幼教协会针对游戏场地安全问题提出了下列6条建议:

1. 密切注意儿童。
2. 游戏场地要远离马路、水域以及其他危险源。
3. 根据儿童的身体状况和发展水平,提供稳定的、安全的设施。
4. 儿童游戏设施的着陆面要有弹性。

5. 定期维护并清洁。
6. 游戏选择多样化。

詹姆博和帕尔默（Jambor & Palmer，1991）利用安全检核清单的方式，提供了游戏场地通用的指导原则和具体标准，探讨了学校游戏场地三个通用的原则。第一，保护游戏环境的围栏不要遮挡教师的视线，以便儿童能够得到适当的监督，免于遭受游戏区域之外的危险。第二，还需要适当的空间供儿童独自安全地使用设施。此外，还要有有关滑梯、秋千、攀爬架的使用指导原则。第三，游戏场地表面必须使儿童坠落的影响最小化。总之，同坚硬的水泥和沥青地面相比，柔软的表面（例如草地或者夯实的泥土地面）较不容易让儿童坠落后受伤。瑞·奥尔兹（Rui Olds，2001）也提出了游戏设施安装方面的建议。

计划一日流程

课程结构中的另一个要素就是活动的一日流程。通过组织和安排一日活动，教师向儿童传达了关于他们自由选择游戏以及他们自己建构活动的价值这一强有力的信息。这一安排不仅包括教室里的内容，而且包括多少时间用于游戏（Cryer，Harms，& Riley，2006；Hand & Nourot，1999；Harms，Clifford，& Cryer，1998；Trawick-Smith，2010；Wasserman，2000）。一日流程也是一个证实实际有多少时间用于儿童游戏的有效方法。如果查看一日流程时间表，你发现儿童的多数时间都用于集体教学、小组教学或者其他教师主导的活动，那么"教师的选择和教师的声音"可能太多了。在一个全日制项目中，上午和下午各有50分钟的时间进行自发游戏和自由选择游戏是理想的状况（具体的例子请参阅：Cryer，Harms，& Riley，2006）。

在多数自由走动的幼儿园环境中，教师安排供儿童选择的活动。家具和材料都是灵活的，教师在教室中来回走动与小组的儿童互动，这比与全班幼儿一起互动的频率较高。英国的婴儿学校、传统的婴儿学校、开放的教室是这一设计的代表。在教室中使用开放设计的教师注意到，延长自由选择活动和游戏的时间能够增加儿童专注地投入到所选活动的程度，还能鼓励他们在与最喜欢的旧玩具接触之后尝试新的体验（Paley，1984）。

在其他的环境中，很明显，教师的指导较多，而儿童的选择较少。小组和集体的指导性教学与自由选择游戏的时间交替进行。教师花费较多的时间与特定的小组待在一起，花费较少的时间关注全班的情况。这种模式的缺点是教师所理解的游戏（例如用积木建造飞机场）被儿童理解为劳动，因为他们要按照教师的意思选择活动。当教师只关注一组儿童时，他们可能会错过班上发生的重要事件。

结构性最强的环境几乎不会给儿童留下自由游戏的时间。游戏被认为是一种休闲而不是学习的工具。小组和大组学习中的指导活动就有这样的特点。在这里，教师对儿童游戏的关注主要集中在安全而不是社会性或智力发展方面。强调技能的学习是这种模式的例证。

以游戏为中心的课程能够促进儿童智力的发展，强调建构新的、有意义的知识，在教师发起并指导的和儿童发起的游戏之间达到一种微妙且很重要的平衡。对被他人要求而从事的劳动和儿童自己选择的游戏性质的工作之间的区别很敏感的教师会注意到，对于儿童来说，让他们选择游戏并给他们充足的时间让他们认真从事并完成已经开始的活动是非常重要的。在任何活动中，教师都需要问自己："有多少游戏是孩子自己选择的？孩子们有权利选择在哪里玩、何时玩以及同谁一起玩吗？儿童在游戏中投入的状态如何？"通过考察一日流程来评价儿童自发的、自主游戏的机会是一个有效的方法，可以用来检查一天中有多少时间实际用在游戏之中。

课程中游戏的延伸

为游戏创设环境与课程规划息息相关。当我们关注作为课程中心的游戏时，它代表了教学的后台与舞台之上表现出来的不同方面的内容。

游戏生成的课程

游戏生成的课程（play-generated curriculum），或者来自儿童兴趣的课程，是依据教师对儿童游戏兴趣和游戏主题的观察来提供机会拓展儿童的学习。

在一个小学一年级教室里，几个儿童在周末参与了一个叫作"公园中的艺术"的社区艺术展览会。他们共同参与了一个壁画的绘制。在周一，三个儿童问老师他们能否得到一些大纸，以便向其他儿童展示"他们是怎么画一张很大的画的"。教师铺了一张很大的厚纸，还给孩子们提供了调色板，上面挤满了各种颜色的颜料，还有作为便携式工具箱的小牛奶盒。儿童按照配方调制颜料，混合颜色。在那一周后来的时间里，教师从图书馆带来描绘世界其他地区壁画的书籍。在接下来的几周里，教师介绍了新的媒介，例如拼贴画，让儿童尝试。

课程生成的游戏

课程规划的这一方面更多地涉及教师的主导作用。在对课程生成的游戏（curriculum-generated play）进行规划时，教师对儿童游戏的观察能让她投放与儿童自发的兴趣相匹配的材料或者相应的技术（Bennett，Wood，& Rogers，1997；Hand & Nourot，1999；Stegelin，2005）。通过这种方式，教师在诸如科学、数学、艺术或识字等领域的知识会与他对儿童先前经验和当下的兴趣的理解产生交集。

一个二年级科学项目教师注意到，儿童在户外洗洁精瓶子实验中对水的压力概念产生了兴趣。她把这些兴趣与物理科学活动的需要、教育部颁发的科学框架和州课程标准中提出的科学概念的介绍联系了起来。教师在容器内不同高度的位置放置塑料管并装上水，让儿童接受挑战，寻找哪种情况会使水喷射得更远。在观察的情境中，她介绍了"压力"等术语；在儿童进行实验的时候，她与"猜想"这个词一起介绍了"假设"这个术语。

一个叫作詹妮弗的大班幼儿用几天的自由游戏时间制作了一本她称作"非常饥饿的小丑"的书。这本书是由肚子里装着蝴蝶的小丑组成的，她每天画一个小丑。很明显，在詹妮弗的游戏创作之中，她把本周早期在家中听到的艾瑞克·卡尔编写的《好饿的毛毛虫》（*The Very Hungry Caterpillar*）那本书中的语言模式和结构融合了进来。

课程生成的游戏技巧与许多幼儿园和小学低年级项目中为儿童设计的主题课程要素有共同之处。我们相信课程生成的游戏能够最大化地丰富主题课程。一些主题式课程（thematic curriculum）基于教师的兴趣、儿童的家庭、过去的经历和资源。真正以游戏为中心的课程会综合教师的兴趣以及在儿童游戏中观察到的儿童的兴趣（Helm & Katz，2010；Katz & Chard，2000）。

这种家庭、社区和学校课程的持续统一的合作方式以瑞吉欧·艾米利亚幼儿园为典范（Edwards，Gandini，& Forman，1993；Forman，2005；Gandini，Hill，Gadwell，& Schwall，2005；New，2005；Wien，2008；Wien，2014）。家庭和社区的贡献以及儿童以小组的形式建构知识时建立的关系、进行的互动都是教师在规划课程时高度重视的方面。教师还应该重视主题、概念、假想和多种表征的出现直至完成的时间。

螺旋式上升的课程（spiral curriculum）方法能够重新体验并修改所经历事物的表

征方式，儿童和教师都会分享这种方法。布鲁纳（1963）发明了"螺旋式上升的课程"这个术语，用来表示儿童在很多发展阶段都可能掌握基本的概念，当儿童每次回到相同的概念时，其理解水平有所提高。因此，教师与其注重课程的主题，例如轮子或者恐龙，不如注重那些儿童在学校生活中可能多次遇到并得以修正的概念。

从多元文化中吸取经验： 没有直接根据儿童经验而确定的主题课程的一个缺点就是其处理多元文化问题的方式令人不满意。少数民族、种族、文化和语言等话题可能会被忽略或者被错误表征。例如，有准备的教师可能以一种观光者课程的方式强调文化多样性（Derman-Sparks & Edwards，2010；Derman-Sparks & Ramsey，2005）。教师使用这种方法，每年向儿童介绍一次来自各种文化的食物、节日和音乐以及假期。此外，有些教师还例行公事地、脱离背景地介绍文化知识，例如在感恩节的时候介绍美洲印第安人，或者在中国新年的时候描述中国的固定文化模式，而没有说明我们日常生活中文化多样性的真正问题之所在。相反，德曼-斯帕克斯和爱德华兹（Derman-Sparks & Edwards，2010）所倡导的反偏见的方法包括使课程的内容多样化，教师培养儿童以积极的态度接纳并庆祝文化差异。一方面，环境能够反映儿童的文化和语言，另一方面，要使游戏的物理空间和材料成为儿童学习美国丰富的多元文化的工具，二者都很重要（Gonzalez-Mena，2008）。

与此观点相一致，在以游戏为中心的课程中，物理环境和游戏辅助材料也应反映文化的多元性。例如，在詹尼斯的大班教室中，玉米粉圆饼、酸奶制作器、烤紫菜机、饭碗、筷子等物品与一日活动计划和公文包一起都可以供儿童使用。

在一个以游戏为中心的课程中，反映文化多样性的艺术、音乐、文学、科学和数学经验是班级日常生活的一部分，而不是偶尔出现的一些碎片化信息或者一两首歌曲。

> 在康苏罗所在的一年级的教室中，她观察到亚洲儿童在玩沙和玩水的游戏中假装制作米饭，用大虾做菜。在与其中一个孩子的父母接触之后，她经常投放能够制作这些食物的材料，并传授相关的制作技巧，让孩子们每天在班级中做饭。此外，老师还给他们提供常用的菜谱。

> 在一个二年级的班级中，教师选取了描述多种文化中关于天文学的传奇故事。他邀请儿童的家庭成员向班级其他儿童讲述睡前故事和家庭故事。令人愉快而又惊奇的是，一半以上的家庭参与了活动。父母、祖父母、姑姑、

叔叔等家庭成员甚至请假来到学校，分享他们的童年故事或者家庭传统和仪式中的故事。

> **家庭多样性** **反对以游戏为中心的课程的应对方式**
>
> 有些家庭的文化价值观向促进以游戏为中心的课程提出了额外的挑战。例如，乔希描述了一些家长对在学校开展游戏的态度，反映了在一些文化中教育应该注重学习正确的行为和习惯，而不是玩耍和创造性的价值观。他建议教师应该花些时间解释并描述概念、技能和学习标准是如何体现在学校开设的以游戏为中心的课程中的，并尊重他们的家庭信仰，通过向他们提供幼儿家庭活动建议，强化这些学习目标。通过照片、视觉艺术和儿童的书写材料记录儿童的游戏和学习项目，能够使家庭更明显地看到游戏与学业之间的联系。

另一个课程策略体现了教师精心安排的课程以及细致的观察技巧的微妙之处。在这个策略中，教师提供机会，提出问题，鼓励儿童使用在游戏课程中建构的新知识。游戏在本质上是一种同化，它提供机会让儿童巩固并泛化自己刚刚学习的心理概念，游戏的这一方面非常重要。教师计划的教育活动是否能够帮助儿童学习具体的概念和技能，例如数钱或者使用计算器，其中真正的考验是能够看到儿童在自发的游戏中重复地运用这些概念和技能。

融入学习标准：大多数的州都使用数学和英语语言艺术领域州共同核心标准（Common Core State Standards for mathematics and English language arts）。为了使她的课程与现行标准相一致，一个小学一年级班级的教师创设了一个戏剧表演的鞋店区，在一个数学单元中补充测量的内容。她很高兴听到孩子们在游戏中使用直尺、码尺、量鞋尺时使用"相同型号"和"小半英尺"等词汇。为了使她的英语语言艺术课程与学习标准相一致，她在制作促销标签、减价收据和他们喜欢穿的鞋等活动中促进了儿童能力的发展。这个单元扩展到了孩子们在当地购物中心了解到的其他商店，内容包括游戏中的识字、数学、艺术和社会研究概念。表4.2说明鞋店这个项目活动内容所涉及的一些课程标准以及可以为儿童提供的环境支持。

表 4.2　鞋店项目活动中涉及的学习标准举例

课程标准	游戏举例	教师提供的材料
语音和音韵意识		
使字母与声音联系起来	儿童为鞋促销活动制作放在架子上的标牌和标签	在积木区提供空白的标签和笔
对单词起始、结束和中间的音表现出更多的意识	桑德拉为鞋促销活动写收据	为运动鞋、凉鞋、跑步鞋和礼服鞋提供写有文字的标牌
数字		
恰当使用比较性的词汇，例如多—少、大—小、更多—更少、快—慢	在试穿鞋的时候讨论小、大、长、短	作为游戏道具的不同型号的鞋
理解数字和简单的运算，在日常活动中使用数学教具、游戏、玩具和硬币（加、减）	数出 6 枚硬币在假装的商店里付费	假钱和收款机
测量		
使用测量工具	使用英尺进行测量	从当地鞋店获得码尺和量鞋尺
估算	"我需要一双小点的凉鞋"	
排序和连续排列		
将物品从小到大排列	把鞋子按照顺序在架子上排列	鞋支架和鞋架中间留有空隙，供摆放一双一双的鞋
分类和归类		
描述物品有什么相同与不同	那些鞋上有粘扣，这些鞋上有带扣	同一类别但样式不同的鞋（如跑鞋）

小　结

在为儿童精心安排游戏以及为以游戏为中心的课程布置环境的时候，教师会使用他们在教室中获得的经验、研究和有关发展的理论。教师并非遵循固定的课程，而是通过为儿童的发展提供机会，在精心安排的活动中指导儿童。

教师在制订课程计划和实施基于游戏的课程时，可以使用下面的指导策略和原则：

■ **精心安排游戏的指导原则。**教师需要理解如何实施与游戏相关的原则。指导原则包括：（1）从儿童的视角出发；（2）成为一个敏锐的观察者；（3）看到游戏所建构的含义；（4）作为环境管理者创设游戏环境；（5）规划新课程。

- **精心安排游戏的一系列策略**。在教师设计的从间接到直接支持儿童游戏的策略中，为游戏安排时间、空间和材料是最间接的策略，而作为一个促进者、参与者或指导者来影响儿童的游戏是最直接的策略。
- **为游戏创设环境**。教师有许多方式可以为儿童创设支持性的和具有挑战性的游戏环境，包括室内和户外。每天为儿童安排充足的游戏时间是一日流程时间表的重要方面。通道、边界和临近的区域以及安静的区域和吵闹的区域的安排都是必要的。为有特殊需要的儿童调整设施有助于促进他们的游戏，同时还能让他们融入小组活动，这些都是重要的考虑因素。教师还应该安排能够让儿童积极地进行游戏的空间，使用自然材料进行游戏。当然，安全也是必须要考虑的最重要的因素。
- **课程中游戏的延伸**。延伸游戏、强化课程目标有两种主要的方式。游戏生成的课程可能来自儿童自己的兴趣，也可能来自儿童为支持他们自己发明的游戏主题而需要的游戏辅助材料。在课程生成的游戏中，教师所起的指导性作用更大。课程内容根据教师对儿童喜欢做的事情的观察来确定。例如，当一个教师观察到儿童在户外玩洗洁精瓶子时对水压产生了兴趣时，她可以把这个兴趣与物理科学活动的学习标准联系起来。通过儿童的兴趣，教师可以设计课程。教师可以在容器内不同高度的位置放置塑料管，并在容器内装上水。教师可以在儿童游戏中介绍"假设"和"压力"等术语。

知 识 应 用

1. 描述教师支持儿童游戏的四个指导原则。

    a. 给家长写一封信，讲述教师在教室中如何从儿童视角出发实施全美幼教协会提出的发展适宜性概念。

    b. 在你自己或者其他项目中进行观察，注意描述环境特点，例如一天中的时间、活动、活动地点、教师和儿童的数量，以及其他你认为重要的社会和生态要素。

    c. 检查你自己的项目或者其他项目的一日流程，看看有多少时间用于娃娃家游戏、过渡环节以及儿童自主游戏。

2. 从教师可以使用的支持儿童游戏的一系列指导策略中确定四个间接策略。
3. 说明认真规划的项目环境、常规、一日活动流程如何使儿童的游戏时间和游戏选择达到最佳效果,并且在二者之间取得平衡。
   a. 列出根据一日流程和常规制定课程的一些原因。
      i. 考虑用餐时间、休息时间和个人照料中必要的常规。
      ii. 给儿童安排充足的自主游戏时间。
      iii. 考虑教师主导的和儿童自发的游戏之间的平衡。
4. 比较课程中游戏的两种延伸方式,并说明它们有何不同。
   a. 设计两个包含自由游戏内容的课程延伸活动。
   b. 在你自己的教室或者他人的教室中观察,找出一些由儿童游戏中延伸出课程的例子。

第 5 章

精心安排游戏：与儿童互动

学习目标

➢ 讨论观察儿童的游戏以及学习儿童发展的知识如何能够使教师以有意义的、相应的方式鹰架儿童的游戏。

➢ 描述精心安排的一系列游戏指导策略中列出的游戏指导策略范围如何为教师提供案例，指导他们在协助儿童游戏的时候，如何"学习与儿童一起跳舞"。

➢ 解释观察儿童的游戏如何能够提高教师把握时机和改变策略的能力。

➢ 辨别同伴文化和学校文化之间的一些差异。

➢ 讨论排斥与包容的态度对维持班级和平的影响。

当3名儿童开始玩一种棋盘游戏时,一年级教师潘姆看到他们走到棋盘的特定位置处数着弹珠。尽管彼得从桶中拿出珠子时使用——对应原则,但是他还是按照脑子里出现的数字在数数(1、2、3、4、7、10)。玛莎按照数序和——对应原则数得相当精确。艾米丽数都没数,抓出一把弹珠,彼得喊道:"你作弊了!"潘姆问他们自己可不可以跟他们一块儿玩游戏,当轮到她数的时候,她示范了如何按照数序、手口一致地数数。艾米丽很快就开始模仿她的策略,彼得也尝试掌握1—10的数数顺序。

在格蕾丝和多萝西的班级中,3—4岁的儿童刚刚从农场考察回来,这是他们的项目课程中关于母亲和婴儿主题学习活动的一部分。农场的母猪"索菲"有四只猪宝宝。孩子们非常兴奋地看到小猪吃奶以及自己学着挪动身体的样子。当地方新闻报道了农场中的猪宝宝被偷的消息时,孩子们都非常忧虑和担心。他们对所发生的事件做出了自己的推论:"一天,猪宝宝醒来后,提尔顿农场消失了。""可能它们只是滚到山下去了。"这是孩子们的两个推论。当他们给曾见过的农场主人打电话询问后,得知小猪们没什么平安返回的希望。格蕾丝和多萝西支持孩子们的讨论和游戏,继续用几天的时间关注小猪们的命运。然后,他们把讨论从恐惧和害怕心理转向农场主人应该建造一个防盗猪舍以及对索菲和她的宝宝们的同情心理。一个孩子说:"她丢了宝宝。"另一个孩子说:"猪宝宝们没了,妈妈肯定吓坏了,一定很伤心。"孩子们开始积极地投入工作,用黏土、积木、牙签、图画等材料设计"安全的猪舍"。他们使用农场动物玩具检测自己的设计,通过游戏缓解自己的害怕心理。

"我的猪宝宝们到哪儿去了?母牛,你能帮我找到他们吗?"

"我们在这里呢——在谷仓里!"

"宝贝们,你们吓死妈妈了!我看不到你们了。记住,要和我待在一起!"

(Stewart,2001)

在每一个案例中,我们能看到教师敏感且妥当地创设环境、观察、进入游戏、退出游戏的能力对儿童成功地推进游戏起着关键作用。每个教师这样做的时候都要考虑年龄适宜性和个体发展经验等要素。例如,潘姆知道,刚刚开始理解规则游戏的5—6岁儿童,在数数中刚刚萌发的使用数序和——对应原则的能力在这一发展阶段各不相同。格蕾丝和多萝西理解本地公园猪舍里的小猪丢失给儿童带来的恐惧感，特别是因为儿童已经开始思考他们通过亲自观察发现的猪妈妈与猪宝宝之间的关系。在支持儿童关于恐惧的讨论之后，格蕾丝和多萝西把对恐惧和暴力的话题转向对小猪的同情，这是更积极的替代方法，例如想象出一些让猪宝宝更安全的办法。

在儿童游戏和思考时，教师的关键作用在于与儿童互动的方式。这个作用最重要的方面是教师对儿童游戏所持有的态度。在游戏主题和活动中，教师尊重儿童个体和文化差异是必不可少的，同时也要培养儿童风趣和幽默的性情（Bergen，2002；Cooney，2004；Lancy，2002）。

游戏和鹰架

"鹰架"（scaffolding）这个概念是研究成人如何支持并发展儿童早期语言的研究者创造的。正如用于支持新建筑的鹰架一样，成人在游戏中的干预能够帮助儿童有效地沟通（Cazden，1983；Ninio & Bruner，1976）。

鹰架是指教师支持并促进儿童的游戏，使游戏产生意义的方式（Clay，2005；Rowe，1994；Simons & Klein，2007；Wertsch & Stone，1985）环境也充当着游戏的背景。在瑞吉欧·艾米利亚模式中，环境被看作儿童的第三位老师（Bodrova & Leong，2007）。各种环境因素都能够鹰架某些类型的游戏。例如，娃娃家能够支持儿童进行建构和戏剧表演游戏，使用合作性语言；水箱中大小不等的杯子、漏斗、水罐能够使玩水游戏得到延伸；小桌子和椅子能够鹰架独自游戏或者平行游戏；小地毯和垫子能够提供机会让儿童舒适地分享或者进行私密活动（Beardsley，1991；Henderson & Jones，2002）。此外，教师根据儿童先前在教室里的各个地点操作各种材料的经验所创设的环境也能够鹰架儿童的学习。

教师出现在儿童游戏中产生的影响是鹰架的一个重要方面（Cook-Gumperz & Corsaro，1977；Corsaro，2011）。在一间教室里，儿童在一个项目活动桌上互动时，儿童相当沉默，因为多数的互动都是由教师完成的。她在对话中的任务是提出问题并控制由谁来回答的次序。在与之相反的环境中，教师在儿童游戏区之间走动，让儿童独自进行创造性活动，例如除草或者解开线团，在儿童协商如何轮流玩秋千时，她也可以提供帮助，但不会打扰儿童（Lederman，1992）。

协商互动的能力是儿童社会交往和沟通能力的基础，而且它不仅仅依靠成人的示范。游戏能够给儿童提供机会，让他们证实、提问、实验并延伸对世界以及自己所在地方的理解。

鹰架理论的其他案例还包括使用音乐鼓励儿童在清理玩具时坚持清理完，或者在远足的时候坚持走下去。与鹰架小组游戏一样，带有开放性歌词的歌曲也能鹰架儿童倾听和对节奏进行仿编的能力的发展。

鹰架还能够支持那些曾有过恐惧或者困惑经历的儿童，例如格蕾丝和多萝西班上的一些儿童。对那些建构假想的事实有困难儿童来说，例如自闭症或者发展迟缓的儿童，鹰架也很重要（Clark，2007；Griffin，1998；Howard & Eisele，2012；Koplow，1996；Kostelnick，Onaga，Rohde，& Whiren，2002；Phillips，2002；Wolfberg，1999，2003）。在下列案例中，两个自闭症儿童在合作游戏中得到了支持。

> 杰瑞米进入托德正在搭建积木的地毯区。杰瑞米在一旁边看边跳来跳去。教师建议说："杰瑞米，你问问他需不需要你帮忙。"杰瑞米看着托德，试探性地问："我能帮你吗？"托德点了点头，然后杰瑞米坐了下来。他们开始合作建造一个塔楼。托德突然踢了一下，把塔楼踢倒了。他们开始重建塔楼，这一次杰瑞米用自己的脚把它踢倒了。当杰瑞米在旁边跳来跳去的时候，托德告诫杰瑞米："不要踢！"他们建造了两次塔楼，轮流用手把它弄倒，直到清理玩具的时间到了（Lovsey，2002）。

多数教师提出的问题是："多少鹰架是适宜的，应该以什么形式提供鹰架，什么时候应该调整或者取消鹰架？"

作为鹰架的有机组成部分，教师既需要考虑物理环境，也需要考虑自己干预（或者退出干预）的方式。例如，在玩沙和玩水区，教师可能把带有多个出口的水管装置挪到这个区，或者使用游戏的口吻指导儿童注意"洪水"或者"雪崩"。敏锐的观察技能以及愿意等待并观察儿童自己建构意义等都是在游戏中成功鹰架的要素（Henderson & Jones，2002；Jones & Cooper，2006；Perry，2001，2003）。

自发的、教师指导的和教师主导的游戏

精心安排幼儿的游戏在三种情况下是可能的。在自发的游戏中，环境创设有如戏剧的序曲或者舞台背景，教师的作用几乎是看不见的。尽管也存在一系列从间接到直接的指导策略，在教师指导的游戏中，教师的指导性作用更强。教师指导的策略因材料的性质和课程领域的不同而不同。例如，在艺术游戏和音乐游戏中使用新材

料时，教师需要进行更多的指导。在教师主导的游戏中，教师参与得更多，因为这是教师导入的活动，而且常常具有预设目标，还设定了达成目标的步骤，例如使用某种教学模式或者模板。下图列出的是儿童的社会性戏剧表演游戏以及建构游戏的一些指导策略。后面的章节中还会陆续阐述适合具体学科领域的指导策略，例如语言和识字、科学和艺术。

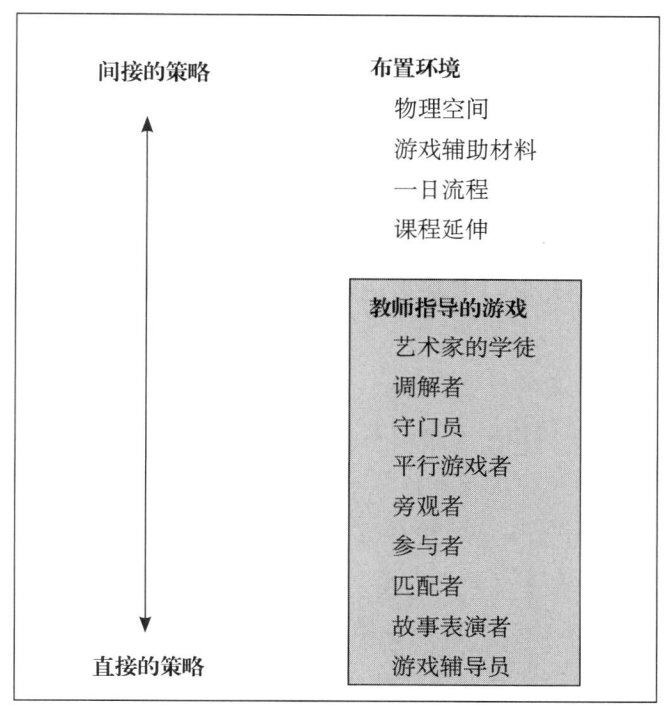

游戏指导策略

在每一个案例中，作为第一个也是最重要的敏锐的观察者，教师从智力、社会性、身体和情感等方面精心安排游戏。除了拥有敏锐的观察技能，为儿童精心安排游戏的教师在促进儿童的游戏时，需要学习与儿童"共舞"。共舞的第一个要素是决定是否以及何时加入儿童的游戏（Roskos & Christie，2001）。教师首先需要问："儿童会从我的干预中受益或者我应该只是看着他们游戏吗？"

许多教师对于单纯观察儿童的做法感到不适，因为在教学作为成人指导的活动的传统文化观念中，这种做法看起来很奇怪（Henderson & Jones，2002；Jablon，Dombro，& Dichtelmiller，2007；Joshi，2005；Yang & McMullen，2003）。能够帮助教师提高观察技巧同时又能示范如何表征、反思和记录的一个有用的策略是扮演帮助"书写"的角色。在这个角色中,教师画出或者写出儿童的游戏,然后与儿童一起分享自己的观察记录(Jones & Reynolds, 2011;也可参阅:Jones & Cooper, 2006)。

在盖尔的大班教室中,作为机场主题活动的一部分,汤姆和阿里克西斯用积木、橡皮泥、纸板箱和纸搭建了"一个能够透视行李箱的机器"。盖尔把他们的建造物画了下来,请他们标出各部分的名称,接下来在小组活动时间与班上的同学讨论其功能。阿里克西斯指出盖尔忘了画一个关键零件——一个铝箔小球。她说:"你忘了那个闪亮的重要部分,它能使光进入行李箱。"盖尔又补画上去,并在它旁边写了一个标签。

维维安·佩利(Vivian Paley, 1981, 1984, 1992, 2004, 2010)擅长记录儿童的游戏,然后把它作为小组讨论的框架,或者进行戏剧表演的素材。佩利说,在看到儿童玩有趣的游戏时,她经常问儿童:"我注意到你们在玩游戏,你们能多给我讲一讲吗?"这种真实性提问(authentic questioning)(教师不知道答案的问题)既能认可儿童的游戏,又能使教师了解有关儿童的更多信息。

一年级教师莎莉在一个种族多元化的社区教学,班上有很多双语学习者,她常常在班上使用这种策略。例如,莎莉在班上的社会性戏剧表演游戏"糖果商店"中用手书写游戏中的逸事记录。她写道哈维尔率先发明并向李使用了假钱,一开始李感到很困惑,然后充满激情地开始数他的零钱:"1,2,3,4,5——这是5美元!"莎莉在李的作品集中记录了这个故事,然后在小组活动时间用它展开了一场关于什么东西可以当作假钱的讨论。

弗兰克建议说:"我们可以使用那些塑料纽扣,因为它们是圆的。"语言中传达出他对钱和纽扣特点的思考。

弗兰说:"还有贝壳。"

艾米利亚兴奋地喊道:"我们也可以自己用纸做纸币。"第二天孩子们在游戏计划中增加了一个银行,使游戏得到延伸。

还有哪些方法能让教师更好地参与儿童的游戏呢?表5.1显示的是教师干预儿童游戏的一些指导策略,其中包括从最巧妙的、间接的策略到较积极的、直接的策略。

表5.1 自发的游戏、教师指导的游戏和教师主导的游戏

课程标准	自发的游戏	教师指导的游戏	教师主导的游戏
用积木展示相等	艾瑞克使用4块三角形积木铺设完黄色方形砖路面。	教师投放七巧板和拼图的图样;沙拉和阿里协商怎么用小块长方形拼成一座房子。	教师与马特和布瑞塔坐在一起,让他们帮助把所有的积木都摆成正方形叠起来。
使用科学工具和方法认识世界	桑德拉使用一个玩具体温计给娃娃量体温。"哦,100华氏度。她需要看医生。"	教师把冰块和装有冷热水的容器以及温度计放好,然后问儿童:"你认为会发生什么?你怎么知道的?"	教师指导一个小组的儿童测量在阳光下各个平锅里面放有不同冰块时水的温度,并记录融化时间。
使用图片和字母表达思想和想法	杰夫在娃娃家接电话。"她不在。我可以帮你捎个口信吗?你能来她会很高兴。"然后杰夫在笔记本上写着什么,用M代表妈妈,最后还画了一个笑脸。	教师设置了一个贺卡制作中心,里面放有情人节用的心形模板和可以粘贴或模仿的纸字母。	教师指导儿童为积木建造物制作标签,让他们为建造物的各部分贴标签,然后拍照片。

艺术家的学徒

最巧妙的指导策略就是格里芬(Griffin,1998)所谓的艺术家的学徒(Artist Apprentice)角色。在这个角色中,随着游戏的进展,教师帮助儿童挪走周围的杂物,或者为游戏提供辅助材料,其实他们更像剧场里的置景助理。

> 当马克、多纳利和贝斯在玩发射宇宙飞船、着陆在一颗行星上面、发现外星人、飞船"坠毁"游戏的时候,他们的老师汤姆斯女士要帮他们清理积木,孩子们把他们的游戏搬到娃娃家的角落里去了。汤姆斯女士提供了一个红色的围巾当作旗帜,一个纸箱当作仪表台。

这样做的时候,汤姆斯女士帮助儿童继续自己的游戏主题。如果积木散落,太空之旅就会变成扔积木游戏。取而代之的,主题可能延伸为寻找适宜的辅助材料代表旗帜和仪表台。在这个艺术家的学徒角色中,教师并不干预儿童使用什么游戏辅助材料或者具体做什么游戏,除非她看到自己的行为能够帮助幼儿继续游戏。

菲利普斯(Phillips,2002)描述了另一个例子:一个6岁的自闭症儿童泰迪不断地把书从书架上拿下来,在地板上摞起来。教师对他的干预方式是先清理空间,让他按照自己的意图进行图书游戏,然后教师再用自己的语言讲述他的行动。

教师扮演艺术家的学徒角色的另一个技巧是保护幼儿正在持续进行的学习项目,帮助其他幼儿在临近的空间建立自己的学习项目。在一个幼儿园里,用一个塑料呼啦圈把积木区"正在进行"的积木搭建物圈起来,新游戏者就会知道其他幼儿需要保

留这些材料以备稍后再用（Beardsley，1991）。

调解者

从直接到间接的一系列指导策略中，教师的下一个干预角色就是调解者（peace-maker），它能帮助儿童解决游戏中可能发生的冲突。首先，教师可以提供游戏辅助材料来帮助解决争端。例如，3岁的玛丽和杰斯因为办公室游戏里的一个玩具打字机而争吵起来，教师可能会找来另一个玩具打字机或者帮助儿童想象如何使用积木再搭建一个打字机。

作为调解者，教师在儿童发生冲突时可以通过提出替代性的建议来帮助儿童解决冲突。在第3章中，我们描述了一个情节。在一个大班教室中，有几个儿童都想在一个持续进行的戏剧表演游戏中当公主。教师提示她们，公主可能有个姐姐或者几个表姐妹，而孩子们看过的电视剧中并没有这个人物，孩子们同意了教师提出的在游戏中出现新人物的建议。教师向儿童提出的这类建议为他们树立了灵活思考、机动处理问题的榜样，这些都是游戏中经常出现的，有助于他们在遇到冲突时，按照教师鼓励他们的那样，自己想出替代性的办法。

在帮助儿童想象出一些角色扩展他们的思维，使他们的意识超越于拥有所争材料的需要时，教师扮演的就是调解者的角色。

> 在芝加哥佩利太太的教室里，一位观察者的记录显示：一个孩子站着，胳膊挡在积木的前面，结果谁也不能玩积木了。当孩子们向坐在故事讲述桌那里的佩利太太告状时，她问："本，他们怎么才能使用所需要的积木呢？"（在长时间的沉默之后）本回答说："他们必须订购！"另一个孩子立即拿起积木给本"打电话"向他下订单。

佩利太太后来评论说，她看出本只是"在寻找成为游戏中一个角色的办法"。通过让游戏者延伸自己并发明一个角色，她的一句话给本提供了鹰架，使他们成功地协商并继续游戏。

在产生冲突时或者当儿童打扰他人的游戏时，教师可能扮演一位解释者，说明儿童对同伴的动机。有些儿童可能很容易就进入或者离开游戏，并学习给游戏伙伴提供关于自己意图的一些"元信息"。贝特森（Bateson，1976）发明了"元沟通"（metacommunication）这个词，描述人们用来表征游戏的行为。这样的行为包括眨眼、微笑、大笑、游戏的声音或者夸张的动作。有些口头提示语也是很明显的元信息，如"假装我是临时照料孩子的保姆，你是一个坏小孩"。还有些微妙的元信息，例如用音高的变化表示"熊爸爸"的角色。

其游戏以模仿媒体（例如电视）中的内容为特点的儿童，或者言语和语言发育迟缓的儿童在尝试发起和维持游戏的时候常常被同伴误解（Katch，2001；Levin，2003b；Ogakaki，Diamond，Kontos，& Hestenes，1998；Ogakaki & Frensch，1998；Wolfberg，2003，2009）。这些误解常常发生在儿童使用不同的语言或者方言的时候。在小组游戏的环境中，儿童会发明自己的方式与他人发起同教室环境相关的谈话并维持下去（Erickson & Shultz，1982；Labov，1972）。

在儿童感到困惑的时候，教师能够给儿童提供一些线索，向他们讲解如何进行沟通。教师还能提供详细的策略，帮助儿童理解他人的意思。这样的技巧在帮助儿童解释打斗游戏或者粗野游戏的线索时特别重要，能够让游戏保持健康、安全的肢体挑战而不是上升为暴力冲突（Ariel，2002；Blurton-Jones，1972；Pellegrini，1998，2002）。例如，在第11章的案例中，教师直接干预一名有语言障碍的儿童，问他是否愿意参加他的伙伴们发起的粗野游戏和摔跤打斗游戏，教师用手语向这个孩子说明粗野的摔跤游戏只有在双方同意的时候才能玩，并且只有在保证安全的情况下才能玩（Carlson，2011a，2011b）。

守门员

敏感的教师如何才能帮助新来的幼儿进入正在进行的游戏中，而不打扰一个已经开始的游戏场景，或者判断何时适合打断正在进行的游戏？

科萨罗（Corsaro，1985，2003，2011）在他的观察中报告说，在幼儿园里，儿童试图进入正在进行的游戏场景时，有75%的情况会被拒绝。幼儿会本能地保护他与伙伴的幻想游戏，防止被他人中途打断。在经过两次或三次申请加入游戏之后，50%的儿童能够成功地进入别人的游戏。

教师如何才能帮助儿童掌握进入他人游戏的有效策略，同时即使被拒绝也能充满信心地再次尝试呢？作为守门员（Guardian of the Gate），监督游戏大门的教师使用的干预策略与作为调解者这种角色使用的策略是平行的。

有一种教师鼓励儿童的办法是导入一个游戏辅助材料。格里芬（1998）讲述了一个每天骑三轮车绕着其他儿童游戏的外围骑行的儿童，他只是看，但永远都不加入他们的游戏。她给他一个旧照相机，简单地说了一句"你骑行的时候带着它"。其他儿童很快注意到照相机并让他给他们"拍照"。渐渐地，这个孩子通过他独有的游戏材料开始融入他人的小组游戏并建立起与他人一起游戏的自信心。

　　有的时候，教师可能向正在进行游戏的儿童提出加入一个新角色的建议。有一个教师试图帮助一个她看到的旁观他人游戏的儿童，这个教师让这个儿童帮助她把一个大包裹送到正在进行的船屋游戏那里。然后，"送货员"被邀请留下来喝了一杯柠檬汁，有了老师作为后盾，这个旁观者被游戏者接纳了。在另一个教室里，教师询问一组正在玩露营游戏的儿童："让卡尔干什么呢？做森林游侠行吗？"以此方式，教师为儿童开启了不打断正在进行的游戏，却又协商在游戏中增加新角色的可能性。

　　教师也可以解释游戏的社会背景。施瓦茨曼（Schwartzman，1976）写道，在假装游戏中，游戏为教师提供了在一旁观看（sideways glances）的机会。首先，它反映了儿童在小组中的社会地位。身份高的儿童常常扮演权力最大的角色，还给其他同伴分配角色。小组中身份低的儿童可能会一直保持这种身份，因为他欠缺进入他人游戏的技能。游戏还反映了儿童对教室中同伴文化的理解。教师能够解释儿童对他人的动机，例如："我看桑迪真想加入你们的游戏。她在寻找一个能一起玩的朋友。你愿意当她的朋友吗？"

　　为有特殊需要的儿童精心安排进入游戏的机会：教师可能会发现，有些有特殊需要的儿童在加入游戏活动时，经验、信心和能力都不足。有些人不断地让成人帮助他们进入他人的游戏。对于那些不能清楚地表达自己需要的儿童来说，情况也常常如此。因为在进入游戏方面存在困难，有些有特殊需要的儿童与那些普通的同伴相比可能在游戏同伴中身份较低。在扮演守门员这一角色时，在不增加儿童对成人依赖的情况下，教师可以提供更多儿童所需要的参与机会（Neeley，Neeley，Justen，& Tipton-Sumner，2001）。例如，一个教师可能使一个儿童的动机被他人了解，增加残疾儿童与非残疾儿童之间的社会互动（Allen & Brown，2002；Bartolini & Lunn，2002；Hanline & Fox，1993）。

　　一个语言表达能力发展迟缓的大班幼儿埃玛喜欢玩接球游戏，她常常抱着球走向别的幼儿并指着自己的胸脯说："埃玛，埃玛。"她的老师曾经帮助其他幼儿理解埃玛的意思，她是想让他们跟她一起玩球，在玩球游戏开始的时候，她也提示埃玛学习说"扔给我"。

平行游戏者

　　教师的一个较为积极的角色是与儿童玩平行游戏。在这个角色中，教师使用类似的材料在儿童的旁边玩游戏，而不是与儿童一起玩，两人之间也没有互动。教师可能先模仿儿童的行为，例如把沙子倒入容器内，为互动互惠建立基础。接下来，教师可能会介绍游戏的不同玩法，例如使用漏斗并看看这个孩子是否模仿了这种玩法。以此方式，教师通过无声的语言与儿童产生了互动。在戏剧表演游戏中，教师可能以一种新方式使用一种道具，巧妙地延伸儿童的象征性距离，例如，通过使用假想的手势或者非结构化的道具在儿童的视线范围内打电话（Forman & Kuschner，1977）。

在杰奇老师的小学一年级混龄班中，当泰德、玛莎、艾丽莎和基姆在地毯上玩的时候，他们把自己叫作"海洋科学家"。他们在玩贝壳的分类、排序和数数游戏，讨论他们的分类标准，思考是一个大、平、薄的贝壳还是一个小一点、圆形的、密实的贝壳更大一些。一个孩子过一会儿就说一遍："我们是科学家，正在做我们的工作。"其他孩子会点头表示同意。杰奇老师与孩子们一起坐在地毯上，先摆弄贝壳然后非正式地观察儿童并加入讨论。然后，她从架子上拿出一个小的天平并开始把大贝壳放在天平的秤盘上面，一次放一个，并开始数另一个秤盘上的小贝壳的数量，她看着秤盘直到两边达到平衡。孩子们开始观察并评论杰奇的动作。然后杰奇老师边操作贝壳和天平，边开始口头描述她自己的假想和行为。很快，另一个天平做好了，孩子们开始两人一组玩了起来，又回到他们原来提出的哪个贝壳更大的问题，现在把这个问题重新界定为哪个贝壳称起来更重。杰奇老师逐渐从游戏的情境中退出，为了丰富孩子们的作品集，杰奇老师继续做逸事记录，同时也是为了促进全班幼儿的发展，了解当天接下来的时间里要进行的活动的时间安排问题。

旁观者

作为旁观者（spectator），教师主要从游戏的外部评论游戏的主题和内容。以此方式，她从局外人的观点出发间接指导游戏，她的角色是一个对游戏感兴趣的旁观者或者一个外围的参与者。例如，玛吉和凯莎提着她们的行李箱走向老师，老师可能会询问她们想象中的旅行计划："你们买好票了吗？你们的行李箱够用吗？"通过提醒眼前的事情并延伸到以后可能发生的事情，教师使儿童的游戏变得复杂，从而把教师评论的内容加入游戏之中。以此方式，教师可以验证儿童戏剧表演游戏是否正常，并可能巧妙地对游戏的延伸提出建议。

使用各种干预策略，特别是那些成人的角色比较主动的策略时，教师要特别谨慎地衡量形势，判断所做的评论，诸如来自游戏框架（play frame）之外的评论，或者引入与儿童的目的不一致的游戏要素，是否会打扰幼儿游戏的正常进行（Ghafouri & Wien，2005）。威廉姆斯（Williams，2002）指出，这种形式的游戏安排对有些父母来说是典型行为，他们会评论游戏，把通过自己的评论来指导儿童游戏看作教授儿童文化技能的一种手段。

格里芬（1998）开发了一个模式，用于分析儿童调节游戏者公认的游戏意义的策略，包括在假想游戏中从游戏外部调节意义和作为游戏者从游戏内部调节意义。例如，正如前文关于旅行和旅行箱案例中所述的那样，作为假想游戏旁观者的教师可以通过暗示性方式来支持儿童。教师会对儿童的游戏提出一些暗示，以延伸游戏或者帮助游戏向前发展。

参与者

教师的下一个角色是从假想游戏的外围角色变成游戏中积极的参与者，可能作为一个来敲门借鸡蛋的邻居，或者作为一个送伤员去医院的救护车驾驶员。一旦教师成为大家公认的要表演的脚本里的一部分，他们就可以以参与者的身份间接地交流游戏中角色的动作、主题和台词。

> 在马特的大班教室里，在确定了一个关于飞机旅行的假想主题游戏之后，他注意到儿童在登假想的飞机，坐在座位上。他也作为乘客登上了飞机，他问空乘服务员卡罗尔晚餐的食谱是什么。卡罗尔回答说："有比萨或炸鸡。"然后卡罗尔开始表演沿着假飞机过道推食品车的情节。

成人进入游戏空间的另一个参与策略是直接或者间接地进行评论，以一种特定的方式把高潮部分引入游戏脚本。教师可能提出警告或者预告一个想象的、貌似真实的事件。马特在进入班级里的超级英雄游戏时，鼓励儿童对他一周以来观察到的打斗、死亡和复活等假想游戏的内容加以延伸，他提醒说："快点，我们需要一名护士！打120[1]急救电话。"

通过既伴奏又讲故事的角色，教师可以在游戏中进行口头评论，而不打扰游戏者公认的假想框架。在伴奏的时候，教师可以唱歌或者使用音效，示范如何表演某些假想动作、角色或物品。

---

[1] 原文为911，是美国的急救电话。——译者注

在玩消防员游戏的儿童开着警报器到达失火的房子时,马特对他们急切地说:"我要打开消防水管——呲—呲—呲—呲。"(他打开水龙头去灭假装的火时发出的声音)

讲故事是一个口头策略,能让游戏者(成人或儿童)用叙事的形式表达假装的场景转换。

一年级教师莎莉正在班上模拟的糖果商店购物,她在讲故事的同时拓展了儿童解决问题的能力。"我妹妹的生日马上要到了,她特别喜欢小熊软糖,你们这儿有卖的吗?我们要开一个10个人的生日庆祝会,我们需要给每个人买两块小熊软糖。你能卖给我足够的小熊软糖吗?还有,我需要一张生日贺卡,你这儿有吗?"

正如在作为旁观者的干预中一样,教师必须对从儿童那里得来的游戏线索保持敏感性,不要进入游戏,除非孩子们需要。如果教师确实作为参与者进入了游戏,那么他需要扮演一个支持性的而不是主演一样的角色。许多幼儿教师喜欢作为参与者参与游戏,并且可能有控制游戏发展的倾向,没有意识到他们已经"篡夺"了儿童的权力。例如,在一个幼儿园班级里,一个精力充沛的教师主动提出在医院游戏中扮演伤员。直到最后她一直扮演着导演整个游戏的角色,给儿童分配任务,建议扮演医生和护士的儿童该说什么、做什么。

匹配者

在匹配者的角色中,教师可以有意地让儿童搭配成对或成组。例如,他可以把会玩复杂游戏的儿童和会玩简单游戏的儿童搭配成对。只要他们在游戏风格和个性上的差距不是特别大,两个孩子就都能从这种安排中受益。互补性的情感需要也是配

 **家庭多样性** **在工作中把儿童配对**

在一个教室里,父母要离婚的桑迪在寻找一些让她感到自己能够控制、让自己有力量感的情境。相反,保罗对于妹妹的出生感到很痛苦,一有可能他就让自己扮演一个婴儿的角色。这两个孩子在情感需求互补方面是完美的一对。在娃娃家中,作为一个强有力而又富有爱心的"妈妈",桑迪会花几个小时照料无助的"婴儿"保罗。

对时要考虑的基础要素。

沃尔夫伯格（Wolfberg，1999）叙述了她在把不同严重程度的自闭症儿童与正常儿童配对中进行的研究。在这个有趣而又有价值的研究中，游戏能力强的儿童能够通过游戏情境把他的同伴带入最近发展区。

匹配工作也是精心安排双语学习者游戏的有效策略。英语说得很流利的儿童能够与英语说得不太流利的儿童进行顺畅的沟通。

故事表演者

佩利（1981，1986，1990，1999）介绍了支持儿童进行游戏的游戏故事表演的技巧，这种技巧采用儿童游戏的结构但不使用里面的内容。在她的方法中，儿童向老师讲述故事，老师写下来，在一天中其他时间供班上的儿童表演（Cooper，2009）。这个文本要完全按照儿童叙述的内容来写，并用儿童的语言读出来，再由每一个作者选择扮演游戏角色的儿童进行表演。在教师朗读故事的时候，作者导演游戏。随着戏剧中故事的展开，在表演中游戏情节常常得到发挥。有时候孩子们还会在故事文本中进行补充评论，例如："我忘了，小熊最后确实回到家中找到了妈妈。"尽管在决定是否使用道具时，教师可能需要考虑儿童的发展水平，但是为了让儿童的想象力能得到锻炼，常常可以不使用道具。

游戏辅导员

在给婴儿再次带来安全感方面，教师作为游戏辅导员发挥着最直接的作用。照料者—婴儿之间的互动是人类学习游戏的源泉。在这个互动关系中，儿童感到安全并敢于用语言和符号来表征具体的意义。在这个角色中，教师示范并指导儿童的游戏，支持他们用符号进行表征和互动。

研究儿童游戏的研究者很多年都受到斯米兰斯基著作的影响。斯米兰斯基（Smilansky，1968；Smilansky & Shefatya，1990）重点研究了对其游戏缺乏复杂性的幼儿的干预。直接的指导可能会使那些儿童受益，他们的游戏由从电视里模仿来的、重复的一句话台词组成，或者他们在尝试进入他人的游戏时感到很尴尬和冒犯了他人（Bartolini & Lunn，2002）。斯米兰斯基的策略指导教师帮助儿童通过以下要素使他们的游戏复杂化，如在她命名的社会性戏剧表演游戏训练（sociodramatic play training）中扩展的角色扮演、社会互动、口语交流、坚持以及物体转换（object transformations）。

其他研究者使用了一种他们叫作"主题幻想角色游戏"（thematic fantasy role-play）（Saltz & Johnson，1974）的技术。在这种技术中，教师分配角色并对朗读给儿童的故事表演进行导演。这一技术分配给教师的角色比社会性戏剧表演训练更具有控制性，而在社会性戏剧表演训练中，儿童在教师的支持下自己编故事台词，教师提供支持。它也不同于佩利提出的由成人编故事、由教师选择角色并导演的故事游戏表演的方法。

另一个策略既包括配对，也包括游戏指导。教师可以让儿童作为"游戏教练"，帮助其他儿童创造角色，用物品进行假装游戏或者加入到游戏之中。在许多班级，教师给儿童分配这样的角色，让他管理计算机的使用、书写或其他活动，其中，专家的身份鼓励扮演特定角色的儿童反思自己的思维，并与其他人沟通。它补充了假装游戏中创造的已经很牢固的最近发展区中专家—新手关系的维度。斯米兰斯基（1990）发现游戏教练和游戏者都能够从这一过程中受益。

由于游戏辅导员对于成人来说是一个非常直接的角色，所以必须小心地使用这个策略（Trawick-Smith，1998，2010）。在象征性游戏距离或者社会性游戏的沟通方面有困难的儿童可能在经常使用间接指导策略的教师班级中会比较好。例如，混龄班级常常能够鼓励低龄幼儿进行更高级的游戏，鼓励年龄稍大的幼儿做出亲社会行为，这种做法比游戏辅导更受欢迎。

和成人的游戏互动与跟同伴游戏一样重要

选择一种策略

教师需要相当强的技能和思考能力才能确定在哪种环境下，对于哪个儿童使用哪种策略。例如，教师对用积木或者沙子玩平行功能游戏的孩子，很可能使用平行游戏者策略。游走于游戏小组外围的孩子可能受益于一个游戏辅助材料或者进入游戏的策略。作为一个通用的指导原则，明智的教师尽可能地使用间接的指导策略。许多教师从改变游戏环境的布置开始间接干预，可能通过增加新的游戏辅助材料进行干预。如果那样做不起作用，那么教师可以采取较为直接的干预策略。

有特殊需要的儿童在游戏中遇到的挑战

在游戏中对所有儿童进行干预要考虑几个因素。我们相信教师通过游戏发现儿童最近发展区的力量，进而发展儿童与他人进行游戏的能力至关重要。对于一些儿童来说，与成人进行有趣的互动和与同伴进行互动一样重要。斯米兰斯基的游戏辅导策略和明显的假装示范策略都可以使用。然而，对于多数儿童来说，教师承担的对儿童进行配对的角色以及环境管理者的角色有助于给儿童提供游戏的机会。这些策略富有成效，并且能让所有人都参与游戏。

教师承担的配对和游戏辅导员的角色为有特殊需要的儿童安排假装游戏指明了明确的道路（Bartolini & Lunn，2002；Henderson & Jones，2002；Kostelnik et al.，2002；Mindes，2006；Odom，2002；Phillips，2002；Preissler，2006）。沃尔夫伯格（1999）描述了一个正在进行游戏的游戏小组，其中一个正常儿童在教师的指导下向自闭症伙伴解释、详细阐述并且鹰架他们的游戏。

在融合的教育环境（inclusive environments）中，游戏的一个缺点是尽管幼儿常常特别重视有特殊需要的同伴，但是多数儿童还是不能从其他儿童的视角看问题并根据这一理解做出利他行为。例如，在一个大班的教室里，一个有唐氏综合征的儿童波林不断地被她的两个同伴作弄，让她放弃游戏材料，换她不太想要的物品。

另一个考虑是正常发展的儿童有时候对游戏中融入有特殊需要的儿童感到有压力。他们可能随后会按照成人的意思，让有特殊需要的儿童进入游戏区，之后就忽略了他（Trawick-Smith，1994，2010）。相反，同伴也可能以保护的态度对待有特殊需要的儿童，或者为他们做太多的事情。例如，在一个幼儿园班级里，4 岁的艾丽西亚和艾米丽不停地替特丽莎说话，她是一个语言发展迟缓的孩子。她们这样做经常会消除特丽莎努力与他人沟通的愿望以及她发展语言的主动性。

学习双语的儿童在游戏中遇到的挑战

与同伴进行游戏提供了一个安全的环境，能够使他们协商游戏的轮次、角色以及游戏中出现的问题。在这些协商活动中、主题游戏表演中以及进入游戏的情节中，语言技能的作用是明显的。拥有了社会能力以及在游戏中的成功互动能力，双语学习者对游戏的安排提出了特殊挑战（Saracho，2001）。

许多教师观察时发现的一个挑战是儿童喜欢跟使用同一种语言的同伴一起玩

（Clawson，2002）。无论小组的组合是混合语言学习者还是双语学习者聚集在一起，结果都需要教师保持敏感性。把兴趣相似的儿童进行配对是一种方法。以此方式，当他们一起玩的时候，不说同一种语言的儿童开始与其他儿童进行社会交往（Orellana，1994）。

教师遇到的其他挑战也需要精心安排不同的策略。例如，一名教师可能通过观察注意到一个有旁观行为的儿童掩藏其想加入他人游戏的愿望（Derman-Sparks & Edwards，2010；Espinosa，2010；Kirmani，2007；Ramsey，2006）。

> 瑟琳娜在饭店区的外围徘徊着，看着马克和西西里假装做饭。他们的老师安，是他们饭店游戏中的一位顾客。她以参与者的角色评论说："吃完饭我想点蛋糕，菜单上有吗？"马克回答说："我不知道我们还有没有。"安用西班牙语问瑟琳娜是否会做蛋糕。瑟琳娜点点头，慢慢地开始靠近饭店。安建议道："瑟琳娜知道怎么做蛋糕。"然后在瑟琳娜加入他们的游戏时，他们递给她一个碗和羹匙。瑟琳娜开始搅拌假的蛋糕材料，并用西班牙语问安："你喜欢巧克力吗？"

时机就是一切：进入和退出儿童的游戏

当教师进入和退出儿童的游戏或者从一个策略转为另一个策略时，时机很关键。曼宁和夏普（Manning & Sharp，1977）以及琼斯和雷诺兹（Jones & Reynolds，2011）提出了一些进入儿童游戏的指导原则。首先，最重要的是，教师观察幼儿游戏的时间要足够长，看看是否有干预的必要或者儿童是否以教师较少直接干预的角色而得到最好的支持。作为这一观察阶段的一部分，教师有机会探知儿童协商并公认的主题、人物、情节和台词。

如果教师选择进入儿童的游戏，他们必须做得天衣无缝，自然地融入游戏而不打扰游戏进程或者完整性。尊重儿童正在进行的假装游戏是关键。成人进入游戏更适合选择一个转折点，这个点常常是儿童走出游戏框架以协商游戏规则或者正在进行的主题、角色的时候，而不是儿童深深地陶醉在假想游戏当中的时候（Bennett，Wood，& Rogers，1997）。

退出游戏并把对游戏的控制权完全归还给儿童，同自然地进入儿童的游戏一样重要。因为教师的目的是支持儿童游戏的持续进行，让儿童自己拓展游戏情节，所以教师掌握退出游戏的时机非常重要。退出游戏是逐渐将游戏控制权归还给儿童的一个退出策略。作为游戏框架中的一个参与者，教师可能会使用讲故事的方式，解释她为什么退出游戏或者变成一个不太活跃的角色。

  凯伦进入五个3—4岁的儿童正在玩的火车游戏，目的是为了帮助海迪进入游戏。凯伦看到海迪跟其他几个孩子一起在餐车里吃着"午餐"。凯伦宣布："嗯，好。下一站我要下车了，因此下周五火车上见。"她对火车司机说："我下一站下车。"

  有些时候，如果孩子们玩得特别投入，教师可以像杰奇老师那样，在孩子们投入称贝壳活动中时神不知鬼不觉地离开游戏区。在其他时候，教师可以从不同的角度说话："我向积木区里的一些孩子保证过，我要去参观他们的飞机场。当我结束参观之后，我会回来看你们。"这种做法使教师有效地变成了游戏的旁观者，并提醒儿童她作为教师的真正责任是什么（Trawick-Smith，1994，2001，2010）。

游戏与学校文化

  游戏经常发生在学校的环境之中并与学校和班级中共同存在的各种文化有关。学校文化（school culture；Heath，1983）表现了社会上公认的、通过教师行为形成的学校行为标准。同伴文化（peer culture）是一种学校文化的替代性的文化，从某种程度上说，是在班级中对学校文化的补充。

  学校环境中常见的三种类型的游戏是：工具性游戏（instrumental play）、娱乐性游戏（recreational play）和不正当游戏（illicit play）。每种游戏都是按照教师对儿童游戏所做的反应方式以及游戏发生的环境来界定的。

  工具性游戏是受到鼓励的游戏类型，常常被教师用来实现与学校课程一致的目标。积木游戏、教师发起的教给儿童概念或者词汇的规则游戏以及戏剧表演游戏都是工具性游戏的例子。在假装游戏中教师发现，幼儿对成人特点的认识或对不正当的"规则"的协商，都为儿童及其同伴提供了

儿童通过教师指导的游戏进行学习

丰富的土壤，供他们检验关于社会性别和成人职业的概念。这些同伴的文化背景中可能已经存在不同的规则和期望。在一个幼儿园里，奈特和凯瑟琳就妈妈和爸爸谁做饭的问题争论起来。在奈特家，他的爸爸主要负责照料家人，常常给家人做晚饭。在凯瑟琳家，她的爸爸往返于一个大城市通勤工作，一般情况下是她的妈妈做饭。

娱乐性游戏被教师用来让孩子消耗掉多余的精力。在课间休息时的游戏场地以及一些幼儿园的户外自由游戏的场所中发生的游戏都是这类游戏的例子。

不正当游戏不会被教师认可，实际上还可能被明令禁止。儿童玩不正当游戏要么背着老师，要么就是对教师权威的直接挑战。在限制行为举止的学校环境中，这样的游戏被认为给儿童提供了一种征服感和自主感。幼儿园环境中常见的例子包括：当玩枪的游戏被禁止时，孩子们就把"万能工匠玩具"当枪玩；"集体搞怪"（group glee）的活动，如一起咳嗽、粘鞋扣；传递秘密纸条或者图片（Corsaro，2003；Sutton-Smith，1997）。

不正当游戏对于教师来说越来越难处理的一面，就是在教室中禁止武器和暴力游戏的后果（Katch，2001，2003；Levin & Carlsson-Paige，2006）。关于教师禁止的游戏内容，以及教师如何处理儿童背着教师进行被禁止的游戏的策略问题，在本章后面会进行论述。

斯卡利特、诺迪奥、萨洛尼厄斯-帕斯特纳克和庞特（Scarlett，Naudeau，Salonius-Pasternak，& Ponte，2005）把其他种类的不正当游戏描述为"危险游戏"。玩这些游戏的时候，儿童把自己和他人置于危险的境地。例如，投掷沙子或石块。在这种以嘲弄和欺负他人为特点的"卑鄙的游戏"和"恶作剧游戏"（例如儿童在集体教学时间在地毯上翻滚）中，儿童故意挑战学校规则。斯卡利特等（2005）还描述道，在"模棱两可的游戏"中，儿童似乎把游戏作为一种掌控强烈情感的手段，例如他们把娃娃放在烤箱里（Ardley & Ericson，2002）或者像"淘气的"小猫一样把娃娃家弄乱。

尽管教育环境中的工具性游戏，如萨顿-史密斯（Sutton-Smith，2001，1997；Sutton-Smith，Meechling，Johnson，& McMahon，1995）所谓的"诡辩游戏"是教育者所认可的游戏，教师还是应该记得成人不允许儿童玩哪些游戏的重要性。这种恶作剧游戏或者愚蠢的游戏代表了幼儿社会技能和概念发展的另一个领域。

正如游戏在我们的生活中起着平衡或均衡的作用一样，游戏通过它矛盾的本质颠倒现实，使我们认为正常或者明知的事情失去平衡。这既代表着荒谬游戏的力量，又代表着欢乐游戏的力量（Fromberg，2002；Sutton-Smith，2001，1997；Sutton-Smith et al.，1995）。恶作剧游戏、叛逆游戏以及荒谬游戏的结果之一就是，游戏者之间在联合起来以一种游戏的态度反对社会传统标准和合理的世界观时而结成的强大的社会纽带。

> 大卫和布莱德正在娃娃家里玩松鼠娃娃。大卫让松鼠发出吱吱的声音，然后把它放在布莱德的鞋上。布莱德喊道："停，松鼠！"大卫让松鼠娃娃上下跳着，提高音调回答说："我不是松鼠，我是一条蠕虫！"他从布莱德手上抢走了一个婴儿娃娃，并在娃娃的头上做着浇水的动作。布莱德问道："嘘，热咖啡？"大卫大笑着回答说："不，是热乌鸦——乌鸦！"他和布莱德一起笑翻在地板上，歇斯底里地笑着。

在不断发展着的同伴文化中，儿童会遇到彼此不同的视角，也会遇到教师所展示的学校文化。正如科萨罗（1985，2003，2011）所指出的，教师在尊重儿童形成反对成人权威（偶尔从另一个角度看一看）限制的联盟的需要，和满足自己在学校环境下针对什么是可以接受的行为而制定坚定的、前后一致的限制措施的需要之间必须走折中路线。"成人的思想、提供的材料、规则和限制可以被看作框框或者界限，其中呈现的是成人的文化特点（Corsaro，1985，p.289）。"这种矛盾之处的另一个案例是学前教育界正在进行的关于幼儿园和小学低年级环境中涉及暴力的玩具和想象的武器以及游戏的使用问题的争论。

对暴力游戏的回应

尽管几十年来假武器和战争游戏问题使教师在决定课程和班级文化的时候很苦恼，但是在学校生活中充满暴力的儿童的数量越来越多，所有的儿童在接触电视和电脑游戏时看到的媒体暴力内容也越来越多，这些引起了激烈的争论。教育者和家庭可以在早期教育项目中合作以减少儿童的攻击性行为和暴力行为。为了开始这一过程，作为教师我们必须检查自己的教育信念和经验。

许多幼儿教师通过禁止使用武器玩具和暴力主题的方式来应对暴力游戏带来的挫折感，结果迫使这类游戏走入"地下"同伴文化之中。通过公开讨论暴力游戏的内容或者通过创设更加共情或者丰富的游戏环境引起儿童的恐惧，比忽视儿童的恐惧更有效吗（Ardley & Ericson，2002；Katch，2001；Levin，2003a，2003b，2006；Levin & Carlsson-Paige，2006）？

如果假装游戏主要是为了平复儿童的困惑、混乱或者恐惧，那么在制定关于武器游戏或者暴力游戏的班级规则之前考虑游戏来源非常重要吗？例如，在2011年9月11日之后的几天和数周时间里，在纽约和华盛顿的袭击事件以及最近发生的纽顿大屠杀事件之后，许多教师认为表演暴力行为的积木游戏、戏剧表演游戏、讲故事以及故事表演活动可能是更适合治疗并帮助儿童理解恐惧的途径。同样，多萝西和格蕾丝班上的儿童（见本章第一个案例）需要表演出他们对猪宝宝丢失事件的恐惧，这能让他们更具同情心。对想象性暴力事件的表演是能够降低儿童的敏感性，还是给他们提供了一种控制的方法？

弄清楚幼儿在游戏中的目的

在考虑儿童攻击性游戏的动机之时，教师应该弄清楚这些想象出来的暴力内容的来源是什么。儿童的游戏何时反映的是假想的媒体暴力内容？何时反映的是真实生活中的暴力？许多教师报告说，在根据媒体内容进行的假装游戏中，儿童会表现出不耐烦、愤怒和失望。一个教师悲叹道："他们的家长怎么能允许5岁的孩子观看那些十几岁时才可以看的恐怖片呢？"此外，教师表达了对那些所玩的游戏中带有暴力图像和主题的儿童的同情。这些图像和主题来源于他们的家庭生活及家庭成员的暴力经历。

一个相关的问题是号召教师判断儿童游戏的目的以及儿童的发展与暴力游戏的关系。幼儿正在学习如何可靠地区分真实和想象。假想游戏经常跨越那些边界，有助于儿童澄清我们当代文化中"暴力"的含义。但是，这种游戏占多大比例算太多呢？在让儿童"通过游戏"摆脱困扰、恐惧的图景或经历和让儿童沉迷于暴力游戏之间的最佳界限是什么呢？

一些战争游戏或者带有攻击性的"好人/坏蛋"主题（例如超级英雄游戏）常常是美国文化中的典型游戏主题。几十年来，在各种形式的社会性戏剧表演游戏中大声喧哗、快步奔跑，特别是恐怖的追逐游戏都是吸引幼儿的主题。好与坏、生与死、丢失与找到、涉险与营救都是发生在战争游戏和其他攻击性游戏中的主题，这些游戏为儿童提供了应对焦虑心理的机会。

考虑到儿童攻击性游戏常常有多种动机，教师需要思考很多问题。游戏在多大程度上反映了儿童对世界上权力的渴望？在多大程度上儿童的游戏来源于暴力媒介的内容？在多大程度上儿童能够理解自己在晚间新闻中或者自己邻居家里看到的真实暴力的企图？施瓦茨曼（1976）指出，游戏的一个重要方面就是它在儿童内心发生的角度或过程，儿童会通过这个过程重复那些使他们感到迷惑不解、困惑或者不安的经历。

反映真实暴力事件的一个暴力游戏来源于儿童与社区暴力事件相关的个人经历，如下面的"家庭多样性"部分所示。

 **游戏中表现出的真实生活暴力**

> 特雷西的家被炸毁了，她的哥哥受了伤。几周以来，她的同伴作为护理员和消防员，把"受伤的"特雷西送往他们在积木区搭建的医院、桌子下面以及沙箱等处。

这种游戏的另一个来源是战争中的暴力。战争暴力对于其家庭在近期或者过去几代中直接经历过战争的、逃离战乱的数百万难民儿童来说意义非凡。有相当多的文献描述了战争对儿童及其家庭的影响（Van Hoorn & Levin，2011）。

美国有几百万儿童在其父母或者亲戚被派往阿富汗或者伊拉克时有过直接的战争经历。到2010年，美国有80多万儿童的妈妈或者爸爸被派去参加战争。研究者报告说，当他们的家长被派去参加战争后，幼儿园里的孩子表演的游戏越来越具有攻击性（参见：Chartrand，Frank，White，& Shope，2008；Van Hoorn & Levin，2011）。有些教师可能不知道这些儿童的家长被派去参战，因此可能无法理解他们行为上出现的这些变化。

 家庭多样性 战争游戏

> 阿史那的家人和他是新近从他妹妹死去的难民营搬到非洲一个小镇的难民。实习教师黛博拉注意到阿史那经常被突然的声响吓一跳。在过去的一周里，班上的几个孩子一直在玩一个战争游戏。每次，阿史那都在这群孩子外围跑着，然后接近这些孩子，发出快速的射击声。尽管他的英语水平有限，但是他知道他们在说什么。今天，几分钟过后，阿史那明显表现出焦虑不安，像喊自己四年级的哥哥那样，他不断地喊着："伽蓝，伽蓝。"

判断暴力游戏中的暴力是假装的还是事实：教师们一直在担心根据媒体和玩具演绎出来的假想暴力游戏。电视、电影和电脑游戏中呈现的清晰的暴力细节，以及当今市场上的许多武器玩具似乎能促使儿童去玩更多的攻击性游戏，这一点我们在后面的章节还会有详细的论述。例如，在用玩具枪玩开火的游戏中，儿童可能看不见故事假想游戏中的线索，最后通过相互攻击来彼此伤害（Carlsson-Paige & Levin，1990；Katch，2001；Levin，2003a；Levin & Carlsson-Paige，2006）。当儿童过度重复地模仿电视、电影和电子游戏中的人物时,教师需要进行干预,把他们有限的游戏内容向更复杂的,能表征人物、环境和情节的游戏扩展。教师应该努力通过非直接审查的方法帮助儿童理解从媒体里看到的恐怖、混乱的图像,例如下面案例中雷奥和杰瑞米用游戏表演出来的电视连续剧《幸存者》(Survivor)中发生的霸凌和暴力片段:

> 7岁的杰瑞米和6岁的雷奥正在户外草坪上的小学生游戏场地玩。杰瑞米咆哮着,企图把一把树叶和木刨花塞进雷奥的嘴里并说道:"我要让你吃掉这些虫子!"当雷奥反抗的时候,杰瑞米反驳道:"你们队要想赢就必须吃!你们想让我们队赢,是吧?"

教师怎么做才能减少教室里的暴力主题内容?在什么情况下儿童可以再现他们自己生活中经历的困惑和混乱场景,而不是模仿电视、电影甚至电子游戏中的内容?这些以及其他与暴力有关的问题和游戏已经在我们与教师、儿童和家庭共同工作时显现出来。接下来我们要讨论处理暴力问题的策略。

游戏中暴力的传播

儿童何时释放恐怖情绪最合适?教师和家庭如何合作才能让儿童的游戏中消除暴力?

认真观察游戏:许多教师报告说,他们通过观察儿童游戏能够发现最近在上映什么暴力电影或者电视台早上在播放什么卡通片的线索。然而,教师通过建设性的方法能够帮助幼儿使用流行媒体中的人物、游戏主题和道具。

了解流行的动画片、电影和电视连续剧,以及班级同伴文化中可能会流行的玩具,教师能够更好地理解所观察到的儿童游戏。通过仔细观察儿童的游戏,教师能够判断有些儿童是否"沉迷于"重复模仿自己看到的暴力内容。然后,教师可以精心地安排游戏,让儿童扩展人物角色,使故事台词变得更加复杂,转换主题(Carlsson-Paige & Levin,1998;Levin,2003b;Levin & Carlsson-

儿童的幻想性游戏会涉及危险和营救的主题

Paige,2006)。

透过表面看游戏:当教师对游戏中潜在的主题很敏感时,他们可能会建议让孩子们玩喜欢的替代性的非暴力游戏。像涉险和营救这样主题的好人/坏蛋游戏,对儿童的社会情感发展起着关键作用(Corsaro,2003,2011;Katch,2001;Levin,2006;Paley,1990;Perry,2011)。一旦这些主题被明确,教师就可以介绍有新人物和线索的作品,以新方式发挥这些主题游戏的作用。

一所由作者、教师和家长管理的幼儿园开展了一个实验,试图减少儿童玩那些题材来自电视的、模仿动画片暴力行为的游戏的频率。注意到孩子们主要玩好与坏、生与死、失去与找到等主题的游戏,教师和家长阅读了各种版本的《彼得·潘》(Peter Pan),帮助儿童创造并表演自己游戏中的任务与事件。在那一年后来的时间里,他们还以类似的方式探索了《绿野仙踪》(The Wizard of Oz)和《彼得与狼》(Peter and the Wolf)以及其他识字作品。儿童仍然使用假的武器,打斗并追逐敌人,但是在这些主题游戏中,他们的人物和动作都得到了拓展。一个孩子记录道:"把坏蛋变成蟾蜍或者岩石要好一些,因为如果你射死了它们,它们还会复活。"

设定限制:教师可能也会通过设定限制来保证儿童的"安全"。对于一些儿童来说,当游戏的性质就是暴力的时候,战争游戏或者来自媒体的游戏的吸引力就不可抗拒。因为,战争游戏或者媒体游戏的脚本通常是简单而且众所周知的,社交技能或者语言能力有限的儿童常常被卷入旋涡之中。随着游戏的发展,攻击性行为的程度可能会超出儿童的控制。通过设定限制并认真监督这个游戏,教师能够确保处于危险之中的儿童受到保护。教师了解导致儿童在家庭生活中大量从事这类游戏的情况也很重要。

我们认识的一些教师设定了禁止在学校里玩看起来很逼真的武器这样的限制,同时承认儿童用想象的武器进行打斗的需要。以此方式,他们避免了儿童使用单一用途的玩具,模仿电视上的动作的现象。其他教师在儿童的攻击性游戏无法控制时会跟孩子们约谈,商量游戏情节中的一些替代性内容,他们可能会建议不要射死坏人而是哄骗他们。下面是一位教师在他的游戏场地上使用的管理枪支问题的实用方法:

考虑到游戏场地缺乏和平,教师在集体教学时间让孩子们帮她制定一套玩枪游戏的规则,因为正如她所担心的那样,有些儿童常常在玩枪游戏中受伤。教师说她也厌烦了阻止儿童的玩枪游戏，并一直在解决儿童之间的争端。她让儿童投票看看多少人喜欢在游戏场地玩假装射击的游戏。除了一小撮男孩，多数孩子都反对玩枪。教师想知道如果禁止那些想玩枪的儿童玩枪的话是否公平。她想他们能够制定一些让他人对想玩枪的儿童感到安全的规则。她建议在游戏场地设定一个区域，那些想玩枪的儿童可以去那里玩。第二条规则是只有同意这样玩的人才可以去。第三条规则是玩枪的儿童不能用枪指着不想玩枪的儿童。他们必须征得对方的同意。

然后这一组儿童继续讨论对于那些持枪的游戏者来说，玩枪游戏的最佳场所。大型攀爬设备似乎不是最佳选择，因为太多不想玩枪的人想用攀爬架玩其他游戏。沙坑也是如此。沙子厨房很显然也不是一个理想场所。最后他们决定把积木区从架子那里搬到另一个地点，并指定这个带有交通锥的区域为玩枪的区域。这个区域里有小块地毯，有别于其他区域。

在使用这个策略的时候，教师没有直接禁止儿童玩枪，而是把玩枪游戏限制在一个空间之内，使之能够得到有效的监控。如果玩枪的儿童离开这个游戏区并开始射击没有选择玩这个游戏的某个人，教师可以询问这个孩子是否愿意选择玩枪游戏。如果这个孩子说不愿意，那么就告诉玩枪的儿童他没有按照规则进行游戏。如果这个孩子说愿意，他就会被带到玩枪区域。以此方式，教师得到限制玩枪游戏的人群的支持。在使用这种方法一周左右，玩枪的儿童变得越来越孤立，而且他们的人数也大大减少。当大多数儿童都有空间平静地探索其他更复杂的主题，而不会受到玩枪者的打扰时，玩枪游戏越来越无趣。✈

教师采取这样的策略需要一些勇气，而且在不给玩枪者太多关注的时候对其进行警惕性的监督也需要敏感性。对于那些坚持玩枪的儿童来说，教师可能需要逐个地与他们合作，画出他们的枪，在武器展上展出。他们可以领导其他孩子进行古代兵器研究或者发明火药等。在与玩枪者一起画枪的同时，教师可以更多地了解游戏对于每一个孩子的意义。

取消排斥，支持融合

对于那些被排斥的儿童，以及对于那些作为游戏伙伴的儿童来说，一个引人注目的问题是暴力与排斥的关系问题。凯奇（Katch，2001）以她独到的透视儿童内心和思想的见解提出了这个问题,她认为儿童在游戏中关于暴力的想象既吸引又排斥他人。因被拒绝而用暴力报复他人的儿童,与受欢迎的、一直被人邀请去玩游戏而感到沮丧的儿童的情绪来源类似。

佩利(1992)富有说服力地陈述了这个问题,她考察了儿童教育者的传统,他们常常认为儿童在游戏中被残忍地拒绝是儿童成长中自然的一部分。在她的教室中实施一个"你不能说你不能玩游戏"规则的时候,她把包容与排斥的问题,以及与之相随的社会和情感结果放在辩论的最前面。

建设一个和平的班级

在前文中,我们集中讨论了教师回应儿童暴力游戏可以采取的多种办法。我们在这一章中总结了如何超越预防暴力的策略,采用综合的方法促进和平。促进和平对于我们探讨的以游戏为中心的课程理念是至关重要的。

> 在多萝西和格蕾丝的班级中,儿童开始思考治疗猪妈妈索菲因失去孩子而产生的悲伤的办法。他们决定画一幅壁画并学习《老麦克唐纳有一个农场》这首歌。在绘制壁画并练习唱歌几周之后,孩子们又回到农场把壁画出示给索菲看,并用铃声为她开了一个演奏会。

如同在国际上一样,在班级里,和平不只是没有暴力。暴力不仅是直接又清晰可见的,而且在结构层面上危害更深。在结构层面上,暴力是指使一些人处于劣势而使另外一些人优于他人的不平等,例如,在学校、社区和社会里存在的种族主义、性别主义、宗教和基于经济阶层的不平等(Christie,2011;Christie,Wagner,& Winter,2001)。

和平教育者和心理学家在消极的和平和积极的和平之间做出了明确的区分。教师们看过很多 K—12 预防暴力的、注重消极和平的项目课程(例如停止暴力)。冲突是存在的,但是解决或管理冲突的方式常常是非暴力的。

积极的和平不仅以没有暴力为特点,而且具有平等的特点,它还能够促进所有人的成长。和平教育是一个真正的"雨伞概念"(Gustafson,2000)。关于和平与非暴力的幼儿教育理论、研究和实践的综述表明,传统的幼儿教育在培育和平的班级环境时总是五花八门(Van Hoorn & McHargue,1999)。

在《在暴力时代教育幼儿:建设一个和平的班级》(*Teaching Young Children in Violent Times: Building a Peaceable Classroom*)一书中,莱文(Levin,2003b)提供了

一个以游戏为基础的方法的案例。她探讨并展示了教师如何建设社区，促进合作并和平地解决冲突，帮助幼儿了解并欣赏多样性，帮助他们应对与媒体相关的暴力以及新闻中的真实暴力。现在，幼儿教育者正在寻找更多描述以游戏为中心的方法促进和平的班级的书籍和课程材料（Adams & Wittmer，2001；Derman-Sparks & Edwards，2010；Derman-Sparks & Ramsey，2005；Jones & Cooper，2006；Kreidler & Whittal，1999）。

小　　结

我们撰写了这部分"为了和平与非暴力的以游戏为中心的课程"内容，因为这是每一章中所体现的价值观。许多书中所描述的班级游戏案例都显示了儿童的合作；考虑他人的情感；发展友谊；与讲不同语言的以及来自多元文化家庭、多元民族背景的同伴玩游戏等内容。这些内容涉及建设和平文化的所有方面。

本章讨论了干预儿童的游戏、促进儿童的语言和智力发展的策略，还探讨了和平的班级里的儿童品质和行为：同情心、亲社会行为与合作。

第4章中创设环境那一部分的内容探讨了关于教室和平的问题。教师可以使用的策略有比较微妙的，也有看得见的。例如，教师有意地创设环境让儿童有能够促进合作的足够的空间和材料。教师可以制作一个时间表平衡儿童的活动，不要让他们过于劳累，而且要考虑儿童私密游戏的需要。教育环境应该欢迎所有儿童及其家庭，并能帮助所有儿童了解如何在一个多元化的社会中生活。

初次来到美国的人如何在社会团体中找到自己的位置？有身体残疾的儿童怎么办？当游戏成为课程的中心时，儿童会有更多的自主发展解决社会问题的能力的机会，以及站在他人的立场上考虑问题的机会。

促进和平的幼儿教育项目以包容、赋权给所有人、非暴力的冲突解决方式、合作以及共情等普遍存在的文化为特征。我们确信以游戏为中心的课程能创造一个和平的班级，能培养和平的儿童。

- 游戏和鹰架。教师干预的效果是鹰架的一个重要方面。各种环境要素为某些类型的游戏提供鹰架；娃娃家能够鹰架建构游戏和戏剧表演游戏，促进合作性语言的使用。各种游戏辅助材料，例如水箱中大小不等的杯子、漏斗和水罐都能延伸玩水游戏。教师将一种儿童最喜欢的玩具准备多个能够向儿童表明这里"有他的一个玩具"。教师作为鹰架要素的有机组成部分，不仅要考虑物理空间的安排，还要考虑他们干预（或者不干预）儿童游戏的方式。当教师在项目活动或者活动区域说的话太多时，他们会妨碍儿童自发地使用语言。

- **自发的、教师指导的和教师主导的游戏。**一系列精心安排的、从间接的到直接的游戏指导策略为教师决定如何以及何时干预儿童的游戏提供了指导。从设置环境开始到持续为教师主导的游戏提供选项，这一系列策略包括从最间接的艺术家的学徒到最直接的游戏辅导员角色，共有四个间接的策略。

- **选择一种策略。**在进入和退出幼儿的游戏时，时机就是一切。在认真观察儿童游戏的主题、人物、线索和儿童在与同伴就游戏场景进行协商时使用的语言时，教师进入与退出游戏都要酌情处理。教师的匹配者和游戏辅导员角色为有特殊需要的儿童精心安排游戏提供了主要的途径。

- **游戏与学校文化。**"学校文化"代表了常见的被认可的行为标准，儿童的同伴文化可以成为它的补充或者替代品。学校环境中有三种常见的游戏类型：工具性游戏、娱乐性游戏和不正当游戏。其中两种游戏类型是学校文化所认可的，它们是工具性游戏（例如积木游戏、教师发起的规则游戏和戏剧表演游戏）和娱乐性游戏（例如在游戏场玩的游戏或户外游戏）。不正当游戏是不被教师认可的游戏，儿童常常背着教师偷玩这些游戏，或者儿童玩这些游戏是对教师权威的直接挑战。有些形式的不正当游戏代表了一种挑战并向教师提出了一个进退两难的难题。这在关于幻想游戏中的玩具、假的枪或者武器的使用的争论中很明显。

- **对暴力游戏的回应。**假装的武器和战争游戏是几十年里一直给班级文化带来麻烦的问题。教师在采取策略干预这种游戏之前考虑它的来源以及背后的动机很重要。教师和家庭可能需要一起消除游戏中的暴力，其中涉及三个问题：第一，教师需要认真观察游戏，了解幻想游戏的来源，透过表面看待暴力游戏，能使教师提出一些非暴力的替代性游戏内容，把儿童感兴趣的涉险与营救这样的要素融入游戏之中。第二，教师可以对暴力游戏设定限制并进行监督，确保处于危险之中的儿童能够得到保护。第三，在建设和平的班级环境时，教师也可以就谁去玩暴力游戏、谁不玩的问题制定策略，促进班级中的包容，取消排斥。

知 识 应 用

1. 讨论观察儿童的游戏以及儿童发展的知识如何能够使教师以有意义的、相应的方式鹰架儿童的游戏。

    a. 想象一个案例或者进行实地观察,阐述为什么在决定干预或者鹰架儿童的游戏之前等待与观察很重要。

    b. 思考这样做如何能够按照与儿童的游戏相关的主题进行鹰架。

    c. 画一张自己班里或者其他班里的活动区地图,说明你希望在不同地点看到的游戏类型。考虑彼此临近的活动区可能产生的相互影响。考虑被期望的游戏发展水平。考虑年幼儿童与年龄较大儿童的游戏的区域之间是否平衡?

2. 描述一系列游戏指导策略如何指导教师在促进儿童游戏的时候,"学习与儿童共舞"。

    a. 为九个游戏干预原则中的每一个原则列出一个最能够展示其方法的策略。

    b. 使用常见核心课程里面的数学或者识字的标准,画一个类似表 5.1 那样的表。为大班儿童设计一个班级迷你课程活动,包括自发的游戏、教师指导的游戏和教师主导的游戏。

3. 解释观察儿童的游戏如何能提高教师把握时机和改变策略的能力。

    a. 在一个幼儿园或者小学低年级的环境中观察游戏行为。分析你的观察,并为下列问题寻找答案:儿童如何发起游戏?儿童如何进入并退出游戏?儿童如何协商角色?成人是怎么支持(或者不支持)游戏的?

    b. 通过你的观察,你从教师如何更有效地鹰架儿童游戏中学到了什么?

4. 辨别同伴文化和学校文化之间的一些差异。

    a. 在你自己或者他人的班级里进行一些游戏观察。辨别你观察到的、能够表明学校环境中最常见的三种游戏类型的特点。你的游戏观察以什么样的方式显示了学校文化与同伴文化之间的差异?

5. 讨论排斥与包容的态度对建设和平的班级环境的影响。

    a. 在一所幼儿园或者小学低年级的游戏场地进行三次 20 分钟的观察。分析你的观察结果并挑选出排斥和包容的案例。教师意识到了这是排斥吗?如果意识到了,他们是如何回应的?

b. 评论维维安·佩利的那本书《你不能说你不能玩游戏》(*You Can't Say You Can't Play*)。你认为运用这个策略在你的学校或者你观察的学校中减少排斥行为的效果如何?

第 6 章

作为评价工具的游戏

学习目标

➤ 讨论评价儿童游戏的几个关键特点，解释下列术语：基于表现的评价、年龄适宜性发展、个体适宜性发展。

➤ 检视适宜幼儿教育项目的评价目的以及高利害评价的危险之处。

➤ 讨论对来自多元文化家庭及背景的儿童使用以游戏为中心的评价的益处。

➤ 讨论对有特殊需要的儿童使用以游戏为中心的评价的益处。

➤ 讨论以游戏为中心的项目如何为教师提供许多机会，实施既具有年龄适宜性又具有个体适宜性的真实性评价。

➤ 解释为什么游戏可用于评价，以及为什么它能够增加评价的信度和效度。

➤ 讨论以游戏为中心的评价的实施原则。

➤ 讨论教师用于组织和记录有关幼儿游戏的信息的策略。

➤ 描述教师如何使用以游戏为中心的评价促进以游戏为中心的课程。

> 在凯茜的大班教室里，4个孩子搭建了一个"银行"。他们已经搭起两行大型万圣节积木当作柜台，并用小块积木为他们自己搭建了椅子。他们还在柜台上用其他小块积木搭建了窗口，并把"柜员"的名字贴在了每个窗口处。一个成人来访者帕特走到柜员的窗口处。柜员肖娜问帕特是否带了存折。当帕特回答"不，我没有存折"时，肖娜把帕特引导到凯茜放在教室里供孩子们取用的一篮子空纸本那里。肖娜告诉帕特："把你的名字写在上面。"然后帕特把自己的名字写在纸本最前面的一页。肖娜一边触摸着每个字母一边说"P—a—t"，然后说自己的奶奶也叫帕特（Pat）。帕特问："她的名字也这样拼写吗？""我不知道，"肖娜回答说，"我要问问她。"
>
> 回到她在银行柜台后面的地方之后，肖娜拿起存折，翻到第一页。她认真地写道"支出"，然后问帕特想取多少钱。帕特说："50美元。"肖娜说："你知道，我不会数那么多数，10美元怎么样？"帕特同意了。肖娜拿出一张白纸，对折后横着剪了几下。她把纸剪到中央的位置，数出10张纸条。她在每一张"纸币"上面写了一个"1"，然后在柜台上当着帕特的面认认真真地数钱。在肖娜用带有日期的橡胶印章和印章垫在存折上盖章的时候，她说："给你！花完了你再来取。"

在那天稍晚一些的时候，教师凯茜和帕特讨论了孩子们的戏剧表演游戏和建构游戏。帕特是相邻幼儿园大班的教师。她们讨论了肖娜的游戏如何让她们更加了解肖娜的社会性和情感发展水平，以及她在识字、数学方面的概念和技能发展情况。概括地说，她们分享了一些案例，说明通过她们对儿童为期一年的观察，如何让自己更深刻地认识儿童的兴趣、想象能力和学习品质，以及儿童的游戏如何反映了他们在家庭和社区中的经验。

儿童游戏评价的特点

在下面的讨论中，请注意教师评价儿童游戏、发展与学习的各种方式。

为了评价"作为游戏的游戏"，凯茜拍摄了几天内孩子们搭建银行时各个阶段的数码照片。帕特和凯茜对孩子们投入游戏的时间长度和用积木表征银行环境的复杂性印象非常深刻。凯茜的观察记录表明搭建银行的儿童根据个人经历和他们带到学校的知识，针对银行的外观进行了讨论和协商。他们的建构游戏需要空间推理，包括部分—整体的关系。他们要为搭建柜台和椅子选择积木，用小块积木表示名签，用长方形积木表示柜员的窗口。凯茜的观察记录表明，在这个儿童发起的银行游戏中，肖娜的兴趣持续了好几天时间，而另外两个儿童在第一天之后就失去了兴趣。肖娜和她"新结交的"最好的朋友艾米丽继续完成这个项目，她们创造了柜员角色。

每个柜员都使用他们在银行观察到的形式，练习写自己的名字，并把它们固定在"名签"上。凯茜和帕特就帕特的名字以及肖娜如何自己辨别出每个字母进行了讨论。凯茜告诉帕特："肖娜还在致力于搞清楚有些名字每次拼写都是一致的这个问题——可能是因为并非所有在班级里工作的成人都知道如何拼写她的名字'Shawna'。"

关于肖娜学习拼写单词时认识到字母一致性的问题，通过另一个在她书写银行存折时认真书写"CRTO（支出）"的例子也得到了证明。在银行开张之前，孩子们就"必须写在存折上的事项"进行了多次协商才达成一致意见。凯茜说艾米丽的妈妈在银行上班，很显然，她在谈论账户时使用过"支出"这个术语。艾米丽强调这是正确的术语，并使用自己发明的拼写方式创造了"CRTO（支出）"这个词。银行日期印章是儿童在真实世界中观察到的另一种社会识字的形式。凯茜解释说她曾试着以一种间接的、巧妙的形式支持儿童的游戏，她把橡胶印章从数学区移到刚开始建造的银行附近的游戏辅助材料架上。

> "肖娜意识到自己的数数能力不足这件事让我感到很吃惊，"帕特继续说，"我曾想主动帮她数到50，然后意识到她自己想出了解决办法——更好的替代方法。我还想知道她是怎么想到要把纸剪成那个样子的。"

凯茜解释说几周前，他们体验过情人节折纸、剪纸活动。肖娜再次展示了这个技能并把它应用在新情境中。凯茜和帕特一致认为，肖娜在每张纸币上写上"1"，然后为顾客认真地数钱的行为，表明肖娜具备了数数的能力。这也间接地促进她对位值概念的理解。

凯茜认真观察这个游戏的顺序，帮助她理解并欣赏肖娜思考世界的特殊优点和方式。实际上，游戏说明了每一个孩子的发展方式。它能让教师注意到并欣赏儿童的兴趣，以及他们从家里带到学校里的价值观，还有可能会用于表达思想与情感的特殊智力。游戏让我们看到了每个孩子认知和情感发展的各个方面以及它们内部联系的方式。

使用儿童游戏评价作为一种综合的评价方式

游戏是评价饼状图中自然的"一块",因为观察游戏能够让教师了解一日活动中儿童在各个领域的发展。对于自发游戏的持续观察,例如"银行"游戏,是对教师指导和主导的游戏中,教师为幼儿设定特定目标或者在教师计划的、以学科为中心的课程中衡量儿童的学业成绩的较为直接的评价方法的很好补充。

在游戏中,儿童各方面的发展都得到了体现。凯茜项目中的案例是大班儿童复杂的假装游戏的案例,同时也是儿童熟练掌握积木建构游戏的例子。凯茜的观察提供了肖娜和艾米丽学习品质的实际证据,包括自我规范,也提供了证据表明他们在识字萌发和数学领域的发展具有5岁多和6岁多的幼儿年龄适宜性的特点。

古洛(Gullo,2006)指出,当大班教师提供时间和材料供儿童投入自发游戏中时,教师"拥有独特的机会开发有规律的、持续进行的非正式评价并投入其中,这种评价能够在多种情境之中,以多种方式考察儿童的学习与发展"(p.142)。凯茜对儿童的评价包括观察记录、拍摄照片、用档案袋持续收集儿童的作品、制定发展图表、定期组织并更新检核清单。

游戏提供了进行基于表现的评价(performance-based assessments)的机会,因为它们提供了儿童在熟悉的环境中投入熟悉的活动的行为数据。正如凯茜大班教室中的案例所示,基于表现的评价包括复杂的和持续的评价措施,重点评价学生的个体学习风格和学习节奏。当肖娜宣称"你知道,我不会数那么多数"时,我们看到游戏评价如何作为儿童学习的手段,反映儿童的学习情况。儿童需要发展这一能力去独自反思成长中遇到的概念,并对自己的学习负责。这样的自我评价在人的一生中都很关键。

游戏是一个发现儿童年龄适宜性发展(age-appropriate development)和个体适宜性发展(individually appropriate development)的窗口。在游戏中,教师能够辨别儿童是否理解该年龄段幼儿应该具备的概念。例如,当自己班级的一些儿童在复杂的社会性戏剧表演游戏中展示时,他们就能够做出判断。他们可以考虑自己如何通过改变游戏指导策略,从较间接的指导策略开始支持其他幼儿。

综合评价除了包括较传统的认知问题和对待学习的态度,还包括社会道德的发展。在一个价值观和视角日益多元化的社会中,儿童发展理解他人视角、根据他人的背景与人沟通以及就不同的意见和行为进行协商的能力至关重要。游戏评价帮助教育者转换他们的思维,让他们看到社会道德发展与认知发展同样重要。儿童的游戏提供了一个窗口,记录儿童在这些领域的进步,有助于教师在这些领域进行课程规划(如:DeVries & Zan,2012;Leong & Bodrova,2012;Levin,2003b)。

就游戏和评价与家长沟通:游戏是一个特别有价值的工具,教师可以通过它与家长沟通孩子的进步情况。游戏展示了他们的孩子对表情与幽默的个人喜好,例如,肖娜兴奋地对她的顾客说"花完了你再来取"。家长很乐意听到教师讨论他们在孩子游戏中观察到的内容,并解释自己的孩子通过游戏获得的学习与成长。

凯茜也寻找办法让儿童的游戏反映他们在家里获得的经验、交往风格以及他们表达自己想法的方式(Derman-Sparks & Edwards,2010;Espinosa,2010;Göncü,Jain,& Tuermer,2007;Nieto,2012)。凯茜与肖娜妈妈之间建立的信任、互惠关系是一个共同促进肖娜发展的很好的例子(Caspe,Seltzer,Kennedy,Cappio,& DeLorenzo,2013;Copple & Bredekamp,2009)。

凯茜和肖娜的妈妈认为肖娜对积木的兴趣以及她跟班级里的男孩子玩得很好,可能跟她在家中作为小妹妹与两个10多岁的哥哥一起生活的经历有关。凯茜继续说:"作为家中最小的孩子,她的情况类似于家中的独生子女——肖娜似乎在很多时间里都是自己一个人玩。尽管在班级里她有艾米丽和另外一个好朋友,但她还是经常去图书角或者玩具桌那里独自玩。我也认为她的家庭培养了她跟成人自然交往和交流的能力。就像她昨天跟你的互动那样,她常常能够让来到教室里的家长参与她的游戏。"

检验评价的目的

儿童发展评价是幼儿教育中的一个复杂而又涉及面广的问题。评价的首要目标是让教育者从专业的角度判断课程是否能够促进所有儿童的发展并使他们的生活受益。

大约20年前,一个由德高望重的幼儿教育者组成的政策小组——全美幼儿评价委员会(National Early Childhood Assessment Panel)明确了评价幼儿的四个主要目的(Shepard,Kagan,& Wurtz,1998a)。

- 了解儿童和教师之间的教学与学习过程。
- 识别哪些儿童需要特殊教育服务。
- 了解项目评价和教师发展的信息。
- 重点对学生、教师和学校进行问责。

前三个目的被普遍认为是为所有幼儿提供服务的高质量教育项目的重要目的。这些目的为以游戏为中心的课程评价提供了一个理性的环境（如：Copple & Bredekamp，2009）。当教育项目考虑到儿童的需要、能力和兴趣时，所有的儿童都会受益。前两个目的着重于在以游戏为中心的课程中改善教—学过程。第三个目的致力于满足项目评价和教师专业发展的需要，也与游戏有关，还能使教师—家庭的沟通持续进行而且目标明确。

形成问责制的方式未必会带来预期的改革。在《华盛顿邮报》（*Washington Post*）的一个观点栏目里，一位评价领域的重要学者迈泽尔斯（Meisels）写道，尽管他极力主张教学中的发展目标和期望，但是他并不支持对幼儿提出"过高"期望的 K—2 州共同核心学习标准，因为根据这个标准，很多孩子可能会被贴上"学业失败"的标签。迈泽尔斯解释说，一个主要的问题是标准与评价和课程并非联系在一起。"如果我们只有标准，那就好像只有一系列目的地，而没有（如何到达那里的）地图（Meisels，2011）。"从迈泽尔斯的观点看来，我们在沿着一条路旅行，其中课程和评价措施的部分变得越来越狭窄。

实际上，问责制常常是通过"高利害评价标准化测验"来实施的。这些测验可能对于一些当选的官员和学区来说很有吸引力，因为他们只需委托给他人实施测验且这些测验便于实施，花费还比较低（Miller, Linn, & Gronlund, 2013）。

高利害测验不适合 3—8 岁儿童，而且永远不适用于以游戏为

游戏展现了儿童在所有发展领域的进步

中心的课程和评价。事实上，全美幼儿评价委员会建议以高利害评价为特点的标准化测验应该被推迟，最好到四年级之后再进行。

NAEYC/NAECS/SDE 的立场声明——《早期学习标准：为成功创造条件》（2002）强调，"评价和问责体系应该用于改善教育实践和服务，而不应该用于排名、分类或者处罚幼儿（p.7）。"它还提出了关于实施高利害评价的关键问题（Seefeldt, 2005；Wien, 2004；Wortham, 2012）。2001 年出台的《不要让一个孩子掉队法案》和近期出台的"力争上游"教改方案中也鼓励使用高利害评价测验。

高利害评价标准化测验结果会如何影响儿童、家庭、教师和学校呢？幼儿从中

受益了吗？有些幼儿教育者、家庭成员和社区以及专业组织指出，高利害评价标准化测验实际上被用于给幼儿排名和惩罚幼儿（如：Meisels，2011；Ravitch，2010）。一个二年级教师莫里尔说道：

> 在我的学校，我们多数人都担心必须进行的测验的结果无法真实地反映多数学生的能力。我知道人们了解这个问题会如何影响我的一些学生，包括已经被识别为有特殊需要的学生和那些双语学习者。然而，有特殊需要但还达不到特殊需要服务标准的麦迪逊和安帕罗怎么办？……并且班上另外四分之一的学生可能已经处于压力之中，我确信这些会影响他们的测验。班上那些母亲已失业几个月的学生怎么办？那些父母要离婚的学生怎么办？那些因为刚进入一个寄养家庭而转到我们班的学生怎么办？下个月全校都要参加测验了。我问我自己："我怎么能再给这些孩子增加压力呢？"

来自多元文化背景的儿童的游戏和评价

人们特别担心对来自多元文化背景的儿童的评价仍然会充满歧视。在太多的情境中，评价导致过度鉴别和对来自多元文化、语言和背景的儿童的错误诊断，认为他们在语言或其他方面发展迟缓（Wortham，2012）。

古洛写了许多文章论述幼儿评价的问题，他强调，"为了得到有效的、可靠的评价结果，一定不要进行语言或者文化歧视。必须小心地选择评价工具和评价过程（Gullo，2006，p.144）。"

全美幼教协会的立场声明《幼儿英语学习者筛查与评价》（2005a）强调，对于所有的儿童来说，评价的核心目的是促进儿童的发展与学习，也就是说，评价需要使儿童受益。全美幼教协会强调，进行评价和解释时，教育者和家庭需要密切合作，确保评价结果得到实施。这需要教育者和家庭之间形成互惠性的、双向的伙伴关系。

> 帕米拉和本是一个农村学区的学前班教师，他们的班上有很多双语学习者。下面的采访显示了他们的游戏如何提供形成性评价的机会，令他们做出有洞见的课程决定，使之成为他们与父母对话的一部分内容。
>
> "我们上午更多的是进行小组指导游戏，"本解释说，"我们的重点是发展幼儿具体的技能，例如用押韵诗和歌曲培养儿童的语音意识，用谜语和模型培养幼儿对字母和数字的认识，但是我们也有60分钟的游戏时间。然后，幼儿自由选择学习内容。我们有许多机会进行积木建构、烹饪、绘画、黏土、

木偶以及在学前班中总是最受欢迎的'面包与黄油'戏剧表演等游戏。我们还提供像'泡泡'这样的单元项目活动内容,与社会、科学、数学、识字和艺术整合在一起来学习。"

帕米拉继续说:"自然进行的游戏与小组教学及评价,让我们既能集中关注也能自然了解到每一个孩子的信息。对于我们的学生来说,白天是双语学习者学习接受性语言和表达性语言的关键时间。我也认为让孩子们自己在游戏中创造和解决问题时风险更大。例如,盖里喜欢通过泡泡进行学习。他的热情鼓舞着他用一周的时间每天在家里和学校测量泡泡,并记录下它们的宽度。一个月之前,他还彻底拒绝书写任何数字的尝试——学习环境改变了一切!"

尼托(Nieto,2012)提醒我们,童年对于许多来自多元文化及少数族裔背景的儿童来说总是艰难的时光。近年来,由于学校和社区中的不平等和歧视,许多孩子的童年变得更加艰难。公平的评价实践可以从教育者开始。我们对自己的学生及其家庭了解多少?尼托建议教师从记住每个儿童的名字,并记住他们名字的拼写这样简单而又有效的行为开始。她强调教育者要花点时间进行家访,参加社区活动,与家庭建立深厚的关系。

尼托(2012)以及德曼-斯帕克斯和爱德华兹(Derman-Sparks & Edwards,2010)提醒我们所有人,意识到并面对我们自己的偏见与刻板印象是终生的过程。我们每个人都难以摆脱刻板印象。根据实证研究,冈库、贾因和图尔默(Göncü,Jain,& Tuermer,2007)指出,教师的观察和解释永远都无法避免偏见,但是却能反映教师的文化和阶层。教师需要进行自我反思,以防止他们利用自己的权力或身份来证实自己的观点即正确的解释。

洪(Hong,2011)根据她自己班级中的经验,讨论教育作为社会公正问题对双语学习者的影响。洪使反思的需要变得个性化,通过分享自己作为一个双语学步儿家长的经验,使教师—家长的伙伴关系的意义变得个性化。

洪的儿子跟自己的奶奶和爷爷讲韩语,跟父母讲英语。洪写道,他使用语言时很自信,很容易知道什么时候进行语码转换(p.132)。上学以后,他的老师(不会讲韩语)说他在学习说英语方面进步很快。洪感到很吃惊。回到家以后,她问儿子怎么跟老师交流。他告诉她,他跟老师交流的方式跟与爷爷奶奶讲韩语的方式一模一样。当她问他为什么不像跟她交流时那样直接跟老师讲英语,他简单地答道:"因为我不想"。(p.132)

在家里、社区和学校，家庭和幼儿在贫困、语言、移民身份、社会经济地位、家长服刑以及家长服兵役等方面遇到的挑战不同。例如，从2001年开始，美国几乎有100万的父亲或者母亲被派往伊拉克和阿富汗参战。很多幼儿家长都战死于疆场，还有更多的家长负伤回家。大约30%的返乡战士需要精神健康服务（Sammons & Batten，2008）。

家长被派去参战的整个过程对儿童的心理影响是显而易见的，这一过程包括行前、参战的第一个月、战争持续期间、参战的最后一个月以及参战回来或与家人团聚（参见：Pincus，Christensen，& Adler，2005）。到2008年为止，大约20%的家长至少被派去参战两次，其中约有一半的家长被派去参战三次或更多次（Glod，2008）。除了来自部队的援助，军人家庭也组织过自我支持组织，为军人家属提供资源、材料和建议。有些人写过他们面临的挑战。

在许多情况下，教师不了解一个孩子的家长被派去参战。下面的文章《家长被派往战场参战的幼儿》描述了米娅的老师克里斯蒂娜和米娅的妈妈卡伦如何共同努力支持米娅度过她爸爸即将从阿富汗返回的时光。

家庭多样性　家长被派往战场参战的幼儿

在整个4月里，3岁的米娅一直在跟她的同伴和老师说她爸爸要回来了，她有多么兴奋。她向每个人展示爸爸的照片。在她画的画里面有被心形图案覆盖着的非常高大的爸爸，旁边有她的妈妈、她的小弟弟婴儿山姆和她。她的老师克里斯蒂娜和她的妈妈卡伦几乎每天都有交流。

在米娅的美好期盼中，克里斯蒂娜分享着她的愉悦。然而，卡伦提醒她说爸爸最后返回的日期还没有定下来。卡伦解释说她和她家人的经历很常见。她对她和米娅的爸爸罗恩经常吵嘴一事感到难过。她描述米娅的行为："在家里，米娅在孤僻和黏人之间摇摆。她的老师告诉我说米娅在学校里似乎很生气，并且具有攻击性行为。"她告诉克里斯蒂娜，她对于接下来的几周感到焦虑，对米娅的行为特别担心。

第二天，卡伦送给克里斯蒂娜一些由军人家庭和心理学家撰写的材料，还有一篇由一个学步儿的妈妈塞利格曼（2009）写的报纸文章"一个丈夫，两个孩子，三个人参战"，并解释说这个故事跟米娅的经历相似。

这对于克里斯蒂娜来说是一个全新的话题。卡伦认为她们的关系足够牢固，能够分享她的焦虑并提醒她要更密切地注意米娅的行为，这一点使她感到宽慰。克里斯蒂娜对自己的知识欠缺感到尴尬，对卡伦向她提供关于幼儿的惯常表现以及军人被派参战及家庭团聚时的家庭该如何应对方面的知识表示感激。克里斯蒂娜在网上用关键词"年幼""儿童""参战的父母""战争"搜索，并从教育和心理机构找到一些资料分享给卡伦。

在卡伦的督促下，米娅的爸爸回来之前，学校安排了一位学校咨询师观察米娅两次，并跟她们母女两人见面交流。他们会进行更多的观察并在她丈夫回家后很快再跟她们交谈。同时，学校咨询师和学校心理学家将会与经验更加丰富的心理专家取得联系。

现在，经过十多年的战争，几乎没有关于美国家长参战对于幼儿身心健康状况的影响的实证研究。可悲的是，当那些被派去参战的父母在国民警卫队及预备役中时，对那些不住在基地的家庭来说常常无法获得由军事基地提供的心理和教育服务。

有特殊需要的儿童的游戏和评价

在项目中对幼儿进行评价的另一个目的是，对有特殊需要的儿童进行识别和干预。承认许多评价工具都有缺陷的事实导致越来越多的跨学科、以游戏为中心的幼儿特殊教育项目评价的实施（参见：Kelly-Vance & Ryalls，2005；Uren & Stagnitti，2009）。儿童游戏的评价提供了关于所有儿童发展的有价值的信息，以及教师认为对于进行适当的教学调整至关重要的儿童能力发展方面的实用信息。

  伊娃是一个有骨科残疾的大班儿童。她刚做了一个增加她身体稳定性的手术回到学校。在接下来的几个月里，她要使用轮椅。在她返校前的几天，伊娃的老师米琳达去看望了伊娃、她妈妈以及她姑姑，学校的特殊教育专家，同时也是伊娃的物理治疗师，以及职业治疗师，在她顺利返回到班级之前会确保一切调试工作完成。

  伊娃对自己的物理治疗师和职业治疗师能够与自己的老师会谈并到班级里来看望她感到非常兴奋。当她坐着轮椅在教室里转来转去的时候，她的妈妈对米琳达强调说伊娃使用轮椅非常熟练："她非常独立，也很善于交往。我们鼓励她并且尽可能地在后面支持她（让她自己去操作轮椅），这一点很重要。这一点对于我们来说也非常重要。"由于伊娃能够在课桌之间自由地挪动，职业治疗师认为需要做出调整。有些设施可以一次性固定，例如调整桌子的高度。这还涉及其他的检查，如确保通道不被占据。当米琳达谈论各种活动时，对每个人来说都很清楚，即尽管课桌被固定是为了能够使轮椅行驶，但是没有足够的桌面积木，画架周围也没有足够的空间。

  伊娃的姑姑询问户外活动时间的问题。伊娃回应了她的问题；她错过了跟伙伴在户外玩游戏的时间。当他们都到户外去玩的时候，伊娃指着坡道非常兴奋。多么友好的环境！他们已经替她想好了。

  特殊教育专家向他们保证，她会在伊娃返校的第一个早晨来到学校。第二周，在伊娃返校的前几天，在持续进行观察的时候，他们开会并为她制订了明确的教育目标，形成了详细的计划。

年龄适宜性发展评价与个体适宜性发展评价

在以游戏为中心的课程中，持续进行的、各种各样的、系统的观察和评价儿童游戏的方式，能使人获得关于儿童年龄适宜性发展并突出其个体优点、能力和需要的实证性信息。凯茜的幼儿园班级的案例表明教师如何进行有目的的、系统的评价，并获得所需要的，能使个体儿童、各组儿童以及全班儿童的发展和学习受益的重要信息。凯茜使用年龄适宜性评价（age-appropriate assessments），因为使用和解释它们的方式与该年龄儿童的特点和能力有关的发展理论、研究和实践相一致。凯茜还使用了个体适宜性评价（individually appropriate assessments），因为它们对儿童的文化、语言和家庭背景保持敏感性，并提供关于儿童的个人特质（例如，能力、特殊需要、性格和兴趣等）的有用的信息。全美幼教协会推荐使用这样的评价实践，如"对从出生到小学低年级的儿童的发展适宜性的有效评价"（Copple & Bredekamp，2009，p.22）。

凯茜使用的是"真实"评价，因为对儿童发展进行评价的内容和收集数据的方法与对幼儿园儿童发展的普遍期望相一致。真实性评价（authentic assessments）包括教师对儿童在特定年龄范围内典型发展阶段的知识的掌握，以及对评价过程本身促进学习和发展的认识（Shepard，Kagan，& Wurtz，1998b）。评价内容和评价策略真实度的标准是幼儿园和小学低年级评价中的一个关键要素（Copple & Bredekamp，2009；Hyson，2008；National Association for the Education of Young Children & National Association of Early Childhood Specialists in State Departments of Education，1991）。

评价概念和技能的发展

例如，凯茜和帕特检查了肖娜的评价档案，里面有从开学第一周开始肖娜从事自发的游戏和教师指导的游戏时教师手写的观察记录。他们也把肖娜三月份练习写的自己的名字与老师放在档案袋里的十月初写的名字进行对比，结果发现，她三月份书写的字母格式良好，字母间的空距安排适当，而十月份写的字母歪歪扭扭的，字母 S 写反了，后面还写了一些曲线。

帕特和凯茜查看了肖娜早期拼写单词的情况。十一月，她开始在娃娃家游戏的一个购物清单上画图、写字母；十二月和一月，她便随意地书写一些字母。她最近写的字，如在银行游戏中写的"CRTO（支出）"，表明她企图使用单词中起始和结束的辅音。"I lk wtrmln（I like watermelon）"是肖娜近期在班级的一个本子上写下的，老师要求幼儿在这个本子上写下自己最喜欢的字母表中的字母。

在认识几何图形和空间推理这个领域,凯茜收集了肖娜在积木区搭积木的照片,有些积木是与同伴一起搭建的,而有些则是肖娜自己独自搭建的。凯茜还向帕特展示了一个观察表(见表6.1),在这个表中,她记录了在儿童自发的游戏和教师指导的游戏中发生的逸事,并把它们与州幼儿园学习标准联系起来。

表 6.1 凯茜大班儿童的数概念和技能学习记录表

州核心标准	游戏	日期	环境
认识数字名称和数序	S 和 E 把树叶的模子印到沙子里,数到10,在检查结果的时候大笑起来。	9/27	户外——玩沙区
数数并说出物体的总数	为毛绒玩具摆放餐桌,摆放杯子和餐巾,会数 1—4。	11/6	娃娃家——独自游戏
比较数字	"我需要更多的积木;你的太多了。"	12/4	积木区——与男孩协商;"女孩们也需要积木!"
理解加法	"我还需要 2 美元才能凑到 10 美元。"	3/27	假装的银行——顾客角色

凯茜还保存了教师指导的和主导的游戏中的记录,例如在开学最初几个月中,当她随意地询问肖娜对数概念的理解时的情景:

在娃娃家,肖娜正在为4个毛绒玩具"吃早餐"而摆放餐桌。她让每个动物坐在餐桌旁的一把椅子上,然后分发餐巾。她每次从娃娃家的橱柜中拿取一块餐巾并把它放在一个动物面前,她在摆放勺子和叉子的时候也按照同样的流程,直到每个就餐者面前的餐具都摆放好。在与肖娜讨论完吃早餐的客人和菜单之后,凯茜问肖娜每种餐具(餐巾、勺子和杯子)各有几个。肖娜大声数出每种餐具的数量:"1—2—3—4。""4个、4个、4个,"她笑着说,"给我的4个朋友。"凯茜记录下了肖娜对数概念的理解程度,包括数到数字4时的一一对应能力。

后来,在一月份,凯茜的观察记录表明,当肖娜曾经为他们就餐小组的6位小朋友摆放过餐具。她认真地大声数着几个餐位,然后收集6块餐巾、6个杯子并把它们放在每个餐位上。

"在那三个月的时间里,有时肖娜学习数数并在头脑中把数量相等的一套餐具进行匹配。在十月份,当我发现许多幼儿刚开始建立起一一对应的概念后,我为他们设计了一系列教师指导的游戏活动。我为他们准备了干草、杯子、刷子和颜料盒等材料。我让孩子们帮我布置供他们游戏的区域，搞清楚他们对数数的理解达到了何种水平。我对游戏的观察帮助我设计了一个课程，它与儿童的需要相匹配，也能检验我的想法是否成功。"

精细动作技能的发展——使用剪刀：学前阶段是幼儿动作技能发展的关键时期。凯茜的年龄适宜性发展评价的内容既包括精细动作技能的发展，也包括粗大动作技能的发展。她收集了肖娜在一学年内使用剪刀剪纸的项目活动的作品。她记录了开学时肖娜试图使用剪刀时的情形，其特点是剪短直线，然后用剪刀剪下其余的部分。凯茜回顾了自己指导肖娜如何在每次剪完之后合上剪刀的刀刃，肖娜和一组朋友如何花费十一月中2周内的多数时间，用杂志上剪下的图片和碎纸片为人们制作拼图画。从那之后，肖娜的剪纸作品显示她剪出的流畅边缘以及对不同形状的控制能力。二月份的时候，她已经开始自如地剪圆形和心形了，接下来她使用折叠的方法剪出几个形状各异的图案，这与当年早些时间她的剪纸水平相比是一个巨大的进步。

记录年龄适宜性的社会性发展：到目前为止，凯茜和帕特根据她的作品集，以及通过观察记录反映出的肖娜在各个学科领域年龄适宜性的发展，讨论了肖娜各方面的发展情况。肖娜的这些概念的发展，正如用字母表征口头语言、一一对应和用积木表征空间关系一样，都是凯茜观察儿童各方面发展的重点内容。按照数序数数、使用剪刀以及写名字等技能，也属于凯茜对大班幼儿所期待的学习范围。更为重要的是，肖娜的记录表明从九月到四月，她一直在进步。

凯茜的观察记录和肖娜书写的样本也记录了肖娜与艾米丽的友谊的发展情况。尽管肖娜仍然选择每天花一些时间独自进行游戏，但是凯茜很高兴地看到她跟艾米丽之间亲密的友谊，因为凯茜发现大班儿童在一年内至少能与一位伙伴发展友谊这个典型性的特征。在把社会与情感标准整合进系统的评价工具方面，她所在的学区在该州领先于其他学区。表6.2列举了关于学习标准的一个案例。

凯茜感到肖娜同他人协商的能力通过她与艾米丽形成的密切关系而得到发展。例如，凯茜认为肖娜能够应对一群儿童占据超过他们所需的积木问题，是因为她感到她在为朋友也在为自己说话。凯茜还向帕特出示了肖娜写的带有图画和艾米丽的名字的字条。她回忆说肖娜有一天放学后去艾米丽家玩，回来后画出了她家的房子并骄傲地写出了她家的门牌号码。

表 6.2 凯茜大班的儿童在学习方法、社会和情感发展方面的课程标准

日期	课程标准	游戏观察	注释
9/14	儿童对冒险和产生自己的想法越来越感到自信。 儿童越来越能够坚持并完成各种任务、活动、项目。	山姆最终加入了积木游戏。"我能建造很好的车库！"	B
11/7	尽管有分心和被打扰的时候，但是儿童越来越有能力集中精力做事。 儿童的游戏中出现越来越复杂的场景。 儿童具有越来越强的自我意识，并对自己的性别、家庭、种族、文化和语言产生积极的情感。 儿童能够辨别各种情感和心情（对自己和他人）。	尽管有来自附近的追逐和营救游戏中的吵闹声和打扰，但是麦迪和琼继续在沙坑建造饭店。	麦迪 C； 琼 O
2/27	儿童换位思考的能力越来越强。 儿童在发展并保持友谊方面表现出进步。 儿童在多数时间里都能正常过渡并按照一日流程活动。 儿童有目的、安全地使用并爱惜材料，在成人的支持下满足自己的需要。	道格看到嘉里流眼泪时说："我认为她伤心是因为她爸爸远行了。"	C

B= 刚刚开始（Beginning）；O= 偶尔（Occasionally）；C= 持续不断（Consistently）

评价个体的发展

评价的第二个同样重要的方面是个体适宜性发展（Copple & Bredekamp，2009）。正如前面所讨论的，这个方面考虑的是儿童的才能和特殊需要，他们的文化、语言和家庭背景，以及个人特质（例如性格和兴趣）。教师经常本能地评价儿童个性、性格方面的发展，考虑与语言、文化和家庭背景有关的因素。不幸的是，因为这些因素没有出现在观察报告卡片上或者在"发展常模"表格中没有找到合适的位置，所以这些重要的个人发展信息可能不会成为书面记录的一部分内容，在支持学业目标方面被搁置在一边。

在凯茜的评价中，她认为应该在儿童的学习中加入学习品质（dispositions for learning）这一条，例如主动性、好奇心和合作能力。这些品质或者学习方式现在更多地被纳入关于3—8岁儿童的州和国家学习标准评价之中。凯茜还寻找让儿童的游戏反映他们在家里获得的经验、他们的交往风格，以及他们表达思想的方式（Bodrova & Leong，2007；Espinosa，2010；Genishi, Dyson & Russo，2011；Hughes，2003；Leong & Bodrova，2012；Wortham，2012）。

智力是多元的

霍华德·加德纳（2011a，2011b）拓展了"智力"的概念，使其超越于学校中常

见的、传统的纸—笔语言和数学评价。他指出，音乐、空间推理和个人表达的其他方面的能力常常被认为是特殊的"天赋"，而不是个体智力不可分割的一部分。加德纳提醒我们，多元智力在某种程度上体现在我们所有人身上。我们中的多数人都具备两种或三种能够形成我们独特的看待世界、表达自我的方式的智力。加德纳认为，教育者需要密切注意替代性的表达方式，以及学校标准化测验评价中强调的传统的语言和逻辑—数理智力。

加德纳还提出了存在于人们日常生活中的其他智力。其中的一种智力是音乐智力。音乐智力通过儿童自己哼唱或者唱歌表现出来。他们常常发现语言中声音的模式，例如押头韵，并对教室中的乐器、舞蹈和唱歌感兴趣。另一种智力是身体动觉智力。表现出此种智力的儿童非常活跃，常通过身体运动来表达自己的想法和情感。他们可能跳舞或者在房间里跳跃，在大肌肉活动方面的协调能力超过其实际年龄，对机械物体特别感兴趣，也很擅长操作。视觉—空间智力可见于对建构游戏非常感兴趣且建构能力强的儿童身上。他们的积木建构在设计上常常很复杂，例如对称、颜色和形状。他们的戏剧表演游戏的特点常常表现为使用物品表征游戏环境。他们可能对艺术非常感兴趣，会使用不同的媒介表达自己的想法。在前面列举的例子中，肖娜展示了一些与空间智力相关的学习品质。加德纳还假设了一种自然智力，其特点为对自然世界的特殊敏感能力。我们在那些热爱观察蜘蛛结网、鼠妇在花园中移动，热爱照料动植物的儿童身上能够看到这一智力。

加德纳（1993）还描述了教师在幼儿身上看到的个人智力。通过人际智力表达自我的儿童对他人的思想、情感和视角非常感兴趣，理解能力强。他们常常很善于社会交往，并被其他儿童和成年人喜爱。还有一些儿童可能展示出更多的内省智力。这些儿童的内省能力非常强，能够反思自己的思想和情感，并且常常能够探讨自己如何解决特定问题或者在某些情境中的感受如何。人际智力和内省智力与戈尔曼所提出并描绘的"情感素养"的概念有关（2011）。

人们以多种不同的方式建构自己的理解。既根据儿童活动的过程又根据他们活动的内容对他们的游戏进行认真观察，能为教师在这种有意义的多元框架内提供关于每个孩子发展的重要线索。案例研究，例如凯茜针对肖娜所收集的信息，就是全面评价的优秀案例。

一对一的互动为评价儿童的发展提供了机会

儿童需要对自己的学习进行反思：能够提供多种表征形式的各种评价方法的一个主要要素就是，提供机会让儿童对自己的学习和成长进行反思。全美幼教协会2009年的立场声明指出，这是发展适宜性实践中的一个关键要素（Copple & Bredekamp，2009，p.22）。

> 肖娜和艾米丽在建构游戏的各个阶段对银行照片进行分类，肖娜说："我们给柜员制作了名签，但是下一次我们必须制作一个标牌，告诉人们从哪里开始排队。"

本书中描述的许多儿童发起的项目活动，例如在本章开始部分描述的凯茜的"银行项目"以及其他章节中所举的例子（邮局以及小猪被盗等项目活动），都表明游戏和游戏表征在儿童反思自己的经历和学习中的核心作用。

游戏如何满足评价的需要

游戏是终极的"综合课程"。游戏为教师提供窗口，让他们看到儿童发展的各个方面，包括概念、技能、气质和情感。发展的各个方面，例如分类概念或者合作行为，让教师了解如何为他们精心安排更加复杂的游戏。

游戏在学习和发展的建构主义理论中起着特殊的作用。因此，它是评价儿童对自己经验理解程度的自然主义工具。游戏还提供被教师看重的，同时也在州和国家学习标准中出现的看待儿童的技能、概念和学习品质的多维视角。它帮助教师看到每一个儿童对这些概念的理解能力的发展及表达的无数种不同方式。

因为游戏对儿童发展至关重要，所以它对于我们评价满足所有儿童需要的儿童发展项目来说也非常关键。在幼儿教育界广泛进行着一种关于许多课程标准和水准的发展适宜性的讨论。这种讨论中的很大一部分被归结为对评价手段的讨论，除了这些标准本身，很多幼儿的能力是通过这些评价手段进行评价的。在一些情况下，以游戏为中心的课程和游戏评价能够增强课程标准的发展适宜性。

例如，大班儿童理解数字的一个能力"一一对应地数数"，就反映在凯茜的目标之中。但是每一个孩子理解数概念的方式都略有差异。约纳森数出为"狮子笼"搭建围栏时自己所需要的每一边的积木数量完全相同；肖娜在娃娃家摆放餐桌；艾米丽在为当天的画架绘画活动混合颜料的时候，按照一一对应的方式摆放画笔和颜料盒。

以游戏为中心的课程为评价提供了一种既舒适又具有挑战性的氛围。儿童拥有很多机会根据他们的表达方式和游戏伙伴进行选择。在一个为游戏而布置得很好的教室里，儿童会发现他们能够建构自己活动的熟悉的物品以及表达方式，这能让他们以自己最舒服的方式发现并解决问题。

如果评价对于教师促进儿童的发展和学习也很有用，那么它们必须是有效而可靠的。效度（validity）是指一个评价测量实际上所测量的维度的效果。在真实的情境中评价儿童的表现时效果最佳。例如，在儿童用积木和拼图画的材料进行建构的时候评价他们的空间推理能力是最合理的，而不是进行一次纸笔测试。

信度（reliability）是指评价结果一致性的程度。很难评价幼儿的行为，由于能量水平、自我调节的水平、聚焦的事物或兴趣不同，幼儿的行为每天都不一样。教师确保儿童使用熟悉的材料与同伴一起游戏，此时进行观察得到的结果能够增加评价的信度。按照这种方式，以游戏为中心的评价不同于仅仅在学年中发生一两次的评价——在这样的评价中，儿童面对不熟悉的材料、令人生畏的环境，并被期望按照学习标准所规定的那样进行表现。

> 在罗塞纳K—2的混龄多元文化小学低年级班级中，儿童开始玩一个假装的饭店游戏。这个游戏以"别忘了橄榄比萨饼店"开始，后来还增加了中餐。这一周，孩子们忙于制作一张大墙报，图文并茂地展示各种食物和搭配。在用橡皮泥按照张贴的一个食谱制作假装的比萨饼之后，马特和山姆还介绍了用橡皮泥制作的锅贴、米饭、面条。西莉亚、梅林和约翰在一边写下可供顾客选择的比萨饼有哪些，在另一边写下了中国食物，在背面写下了饮料和甜点。他们的老师帮助他们抄写，以便在顾客进入餐厅之后在彩色纸上涂色和绘画。安吉戴上厨师帽兴奋地说："每个人都能够看到墙上以及桌子上有什么！"

基于以上活动，罗塞纳可以计划非正式地评价一些课程标准：
- 大班儿童英语语言艺术标准，正如儿童为饭店制作的标识和菜单上所写的那样，"根据大班的阅读和学习内容判断或者学会那些不认识的以及有多重意思的单词和短语"。
- 大班儿童学习标准，正如上菜用的托盘中的食物那样以及在菜单中把食物归类那样，"按照属性对物品进行辨认、分类并归类"。
- 一年级学习标准，正如物理科学概念"物质以多种形态出现"那样，这一点在儿童按照食谱用橡皮泥制作食物时得到体现，"学习在混合、降温或者加热后物质的性质可能改变"。
- 大班儿童视觉和表演艺术标准，正如在餐桌垫、桌布、菜单和广告上画画那样，"用绘画表达家庭和邻里的生活"。
- 一年级学习标准"理解交换的概念，用钱购买食物和服务"以及"人们所从事的制造、运输和销售商品的特殊工作"等经济概念。这些在孩子们为开饭店而研究食物营养成分、价格以及假装的食物和饮料促销中都得到了例证。

以游戏为中心的评价的实施原则

本书的一个要点就是，在幼儿的游戏发展和认知发展以及社会情感功能之间存在相互的关系。因此，游戏在各种环境中的发展对于幼儿教育者来说至关重要。

教师在实施游戏评价时遇到的一个主要挑战就是，如何进行观察以及在能够促进儿童发展的同时尊重儿童，让其控制自己游戏权利的提问策略。一些教师和研究者提出了一些观察儿童的重要原则，包括：确认儿童的观点；注意儿童的行为和语言表达；通过反思面对一个问题时是让儿童自己做主还是培养他们对成人判断的依赖性，尊重儿童的意愿和自主性；提真实的问题；分别挑战每一个儿童的思维。

确认儿童的观点

当帕特发现肖娜还不会数到50的时候，她可能已经问过肖娜最多能数到多少。然而，帕特认为在那种情境下，打断肖娜的游戏进程去指导她数数或者让她去完成一个学习任务是不妥当的。在凯茜的逸事记录中，她提问肖娜勺子、杯子和餐巾的数量时表明这个提问没有打断肖娜的游戏。肖娜似乎很高兴能向她的教师解释："4个、4个、4个——给我的4个朋友。"

这一判断要求教师敏感，善于思考，拥有很多的策略，能够判断何时通过认真观察儿童进行评价，何时指导或者直接向儿童提问。在教师使用认真观察儿童游戏的方法时，他们对儿童如何思考和感觉的理解也加深了。通过观察儿童以及与其家庭的持续交流，教师对儿童的目的及其对世界的认识有了更深的理解。教师对班级里同伴文化如何影响学习有了更多的了解。

随着教师对儿童世界的理解，他们变得能越来越好地计划与儿童发展相关并适宜的课程。在教师指导的游戏经历中，教师在头脑中有一些具体的、预设的目标。

在教师指导的游戏情境中，他们可以通过精确地找出个体儿童和小组儿童发展和学习中存在的问题的方式评价儿童的发展。

认真注意儿童的行为和语言表达

在向儿童提出跟他们的游戏有关的问题时，另一个重要原则是认真注意儿童的行为和语言表达（Wasserman，2000）。这包括进行目光接触、降低身体的高度跟孩子的身高保持一致，或者靠近儿童，近到足以听到那些说话轻声细语的儿童的声音。"认真注意"还意味着在儿童的行为、音高或者音调中体会细微的差别。例如，许多幼儿在玩东西的时候会说话，有时候是一边操作一边自言自语。

尊重儿童的意愿和自主性：最根本的方式（尊重儿童）意味着不对儿童的游戏行为或者游戏作品做出判断（Wasserman，2000）。尊重表现在教师决定不采用向儿童提问的形式，而是巧妙地或者悄悄地提供一个儿童可能会使用的新物体或者材料，并看看他会用它做什么。这是第5章我们探讨的为儿童精心安排游戏之中的"艺术家的学徒"策略中的一部分。

反思面对一个问题时是让儿童自己做主，还是培养他们对成人判断的依赖性

如果教师判断向儿童提问不会冒犯他们，那么第三个需要考虑的要素就出现了：成人的这个问题让儿童自己做主了吗，还是在培养儿童对成人判断的依赖性？例如，如果帕特当时提出教肖娜数到50，而不是接受肖娜提出的10美元的替代性方案，那么帕特可能已经传达了自己作为成人的知识在那种情境之中是唯一的替代性方案。另一方面，帕特可能已经感到肖娜急于表现自己会数数的能力，并问肖娜："你最多能数到多少？"以此方式，她会邀请肖娜展示自己机械数数的能力。相反，帕特选择了接受肖娜数到10美元的建议，相信自己教给她数到50的做法会打断肖娜游戏的进程。

提真实的问题：佩利（1981）强调教师所提的问题需要对儿童如何思考自己的经验表现出真实的好奇心。她写道，她从来不问那些自己已经知道答案的问题。这从本质上来说不同于探明儿童是否知道老师所知道的事情。其中的挑战在于这样的提问没有把教师的知识告诉儿童，而是客观地、不加判断地去观察儿童用于解释自己环境的过程。此外，很多教育者注意到儿童经常对教师提出的答案显而易见的问题（例如"这根草是什么颜色的？"）感到困惑。对儿童的想法和视角真正感兴趣是更尊

重他们也更有意义的提问方法。

成功地评价儿童在游戏中的发展很大程度上取决于在头脑中牢记这些原则。当我们倾听儿童并对他们的目的和意义持开放态度的时候，作为教师的我们就转变了观念。

在游戏中分别挑战每一个儿童的思维：其他的提问策略能够挑战儿童，让他们分析游戏或者对游戏产生假想。让儿童预测、口头表达或者画出自己的游戏计划或者说明他们的想法如何能够被检验等，这些都是挑战儿童、扩展他们思维的提问方式。例如，可以问儿童："你还有没有别的办法做这件事？""如果你让狮子从笼子里出来，你认为它会做什么？""你认为你能用颜料再调出相同的颜色吗？"

环境是评价儿童在游戏中表达的观点的另一个维度。在第5章论述的精心安排游戏的匹配策略的延伸中，教师可能会明智地考虑如何安排个体、小组和整个的集体游戏环境。教师可以根据小组项目学习和固定的游戏小组来评价有特殊需要的儿童的发展，以及他们的同龄人的典型性发展特征。

收集与组织信息的策略

在凯茜的班级里，我们能够明显看到她系统地收集儿童发展信息的一些策略。

观察记录

首要的也是最基本的策略是，认真观察并记录儿童自发的游戏和教师指导的游戏。凯茜说她每天在游戏和项目活动时找出一两个儿童进行观察。她用便利贴或者不干胶便签纸记录自己的想法，然后在放学后再完成自己的笔记。她说，她发现每天最多观察三个幼儿会使这项任务做起来容易一些。她还说，她能够很快地把关于每个孩子的笔记整理在一起，然后将每日进行观察的结果誊写在表格里面（见表6.1和表6.3）。

其他教师只是把他们用便利贴和不干胶便签纸记录的笔记贴在一张纸上，放在儿童的档案袋里，但是凯茜说，她更喜欢边写笔记边进行观察记录。"然后，我能够看到一个孩子把自己的多数时间都花在了哪里。我还能够看出自己是否真正地描绘了一个儿童的活动或者我的观察是否注意面太窄了。例如，几天前我看了看马里奥的表格，发现我对他所有的观察几乎都是他在户外攀爬架与同一组儿童游戏时进行的。我必须努力找到他独自游戏的时机并记录他的游戏。"

表 6.3　凯茜所在的大班儿童开始书写时的检核清单

日期	观察到的行为	评价	评论与游戏环境
9/14	涂鸦式书写或者类似于字母的书写	刚开始＿＿ 持续＿×＿	凯拉握着一支笔，画了一排圆圈。"这是我写的字母！"
	描述书写的内容	刚开始＿＿ 持续＿＿	
	会写一串字母	刚开始＿＿ 持续＿＿	
12/5	从左向右书写	刚开始＿＿ 持续＿×＿	凯拉开始在卡片的左面书写"生日快乐"。
	知道写和画之间的差别	刚开始＿＿ 持续＿＿	
	"读"图	刚开始＿＿ 持续＿＿	
12/3	根据画说明如何"艺术地安排"文字	刚开始＿＿ 持续＿×＿	凯拉指着自己画的图像说："把太阳写在这里，然后写月亮，因为这是晚上。"
	口述故事	刚开始＿＿ 持续＿＿	
	抄写名字	刚开始＿＿ 持续＿＿	
10/7	会写名字和姓	刚开始＿＿ 持续＿×＿	凯拉反着写了自己的名字。
	抄写单词而不是姓名	刚开始＿×＿ 持续＿＿	
12/5	独立书写	刚开始＿＿ 持续＿×＿	凯拉开始假装在明信片上书写"生日快乐"。
12/18	会使用大写和小写字母	刚开始＿×＿ 持续＿＿	凯拉问："Mom 中是大写的 M，还是小写的 m？"
	会对书写进行空间排列	刚开始＿×＿ 持续＿＿	
	在书写中会使用起始和结束的辅音字母	刚开始＿＿ 持续＿＿	
	自己发明拼写	刚开始＿＿ 持续＿＿	

收集儿童信息的另一个策略是通过教师发起并指导的游戏经验观察儿童。在安妮塔一年级的教室里，她经常在一个活动区设置一个商店的场景。她常常是一个参与者，也是观察者，注意着儿童数钱及对钱数的理解。在活动中心投放许多树叶和岩石以便孩子们进行分类，或者放置各种物体和一盆水供孩子们探索，这种环境的创设为教师观察孩子们的游戏并与他们交谈以了解他们的思维活动提供了机会。

检核清单

通过游戏评价儿童发展的另一个有效策略是检核清单。检核清单可以包括早期书写的各个阶段（见表6.3）或者社会性戏剧表演游戏、问题解决、积木建构或者合作性小组游戏的各个阶段。一个评价幼儿多方面发展的综合性检核清单是迈泽尔斯及其同事共同开发的"工作样本系统"（Work Sampling System）（Meisels，Marsden，

Jablon, & Dichtelmiller, 2013; Meisels, Xue, & Shamblott, 2008)。

检核清单具有能够让教师"快速"得到关于儿童个体和小组发展各阶段反馈的优点。例如，如果看一看大班儿童积木游戏各阶段发展的检核清单，教师会注意到许多儿童不是在建构精美的结构，她可能会考虑采用一些干预策略。从较为间接的策略开始，她可能会为一些能够使儿童的积木表征能力达到更复杂水平的新游戏主题引入一些游戏辅助材料盒。检核清单还能够帮助从一系列儿童游戏录像中提炼信息，指导教师把大量的信息变得简洁明了。

许多教师把检核清单与儿童作品档案袋和观察结果结合起来使用。检核清单有一个缺点，那就是在观察时能够给予教师关于儿童游戏背景或细节的信息太少。仅仅标出观察阶段和观察日期对于广义的发展测量来说是有用的，但是这样做缺乏观察、视频和档案袋评价所能提供的丰富的细节。

在马克一年级的班级里，他每3个月从儿童档案袋中提取观察记录和材料，并书面总结检核清单所呈现的儿童所处的发展阶段。他用此方法让自己了解每个儿童详细的成长情况，以及全班儿童进步的情况，确保自己在班级里收集到能够代表每个儿童经验的作品。

档案袋

教师可以在各个阶段的教育中使用档案袋评价。教师可以持续收集儿童"作品"的样本并放在档案袋中。但是，这些作品常常是儿童从黑板上抄写的一些句子、临摹自教师的一件艺术作品或者所做的数学作业本上的一些运算题。

一位幼儿园教师每月举办一次艺术展。她让儿童挑选出自己想展出并放在档案袋里的一件艺术作品。

> 汤米一家在暑假里接待了一个日本交换生。汤米的父亲是一个中国人，汤米最近对汉语和日语的书写形式开始产生兴趣。汤米对日本学生送给他的礼物盒子上的日语文字以及日本学生为他做出的翻译印象深刻。汤米假装"写日语"这件事的明显标记是他也假装写"英语"。他的老师收集了他给她"读"日语的片段。他按照听到的声音用类似自己语言中的声音去读那些日语符号，然后为老师翻译成英语。

以此方式，儿童目前的档案袋反映了更多儿童的学习和发展以及自我评价过程（Laski, 2013; Smith, 2000; Strickland & Strickland, 2000; Wortham, 2012）。例如，

儿童为档案袋选择自己的语言和识字样本，还放入草稿，以及自己最终的书写和绘画学习项目中的内容。

档案记录板和评价

教师可以在项目活动过程中拍摄照片。他们可以和儿童一起写一些说明、不断出现的问题和见解。例如，在格雷塔的二年级班级中，"项目活动时间"就是小组进行的持续几天或几周的项目活动。

> 作为社会学习中重点关注过去、现在和未来的工具及发明的一部分内容，一组儿童设计了一系列完整的机器人。他们创造了能够提供软饮料的"X-100型号"的机器人、能够清理整个房间的"X-500型号"的机器人。孩子们为自己的机器人系列产品制作了一批促销手册，格雷塔帮助他们拍摄视频，记录展示他们产品的假装的电视商业广告。随着项目活动的发展，她记录了这一建构过程，保留了促销手册和电视商业广告的草稿。
>
> 随着时间的推移，索尼娅显然已经成为小组里面崭露头角的工程师，她每天都为机器人的功能和零件提出新建议。毛里西奥认真地写着字母，并在小册子上画着图。新近从墨西哥搬来的一个孩子里拉不愿意讲英语，却在他们那个用英语和西班牙语呈现的商业广告中担任明星。这一项目活动突出了二年级的社会学习内容、格雷塔学区的技术以及英语语言艺术领域州共同核心标准。

档案评价的一个重要特点是为儿童提供了重新回顾自己的经验并能够以新方式详细说明自己的游戏的机会。档案评价还提供了针对以游戏为中心的课程及其对儿童的影响与家庭进行沟通的有力方式。

档案评价被意大利瑞吉欧·艾米利亚的早期教育者以及许多受到该教育方式启发的国际教育者详细描述过。这方面的著作可参见：Edwards & Rinaldi，2009；Edwards，Gandini，& Forman，1993；Gandini，Hill，Cadwell，& Schwall，2005；Helm & Beneke，2003；Vecchi，2010；Wien，2008；Wurm，2005。

视频

> 理查德在农村地区教一个学前班和小学一年级合班的班级。班上许多孩子的家长在附近的电子工厂上班。理查德学校的家长小组一年前购买了

一台便携式摄像机。理查德用摄像机拍摄儿童自由选择游戏时间的活动，偶尔也拍摄他们在大组教学中的讨论活动。有时候，理查德把摄像机固定在班级特定区域的三脚架上，让它自己拍摄。以此方式，他能够看到随着时间推移一个游戏学习项目中发生的事情。

他回顾说，他们班上来了两个没有上过幼儿园，跟其他孩子接触也不多的男孩。两个男孩都在社会交往策略上能力有限，他们两个几乎每天都选择在积木区的角落里玩。理查德在两个月的时间里定期拍摄他们的活动，用录像带记录了他们从拿起积木并大喊"我的"到合作建构游戏这一进步过程。

理查德也常常在娃娃家拍摄孩子们做游戏。他班上的某些孩子是讲韩语的双语学习者。因为理查德不懂韩语，所以他常常发现一些孩子的戏剧表演游戏中的内容顺序令他感到困惑不解。有了摄像机作为工具，他就能够记录游戏的顺序，然后播放给会讲韩语的同事看，以帮助他判断他所拍摄的游戏内容以及儿童发展的水平。

"让摄像机自动摄像"也是理查德使用的一个用于评价自己班级里处于"游戏外围的儿童"所发生的事情的策略，也是一个进行相应课程规划的策略。他观察并反思摄像机所拍摄的内容。他常常邀请儿童观看一些摄像内容并解决它们所揭示的问题。例如，理查德注意到有些积木和操作性游戏辅助材料被儿童使用的频率并不高。录像带还显示儿童拿取和放回材料时似乎很费劲。全班一起观看了录像带，有些儿童边看边解释自己遇到的挫折。他们用头脑风暴的形式说出了以后储存材料时可以使用的新方式。

采访

理查德开发的另一个评价技术是采访儿童。他手持摄像机在教室里循环拍摄，让儿童解释自己的建构游戏项目、科学实验或者戏剧表演游戏。

在一次游戏期间，朱安和理查德用西班牙语交谈的时候，描述了自己用古氏积木棒搭建的三层高的房子。在娃娃家，一组儿童开了一家饭店，并为理查德点了意大利面，用自己发明的拼写方式把他点的菜写在一个带有夹子的写字板上。

理查德记录了儿童在游戏各个阶段中的情形。理查德的视频显示阿曼达和杰瑞在制作"魔法药水"时坚持了45分钟，每次被采访时他们都骄傲地列举了他们最新的配方成分。

他拍摄到朱安和马蒂在1小时前就积木游戏进行的争论，然后又回到过了相当久之后两个微笑的男孩从一个积木建造物中向外张望的情景。理查德问："你们想建造一个消防站，还想建造一个办公室。你们最后到底决定建造什么？"马蒂宣布说："一个警察局。"然后，他们骄傲地炫耀他们放在桌子上"供人们拨打报警电话的时候使用"的电话。

评价游戏的其他模式和工具

除了上述讨论的评价策略，幼儿教育者可以了解一下许多开发出来用于评价游戏的工具。有一些评价工具"独立存在"，也就是说，它们与特定的课程没有关系。作为实施明确的幼儿课程的一部分，其他评价方式的直接目的就是帮助教师评价儿童的发展和学习。

即使所有的幼儿教育者不去运用某一种特定的评价模式，他们熟悉不同的评价工具也是很有帮助的。我们提醒教师不要采取"混搭"的方式进行评价。课程模式在哲学和目标上是不同的，在儿童发展和学习的评价方面也不同。不同的教育模式和幼儿照料方式都是基于儿童是如何发展的、他们是如何学习的以及他们应该

教师可能会评价儿童的主动性、好奇心、合作等学习品质

学什么等不同的信念而设计的。这会导致课程中的游戏侧重点之间的差异，以及自发的游戏、教师指导的游戏和教师主导的游戏之间的平衡问题。

游戏对于许多幼儿课程模式来说都很关键。多数课程模式都包含儿童自发的游戏、教师指导的游戏和教师计划的活动的机会，以及用于直接教学的时间。因此，许多项目评价都基于或者包括游戏评价。

正式的、标准化的游戏评价与为特定课程开发的、适宜于各种项目和具体评价的非正式评价方法相反。这些正式评价工具被开发出来，供接受过培训的教育者和心理学家以标准化的形式在具体的幼儿人群中使用，其评价结果以特殊的方式被加以解释并形成报告。

下面的例子展示了用于评价假装游戏的评价方式：

- 斯米兰斯基（1968）开发了一套至今还在使用的、评价幼儿社会性戏剧表演游戏的系统。社会性戏剧表演游戏似乎存在于多种环境中，例如娃娃家、攀爬架附近、沙箱附近或者积木区。在这些环境中，标志着社会、语言和认知复杂性的社会性戏剧表演游戏是评价的重点。斯米兰斯基评价游戏复杂性的评价体系的六个方面分别为假装的角色、假装的道具、假装的情节、持久性、社会互动以及口头交流。在对幼儿复杂的社会性戏剧表演游戏进行的有效测评中包含所有这些方面。儿童游戏发展的复杂性可以追溯于观察记录或儿童进行戏剧表演游戏的录像。

- 在雷诺兹和琼斯（Reynolds & Jones，2011）关于"表演大师"的作品中，呈现了一个评价复杂游戏的有用的模式。他们报告说，善于与他人玩假想游戏的儿童能够有效地应对社会约束，在他们的互动中能够表现出相互性，能够为游戏增加新的要素，并且能够看出游戏的模式或者能够为自己或他人建构游戏。

- 佩恩同伴游戏互动量表（Penn Interactive Peer Play Scale，PIPPS）是一个教师评价儿童在游戏中的互动交往技能和社会能力的国际通用量表（Fantuzzo，Sutton-Smith，Coolahan，Manz，Canning，& Debnam，1995）。PIPPS能够指导教师辨别儿童使用的共同维持游戏的技巧。它包括积极游戏互动的描述符号，例如分享想法、领导力、帮助他人以及包容性行为。游戏中消极的或者破坏性的描述符号包括开始打架或者争吵、拒绝分享或者轮流、身体或者口头攻击。在游戏中被贴上"无关"标签的第三个因素的行为特点是在游戏中的不参与行为，像动物那样漫无目的地闲逛或者拒绝别人参加游戏的邀请。

- 博德罗娃和莱昂（Bodrova & Leong，2007；Leong & Bodrova，2012）指出，现在来自各种背景的很多儿童都没有学会如何玩游戏。因此，应该在幼儿教育项目中明确地教给幼儿如何玩游戏。他们开发的课程"思维的工具"（Tools of the Mind）强调了假想游戏在学习和发展中的重要性。持续进行的评价儿童假想游戏的策略主要集中在以下几个方面：儿童怎样制订游戏计划；持续进行游戏；假想角色；使用道具；使用语言；有证据证明自己有能力保持并随着时间的推移而对游戏主题做出贡献。

使用以游戏为中心的评价促进以游戏为中心的课程

以游戏为中心的评价为每个儿童的发展和学习提供了实证性的证据。对儿童游戏的观察、所拍摄的照片以及儿童作品的样本之所以能够把教师和家庭联系起来,是因为这些评价方式使用的是每个人都能够理解的"语言"。儿童游戏的评价有助于促进以游戏为中心的课程,因为它使家庭意识到教师对他们的孩子真正感兴趣,并且致力于促进孩子的学习。

家长乐于了解与自己孩子的进步和发展有关的内容。教师会采用百分位数对儿童的学习评价进行总结,这种方式是脱离真实世界的,家长认为这样的"教师话语"对他们是一种敷衍,根本不能满足他们了解孩子的学习状况的要求。即使家长意识到教师真的是为了孩子身心的良好状况而付出努力,这种做法也会带来难以跨越的鸿沟。教师报告说,当家长能够看见孩子的进步或者困难所在时,他们就会理解并支持以游戏为中心的课程。

> 理查德发现针对儿童行为的录像有助于发展家长与教师之间的信任关系,并能够促进以游戏为中心的课程。有一次,理查德认为莫林是一个需要特殊教育帮助的孩子,而她的父母拒绝相信他们的女儿需要进行进一步的评价。理查德记录了莫林在小组活动中的行为,当时她需要一直拉着理查德,这个证据很明显。他记录了莫林与其他儿童一起游戏时的情景,她经常猛烈地攻击或打别的孩子。因为莫林是家里的独生女,而且家住农村社区的边缘地带,她几乎没有游戏伙伴,所以她的家长几乎没有机会把自己女儿的行为与其他同龄儿童的行为进行比较。录像帮助理查德和莫林的家长与学校的心理学家一起合作,共同制订一个对莫林进行特殊教育评价的计划。接下来的录像帮助他们一起制定有助于缓解莫林与其他儿童关系的策略。

教师们发现,如果家庭参与到评价的过程中来,那么有些儿童会感到更舒服,不情愿参与的情况也较少。当他们成为有些评价中不可分割的一部分时,家庭成员就能够引导、帮助孩子做出反应或者在现实中帮助孩子。

以游戏为中心的评价给家庭成员一个观察所有孩子而不仅仅是特别观察自己孩子的机会,以及观察整个课程的机会。

每年,理查德把儿童的活动和进步情况的录像片段进行两次编辑整理。

在秋天的"返校夜"（Back to School Night）活动中，他播放了教室里典型的一天中发生的事情。他会在某些地方暂停，向家长解释儿童在这些活动中能够得到什么样的发展和学习。在春天的"开放日"活动中，理查德播放了他在录像带中捕捉到的儿童进行积木建构、戏剧表演、故事表演、科学实验以及其他事件和项目活动的录像片段，他还为录像带配了解说，说明这些片段如何能够提供有关儿童发展的证据。他从一年里班级生活的录像中选取片段，为儿童及其家庭制作了一个"年鉴"的录像，这样儿童就可以保留一份在幼儿园中的经历、发展和学业成绩的永久记录。

评价是课程的一个有目的的维度。使用以游戏为中心的评价能够为家庭创造条件，理解并促进以游戏为中心的项目活动。

正如理查德的"年鉴"所显示的，时间观念是对所有评价都很关键的问题。儿童需要时间在教室里活动，发展与他人的关系、能力和性情，发展作为学习者和意义制造者的自我概念——这就是儿童迟早都要表现出来的普遍存在的压力中缺少的要素。正如阿尔米（Almy，2000）所倡导的那样，生活在儿童周围的成人是需要对儿童负责的人。一起合作能够确保儿童确实有时间玩游戏，并且在21世纪享受童年。

小　　结

在本章，我们探讨了通过游戏情节让教师了解评价儿童进步的一些方式。游戏提供了信息，指导教师进行规划，它也是一种评价小组儿童及个体儿童进步的手段。游戏评价是教师评价课程规划是否成功的一种手段，可以据此判断儿童能否学会课程中嵌入的概念和技能，并在自己的游戏中使用这些概念和技能。以游戏为中心的评价适合应用于所有儿童身上，用它评价有特殊需要的儿童和进行双语学习的儿童的发展可能更有优势。

- 儿童游戏评价的特点。以游戏为中心的评价为作为通过游戏表达自己对世界独特观点的个体的"全面发展的儿童"绘制了一幅肖像。"银行"游戏的案例展现了教师对儿童自发的游戏的观察如何显示出儿童发展和学习的多个方面。
  - 以游戏为中心的评价的一个关键特点是它培养了积极的家校合作关系。以游戏为中心的评价为教师提供了积极的、明确的教师与家庭就儿童发展进行沟通的模式。

- 以游戏为中心的评价为儿童的年龄适宜性发展提供了信息。年龄适宜性评价的特点是，收集儿童进步的数据内容和方法都要与对特定年龄范围内的有代表性的儿童发展和学习的普遍期待相一致。"银行"游戏的案例展示了教师对儿童游戏的记录如何能够提供关于儿童能力、概念和技能（如数学、精细动作技能、社会和情感发展）的持续性的、历时性的发展记录。
- 评价的另一个重要方面是个体适宜性发展。这个方面要考虑：儿童的才能和特殊需要；他们的文化、语言和家庭背景；他们的个人特质，例如学习品质、性情、兴趣；每个儿童所具备的理解社会和物质世界的多元智能。

■ **检验评价的目的**。儿童发展评价是幼儿教育中的一个复杂而又涉及面广的问题。以游戏为中心的课程的评价目标是支持来自各种背景、具有各种能力的所有儿童，让教育者用专业判断做出使儿童的生活受益的教育决策。幼儿教育者一致同意，随着时间的推移需要进行多元化评价。

①了解关于儿童的教学——学习过程、他们的家庭以及他们的老师。
②识别哪些儿童需要特殊教育服务，哪些儿童来自多元文化背景的家庭并需要相应的服务。
③了解项目评价和教师专业发展。

- 此外，多数幼儿教育者都一致认为，单一的高利害测验评价方式不适合8岁以下的儿童，不能用作做出教育决定的唯一判断依据。
- 多数幼儿教育项目现在都需要根据州和国家课程标准来评价儿童的学习，包括数学和英语语言艺术领域州共同核心标准。我们建议幼儿教育者首先评价一个特定的标准或者学习期望在自己的教育项目中是否具有年龄适宜性和个体适宜性。如果是，那么建议教师使用多种以游戏为中心的评价方式，增强该标准的发展适宜性、效度和信度。

■ **来自多元文化背景的儿童的游戏和评价**。人们担心对来自多元文化背景的儿童的评价仍然充满偏见。

- 在太多的情况下，对来自多元文化、语言和背景的儿童的评价会导致过分鉴别，并把他们错误地诊断为具有语言或者其他发展迟缓问题的儿童（Wortham，2012）。因此，教育者和家庭中的成年人以伙伴关系进行合作至关重要。当使用正式的评价工具和评价程序时，他们必须特别小心地进行选择，以确保评价的有效性。
- 以游戏为中心的评价特别适合观察那些投入到自己选择的活动中的儿童，

以及当他们的活动作品成为评价不可分割的一部分时的情况。

- **有特殊需要的儿童的游戏和评价**。在教育项目中评价幼儿的另一个目的是识别并为有特殊需要的儿童制订教育计划。许多评价工具的限制导致在幼儿特殊教育项目中增加了跨学科的、以游戏为中心的评价。儿童游戏的评价提供了关于所有儿童发展的有价值的信息,以及教师认为对于进行适当的教学调整至关重要的儿童能力发展方面的实用信息。

- **年龄适宜性发展评价与个体适宜性发展评价**。有目的的、系统的评价能够提供使个体儿童、小组儿童和全班儿童的发展和学习受益的重要信息。当进行某种评价并解释评价结果时,如果使用的方式与该年龄儿童的特点和能力的发展理论、研究和实践相一致,那么这种评价是具有年龄适宜性的;当某种评价对儿童的文化、语言和家庭背景保持敏感性,并提供关于儿童的个人特质(例如,能力、特殊需要、性格和兴趣等)的有用的信息时,那么这种评价是具有个体适宜性的。

- **游戏如何满足评价的需要**。游戏在有关学习和发展的建构主义理论中起着重要的作用。因此,游戏自然而然是一种评价儿童的理解力的工具。游戏还提供了一个看待教师所重视的并被列入课程标准之中的技能、概念和学习品质的多维视角。它帮助教师看到儿童个体对这些概念的理解和表达的多种不同方式。

  - 评价要想有用,就必须有效而且可信。最好在儿童熟悉的环境中,在他们处于活跃、投入状态时对他们进行评价,例如使用积木建构一个空间。

- **以游戏为中心的评价的实施原则**。幼儿教育者遇到的主要挑战就是实施能够说明儿童发展状况的评价,同时尊重儿童,让他们控制自己的游戏。主要的原则包括:
  ①确认儿童的观点。
  ②认真注意儿童的行为和语言表达。
  ③尊重儿童的意愿和自主性。
  ④考虑面对成人的问题时是让儿童自己做主还是培养他们对成人判断的依赖性。
  ⑤提真实的问题(即,成人并不知道答案的问题)。
  ⑥挑战儿童在游戏中的思维,以便他们能够表现出更高的认知和创造力水平。

- **收集与组织信息的策略**。我们描述了多种评价策略,包括观察记录、检核清单、儿童作品档案袋、档案记录板和评价、视频以及采访。我们还讨论了为评价游戏而设计的特殊工具以及为实施特定的幼儿课程而开发的评价模式。

- 使用以游戏为中心的评价促进以游戏为中心的课程。儿童游戏的评价有助于促进以游戏为中心的课程,因为家长会意识到教师是真的对他们的孩子感兴趣并努力支持他们的孩子学习。以游戏为中心的评价提供了儿童发展和学习的实证性证据。对儿童游戏的观察和所拍摄的照片以及儿童创作的作品能够使教师和家庭的联系更加紧密,因为这些评价使用的是每个人都能够理解的"语言"。教师报告说,当家长能够看到自己孩子的进步或者遇到的困难时,他们就会更加理解并支持孩子学习以游戏为中心的课程。

我们的观点是,以游戏为中心的课程是一种能为儿童提供发展与学习机会的方式,这种方式在儿童进入学校后以其能力和兴趣为指引。认真的观察、精心的安排以及各种环境中的儿童游戏文档,为传统学校中更正式的学科领域(例如数学、识字、科学、社会学习以及艺术)的教学奠定了基础。

使用标准化测验评价幼儿时问题很突出。我们把这些评价与在教室里的幼儿自发游戏的背景下对其进行的评价做了对比。以游戏为中心的评价启发教师思考超越传统的评价幼儿的手段,记录儿童的兴趣和性情以及在儿童全部行为的范围内所显示出来的能力,包括游戏的能力。

知 识 应 用

1. 讨论评价儿童游戏的几个关键特点并解释下列术语的含义:基于表现的评价、年龄适宜性发展、个体适宜性发展。
    a. 在某个幼儿教育项目环境中观察一个幼儿15~30分钟,写一篇详细的观察记录。
    b. 描述你写的观察记录如何显示该幼儿发展的各个方面。如果你是该幼儿的教师,你还有什么问题要问并计划获取其他哪些评价信息?
    c. 如果你不能在幼儿教育环境中观察一个幼儿,那就从第1章和第12章中选择一个案例来进行研究。
2. 检视适宜幼儿教育项目的评价目的以及高利害评价的危险之处。
    a. 解释高利害评价是什么意思,说明为什么主要根据单一的评价做出教育判断是不恰当的做法。
    b. 在当地的一个幼儿教育项目中采访一位教师并且描述他在针对个体幼儿以

及全班幼儿做出教育决策时所使用的评价手段。
3. 讨论对来自多元文化家庭及背景的儿童使用以游戏为中心的评价的益处。
   a. 观察一名进行双语学习的儿童15~20分钟，写一篇游戏观察记录。确保你不要对其行为做出解释。
   b. 写一篇关于评价进行双语学习的幼儿或者美国移民幼儿的书籍或者文章的读书报告。
4. 讨论对有特殊需要的儿童使用以游戏为中心的评价的益处。
   a. 阅读一篇描述适合有特殊需要的幼儿的以游戏为中心的评价的期刊文章，并写一篇阅读报告。
5. 讨论以游戏为中心的项目如何能够为教师提供许多的机会，实施既具有年龄适宜性又具有个体适宜性的真实性评价。评价要参考儿童发展的各个方面，例如，认知、语言、社会情感和生理以及学习品质。
   a. 年龄适宜性发展与个体适宜性发展之间的区别是什么？
   b. 加德纳扩大了智力的概念范围并且强调每个人都表现出多方面的发展。以你自己为例，说明加德纳所描述的多元智力理论。反思自己的游戏，并讨论在你的日常生活中，游戏如何反映多元智力。
6. 解释为什么游戏能够用于评价儿童，以及为什么它能够增加评价的信度和效度。
   a. 解释游戏如何满足评价的需要，举例说明。
   b. 解释为什么游戏能够增强幼儿评价的信度和效度。
7. 讨论以游戏为中心的评价的实施原则。
   a. 确认儿童的观点，尊重儿童的权利，让他们自己控制游戏是什么意思？
   b. 写一段一个儿童和教师之间的对话，表现教师如何提真实的问题。解释为什么佩利会认为这个案例是个真实的问题。
8. 讨论教师可以使用的、用于组织和记录幼儿游戏的文档信息的策略。
9. 描述教师如何能够使用以游戏为中心的评价促进以游戏为中心的课程，请至少举两个例子来说明。

第7章

以游戏为中心的数学课程

学习目标

➢ 讨论为什么数学家和教育者把数学领域描述为具有创造力、基于逻辑—数理思维的领域。

➢ 描述幼儿数学教育的目标和基础。

➢ 解释为什么游戏能够支持儿童数学概念和数学过程的发展,并举例说明。

➢ 讨论以游戏为中心的课程促进所有儿童(包括那些来自多元文化背景的儿童和有特殊需要的儿童)数学思维发展的方式。

➢ 总结有关评价儿童数学思维发展的适当的方式有哪些。

➢ 讨论促进幼儿园和小学低年级儿童逻辑—数理能力发展的三种环境。

📝 萨拉所在的大班教室中5岁的儿童基尔拉齐和奥马尔兴奋地问萨拉,课间休息时他们能否到户外去玩。萨拉问他们户外气温是否在-5℃以上,这是冬季户外活动的最低温度限制。他们赶忙跑到窗户那里看室外温度计,看到温度在-6℃~-3℃度之间。于是萨拉说道:"课间休息时可以去外面玩。"

穿戴好冬季保暖的衣帽之后,萨拉带着20名大班儿童向户外冲去。她在小货车上装满了铲子、桶、球和码尺。因为地面上刚刚下过雪,所以今天她把前沿上翘的雪橇和圆盘雪橇都拿了出来。

乔斯林和蕾娜怀里抱着铁铲和桶跑到沙箱那里,今天沙箱变成了"雪箱"。她们在各种型号的桶里面装满雪并按照从大到小的顺序堆叠起来,开始制作"生日蛋糕"。她们从附近搜寻充当生日蜡烛的小树枝,确保每个生日蛋糕上都有6根小树枝,因为她们两个马上就要6岁了。她们先用英语数了第一组的6根小树枝,之后蕾娜用西班牙语数第二组小树枝,乔斯林跟着她数。

另外5个儿童使用前沿上翘的雪橇和圆盘雪橇在刚下过雪的雪地上相互拉着玩。在萨拉的鼓励下,他们转移到一个小山丘那里轮流向下滑着玩。他们用圆盘雪橇和前沿上翘的长方形雪橇进行了即兴比赛,看哪一组滑得更快,并让萨拉当裁判。

查尔斯和克里斯蒂娜用棉手套捧着一大捧松软的雪花跑到萨拉这里,兴奋地让她看雪花的冰晶在他们眼前融化的情景。在冰晶融化之前,他们快速地数棉手套上雪花的数量。

一些儿童踏入了游戏场边缘的一个雪堆。雪没过了他们的靴子,萨拉取出码尺让他们测量雪有多深——竟然有25厘米那么厚!

萨拉在观察儿童时注意到所有的孩子都很活跃、很投入。这些趣味性强的雪地活动让所有的儿童都加入到社会互动之中,能够满足他们的个体需要,包括双语儿童蕾娜以及有学习障碍的基尔拉齐。

萨拉记录了下雪天课间休息时发生的所有数学活动,这是儿童日常生活的一部分。她看到儿童通过比较雪橇、雪桶的形状认识了几何图形,看到儿童测量温度和雪的厚度,看到儿童数"生日蜡烛"、数雪花、数推动秋千的次数时对数的感知。儿童可能没有意识到他们在学习数学,但是萨拉意识到了,因为她使室内活动和室外活动变得"数学化"了。

数学的本质

当幼儿通过游戏自由探索周围环境中数学的各个维度时,他们就会发展一些对数理思维非常重要的学习品质,例如好奇心、创造力、探索的欲望以及解决问题的内驱力。就其核心而言,儿童的数学游戏反映了作为数学家的成人的创造性工作。

霍尔顿(Holton)及其同事写道,"数学游戏……能给予解决数学问题的人完全的自由,让他们徜徉在数学的风景之中"。它还能给予数学家机会,去拓展他们所追寻的思想的边界(Holton,Ahmed,Williams,& Hill,2001,p.403)。受这种趣味性很强的精神的影响,数学家能产生新的想法,并解决具有挑战性的问题。

数学的基础是逻辑—数理思维。解决数学问题需要我们的大脑所建立的逻辑关系,而不需要我们的感官所观察到的信息(物理知识)或者我们从他人那里获得的信息(社会知识)。在童年及成年期,我们每个人都会随着时间的推移建构数学概念。逻辑关系是所有数理思维的核心。游戏提供了一种完美的环境,幼儿可以以最基本的形式在不受威胁、自我纠正的环境中应用逻辑。

实际上,逻辑—数理思维能够培养我们对物理世界许多日常方面的理解能力。我们在铺厨房的地面时需要多少块地砖?每升汽油能让汽车行驶多少公里?

儿童努力解决需要逻辑—数理思维的问题。为了不让汽车在高速公路上行驶时掉下来,我们建造一个斜坡时需要多少块长方形砖呢?我们为4个儿童摆放餐桌需要多少个叉子?逻辑关系是每日所解决的问题的核心。

卡米(Kamii,2013)解释说儿童在游戏中遇到的问题,特别是在规则游戏和拼图游戏中遇到的问题,对他们的逻辑思维发展特别重要。当儿童玩规则游戏时,例如挑筷子,他们需要思考挑哪根筷子才能不碰到其他的筷子。在玩类似的游戏时,他们必须思考空间关系(筷子的位置)和暂时的关系(先挑哪根)。这两种关系类型——空间关系和暂时关系,是形成几何和时间测量的数理思维的基础。

我们所说的逻辑—数理思维是指什么?萨莉比玛丽高。玛丽比梅洛迪高。尽管我们从没有看到过萨莉和梅洛迪在一起,但是我们知道萨莉比梅洛迪高。萨莉的身高和梅洛迪的身高之间的关系是一种"必然"的逻辑关系。作为成熟的思考者,即使没有看到真实的证据,我们也确切地知道萨莉比梅洛迪高。我们不需要看到萨莉、玛丽和梅洛迪三个人挨着站在一起。幼儿还没有建构起关于解决高度、容量、面积等问题的逻辑思维方式,以及对于我们来说像数字一样简单的观念。

逻辑—数理思维并不是像破茧成蝶那样立即出现的，而是随着一个人从婴儿成长为成人逐渐发展的。就像研究蝴蝶在茧中的蜕变一样，我们能够评价一个儿童在发展中的许多小变化。3—4岁大的儿童可能很乐意展示给人看他们能够在用沙子制作的"蛋糕"上面以多种方式安插4根"蜡烛"，并且知道自己有4根蜡烛。在这个例子中，大一点的儿童会意识到无论数字有多大，仅仅重新安插"蜡烛"，并不会改变蜡烛的数目，他们对逻辑有更进一步的理解（例如：Baroody，2000；Clements & Sarama，2009；Cross，Woods，& Schweingruber，2009；Kamii & Kato，2006；Tyminski & Linder，2012）。

幼儿数学教育的目标和基础

幼儿数学教育的目标是让幼儿的逻辑—数理思维获得发展。同时，还包括让幼儿获得社会知识和物理知识。逻辑—数理思维并不能通过强调技能和训练的数学课得到发展。本章的案例表明儿童沉浸在解决问题和探究之中，这能够让他们"徜徉在数学的风景之中"，并遵循特定的路径找到解决具体问题的办法。在以游戏为中心的课程中，儿童自发的游戏和他们参与的日常生活活动是通过创造性、明确的、教师计划的数学活动来完成的。

以游戏为中心的数学课程基于对数学的理解，以及对儿童发展与兴趣的理解。尽管成人可能认为学生的学习发生在互不相关的学科领域，但是积极参与综合性活动的幼儿所获得的经验没有边界限制。他们不认为自己处在"数学领域"之中。相反，他们参与与各领域相关的思维过程，例如，艺术、科学、读写以及要进行生动交流的社会互动，由此而获得经验。在开发数学课程时需要考虑整个游戏连续体，包括从自发的游戏到教师计划的活动，为了促进思考而进行教学是这一过程要遵循的基本原理。

> 在整个生命的早期阶段，儿童都在注意并探索自己世界中的数学维度。他们比较数量、发现模式、探索空间，并努力解决真实的问题，例如用积木搭建物体时保持平衡或者与一个游戏伙伴分享一碗饼干。数学帮助儿童理解学校之外的世界，并帮助他们为在学校中取得成功而打下坚实的基础（NAEYC/NCTM，2010，p.1）。

全美幼教协会和全美数学教师委员会（National Council of Teachers of Mathematics，NCTM）强调，如果我们希望在数学教育项目中取得成功，那么发展儿童的兴趣和数学学习能力则很重要。《幼儿数学：良好的开端》（*Early Childhood Mathematics: Promoting Good Beginnings*）是全美幼教协会和全美数学教师委员会（2010）的联合立场声明，该声明强调要根据儿童的个体经验和文化经验来实施针对所有儿童服务的高质量教育项目，培养他们理解世界的兴趣。

第二个联合声明——《我们在幼儿数学教育中的立场》（*Where We Stand on Early Childhood Mathematics*）（NAEYC/NCTM，2009）提出了下列建议：

- 强调儿童对数学的自然兴趣，以及利用数学去理解物理世界和社会世界的学习品质。
- 要以儿童的经验和知识（包括其家庭、语言、文化和社会背景）、个体的学习方式、非正式的知识为基础。
- 数学课程和教学实践建立在关于幼儿认知、语言、身体和社会情感发展的基础之上。
- 为儿童参与游戏提供充足的时间、材料和教师支持，提供一个能让他们以最大的兴趣探索和实践数学思维的环境。
- 把数学和其他活动或者把其他活动和数学结合起来（p.1）。

幼儿教育项目的基础

学生应该学什么？他们应该什么时候学习数学？幼儿教育者在判断哪些学习期待（也称为标准或者基准）对于幼儿的发展是适宜的及相关的时会提出这些关键问题。然后，他们设计能够体现这些期待并能够评价儿童学习的课程。教育期待与课程开发是相互联系的，课程与评价也是相互联系的。评价永远都不是独立存在的事情。一个连续的、清晰的幼儿数学教育课程基于两个维度：对数学的理解、对儿童发展与兴趣的理解。

实施以游戏为中心的课程的幼儿教育者要适应各种环境。在一些教育环境中，教师需要判断对学生的哪些期待或标准适合自己教育项目中的幼儿。然后，他们就可以设计课程活动并根据这些期待进行评价。其他教育项目中的教育者也被要求开发项目课程，并按照联邦或者州政府所采纳的学习标准或者教育期待评价幼儿。总之，在州政府资助的教育项目中工作的幼儿教育者需要遵循州政府制定的幼儿教育标准。教K—2年级儿童的教育者需要遵循数学领域的共同核心州立标准，并且在一些州也要遵循幼儿学习标准。

"学生应该学什么"和"他们应该什么时候学习这个内容"这两个问题引出了第

三个问题——"教师应该教什么"？NCTM建议回答这个问题时要注意下列一些教学要点（focal points）或者"重要理念"。NCTM提出幼儿教育的重点是与几何图形、数字和运算以及测量有关的数学概念（mathematical concepts）。NCTM提出了能够描述儿童数学理解能力发展的数学过程（mathematical processes），例如解决问题、联系、表征、推理、验证和交流。

在《幼儿数学教育：通往卓越与平等的路径》（*Mathematics in Early Childhood Education, Paths toward Excellence and Equity*）一书中，克罗斯、伍兹和施温格鲁伯（Cross，Woods，& Schweingruber，2009）呈现了一个为期20年的研究成果。他们总结说大多数美国儿童都未能意识到自己在数学方面的潜能。他们建议幼儿数学教育应该聚焦于数的概念空间关系、几何图形以及测量，这与核心标准和学习重点是一致的。

这些重要观点和数学过程等知识能够帮助所有幼儿教育者了解在儿童的游戏中应该寻找什么，以及如何有效利用那些"具有教育意义的时刻"。幼儿教育者可以根据特定的教育项目判断聚焦于某些概念而非其他概念，或者引入额外的概念数学过程。

通过操作物体建构数学知识

数学理解能力的发展

幼儿发展、巩固和延伸数学概念及数学过程，为数学理解能力的发展打下了基础。教师应该注意幼儿一整天在每个学习领域中的投入情况，而不是仅仅注意数学区或者仅仅注意"数学学习时间"。

多年以来，教师都被迫把课程"数学化"（mathematize）。克罗斯及其同事（2009）将数学化定义为"理解抽象的数学并用数学词汇确切地阐述真实的情境（并阐明儿童），把数学中不同领域的概念联系起来（例如，几何图形和数字），把数学与其他学科（例如，识字）和每日生活联系起来"（p.43）。与之类似，希利迪（Shillady，2012）建议通过"有目的地把数学经验整合进日常课程和一日流程"，让幼儿教育环境数学化（p.34）。

基于无数的观察结果，我们知道对于教育者来说，把以游戏为中心的课程数学化是一个明显而自然的过程。这些教育者能够理解数学的本质、儿童发展的需要以及以游戏为中心的课程的原则。

促进数学概念发展的游戏

在每日儿童自发的游戏、教师主导的游戏和教师指导的游戏中，儿童能够加深对基本数学概念的理解，例如几何图形、数的感知以及测量。

> 在一个靠近海边的社区，3岁的尼基和2岁的施艾乐在户外的一艘旧木船里玩游戏。当他们的老师周摇动他们的船时，孩子们开始唱起"摇，摇，摇小船"。他们唱着"1、2、3，我们都掉进了水里"结束了这首歌。他们大笑着从船上下来。很快，他们又登上船，再玩一遍这个游戏。几分钟过后，尼克大喊："看！我抓住两条蓝色的鱼！"施艾乐回答说："看，我抓住一条三角形积木鱼！"

接下来的内容重点探讨自发的游戏如何促进幼儿数学概念的发展，例如，几何图形、空间关系、数字运算、测量和模式。

几何图形：幼儿最初对空间关系的理解为更复杂的几何图形的概念的发展奠定了基础。随着儿童的发展，他们在最初的空间关系的基础上会形成更复杂的几何图形概念。幼儿探索并利用自己的空间环境进行游戏。婴儿会在家具周围爬甚至翻越家具。之后，他们会用枕头或椅子作为障碍物建造迷宫。他们从山上、光滑的滑梯以及豆袋椅上滚下来。他们在跳舞的时候利用身体的影子做游戏，他们的动作由圆润、流畅变成直线型的、不连贯。可能这是他们第一次意识到空间关系，意识到自己的身体及其所处的环境。这种基础的探索和游戏涉及基本的空间关系概念。所有这些概念都需要时间才能得到发展，从字面上来讲就是从婴儿到成年。

就像对数的概念的理解一样，空间关系和基本的几何概念对于幼儿理解物理世界具有重要的作用。正如下面的案例所示，儿童自发的游戏能够促进他们对空间关系的理解。

> 4岁的珍妮特在刚刚画完的房子边画了一棵树。她又在周围画了草，让绿色布满了那棵树和房子之间的空间。在一个地方，那棵树几乎碰到了房

子。珍妮特选择了一根老师放在旁边供他们使用的细画笔，然后沿着房子和那棵树的区域小心地勾勒边线。

3岁的托马斯使用红色和蓝色的钉子在小钉板上制作了4条水平线，然后他用黄色的钉子在小钉板上制作了一条垂线。

他们的老师注意到孩子们对自己艺术作品中的常见元素——数学概念的理解得到了发展。她看见两个孩子都深深地投入活动之中，并决定把"水平"和"垂直"这样的术语在后来适当的时刻应用于自己的会话之中。

7岁的尼克和埃玛一起在小钉板的小钉子上拉橡皮圈，制作六边形和八边形。他们的老师爱德华多观察到他们的兴趣之后，第一次正式向他们介绍了"六边形"和"八边形"这些术语。当儿童对这些不同寻常的词汇显示出兴趣时，他解释了 hex（表示6）和 oct（表示10）的来历。然后他介绍了更多小钉板的图形卡片，并建议他们按照自己的方式也绘制一些卡片。

儿童对图形产生了兴趣。在这个案例中，我们看到儿童合作制作复杂的六边形和八边形，他们的老师对儿童的好奇心做出回应，向他们介绍了相关的词汇，让他们能够讨论彼此的合作活动。许多教室里都有规则的欧氏图形，例如，三角形、圆形和正方形。

多数物体，特别是自然物体的形状都是不规则的，例如大树、花或者小狗。幼儿会探索许多不规则图形或者非欧氏图形。例如，2岁的佩姬对把浅绿色的橡皮泥挤在手上感到很兴奋，然后她伸开手并观察橡皮泥在自己手掌上的形状。它的形状非常有趣，但它是不规则的！

数字和运算——涉及数与量的关系：以游戏为中心的课程能够促进儿童数理思维的发展。儿童可以按照自己的兴趣和学习品质，自由地徜徉在以游戏为中心的数学风景之中。在幼儿时期，儿童能够建构数量关系。实际上，我们会看到学步儿能够判断两个数是相等还是不等，或者自豪地举起两个手指头表示他们2岁了。

理解数量：幼儿常常使用表示数量的观念，描述物理世界的各个方面。

3岁的史蒂夫拿了一大团橡皮泥制作巨无霸汉堡包。他搓了两个大的圆形，然后说道："这些面包还是太小了。"然后把它放在汉堡包里面。

没有成人的提示，幼儿也会对弄清楚"多少量"和"多少个"表现出纯粹的兴趣。史蒂夫在判断"多少量"，也就是说，巨无霸汉堡包中橡皮泥的量与面包中橡皮泥的量有关。幼儿在学习处理量的问题时，最初的概念还包括"一些""少数几个""所有""没有一个"。事实上，有些儿童会花费很多时间关注自己拥有的东西的数量是否与班上同学的一样。

史蒂夫："你拿的红色（橡皮泥）比我多。"
卡伦："哦，我是奶奶，所以我拿得多。"

幼儿判断量一样多或者不一样多的能力，还与他们估算数或者量的能力有关。

4岁的桑德拉告诉梅琳达他们需要两块大积木。然而，梅琳达发现只有小积木，于是抱着5块小积木回到桑德拉那里。

在一个以游戏为中心的课程之中，幼儿有许多发展估算"多少量"和"多少个"的日常机会。他们在预判以及评价一个答案的合理性时会终生用到估算（estimation）的过程，例如，估算用积木建造塔还需要5块小积木或者估算新厨房地面还需要5块地砖。

在观察儿童自发的游戏时，我们发现儿童还对按照一个常见特点对物体进行排序感到兴奋，例如，颜色、形状或者大小。当儿童自发地把汽车、棋子或者其他物体按照长度、高度甚至颜色的深浅（可能是从浅绿到深绿）排成一行的时候，我们会领会这一点。数学家把这叫作排序（seriation）。

霍利，一位二年级教师，发起了一个教师指导的游戏。在游戏中，儿童制作了能在法兰绒板上展示的4种型号的洋娃娃剪裁玩具，每一个都带有背包和相应型号的能够放在背包里的物品。有些儿童被这些多种排序的问题激发出兴趣，并为洋娃娃制作了供她们乘坐的不同型号的小汽车。

另外一个相关但通常更困难的概念是分类（classification）。按照物体是否具有某种特定的属性来对其进行分类。

萨曼莎和梅利萨在积木区玩收集的小动物玩具时，她们先在谷仓那里为羊、马、牛、狗和猫单独制作了围栏。然后他们把所有的马都挪到另一边，并为"小马""骑的马"和"大工作马"分别制作了"马厩"。

理解数概念："五只小猴儿在床上跳……"有几只猴子在跳？当人们思考数学的时候，他们通常会想到数量关系。儿童对数概念的建构过程包括幼儿期量概念的发展。数概念十分复杂，需要综合并协调与一一对应、数的名称、机械地数数以及数词相关的概念。

> 克雷格和阿斯莫把4匹马放在他们面前的四个积木上。他们通过选择一组4匹马和相同数量的一组4个积木，展示了一一对应关系。

实际上，在儿童能够用数进行运算之前（例如加法和减法），他们需要建构对逻辑概念的理解。这就是数学教育者描述的"数感"，它比记住数词或者数字事实（number facts）更重要（NCTM，2010）。数字可以应用在无数情境中，它们是抽象的，用以描述世界并与世界沟通的方式。儿童需要理解数概念并学会在数数时使用数词（1、2、3等），这不是通过机械记忆，而是通过多种游戏情境、他们的日常生活，以及教师计划的活动学会的。

玛丽亚的老师观察到她认识英语和西班牙语中的数名3。数概念包括我们使用的表征数概念的数名。

> 玛丽亚告诉贾森："我有3个，3个纽扣。"后来，在娃娃家玩的时候，她用西班牙语对罗莎说："Tengo tres，tres butones。"

正如我们在下一个案例看到的那样，建构数概念还包括机械数数的能力。幼儿最开始按照顺序唱出数名——"2、4、7"。在真正理解数概念，包括数序的重要性之前，他们通常具备以正确地顺序说出数名的技能。

> 在用几杯水装满一个水罐时，2岁的杰里米数着"5、6、7、8"。（但是他说出的数词既与他的装水的动作不一致，也与倒水的杯数不相同。）
>
> 杰弗里坐在外面从花园里拔的草堆的旁边。他把一根草茎编成不同的数字形状，喊道："这是7……看，现在我踩了一脚，它变成2了。"

儿童需要能够对一组物体按照一一对应的方式应用数字。当他们能够数一组物体的数量，并能够根据物体的数量描述这组物体时，他们才能够回答"有多少"这个问题。1、2、3、4、5等是基数词，因为我们在回答"多少量"这个问题的时候使用它们。与之形成对比，第一、第二、第三、第四等是序数词，因为我们在回答"哪一个"这个问题的时候用它们来表示顺序。

当儿童开始数一组物体，并数到最后一个物体的时候，如果有人问他们总数是多少，为了回答这个问题，他们常常不得不返回去重新数一遍。理论学家认为儿童需要能够在大脑中或者工作记忆中将这个数字保持足够长的时间才能回答上述问题。许多儿童直到上大班的时候才具备这个能力。儿童对数量较少的一组物体（3个或者4个）进行数数和比较时，比对数量较多的一组物体进行数数和比较更容易。数数量超过10个的一组物体，对于幼儿来说很难，但是这为将来理解多数国家都在使用的十进制数奠定了基础。把数概念整合进游戏是儿童在真实的世界、有意义的情境中应用数字的一种自然的方式。

数词（numerals），例如7和2，是指我们用于表征这些数概念的符号。不同的文化、国家和历史时期使用不同的数词。例如，目前我们可以用15（阿拉伯数字）和XV（罗马数字）表示同一个数概念。

在克里斯廷的一年级教室中，一个女孩坐在课桌旁独自工作着。她画了一位女士，并在她的头上用气泡的形式写了说明。在气泡中，她按照从1—21的顺序写了数词。当她注意到克里斯廷在看她画的画时，她解释说："她在画里面数数呢。"然后她开始画另一幅正在数数的女士的画。

测量：在幼儿期，儿童开始发展测量世界的多种能力。幼儿开始比较物体的属性或特质，例如型号（"我想要那个大的"）、高度（"雪下了25厘米那么厚"）和长度（"我的铅笔更长"）。大班和小学低年级儿童为测量活动着迷，他们使用非标准化的单位进行测量，并且非常乐于进行估量和得出近似值：

"学校像……那样长。"

"从我家到学校有……那么远。"

"那个积木塔比我们的老师还高！"

标准测量使用传统的测量单位，例如，厘米、公斤、升。儿童需要发展有关选择和使用适宜的测量单位，并在测量中成功地使用标准测量单位的能力。首先，他们需要辨别自己要测量的物体的属性，例如，长度、容量或者重量。其次，他们需要数出数量，这里面就包含数感，例如，"25厘米"或者"3杯"。基数词1、2、3等描述了一个集合中有多少个物体。我们在回答"有多少"这个问题时使用基数词。因此，当我们说有"5支油画棒"的时候，我们在测量这个集合中的基数。教师先观察幼儿对整数的理解情况，然后随着时间的推移，逐步过渡到分数（例如，"四分之一米""二分之一杯")。儿童需要利用各种各样的材料获得经验来建构对测量物属性的理解。

萨拉知道对于她的班级幼儿来说,认识标准测量单位还很难。在整个学年中,当孩子们提出的问题必须用标准测量单位来回答时,例如,"温度达到多少我们才能在课间休息时到外面去玩",萨拉逐步而又自然地向孩子们介绍了标准测量单位。直到那时,多少桶雪、哪个雪橇从山坡上滑下来更快这些问题便能够帮助儿童使用非标准测量解决他们遇到的测量问题。

因为萨拉所在的学区要采纳这些学习标准,所以她和其他大班教师对"数学领域州共同核心课程标准"(Common Core State Standards: Mathematics,CCSS)很熟悉。在通读"测量与数据"这一部分时,她发现这些标准要求大班幼儿能够"描述所测量物体的属性,例如长度或者重量",并能够"描述单一物体的一些可测量的属性"(2010,p.12)。

在思考儿童游戏中使用的可测量的属性时,萨拉想到以自然而又适宜儿童发展的不同方式——从儿童自发的游戏到教师指导的游戏再到更多教师计划的活动,体现学习标准。她向儿童提出这样的问题,例如"装满独轮手推车需要多少桶雪"或者"哪个雪橇从山坡上滑下来更快一些,圆盘式雪橇还是长方形雪橇",让他们在日常生活中使用非标准测量,以此来挑战儿童。她知道问这样的问题时,儿童必须弄清楚要比较的是哪个属性(例如,容量、速度)。了解比较的是哪个属性是学习如何测量的第一步。萨拉知道她的大班幼儿处于"数学领域州共同核心课程标准"的适当位置。

模式:幼儿教育者知道能够"看出"模式是一种让儿童着迷并扩展其推理能力的逻辑—数理能力。他们还知道模式对于代数思维来说非常重要(McGarvey,2013)。

我们发现我们的周围充满了模式。模式会重复出现,并有序地向前或者向后排列。在儿童开始发现周围的模式时,模式的所有这些方面都让他们感到激动且着迷。音乐和舞蹈中有模式,艺术中有模式,建筑和设计中也有模式。最重要的是,模式是数学和数字系统的基础。

婴儿、学步儿和幼儿园儿童在找到并能够接续模式时会感到兴奋。创造出自己的模式更是令人振奋!

2岁的马里索尔、乔伊和卢卡在唱儿歌的时候,按照老师的节奏,用手拍出了一个模式,表现出每个音节:

"cabillito,cabillito。"(1—2—3—4,1—2—3—4)

"horsey，horsey。"（1—2，1—2）

"cabillito，cabillito。"（1—2—3—4）

3岁的艾兹琳达正在串大颗透明的、闪光的珠子。她从一个蓝色的珠子串起，然后串了一个粉色的，之后是一个绿色的，接下来是一个紫色的。她毫不犹豫地按照蓝色、粉色、绿色和紫色的顺序重复着串，直到绳子上串满了珠子。之后，她又重新串了一遍。

萨拉看到大班的幼儿每天都在游戏中使用模式，比如，基尔拉齐在地板上摆出模式或者克里斯蒂娜玩跳房子游戏时用脚跳出动作模式：

5岁的基尔拉齐一边把彩色的瓷砖放在积木结构的地板上，摆出跟他家厨房地面一样的跳棋棋盘模式，一边嘴里说着："红色、蓝色、红色、蓝色。"

克里斯蒂娜用粉笔在沥青路面上画了跳房子的游戏框，她在正方形上面跳时，嘴里数着："2脚，1脚，2脚，1脚。"

游戏与数学过程的发展

无论幼儿还是成人，他们都利用数学过程来理解遇到的数学问题。促进数学思维发展的关键过程，包括解决问题、交流、联系、推理、验证和表征（NCTM，2006）。

解决问题：儿童在自发游戏以及日常生活中遇到的问题是他们自己的问题。可能正是因为他们对这些问题的所有权以及他们游戏的社会属性才促使他们拥有了非凡的能力。维果斯基在儿童的游戏中观察到这些非凡的能力，进而提出"游戏能够促进幼儿发展"这一假设（Vygotsky，1978）。

里其和克里斯蒂用积木建造了一个对称的结构，他们必须弄清楚在左边搭什么样的积木才能跟绿色的三角形相匹配。里其把一个黄色的六边形搭在右侧。他们都去拿另一个黄色的积木，然后他们都不知道现在该怎么办了，因为他们有两个黄色的六边形积木。

交流

3岁的佩内洛普说西班牙语，由于她加入了安东尼奥幼儿园班级，所以正在以非常快的速度学习英语。她在点心时间数自己的饼干时，嘴里数着："uno，dos，tres……"坐在桌边的其他孩子也同样数着。然后尼古说："让我们用另一种方式数吧。1，2，3……"佩内洛普重复了尼古的话，数完每一个数后大笑着吃掉了那块饼干。然后他们每人又去取了三块饼干，尼古和佩内洛普数着："uno，dos，tres……"

安东尼奥在听到他们的会话时笑了笑，他知道儿童正在寻找不止一种可以用来交流数学想法的语言，而语言是他们必须具备的有力的数学工具。

当儿童在生活中彼此分享或者与成人分享自己的想法时，数学术语为他们提供了有力的新词汇，让他们能够描述物质世界的数和量。数学家已经为他们使用的数学词汇下了准确的定义。学会用数学语言交流，对于幼儿数学思维的进一步发展非常重要。因此教师在讨论数学想法的时候，要像爱德华多解释六边形和八边形那样使用精确的词汇。

爱德华多、安东尼奥和其他幼儿教育者知道要用多种方式向儿童介绍一个新词，这样才能让这个词汇变成他或她自己的词汇。儿童在真实的生活情境中，例如游戏中，才能最好地学会这些词。他们最先以接受性言语学习一个词，意思就是当其他人使用这个词的时候，他们能够听懂。让这个新词成为他们表达性言语的一部分是较为困难的事情，这意味着他们要用这个词来表达自己的想法。最初，他们可能会使用不当或者发音有误。爱德华多知道尼克和埃玛在真正掌握这些数学术语之前，必须有很多机会使用这些术语，并把它们整合到自己说的话中。

联系：儿童在游戏时，把数学概念和周围的物体联系了起来。

在他们用桶装雪的时候，乔斯林和蕾娜把形状相同的"雪蛋糕"和"生日蛋糕"联系了起来。他们把一桶桶雪按照从最大的柱体到最小的柱体的顺序堆叠起来，与他们在教室内摆的积木结构联系了起来。

4岁的乔伊和克丽丝塔在点心桌旁相对而坐，乔伊说道："嘿，克丽丝塔，你的衬衫条纹和我的一样。我的是红色和白色，你的是蓝色和黄色。"

数学化的思维是指当儿童在日常生活中发现类似或者相反的关系时，能够把它们联系起来。教师能够通过向他们提问题、为他们提供材料以及为他们阅读文学作品，激发他们进行联系。

玛格丽特注意到阿拉对尺子着迷不已，发现她在教室里到处测量她能够测量的每一样东西以及每一个人。有一天，玛格丽特选择深受儿童喜爱的绘本《弗兰克爱数数》(Counting on Frank)读给全班幼儿听。当她读到弗兰克测量每一样东西——从一支铅笔写的字能有多长到自己家能够装下多少只座头鲸——时，阿拉喊道："弗兰克就像我一样！"

表征：无论使用皮亚杰的游戏符号概念还是维果斯基的物品替代物概念，游戏都充满了表征的机会——使用一个物体象征另一个物体。如果儿童想要跟其他人玩游戏，那么这个儿童必须能够分享或者表征自己想象出来的想法。如果一个幼儿想拿两块积木假装当成骰子，那么她会用投骰子并假装"读"数点的方式表征这个想法。她通过自己投骰子的动作来表征这个物体。积木就是"物品替代物"或者被表征为骰子的物体。

表征是幼儿数学思维的基础过程，当幼儿第一次使用数词说"妈妈，两只鞋"时，这一过程便开始了，众所周知，数字是抽象数量的表征。而且，数字是通过数词表征的。儿童为表征数字的符号"5"赋予实际意义，而不是反过来。数词表征抽象的"5"这个概念。皮亚杰主张幼儿在用符号（不是物体本身）表征物体之前，需要通过具体的物体获得多种经验。

托马斯在一个混龄儿童照料项目中和所有的朋友一起庆祝他的第三个生日。儿童对表示自己多大年龄的数字特别着迷。5岁的库克在棕色的图画纸上画了一个大大的"3"。他剪了3根短短的吸管表示蜡烛送给托马斯。"把他们插在你的生日蛋糕上。"很快，其他儿童也开始制作生日蛋糕，并用数字和蜡烛装饰蛋糕。

推理和验证：幼儿在自发的游戏、教师指导的游戏以及教师计划的课程活动中解决问题的时候，清楚的推理能力能够得到发展，并表现出他们是如何得出结论的。

4岁的特雷莎和杰西用积木架上所有的大积木块建造了一个建筑物。当只剩下一小架小积木的时候，他们遇到了困难。特雷莎建议说："让我们用这些积木给我们的房子建造二楼吧。我们可以留出空间当窗户。"杰西指着那一小架积木说："积木不够，只剩下这么点了。"特雷莎向杰西解释说："够了。我知道还有很多呢，因为昨天我把它们摆放好后，它们一直排到地毯那边了呢。"

有时候教师通过自己对事物的好奇心向幼儿做出示范，或者问幼儿"你是怎么知道的"这样的问题来引导幼儿的游戏,这可以促进他们的逻辑——数理思维的发展,而不至于过度干预他们。

7岁的艾伯特和纳尔逊在专心地玩一个棋盘游戏,他们迅速地轮流投骰子,在棋盘上挪动自己的棋子。纳尔逊投出一个2和一个6,走了8个格。

艾伯特投出一个4和一个6,立刻喊道:"多出2个,因此我走10个格。"

纳尔逊应和着:"多2个……"

艾伯特解释说:"比你的2多2个。"

操作性玩具可以促进儿童数学思维的发展

以游戏为中心的课程能够促进儿童数学思维的发展

以游戏为中心的课程能够为儿童提供丰富的环境,使他们在环境中的各个领域以及全部时间里发展对数学的理解。本章讨论的所有案例都证明,一个认真规划的以游戏为中心的课程能够突出每一个儿童的优点和兴趣,能够满足每一个个体幼儿的需要。

如果我们认真倾听,那么我们会发现戏剧表演游戏中的对话包含数学的内容以及他们在家里和其他环境中所获得的经验。我们看到并听到幼儿在摆放餐桌的时候会数盘子的数目、在商店里数钱、按大小顺序摆放泰迪熊、假装制作汤的时候用杯子量沙。艺术材料有助于儿童表征熟悉的环境。尽管教师常常认为数学活动是"室内"课程的一部分,但是幼儿教师也可以在户外活动中促进儿童数学概念和数学过程的发展。

游戏还反映了儿童了解成人世界的愿望。当他们用积木搭建整个社区建筑或者用秤称东西的时候,我们能看到这种愿望。同样,他们对数字的兴趣也在使用码尺测量积木建筑物或者在使用计算器玩办公室游戏时表现了出来,反映了他们的生活。幼儿还想了解成人世界中一些严肃的问题,其中很多问题在本质上属于数学的一个方面。有些时候,我们听到儿童在进行"成人式的会话",例如食物的价格、汽油的价格或者房租的上涨。

一个以游戏为中心的幼儿数学教育项目和日常生活情境能够提供无数的机会，使学校和家庭之间建立牢固的伙伴关系。家庭成员要意识到儿童数学能力发展的重要性，并支持自己的孩子在学校和家中发展数学思维的能力。

精心安排游戏，促进所有幼儿对数学的理解

持续地努力促进平等，能够让教师不断地检查自己的教育项目，确保能够提供各种各样的数学思考的机会。幼儿教育者精心安排的以游戏为中心的课程能够促进幼儿获得丰富的数学经验，促进包容和平等。在这种情况下，他们要考虑如何才能在游戏情境中、在日常生活中以及在教师计划的活动中使用不同的策略。前面章节讨论过精心安排游戏的一系列策略，既包括设置游戏空间这样间接的策略，也包括与儿童进行游戏互动这样较直接的策略。

布置环境包括提供空间、材料和时间，以便儿童投入能够促进其数学思维发展的活动之中。物理空间安排得怎么样？幼儿有没有能够进行积木建构的地方，而不受到拥挤空间中其他人的打扰？应该把小木桌放在靠近水箱的地方，以便让儿童有一个把量杯和容器进行分类的地方吗？要做出什么样的环境调整，才能让身体残疾的幼儿能够靠近水箱？我们可能需要考虑在数学区放一张桌子，让幼儿能够以小组的形式工作。此外，还要提供固定的、有明确界限的空间，进行教师计划的数学活动。

精心安排游戏的策略包括提供材料，增加创造的可能性。测量工具，例如计算器、直尺、天平是所有儿童都可以使用的吗？积木和操作材料是明显按照型号和形状的不同摆放的吗？拼图上面的数词是否足够大，有视觉障碍的幼儿是否能够看得清？有没有不同兴趣和能力的幼儿可以使用的不同种类的桌面积木？哪些幼儿玩模式积木、属性积木、建筑积木以及乐高积木？不同类型的黏土能够为幼儿提供探索非欧氏图形的机会。模式板、七巧板和模式积木能够使幼儿获得欧氏图形经验，并用其来分类。众多的小钉板类型的操作材料能够为幼儿提供思考数量以及模式的机会。沙箱和水箱是用来存放废弃材料和杂物的被忽略的区域吗？尽管提供不同形状的容器很有用，但是提供型号渐变的成套的容器也很重要。一套包括1夸特、1品脱、1杯和半杯容量的水罐，以及各种容量的测量勺能够为幼儿探索等量概念提供机会。

布置环境对于教师来说是一个有趣的活动，对于儿童来说也如此，可以进一步丰富环境中的各个部分，以刺激儿童的思维。这不仅可以帮助幼儿在有意义的情境中获得数学能力，而且可以帮助他们在其他无数的情境中应用这种能力。我们还能在娃娃家增加一些什么材料？不同型号的量勺、食物罐和容器够6个人或者8个人使用吗？戏剧表演游戏用的辅助材料盒是否易于组装？商店游戏中需要什么材料？邮局、银行、办公室游戏呢？还可以增加什么材料支持幼儿的数学学习，培养他们与其他儿童融合的社会性互动？

考虑时间也很重要。在不被打扰的情况下，儿童可以工作多长时间？辛迪是一个有特殊需要的学生，他在积木区玩15分钟之后就需要严密监督。我们如何支持辛迪的发展呢？乔尼在乐高建构活动中专注地工作20分钟之后，由于轮到他制作苹果点心的时间到了，他必须停下来吗？

教师在与幼儿进行互动的时候需要考虑不同的策略。教师可能需要扮演艺术家的学徒的角色、调解者的角色、守门员的角色，也可能需要扮演旁观者或者匹配者的角色。教师会在不同时间采取不同的策略。

> 萨拉注意到，班级的积木游戏已经成为一种常规活动了。一开始，她很欣赏幼儿搭建的建筑物。现在她感觉活动内容变得千篇一律。日复一日，积木游戏包括建造坡道、赛道。同一群男孩倾向于和本组的伙伴重复着玩相同的主题游戏。当赛车最初在教室里盛行的时候，一些女孩也参与了进来，坡道一天比一天变得复杂。然而，现在的情况不一样了。
>
> 萨拉没有在游戏外直接进行干预，也没有进入游戏并调整游戏的方向。她决定通过在积木区附近摆放游戏辅助材料进行实验。她把一箱玩偶和动物玩具放在积木架上。这些材料把一些儿童又吸引到积木区，包括几个女孩。孩子们的积木游戏又产生了新的主题。最初几天搭建过的城堡建筑又重新出现了。赛车游戏也变得更复杂了，有了驾驶员和赛车队。

支持来自所有文化背景的儿童以及学习双语的儿童

跟过去一样，现在，我们看到确保教育适宜性和对所有儿童自由教育的法律还没有产生真正公平的教育（NAEYC/NCTM，2010）。2011年，在全国教育进步评价中，全国和州层面的评价结果仍然显示在贫困地区居住的儿童，以及少数族裔儿童的数学学业成绩还没有达到典型的学习标准。

NAEYC和NCTM的联合声明（2010）强调根据儿童从家庭和社区带到学校的经验和知识对他们进行教育是一条重要的原则。然而，许多教育者不确定如何把这一原则应用到数学教育之中。

一位在市立学校任职的教师恩赛因（Ensign，2003）创造了一个与数学相关的文化概念，确保所有儿童能够接受适宜的、平等的、能够促进数学理解能力发展的教育。与此类似，尼托指出，只有当我们对社区了解更多时，只有当家庭感到在学校受欢迎时，教室才能反映出社区的各个方面（Nieto，2012）。

在对评价的讨论中，我们指出了进行有效的和可靠的评价的必要性。非正式的以及正式的数学评价通常含有很多语言的内容，这会使双语学习者，甚至那些数学天才儿童处于劣势。

> 一个双语学习者玛丽在跟劳丽和桑德拉玩。她的老师观察到她和讲英语的同伴玩时感到很自在。他们在查看并对一大堆贝壳进行分类，这是玛丽表姐送给她的礼物。玛丽把贝壳分成了两堆：一堆大的，一堆小的。她把大的那堆贝壳又分成"比较闪光的"和"不太闪光的"。她把小贝壳也按照同样的方式分了类。

玛丽的老师巴斯拍了照片并写了一个详细的观察记录。当天晚些时候，他在评论中补充了一些内容。他写道玛丽在向她的朋友们指出那两堆"不太闪光的"贝壳时，表现出她对分类关系的理解。根据她对玛丽玩游戏的观察，巴斯建议学校心理学家把玛丽纳入天才儿童项目中。

下面的专栏文章《家园联系促进儿童数学学习》展示了家庭和教师以伙伴关系，丰富数学课程的一些方式。

家庭多样性　　家园联系促进儿童数学学习

莉萨在一所位于该州文化和语言最多样化的社区的幼儿园工作。她会讲流利的西班牙语，并且跟讲西班牙语的家庭成员沟通时感到很自在。有几个志愿者经常来她的教育项目中工作。还有更多的志愿者会来参与学校的特殊事件。在跟那些讲英语和西班牙语之外的其他语言的家庭成员交流时，她觉得不太舒服。这一年，她的学生有讲汉语、俄语、阿拉伯语或者泰语的。她很担心自己如何才能与他们的家庭成员沟通。

十月份，莉萨开始进行家访。她感到很幸运，因为她认识所有以这些语言为母语的人，这些人会把原信件进行翻译并代她与家人沟通。她还发现当她与那些对语言不太依赖的家庭进行沟通时，每个人都感到很舒服。她的平板电脑里储存的影集对她帮助很大。她准备了每个孩子聚精会神地进行一些活动时的照片，以及作为班级的一部分进行小组活动时的照片。她还准备了一组显示室内和户外环境的照片，包括一些与数学明显相关的照片。在对每个孩子家访的时候，她会停下来拍几张带有街牌号码的照片和含有数字的临近商店的广告照片。

这些照片受每个家庭的欢迎。她解释说

> 自己使用这些照片帮助孩子学习数学并问孩子的家人是否可以用他们家庭使用的语言翻译一个标记。她还邀请他们参观教室。不到几周的时间，教室里就有了很多五颜六色的展示邻里的大照片，还有用儿童母语手工绘制的广告牌。一位阿姨带来一本用西班牙语编写的表示形状的图书。一位来自泰国的奶奶制作了一张彩色的招贴画，用不同的语言、文字书写了大小不一的数词。其他的家人和莉萨密切合作，让双语儿童学习者和所有的班级成员都能够在书中看到用本土语言书写的数学内容。

支持有特殊需要的儿童

教师要成为熟练的观察者，让幼儿在数学领域的优点、特殊需要和个人兴趣都能在幼儿期得到识别，这一点非常重要。融合型的数学课程强调要满足各类幼儿的数学教育需要，包括有计算障碍（发展性计算障碍）的幼儿、理解数学概念但语言能力有限的幼儿、发展迟缓的幼儿，以及患自闭症和视觉障碍的幼儿（Ginsburg，2006；Smith，2009）。我们如何才能既突出幼儿的优点、兴趣，又能满足他们的需要呢？

8岁的布伦特对对称十分敏感，但是在很多其他领域都表现出发展迟缓的倾向。他花了许多天时间用初学者使用的大剪刀剪各种颜色的正方形和三角形。他小心地把它们放在自己正在建构的马赛克上，通过在正方形中拼贴三角形，探索图形与大小之间的关系。

基尔拉齐和奥马尔跑向被雪覆盖的秋千，他们推掉秋千座位上的雪并爬了上去。他们比赛看谁在从秋千跳到下面的雪堆之前能数到100。他们一起数到39。奥马尔继续快速地数着："40、41、42、43……"但是他注意到基尔拉齐有些犹豫。奥马尔大声喊道："我们跳！"这两个孩子跳了下去，滚到了雪堆里。

萨拉对基尔拉齐受到奥马尔鼓舞的过程进行了思考。基尔拉齐在数两位数的数字时不那么流利，而奥马尔却能不出错地数到100甚至以上。她对基尔拉齐模仿奥马尔顺利地数过39，然后没有犹豫，也没有害怕失败，重新回到秋千玩游戏感到惊奇。在游戏中让他数数，显然比他在正式的学习环境中的表现"高出一头"。

对儿童数学理解能力的评价

幼儿教育者对儿童数学推理能力（既包括他们自己可以进行的，也包括他们在成人支持下能进行的数学推理）的评价常常很困难。教师在对双语学习儿童和有特殊需要儿童的数学理解能力进行评价时促进平等尤为重要。教师们发现以游戏为中心的评价为在没有压力的情境中洞察所有儿童如何进行推理提供了渠道。福斯诺特和多利克（Fosnot & Dolk，2001）在系列图书《工作中的幼儿数学家》（*Young Mathematicians at Work*）中强调在幼儿积极投入到数学思维时对他们进行评价的重要性。以游戏为中心的评价能够满足下面的评价标准，即幼儿积极投入游戏并且知道自己可以按照自己的节奏工作，而不用害怕失败。教师接下来可以根据有效的评价所了解到的信息，做出课程决定。

持续不断的、形成性的非正式评价，特别是对幼儿游戏的观察，能为教师提供实证性的数据，以及为个体幼儿和作为一个集体的全班幼儿制订教育计划所需的信息。

- 对儿童自发的游戏和教师指导的游戏进行认真观察和详细的记录是至关重要的。请认真思考巴斯如何通过他对玛丽游戏的观察来评价她对分类的理解；萨拉如何观察基尔拉齐在雪中的自发游戏中，在同伴的支持下数数的能力得以发展。
- 照片和视频能对书面记录起到补充的作用。它们能够记录儿童游戏的过程和完成的作品，例如，在玩了几天之后，乔尼的乐高积木结构变得更大且更复杂了。对艾伯特和纳尔逊玩棋盘游戏时录制的视频能够捕捉到艾伯特弄清楚在"加上"（某个数字）之后要走几步这一瞬间。教师做个记录某个特定幼儿的游戏活动的短期计划是很有用的。照片和视频能够补充书面记录，但不能代替书面记录。观察记录的一个优点是，我们能够从儿童的视角来看待问题，能提出真实的问题，观察过程中的互动性更强，因为摄像机不会去指导或者干扰幼儿。
- 档案袋能容纳下幼儿的三维作品，例如拼贴画、积木建造物以及正在进行的或者已经完成的作品的照片。档案袋是在评价过程中与家庭进行沟通的一种有力的方式，也是促进幼儿自我评价的极佳工具。例如，幼儿通过选择一年中自己制作的作品样本来评价自己的学习和进步。
- 检核清单能帮助教师对某个幼儿的进步或者班上所有幼儿的进步有整体的了

解。例如，萨拉使用检核清单记录一个幼儿是否能够自己机械地数到100。她的检核清单有三栏：第一栏写日期，第二栏简单描述事件，第三栏被进一步划分，用来说明幼儿的熟练程度（从不、有时、经常、总是）。

我们建议将所有这些方法综合运用于形成性评价、总结性评价以及与家长的沟通中，这是一种有效的策略。作品取样系统（Work Sampling System）（Meisels, Marsden, Jablon, & Dichtelmiller, 2013）是这种方式的一种范例，可以用于评价幼儿在以游戏为中心的项目中对数学的理解。

教育者可能会认为有时候更正式的评价是对非正式评价的适当补充，例如，在评价一个幼儿对数字的理解时，守恒能力的形成是真正理解数字的基础。当儿童理解一定数量的物体可以重新排列，并且排列顺序的改变并不会导致数量的改变时，他就真正地发展了对数字的理解，也能够对数形成守恒。

6岁的埃米是勒尼一年级班级中的一个学生。她能够在9只鸭子下面画出数字9。当勒尼让她用手指头表示9是"多少"时，埃米从1到9数了9个手指头，并举起9根手指头。乍看上去，似乎埃米理解"9"这个概念。

勒尼按照皮亚杰的程序（Piaget, 1965a）进行评价。她把一堆硬币放在桌子上，然后她选择了9枚，并把它们摆成一排。勒尼让埃米也从那一堆硬币中拿出9枚，并按照勒尼摆的样子重新摆成同样数量的一排。埃米很容易就做到了。接下来，勒尼挪动硬币，让它们比埃米的一排硬币排得更紧凑一些。她问埃米挪动后的这排硬币是否跟埃米的一排硬币数量相同，是自己还是埃米的一排硬币数量更多。埃米毫不犹豫地回答道："我的更多，因为我的一排硬币更长。"

勒尼意识到在数学活动记录中，尽管埃米能够数数，也能意识到数词，但是她还没有完全理解数概念。

像埃米这样的幼儿对于事物的理解还依靠事物的外观。埃米已经6岁了，她可能会告诉我们4枚硬币重新摆放之后，还是4枚。然而，当数字太大而难以理解时，她就困惑不解了。当9枚硬币重新摆放之后，她查看两排硬币并判断哪一排看起来更多一些。在物理世界中，涉及逻辑的答案并不会通过更好的观察就"显而易见"。埃米必须使用逻辑来建构重新排列硬币后并不会改变所有硬币的数量这个答案。

勒尼对埃米的期待建立在她对幼儿发展和学习知识的基础上。她知道儿童理解物体之间这些逻辑关系的能力，会在幼儿园直到小学低年级阶段得到发展。她利用接下来几天和几周从评价中所获得的信息，进一步开发以游戏为中心的项目课程。

标准、期待和专业知识

十多年前举行的第一次全国会议，探讨了幼儿园数学教育标准问题。会议的目标是把幼儿数学教育领域的领导者召集在一起，"帮助那些对制定并实施幼儿数学教育标准负责的人"（Clements & Sarama，2004，p.xi）。这次会议的一个重要成果就是为幼儿教育政策的制定者和领导者提出了一系列建议。

对这个与游戏的关键作用相关的学习与教学领域提出的第一个建议是，"每一个幼儿的数学经验都应该主要建立在他们的游戏，以及学习与日常活动、兴趣和问题之间的自然关系之上"（Clements & Sarama，2004，p.x）。

以游戏为中心的课程提供了一个概念性的视角，帮助教育者以综合的、发展适宜性的方式思考数学课程的焦点和标准。表7.1展示了本章的案例如何体现宾夕法尼亚州的学习标准。

为了在全国范围内协调K—12年级数学课程标准，2010年由全国最佳教育实践州长协会中心（National Governors Association Center for Best Practices）以及州首席学校官员委员会（Council of Chief State School Officers）发布了数学领域州共同核心课程标准。数学领域州共同核心课程标准将K—2年级的标准确定为测量和数据、几何图形、数字和运算。数字和运算被进一步分成三类：数数和基数（仅限大班）、运算和代数思维、10以内的数字和运算。表7.2展示了本章的案例如何在以游戏为中心的幼儿园课程中体现数学领域州共同核心课程标准中的内容。

表7.1 以游戏为中心的数学课程学习标准

内容标准举例	案例
计算和估算	
用操作材料解决1—6特定数字问题	克雷格和阿斯莫在积木区的4块积木上放了4匹马。 玛丽亚告诉贾森她有3个纽扣，然后她用西班牙语告诉罗莎："Tengo tres, tres butones。"
几何图形	
辨识并描述模式；认出并扩展简单的模式	托马斯使用红色和蓝色的小钉在小钉板上做出不同的模式。
测量	
在日常情境中进行标准测量和非标准测量练习	史蒂夫用橡皮泥制作汉堡包，然后说汉堡包"太小了"。

续表

数学过程标准举例	
解决问题	桑德拉和梅琳达在用完了较大的积木后，用5块小积木代替较大的积木。
交流	尼基和施艾乐数着"1、2、3"唱完了"摇，摇，摇小船"这首歌，然后从船舷边走下去。 佩内洛普和尼古在点心时间用英语和西班牙语数饼干。
推理和验证	特雷莎向杰西解释说她知道还有更多小积木，"昨天我把它们摆放好的。"
表征	杰弗瑞用草先折了一个"7"，然后又折了一个"2"。
联系	乔伊和克丽丝塔比较了他们穿的衬衫上的条纹。

来源：Examples of Early Learning Standards from Pennsylvania Department of Education. (2010).Pennsylvania Learning Standards for Early Childhood: Pre-Kindergarten (Revised 3rd ed.). Harrisburg, PA: PDE.

表7.2　州共同核心课程标准举例：以游戏为中心的数学课程

共同核心标准举例	案例
数数和基数	
知道数名和数数的顺序；会数数并说出物体的总数；会比较数字的大小	乔希林和瑞娜用英语和西班牙语数他们用雪制作的生日蛋糕上的"生日蜡烛"。 基尔拉齐和奥马尔认出窗户外温度计上显示的-5℃。
几何图形	
会辨认并描述图形；会分析、比较、创造并构成图形	萨拉的学生用桶和其他容器制作了立体图形。
测量和数据	
描述并比较测量物体的属性	乔豪恩在建造积木建筑物的时候使用了对称图形。
数学实践举例	
在解决问题的时候理解问题并坚持	应学生的提问，萨拉和她的学生进行了一系列实验，判断雪、水和冰哪个最重。
抽象推理和数量推理	阿拉推理认为她对测量的热爱，就像《弗兰克爱数数》中的弗兰克一样。 乔斯林和蕾娜在户外用雪做成型号逐渐变小的生日蛋糕，然后在室内用积木表示生日蛋糕。
用数学表示模式	基尔拉齐用彩色瓷砖摆出像他家厨房地面一样的跳棋棋盘模式。 拉和埃琳用计数符号调查班级同学的喜好。

萨拉志愿成为她们学区课程委员会的成员，负责修改数学（K—12）的学习范围和学习顺序。在为委员会第一次会议做准备时，她重读了 NAEYC 和 NCTM 的联合声明（2010）。她复习了 NCTM 出版物的要点：《学校数学的原则与标准》（*Principles and Standards for School Mathematics*）(2000)和《幼儿园至8年级课程重点》（*Curriculum Focal Points for Prekindergarten through Grade 8*）(2006)。她和其他幼儿园教师开会讨论了这些文件，并学习了本州的数学标准以及州共同核心课程标准（CCSS）（National Governors Association Center for Best Practices，2010）。

尽管她看到了重复与相似之处，但她在各个标准的措辞和重点之处还是发现了差异。例如，尽管NCTM的重点有模式这个内容，但是CCSS在幼儿园层面并没有提到模式。萨拉知道模式对于幼儿的逻辑——数理推理能力很重要，因此她和其他小组成员决定把它放在课程之内。

在跟教师交谈的时候，我们不断听到他们担心许多标准中所设定的期望并不具有发展适宜性。多数教师对使用高利害测验作为主要评价手段持强烈批判态度，担心其对教师的教学会产生不良的影响。对此，我们一致同意。例如，在对幼儿学习标准的考察中，我们发现日常生活中使用的解决问题和计算能力都体现在书面标准之中。然而，许多学校和学区都鼓励教师主要通过与日常生活无关的枯燥的练习来达到数学学习标准。这就是一个例证，证明标准的实施而不是学习标准或者课程重点本身具有发展适宜性。

教师能做什么？3—8岁的幼儿教育者拥有很多专业知识，有助于数学教育发展适宜性实践的对话和决策。《幼儿数学：良好的开端》（*Early Childhood Mathematics: Promoting Good Beginnings*）（NAEYC & NCTM，2010）强调教育者和家庭作为主要参与者的重要性。相关人员都能够理解幼儿期是儿童数学理解能力发展的关键时期，并且教育资源平等也是必要的，这一点至关重要。

以游戏为中心的数学课程的学习环境

幼儿教育者精心安排以游戏为中心的课程，旨在让儿童在一整天中获得丰富的数学经验。游戏为发展幼儿数学理解能力提供了自然环境，并且数学是儿童游戏的自然特点之一。日常生活是幼儿学习数学的另一个自然环境。基本的数学能力，例如理解数概念及测量，对于在儿童期和成年期进行简单的日常活动是必要的。教师计划的活动为培养幼儿数学理解能力提供了第三种环境。

在整个幼儿期，以游戏为中心的数学课程包括游戏、日常活动以及教师计划的活动，但是在这个时期各种活动之间的平衡会有所变化。我们建议针对幼儿实施的以游戏为中心的数学课程，一定要以游戏为中心，但是要包括许多日常活动和教师计划的活动。我们认为小学一年级是一个过渡阶段，教师计划的数学活动会不断增加。在二年级，学生能够参与更多复杂的、长期的项目和活动。数学是项目活动中的一个重要方面，其中游戏、日常活动与教师计划的活动交织在一起。

游戏：促进儿童数学理解能力发展的第一种环境

　　自发的游戏、教师主导的游戏以及教师指导的游戏能够为幼儿提供各种可能性，让他们应用刚刚开始萌发的逻辑—数理能力。在游戏中，我们常常看到儿童重新建构日常生活中发生的事件：在娃娃家摆放餐桌，让每一个人都有一套餐具或者用橡皮泥制作"足够大"的汉堡包，让每个人都能得到足够的分量。

　　游戏有两个在日常情境中不常被发现但有助于儿童进一步发展的特点：第一，游戏是灵活的。一日流程和在日常生活中遇到的问题通常会有一个能够预料的结果，有时候只有唯一的一个解决办法。然而，在游戏中遇到的问题常常有很多种解决办法。它们为幼儿提供了机会，让他们"徜徉在数学的风景之中"。第二，游戏使幼儿投入到自己选择的问题之中。在游戏中，儿童以 NAEYC 和 NCTM 联合声明（2010）中所强调的至关重要的"强烈兴趣"探索数学想法。

　　我们认为，当教师鼓励儿童自己选择活动内容以及活动的难度水平时，儿童的兴趣会得到强化。当儿童投入到自己选择的问题中时，他们更可能在自己的最近发展区内工作。

　　在幼儿时期，游戏能够培养数学能力，它起到一个工具的作用。本章所列举的案例说明游戏在支持幼儿对数字关系和模式的理解时至关重要。同时，这些案例还说明以游戏为中心的数学课程能够丰富并支持儿童的游戏。

　　　　在弗吉尼娅所在的大班中，6岁的乔豪恩带着目的跑到积木区。他建造了一个两层的建筑物，并把它分为对称的两部分。一些塔型设计为对称结构增加了有趣的装饰。在这个建筑物前面，他建造了4个独立的看起来像动物的小建筑物。他把其中的3个搭建在右边，另外一个单独建在左边。利娅和贝姬一起工作搭建了一个城堡。它有一个三角形的地基，因此当人们从外面向建筑物里面看的时候，就好像看到一个舞台。他们也通过在一侧增加二层楼的方式突出了对称结构。

　　弗吉尼娅为儿童在积木建构中表现出的娴熟技巧以及他们的设计感到吃惊。她想知道他们以前在积木建构方面获得了哪些前期经验。在讨论他们的建筑物时，弗吉尼娅强调他们使用了平衡和对称，以及他们如何用小的形状"装饰"这个更规范、对称的结构，让它们有一点不对称的感觉。她指出有时候由于可以使用的积木数量有限，所以儿童会交换积木，此间他们会讨论关于每个儿童可以拿取的积木数量的公平问题。有个儿童还用两个短积木换了一个较长的积木。他们数了不同儿童所拥有的全部积木数量。为了完成他们的建筑物或者使建筑物获得更大的稳定性，他们会搜寻特定形状的三角形或者圆柱体积木。

德福里、卡米和其他人强烈建议幼儿玩规则游戏，它能够促使幼儿使用逻辑—数理思维。在《幼儿重新发现算数》（*Young Children Reinvent Arithmetic*）一书中，卡米（2000）描述了通过合作研究，她和教师们如何基于小组游戏和利用日常生活情境开发数学课程的过程。这本书里有一章是德克拉克（DeClark）编写的，她在这章记录了自己从一个依靠直接指导和作业的教师转变为一个主张以游戏为中心的课程的教师的过程。在《设计建构主义幼儿课程》（*Developing Constructivist Early Childhood Curriculum*）一书中，希尔德布兰特和赞（DeVries，Zan，Hildebrandt，Edmaiston，& Sales，2002）生动地阐述了小组游戏能够帮助儿童从他人的立场看问题，因为他们必须理解并按照他人提出的规则进行游戏。卡米（2013）和奥尔沃德（Alward，2012）认为游戏和拼图（特别是在社会背景中的游戏和拼图）能够为幼儿和成人的逻辑—推理能力提供一种环境。这两种理论都在对思维过程进行微观分析，这些过程包括使用操作材料的、带有数字和单词的具体游戏。

日常生活情境：促进儿童数学理解能力发展的第二种环境

日常生活情境能够为儿童提供一种机会，让他们得以在自己的生活和他所在社区的生活中以非正式的形式理解自己的世界，发展数学理解能力。约翰·杜威（John Dewey，1998）提出的这一对于现在来说依然经典的原则，受到了许多数学教育者的重视。在幼儿遇到并尝试解决日常生活中涉及逻辑—数理思维的问题时，他们认识到随着自己理解能力的发展，他们在解决那些对于自己很重要的问题，而不是在作业纸上出现的简单问题时，将变得更加得心应手。

许多一日生活活动需要测量

米雷尔所在的保育中心有5个幼儿，他们的年龄在2岁半到5岁之间。这天早上，他们围在水族缸前面学习喂鱼。米雷尔向他们展示如何揭开鱼食罐的盖子，向上拿着鱼食罐，然后捏一小撮鱼食。今天轮到特德喂鱼。5岁的特德捏了一小撮鱼食，但觉得鱼食太多了。他一片一片地从左手掌向右手掌慢慢挪动，包括米雷尔在内的所有人都出神地看着。特德把这些多余的鱼食放进鱼食罐。他转过身开始喂鱼，在第一片鱼食落入水中之前，有的鱼就已经游出了水面。

孩子们每天走进大班教室的时候，萨拉都在门口放一个调查表，让儿童"投票"决定当天教室里的活动，例如在教室内还是在户外吃点心。在这个流程开始几周之后，艾拉和埃琳开始使用教室中带夹子的写字板、草稿纸、计数符号，对同学们的喜好进行"调查"，询问朋友们最喜欢的颜色或者在学校中喜欢的地点。

教师计划的活动：促进儿童数学理解能力发展的第三种环境

在以游戏为中心的数学课程中，教师计划的活动构成了一系列活动中的一部分。

帕特为大班的幼儿设计了一个加油站项目活动，其中包括与数学有关的教师计划的活动、儿童自发的游戏以及日常生活中的数学活动。在院子里的一个角落，她用两个大纸板箱搭起一座加油站，还包括一个油罐和一个压力测量仪。孩子们立即推来三轮车、小货车，从水箱那里拔出一根长度适宜的水管。在几天时间内，司机们都在忙着按量加油、检查胎压、按升抽油。

帕特把加油站项目加以扩展，增加了她所在学区的社会学习课程"我们的邻居"。帕特能够向家长和管理者解释这个项目如何突出学习标准中的内容，因为她掌握了宾夕法尼亚州数学和社会科学的框架及标准。

儿童在加油站讨论自己的经历。许多人分享了清晰的记忆——汽车坏了又被修好了；一个轮胎瘪了，汽车坏在高速公路上；汽车被盗；发生事故。这样的交流很重要，讲故事的人都得到了班级同学的关心和同情。孩子们在自己的日记中通过画画的方式写下了这些经历。一次去学校图书馆，孩子们把所有关于交通工具和运输的图书进行了分类。

帕特安排了一次去当地加油站的参观活动。孩子们聚集在机械师周围，他指给孩子们运输汽油的大型卡车从哪里把汽油抽进地下储油罐。孩子们最开始只是估测，然后询问卡车司机储油罐里有多少升汽油。车库里的一位机械师还向他们展示了各种不同的工具。许多孩子都喜欢型号各异的扳手。他向孩子们展示了如何测量油量，以及如何小心地用漏斗倒油。

一些幼儿园中的教师专门为数学设计了一个特殊的区域。斯凯尔斯（Scales，2000）观察过无数的教室，据此她写道，几乎没有幼儿园班级会像设置读写区和科学区那样设置数学区。在这样的幼儿园中，教师可能不会评价并持续支持空间推理和计算能力的发展。除了布置数学"随处发生"的环境之外，教师还可以考虑设置一个数学"发生在这里"的区域。

游戏生成的课程和课程生成的游戏：学习数学的综合环境

在以游戏为中心的项目中，儿童的数学理解能力可以在游戏、日常生活情境以及教师计划的活动中得到发展。实际上，这三种环境很少单独出现。例如，我们常常看到幼儿将日常生活对数学的应用融入自发游戏中。同样，教师也常常设计一些活动扩展幼儿对这些相同概念的理解。针对幼儿教育项目的观察表明，游戏能够生成教师计划的活动，教师计划的活动也经常会导致儿童自发的游戏。

游戏生成的课程：教师常常报告说，在丰富的环境中观察幼儿的游戏能够帮助他们产生有创意的想法，设计富有创造性和挑战性的活动。许多幼儿园和小学的学习标准包括辨认并说出基本的欧氏几何图形的名称，例如三角形、圆形、正方形和长方形。儿童是想象力丰富的积木搭建者、沙堡设计者和艺术家，他们有学习更加复杂的数学词汇的需要。

通过对幼儿游戏的认真观察和反思，幼儿教育者创造了无数的方式扩展游戏，使之成为与他们的教育项目的期待或者标准相关的教师计划的数学活动（参见：Copley，2000；Drew，Christie，Johnson，Meckley，& Nell，2008；Ginsburg，2006；Murphey & Burns，2002；Sarama & Clements，2006；Seefeldt，Galper，& Stevenson-Garcia，2012；Smith，2009）。

萨拉注意到孩子们对雪很着迷——它是怎么轻轻飘落到地面上的？它是怎么慢慢地在他们的舌尖和温暖的手心里融化的？它是如何被风吹动的？凯莉抓起一把刚刚飘落的雪花放在自己的手上。她问萨拉这雪是不是比水轻，萨拉回答说："我们怎么才能知道呢？"

在她的鼓励下，幼儿把刚下的雪装到碗里，满满的雪没过了碗的顶部，然后把它端回教室中。萨拉也同样装了一碗水。他们把这两个碗放在天平上称，儿童看到装雪的那边天平升起来的时候感到十分惊讶。比利想知道"如果雪融化后会怎么样"。

这样，一系列实验开始了。他们决定把这碗水冷冻，看看它有多重。在午饭前，他们把这个碗放入冰箱冷冻室。萨拉帮他们看着时间。当他们一小时后回来时，发现它还没有冻上。两个小时后，它还没有冻上，但是放学的时间到了。第二天早上，当他们来到幼儿园后，每个人都急切地想知道结果。每个人都有机会摸一摸碗里冻的冰。这次确实冻得很结实，但是它变得更重了吗？

萨拉制作了一个表格，用分别表示雪、水和冰的图形符号记录了他们发现的结果。儿童先按照从最重到最轻的顺序进行猜测，然后检验自己的猜测，最后根据发现的结果纠正表格上的信息。

我们在这里看到凯莉在游戏中明确地提出了一个数学问题。幼儿的持续兴趣和他们提出的问题激励萨拉去计划相关的活动。在这些活动中，幼儿用自己的词汇表达他们的数学想法，把测量雪和水的重量与其他测量经验联系起来，在萨拉绘制的简单表格中表征他们的发现，推理与验证自己的假设。

游戏生成的课程能够让幼儿在数学、读写和科学之间建立起关键联系。《在数学课上阅读：为数学探究活动选择和使用绘本》（*Reading in Math Class: Selecting and Using Picture Books For Math Investigations*）（Thatcher, 2001）和《图书很重要：数学主题的儿童书》（*Books Count! Children's Books with Mathematics Themes*）（Bohart, 2012）这两篇文章都建议教师选择与数学有关的图书。我们认为，正如在他们的游戏中所显示的，与幼儿的兴趣相关的图书是特别有力的工具。

课程生成的游戏：如果教师从正式数学课回归到教师指导的和儿童自发的游戏，进而回归到开发与游戏相关的数学活动，那么我们便能够发现课程生成的游戏。幼儿通过自发游戏巩固并扩展他们在数学教育活动中获得的经验。

昨天4岁的米丽娅姆发现她能够在自己搭建的几何板上的大三角形之内摆出小三角形。今天她把彩色橡胶圈和4个几何图形组合成一个正方形。一位参与活动的家长沃德太太说，米丽娅姆"要去三角形的镇里"。米丽娅姆用几何图形板玩的游戏表明，她知道如何通过游戏来综合应用她对数学的理解并把它扩展开来。

教师在创设支持幼儿游戏的环境时，可以有意识地在数学项目中搭建一些桥梁，以突出学习标准的内容。

玛丽莲决定把戏剧表演游戏区变成一个商店。除了天平，她很幸运地找到一个老式的吊秤。她找来一个带有数字的贝茨（Bates）印章，孩子们可以滚动印章并印出不一样的数字。她从一个三年级教师那里借来一些手动计算器和一台老式加法器。她还拿来一盆像塑料拼插玩具这样的可以出售的小东西。她高兴地发现她有一些过期的优惠券以及当地超市每周发布的广告宣传页。大班的幼儿更容易理解图片和数字上的信息。商店现在开始营业了！在开张的那一天，工作人员和顾客发现玛丽莲忘了一项重要的内容：他们需要钱。于是幼儿进行小组项目，学习制作纸币和硬币。

当数学课程允许幼儿彼此互动并解决真实问题时，幼儿和成人能找到无数个通往游戏的桥梁（参见：Clements & Sarama，2009；Copley，Jones，& Dighe，2007；DeVries et al.，2002；Eisenhauer & Feikes，2009；Ginsburg，2006；Griffin，2004；Kamii，2000）。

在提供以丰富的游戏为基础的环境时，教师可以选择与具体的数学课程目标（包括教师、学区和州教育部门以及像 NCTM 这类全国性机构所制定的学习重点、学习标准）有关的游戏辅助材料。正如其他学科领域一样，教师也可以通过确保幼儿在数学活动时间有广泛的游戏材料可以选择，来促进课程生成的游戏。

萨拉发现孩子们在"赛车"活动中对测量着迷不已，她设计了一个测量活动，这体现了州课程标准中的内容，例如使用非标准测量单位、标准测量单位以及数学过程（例如交流和解决问题）。根据她对幼儿游戏的观察以及她对幼儿兴趣的了解，她准备了很多活动材料，包括从测量刚刚发芽的萝卜苗到测量操场的长度的活动材料。许多幼儿自发地在日记中写下测量结果，这反映出他们对识数和读写的兴趣。萨拉向儿童介绍了一条测量过的可以行驶汽车玩具的马路，她用彩纸在上面做了标记。之后，她把彩纸拿走，并介绍了非标准测量单位，例如雪糕棍、打了结的绳子、塑料拼插玩具，同时还介绍了标准测量单位，例如直尺、码尺以及受欢迎的卷尺。萨拉设计的课程最终还是回归到了游戏。萨拉拍了照片并写了观察记录，表明幼儿使用了标准测量单位和非标准测量单位、懂得一一对应、用词汇描述数学探究的结果，以及幼儿创造性地解决问题的策略。

小 结

当幼儿利用正在发展的逻辑能力解决在游戏中遇到的真实问题时,他们就是在进行数学思考。在解决自己的问题时,幼儿对数学的用途有了进一步的理解。

- **数学的本质。**逻辑—数理思维是数学思维的基础。在数学游戏中,幼儿探索环境中数学的维度,并反映出数学家工作的主要方面。他们会发展出对于数学思维来说很关键的学习品质,例如创造力、解决问题的驱动力。

- **幼儿数学教育的目标和基础。**数学教育最重要的目标是支持幼儿逻辑—数理思维的发展,相关的目标包括促进幼儿社会知识以及物理知识的发展。成功的数学教育项目支持幼儿的兴趣,并根据他们从家里或者社区带到学校的知识和经验进行设计。幼儿教育者需要决定适宜儿童的并与儿童发展相关的学习期待(也叫标准或者基准)。学习期待和课程紧密相关。NCTM(2006)已经提出作为数学思维基础的学习重点以及重要过程。

- **数学理解能力的发展。**在以游戏为中心的幼儿教育项目中,幼儿发展、巩固并扩展他们对数学概念和数学过程(理解数学的基础)的理解。教师应该努力使整个课程数学化。他们应该利用从间接到直接的一系列策略为幼儿精心安排游戏。幼儿逐渐加深对基本数学概念的理解,例如几何图形、数感和测量。幼儿使用数学过程理解所面临的数学问题。作为数学思维基础的关键的数学过程包括解决问题、交流、联系、推理、验证以及表征(NCTM,2006)。

- **以游戏为中心的课程能够促进儿童数学思维的发展。**以游戏为中心的课程根据每个幼儿前期的经验、优点和兴趣进行设计。持续不断地努力促进教育平等能够让教师重新检验教育项目,确保他们能够满足所有幼儿及其家庭的需要。在不断努力地让教育项目变得更加包容的过程中,教育者需要考虑他们如何能够在游戏、日常生活情境以及教师计划的活动这三种环境中使用更加丰富的策略。

- **对儿童数学理解能力的评价。**在以游戏为中心的教育项目中,评价是有目的的。评价总是与项目的期待联系在一起,并让教师更加了解课程,使幼儿受益。幼儿教育者利用各种各样的手段持续地对幼儿游戏进行非正式评价,包括观察记录、拍照片和拍视频,有时候以较为正式的评价作为补充。

- **以游戏为中心的数学课程的学习环境。**幼儿教育者精心安排以游戏为中心的课程，确保幼儿在一天中能够获得丰富的数学经验。游戏、日常生活活动以及教师计划的活动都是幼儿数学教育中的自然环境。

在从儿童发起的到教师计划的一系列均衡的项目活动中，我们发现幼儿能把精力、欢乐和想象带到他们自己与数学的关系之中。

知 识 应 用

1. 描述数学的本质。
    a. 利用玩雪游戏的案例说明你的观点。
    b. 写一篇观察幼儿投入数学内容的游戏记录。解释你的观察如何与逻辑—数理思维、物理知识和数学知识相关。
2. 描述幼儿数学教育的目标和基础。
    a. 针对 NAEYC 和 NCTM 的联合立场声明《幼儿数学：良好的开端》（2010）写一篇总结报告。
3. 解释幼儿的游戏如何支持他们的数学概念、数学过程的发展，并举例说明。
    a. 观察幼儿教育项目中的游戏，讨论你观察的游戏如何支持幼儿数学概念和数学过程的发展。
    b. 读一篇关于游戏与幼儿数学概念、数学过程发展的文章，并就此写一篇评论。
4. 讨论以游戏为中心的课程促进所有幼儿数学思维发展的方式。你的论述应该包括来自多元文化背景的儿童和特殊需要的儿童。
    a. 描述你如何在一个游戏区确保各种能力水平的幼儿都能够参与。
    b. 在两个具体的游戏区（例如，积木区、戏剧表演区）为来自多元文化和语言背景的幼儿提出辅助游戏材料和词汇方面的建议。
5. 总结三种或者四种适宜评价幼儿数学思维发展的方式。
    a. 根据真实的或者想象的幼儿自发游戏场景写一个案例，让读者了解幼儿数学思维的特点。
6. 讨论幼儿园和小学低年级儿童逻辑—数理能力发展的三种环境。
    a. 从日常生活环境中选取一个案例，为幼儿发展具体的数学技能或者数学过程提供机会。
    b. 描述一个幼儿自发游戏情境中的教师计划的数学推理活动。

第 8 章

语言、读写与游戏

学习目标

➢ 讨论包括"阅读和书写"在内的更多的读写方法。
➢ 讨论游戏中的交流对读写能力发展和"主题感"与"顺序感"发展的作用。
➢ 描述读写活动能够体现出来的儿童的能力。
➢ 确定儿童早期读写能力发展的途径。
➢ 描述有多少种"创作"的形式,尤其是儿童自己的写作形式。
➢ 讨论教师利用戏剧、讲故事和故事表演等指导性游戏来增加儿童读写机会的方式。
➢ 描述在从指导性游戏到自发游戏的过程中,教师应如何平衡读写活动的时间、空间、材料和引导以支持儿童的读写学习。
➢ 根据对儿童的读写能力的预期来为幼儿园儿童的读写活动设计课程和创设环境。

在帕特里克所在的学校,"故事表演"是一个常规活动。儿童可以选择每天向老师讲述一个"游戏故事"。之后,这个故事由他们的朋友在晨会时间表演出来。三岁大的帕特里克刚入学两周。他还没有与任何人成为朋友。他多数的时间都是在教师旁边度过的,在那里他经常观察故事表演游戏,但是他自己还没有讲述过一个故事。

当帕特里克悄悄地告诉老师他要讲一个故事的时候,发生了一个重要的突破。他第一次讲述了故事,他确信这个故事会在晨会时间被同学们表演出来。

集体教学活动时间,帕特里克被邀请上台(地毯上一个用胶带固定的矩形)。他害羞地走上前。帕特里克的故事是"我有很多朋友"。除了玛格丽特和芭芭拉(两名教师)外,他还把自己作为他的朋友中的一位。他的老师开始朗读帕特里克的故事。

教师:现在,听听帕特里克的故事里说了什么。他说:"我有'那些'朋友。"谁想成为"那些"朋友?如果帕特里克点到了你,你就直接走上台来。好了,帕特里克,谁举手了就选谁。好的,索菲娅,你被选中了。还有谁?

在老师的积极帮助下,帕特里克选了玛丽、伊恩和凯瑟琳。

教师:很好,现在,这些人就是"那些"朋友了。帕特里克的故事的结尾讲的是"我有'这些'朋友"。如果你想成为"这些"朋友,就请举起你的手,帕特里克将会选你。帕特里克,你想选凯利吗?你想让费利克斯成为"这些"朋友中的一员吗?好的,费利克斯,你是"这些"朋友中的一员了!

接着,帕特里克选了内森。内森走上台来,随后是杰西卡和萨姆。

教师:帕特里克,你现在有"这些"朋友和"那些"朋友了,你想让他们做什么呢?

帕特里克看见身边正好有钢琴,于是便说:"弹钢琴。"

教师:太好了,所有帕特里克的朋友都是钢琴演奏家。

对于3岁的帕特里克来说,这是多么重要的一天啊!他的故事不仅让他成为"讲故事"小组中的一员,而且使他从起初只有两名老师做朋友到现在有了新朋友——他的同伴。毫无疑问,他在其他人的游戏中也将被选为其中的一分子。

帕特里克的故事表演是教师指导的游戏,教师的存在、评论和提问支持了帕特里克的建构性学习。帕特里克的老师支持他首次尝试与他人进行互动式的对话。在参与故事游戏活动的过程中，孩子们会形成这样一个初步的意识，即他们交流的语言中包含着对他人回应性行为的期待。帕特里克必须告诉他的听众要做什么。随着他人的回应，他在社交中的自我意识将得到发展（Bahktin，2002；Richner & Nicolopoulou，2001）。

读 写 初 始

一般而言，读写被认为是指阅读与书写，但是它也包括说话和其他很多交流的形式。目前的观点已把读写形式扩展到更广的范围，例如数字化与可视化读写、音乐与文化读写等（Schickedanz & Collins，2013；Wohlwend，2013）。儿童读写能力的习得反映了家庭与文化价值观，同时也受到他们所处的社会环境的影响。尽管对读写的定义模糊不清，但是读写能力不但是学业成功所必需的，而且是布迪厄（Bourdieu，2006）提到的获得文化资本（cultural capital）所必需的。文化资本影响人一生的经济状况、社会地位与权力。本章所采用的观点是：读写源于儿童（尤其是幼儿）早期想要与他人交流的欲望、需求、情感以及自己对世界的最初认识的强烈动机。和成人一样，儿童通过多种形式（言语、非言语、手势）进行交流，而这些形式由文化、种族和家庭的传统与模式共同形成（Cook-Gumperz，1986；Erickson，2004；Genishi & Dyson，2009；Heath & Mangiola，1991；Wohlwend，2011）。

游戏为儿童的读写行为（literate behaviors）提供了一种激励他们的情境，而读写行为要先于具体的读写技能的发展。读写行为有无数的表现形式，包括言语和非言语的形式，以实现儿童想要交流自己的需求、兴趣、愿望的基本目的。对于幼儿来说，语言更大的作用是为今后的读写能力发展提供动力与框架（Heath & Mangiola，1991）。从维果斯基（1962）的社会文化的（sociocultural）视角来看，我们认为语言和读写能力不仅形成于师幼二元的指导关系之中，而且源于家庭与班级资源的整合（Heath & Mangiola，1991；Wohlwend，2011）。

游戏、语言和读写行为：天然的伙伴关系

在以游戏为中心的课程中，从图书区、语言艺术区到沙箱和化妆角，通过手势、动作、对话和书写符号而进行的交流为游戏与读写行为提供了支持。交流的机会能够让孩子们在游戏中确立主题并明确自己在游戏中的角色。即使不是每个人都

能认读，符号也可以用来标记事物、确定次序、设定边界（Schickedanz & Collins，2013）。

举例来说，在独自游戏和与同伴进行的社会性游戏中，孩子通过与自己和同伴对话来进行交流。诺厄站在画架前自言自语道："现在是蓝色、蓝色，现在是白色。"他正在学习创造一种新的颜色。又如，玛丽亚回答胡安说："我知道做什么能修一条隧道！你必须再挖一个洞。"孩子们也创造并共享他们的想象的世界，并在故事开始的时候就参与其中。莉齐的妈妈病了，她想玩医院游戏。她需要通过与人交流和使用语言让游戏继续下去，吸引其他的扮演者参与其中和实施游戏主题。另外，语言使游戏中这样的合作成为可能并促进了他们友谊的发展。帕特里克在讲他的"我有很多朋友"故事之前只有两位朋友，但自那以后，整个班的小朋友都成了他的朋友。

与他人的合作提高了游戏的复杂程度，这表现在游戏的深入、游戏时间的延长和游戏形式的多样化等方面。例如，莉齐的医院游戏开始只有一个病房，但随着孩子们对游戏主题的探索，医院游戏也得到了进一步的扩展，包括手术室、眼科门诊、药房和急救队。

许多儿童在读写丰富的环境中自主阅读

游戏和语言的伙伴关系也支持了双语儿童的发展。说俄语的玛莎对班里的故事游戏活动很感兴趣，在这种具有激励性的情境中，她通过向他人表达自己想玩游戏的需求，很快就掌握了英语说话技能。最终，游戏中的语言能让孩子们分享和交换读写方面的知识。比如，在一年级教室中，在常规的"小册子书写时间"，孩子们被鼓励自发交换他们的想法和分享他们对于书写的认识。通过这种方式，老师和同伴都成为儿童语言学习的资源。

交流是与他人游戏的先决条件

在与同伴进行的自发游戏中，孩子们根据他们的兴趣、能力、认知、社会性与情感发展水平重塑对世界的认识。娃娃家游戏不仅仅是"爸爸妈妈"做的事情的复制，也不仅仅是孩子们对他们听过或在电视上看过的故事的再现。

对于孩子们来说，自发创作的游戏故事为他们分享和培养主题与顺序（topic and sequence）感提供了机会——两者都是写作的基本要素。在这样合作性的读写行为中，游戏的主题和顺序是儿童通过与游戏伙伴们协商而确立的，从而成功地保持了故事线索的连贯性（Corsaro，1997；Jaworski & Coupland，2006）。

> 杰拉尼在玩沙盘游戏时，把几个微缩兔子玩具藏在"安全的沙山里"，并自编了以"救救冻僵的兔子"为主题的故事。而科迪延续了这个主题，他把干沙撒在沙山上，大叫道："下雨啦，下雨啦！"在两个人的游戏过程中，他们合作建构了一个主题，科迪沿着这个活动的适宜的顺序，扩展了起初的主题。

在这个案例中，杰拉尼和科迪口头协商了他们的建构游戏和表演游戏。然而，非语言性表达也有助于交流，并经常为儿童一系列自发的共享性行为提供所需的交流。追逐游戏、超人游戏就是这样产生的。一个孩子哼唱熟悉的超人的音乐，其他的孩子就会根据这个主题进行游戏。很快，一个高度整合过的俯冲或"飞翔"活动就开始了。

其他非语言类主题与顺序行为的创意活动发生在诸如娃娃家这类儿童对道具的功能都很熟悉的区域。例如，当乔西把洗衣筐递给刚刚挑选完熨斗和熨衣板的阿曼达时，他就是在玩这个主题游戏。当伊桑加入游戏并手持一根胡萝卜把它当剑玩时，很明显，他脱离了这个游戏主题，并没有与其他儿童正在进行的互动活动同步。

游戏是交流的一种形式

在获得语言表达能力之前，幼儿就已经能够传达需求与渴望、喜爱与厌恶、自身能力以及所处文化中的知识。他们在独自游戏和互动游戏中通过姿势、表情、对事物和活动的选择传情达意。在进行对话时，孩子们展现出他们独一无二的人格和所传承的文化，学会在社会文化多元性的班级中适应他人交流的需求（Corsaro，2003，2010；Dyson，1997，2003；Genishi，2002；Genishi & Dyson，2005，2009；Hughes，2003；Jaworski & Coupland，2006；Reynolds，2002）。明智的教师会密切关注儿童的游戏语言，并发现其中蕴含的以游戏为基础的文化、发展适宜性课程的丰富资源和真实性评价的依据。

培养读写行为

在孩子们有兴趣和动力去自发努力听写一篇文章或写一封信之前，我们却试图教给他们类似字母构成、语音规则等单独的技能，其实是把儿童语言学习的自然过程弄颠倒了。尽管幼儿经常玩字母构成的游戏，但他们在清楚说出一个单词之前，并不会使用或学会一个单词的各个组成部分的发音——在说出"dog"（狗）这个单词之前，他们并不会说"d""o""g"——而且他们在表达复杂的情感和欲望之前，并不是从更简单的句型开始的。正是通过非语言的交流——姿势、互动、表情——孩子们开始传达他们的渴求与痛苦。他们也只有在通过这些方法学会使用语言后，才逐渐考虑成人的规范（Heath & Mangiola，1991；Schickedanz & Collins，2013）。

以游戏为基础的课程的价值

与传统观点不同，儿童语言学习的方向和过程并不总是呈直线上升和不断进步的。研究告诉我们，对于某些孩子而言，这个方向有可能是曲线或反复的，有时甚至是退步的，随后呈现螺旋状（Heath & Mangiola，1991）。例如，在教师指导的游戏活动中，内森讲了很多故事，所有这些故事都围绕着他爸爸曾读给他的有关"披头士乐队"的传说。他的故事似乎在模仿他听到的成人故事。随着他愈加融入到学校文化和同伴中，他的故事开始具有个人意义。这时，教师们注意到，他先前冗长、复杂的叙事风格已经发生了变化，似乎变得更符合他的年龄水平。内森向同伴表达某些有意义事物的需求的迫切性，超过了那些似乎还没有掌握的高级的读写技能。

对于幼儿来说，学习很大程度上取决于他们想知道什么和他们何时需要知道。为了阐明这一点，让我们来看一下在儿童讲述故事活动中，他们的性别概念发展情况。

早期故事的建构

一般而言，3岁儿童讲述的故事的主角往往是毛茸茸的、无性别区分的小兔子和可爱的动物们。通常，由于4岁儿童具备更强的叙事能力，他们可能开始重复性地讲述他们从同伴和媒体上了解到的有关性别刻板的故事，这也标志着他们开始作为群体中的成员（Nicolopoulou，2001；Nicolopoulou，McDowell，& Brockmeyer，2006；Nicolopoulou & Scales，1990）。通常5岁和6岁儿童更具创造性和详细叙述的能力。他们的故事包含这种同样的性别刻板印象，并将其与一个人的兴趣与家庭经历和期望的内容交织在一起（Nourot，Henry，& Scales，1990）。

正如戴森（Dyson，1993，1997，2003）、佩利（Paley，1995，1997，2004）、吉尼希、戴森（Genishi & Dyson，2009）、托宾、薛、卡拉萨娃（Tobin，Hsueh，& Karasawa，2001）和其他研究者（包括 Tobin，2000）指出的那样，儿童的叙事故事经常围绕着力量、公平、性别、种族和文化等主题展开。关于这类主题的对话不仅为儿童提供了鼓励他们的语言和读写发展的环境，而且为社会中的个体建构更为准确和公平的观念提供了环境。

当孩子们有机会进行自发游戏并在其中能够自主时，他们就会将自己的经验和知识结合起来，并生成一种与他们的文化和个人生活相关的课程（Fein，ArdeilaRay，& Groth，2000；Genishi & Dyson，2009）。

安吉拉的故事：安吉拉的案例深刻地表明了这一点。安吉拉用图片描述了她贫困交加、无家可归的痛苦故事，然后她把这个故事讲给一位她信任的老师听。安吉拉故事中的用词使她的讲述更加生动并展现了她与居无定所的妈妈的很多生活。以下是她的故事：

> 从前有位妇人生活在一所房子里，她什么吃的也没有。
> 从前有位身着蓝衣的妇人想去商店，可是她没钱买东西。
> 这位妇人很害怕去商店，因为她担心有人可能会绑架她。
> 这位妇人有家却没有肥皂，所以她不得不买些肥皂来洗衣服。
> 从前有个小孩，他无处可去，居无定所，因为他没有住房，而那些与他在一起的人也不想要他。
> 东西都被偷了，什么也没有留下。
> 故事结束了。

安吉拉的故事不仅表明了她校外生活的失落与悲哀，而且表明她想与人交流自己的故事的需求。它证明了以游戏为基础的课程具有能满足儿童的这种需要的功效。而且，故事中的用词——"从前"与"结束"——表明安吉拉正开始掌握故事讲述活动的规则。对于无家可归的安吉拉而言，"学校"学习与生存过程中其他更基本的问题交织在一起。

在幼儿园，涂鸦或者画画是一种早期书写形式。它揭示了很多有关儿童对书写规则和文字功能的早期认识。我们发现安吉拉通过游戏学到的很多能力都可以在"儿童早期读写能力发展模块"中找到相应的内容。由国际阅读协会（IRA）和全美幼教协会（NAEYC）（1998）共同就早期读写适宜标准发布的立场声明中提到了该模块。例如：

- 安吉拉用图片代表了她的口头语言。
- 她在故事中描述了人物、地点和事件。
- 她意识到了图片或插图在故事中的作用。
- 她的口头描述与绘画作品中含有同一个主题。
- 她口述了一些句子。
- 她描述了故事的开端、过程和结尾。
- 她使用图片和口述的方式创造一个稳定的作家的声音和语气（更高级）。
- 她使用描述性词语并口述了一个完整的想法。
- 她按照一定的逻辑顺序再现经历或呈现故事。
- 当她的故事成稿后，每一页像书一样被装订在一起时，她展现了正确的拿书技巧（例如，书要正面朝上，页码翻页有正确的方向）（Scales，2004）。

以游戏为基础的读写课程如何为不同文化和语言背景的儿童服务

如今，课堂里的儿童有着不同的背景，他们为学校带来截然不同的文化、语言及处理英语语言的方式（Genishi & Dyson，2009）。传统上，教育工作者试图忽略课堂中社会文化的不同，以追求一种平等，但他们并没有注意到不同背景的儿童带来了丰富多样的游戏模式和语言（Derman-Sparks & Ramsey，2005；Genishi，2002；Genishi & Dyson，1984，2005，2009；Roopnarine & Johnson，2013；Tobin, Hsueh, & Karasawa，2011）。

在一个班级里，家长们通过用英语、俄语和汉语为各个区域和材料制作标签，帮助班级创设了一个文字材料丰富的环境，这也反映了学生们所具有的多样的文化和语言。一些双语学习者的年幼的弟弟妹妹、父母和其他亲友会经常来班上参观或做义工。因此，他们就有了既使用第一语言又使用英语的机会。这就营造了一种所有文化都被认可、接受、欣赏和所有儿童都感觉到自身被重视的氛围（Genishi，2002）。

以游戏为中心的环境为儿童习得第二语言提供了机会。与那些由成人经常控制话语权的课堂相反，以游戏为基础的课程使儿童能全方位地感受同伴的语言。由于语言能力在社会关系中的战略价值，游戏鼓励年幼的双语学习者提高他们的语言能力。但是，让班里说本土语言的人参与进来也很重要，因为这些本土语言使用者可以扩展孩子们使用第一语言和英语的机会。在语言各异的课堂上，图书和录音制品以及双语老师、助教、父母、志愿者等为所有学生提供了支持（Genishi & Dyson，2009；Genishi & Goodwin，2008）。

双语学习者：玛莎的故事

接下来，我们将从一名移民儿童——玛莎的故事游戏记录中抽取出更多详实的案例。我们记录了玛莎第二语言的习得和她融入一个美国幼儿园班级的游戏文化的情况（Scales，1997）。

> 由于玛莎刚从俄罗斯迁居到这里，所以她几乎不会说英语。她非常擅长艺术活动，而且秋冬季大部分时间都沉浸在这些活动中，很少去外面操场上玩。集体活动时间，当孩子们进行故事游戏的时候，她注意力非常集中。尽管她对此兴趣浓厚，但是她也只在学年开始的10月很费力地讲了一个故事。下面就是玛莎讲的故事内容：
>
> "我的头和我的眼睛。
>
> 我的面纱……白色。
>
> 玩面纱。
>
> 有人搜我的面纱玩。"

上面这个故事是她初次使用英语。在这个故事中，她努力用舞蹈语言重温与其他同伴旋转彩色围巾时的兴奋感。

这次尝试之后，玛莎好几个月没有讲故事。但是，她开始在绘画桌边交到了朋友，而绘画桌也是在一日生活的大部分时间里离老师很近的地方。最终，4月初时，玛莎跑到她最喜欢的老师珍妮特身边，迫不及待地说她写了个故事。这是她自去年10月以来写的第一个故事。它是一个关键性的故事，反映了玛莎当时的社会性发展。在她的故事里，我们听到一个镇定的4岁女孩间接地宣称她现在准备好进入同伴们的世界了。她象征性地向她的良师益友（还有那张绘画桌）优雅地道别。她把故事中唯一的角色用老师的名字命名，以此来婉转地赞誉她的老师。让我们来听听玛莎的故事：

> "从前，有个名叫珍妮特的小女孩。她特别喜欢画画，画漂亮的画。她停下画漂亮的画，开始爬树。故事结束了。"

从4月到7月1日，玛莎讲了19个故事。这些故事生动地反映了她通过不断变化的社会性动机而获得的更高层次的发展、她越来越纯熟的英语表达技巧和对同伴文化的了解。首先在她的故事中出现的是俄罗斯人也很熟悉的人物角色——灰姑娘，很快其他迪斯尼的人物角色开始加入进来。她确信有很多角色足以使所有的新朋友都参与进来；有时她会增加角色，这样所有人都可以加入进来，不会被落下。有的故事涉及两个灰姑娘，其他故事会有好几个名字叫波卡洪塔斯的角色，只不过区分成"大波卡洪塔斯"和"小波卡洪塔斯"。她写了几个有关"飞马"的故事，令老师十分诧异的是，随着玛莎的飞马主题越来越融入同伴文化，很多小马开始每天绕着操场"飞"。尽管劝她飞得慢点，但玛莎一直在飞。她已经使整个学校成为她自己的了，这个时候，她可不打算停止飞翔。

到6月份，玛莎去上大班的前几个月，她的故事开始表达她不断发展的自我意识，最终她不仅独立于老师，还独立于父母。听听玛莎对于成长的反思吧：

"从前，有个小孩和她的妈妈在一起。妈妈对她说：'宝贝，快看，你爸爸来了。'她的爸爸过来了，并给这个小女孩拿了一个玩具。这个小女孩长成了大姑娘，故事结束了。"

玛莎的故事是关于一个孩子在语言习得与社会融合方面成长的生动记录，同时它也以细微的方式显示了她的个人游戏主题（飞马）怎样融入她的美国课堂文化中（Scales, 1997）。

希菲尔德和加尔珀（Seefeldt & Galper, 2002）认为，通常年幼的双语学习者其第二语言习得的模式与其第一语言的发展模式相似（Otto, 2010）。在玛莎的例子中，我们发现：

- 有一段沉默期（在这段时期，玛莎与妈妈及说双语的表弟用俄语交谈。）
- 尝试性使用新语言（玛莎的第一个故事），其标志就是使用简单的句法、语法和超短句。
- 语言结构的复杂性逐渐增强（例如包括过去时、将来时与现在时等动词时态的使用）（这是玛莎结束幼儿园生活的过渡）。
- 使用超短句。
- 动词/名词结构从现在时转换到过去时与将来时（玛莎结束幼儿园生活的过渡）。

我们发现，玛莎用来讲述故事的语言明显反映了这种模式。

当然，这种模式可能会发生变化。在下面的专栏文章《近距离观察：一种模式并不适合所有儿童》中，我们可以从玛莎的小表妹索尼娅身上看到这一点。

> **家庭多样性** 近距离观察：一种模式并不适合所有儿童
>
> 在学校的第二个月，自开始尝试性使用英语之后，索尼娅交了一个说英语的朋友，这个朋友开始代表她"说话"。在学校时，索尼娅既不说英语也不说俄语了。在午睡时间，她也不再唱"ABC"歌了。虽然索尼娅和她的新朋友的互动并没有语言的参与，但是她们形影不离。教师对此很警觉，并把此看作语言或情感障碍的一个信号。教师经常询问索尼娅的父母，但是她父母说他们的孩子在家说英语更流利了。教师对此持怀疑态度，直到索尼娅的父亲与教师分享了一个录音带以证明索尼娅已经获得了双语能力。索尼娅讲的英语比她父母还流利！然而，在进入大班跟她的新朋友分开之前，索尼娅在学校仍然少言寡语。

这个故事确切地表明了，第二语言的学习是如何影响儿童的社会情感的发展的。它也显示了在儿童学习语言和读写中我们反对"一种模式适合一切"这种观念的必要性。同时，它也说明在一个以英语为主要语言的班级中，作为一名双语学习者是多么的不易。它使我们更加欣赏那些不按规则、总是用最具独创性的方式学习的儿童（Dyson，1997；Genishi，2002；Genishi & Dyson，2009；Genishi & Goodwin，2008；Roopnarine & Johnson，2013）。

重视读写行为的重要性

当老师说可以通过画画来展示他们自己所扮演的人物所穿服装的特征时，这群飞奔的"超级英雄"们正精心设计着游戏。孩子们兴奋地绘画着人物角色。接着，老师给每个人物的服装的主要部分贴上标签——例如，某个角色系着一条特殊的腰带。作为"超级英雄"的专家，孩子们运用自己的语言技能向老师传达关于人物角色的信息，以便教师可以准确地标示人物。对于那些年长的孩子，老师可以请求他们帮助拼写，让他们自己贴标签，鼓励他们用语言核实和探讨图片的细节与故事顺序。因为他们需要考虑到他人的反应，因此所有的交流方式（写、画、口语表达、不同媒体的使用）都作为垫脚石服务于更高层次的读写概念发展。

读写萌发

在研究孩子早期的画画、涂鸦和做标记活动的过程中,研究人员发现,在孩子们学习这些形式之前,他们似乎就已经知道书写是为了什么(Schickedanz & Collins, 2013)。例如,格雷夫斯(Graves, 1983)指出:

> 儿童想要书写。他们想写上学第一天的事情。这不是偶然的。在孩子们上学之前,他们就已经在墙上、路上、报纸上用蜡笔、粉笔、钢笔和铅笔等任何可以做标记的东西写写画画了。孩子们在做的标记上告诉人们"这是我"。(引自: Morrow, 2009, p.232)

克莱(Clay, 1966)首次使用了读写萌发(emergent literacy)这个概念。以下是关于读写萌发的一些关键特征:

- 读写活动始于人的生命早期并不断发展。
- 读、写、口语表达和读写能力在发展过程中彼此相互影响,它们之间存在一种动态关系。
- 在家庭、社区与学校的各种情境下,读写活动每天都在发生,儿童的读写能力每天都能得到发展。
- 读写能力习得的环境经常具有社会性,即儿童读写能力的获得经常发生在儿童与成人和其他儿童的合作中。
- 读写活动蕴含在诸如艺术、音乐、游戏、社会性学习与科学活动中,而这些活动中的读写往往是有目的的。

任何发展层次的儿童都可以以这种方式进行读写,同时这种方式提供了一项以个人需求为基础的课程(Morrow, 2009)。

正如伯杰龙(Bergeron, 1990)定义的那样,全语言教学与读写萌发很相似,因为它既体现了语言发展的哲学观,也体现了其教学法。这个概念意指在引起学生意图与动机的有意义活动的背景下,让他们进行真正的读写活动。

书写、图片和故事结构

书写对于帮助幼儿掌握"故事"或"叙事"概念以及这个概念暗含的其他方面很关键(例如: Dyson, 1989, 2003; Dyson & Genishi, 1994; Genishi & Dyson, 2009)。

反过来，书写作为社会情境的一部分而出现。当儿童围绕涂鸦、画画、贴标签、字母书写或口述等活动进行分享与交流时，书写活动经常出现。与朋友分享的主题不论是超级英雄传说还是其他天马行空的角色，儿童都逐渐理解了作者之于文章和文章之于读者的关系。

由此，孩子们逐渐理解了故事要符合他们文化所特有的叙事特征。安吉拉以"从前有……"作为新的故事情节的标记，以"故事结束了"作为结尾，并在故事里用"接下来"表示发展顺序。随后当她需要解释事件的发展顺序时，她就使用因果关系词将事件连起来（使用"因为"和"所以"）。

班级中书写的机会应该很充裕（Morrow，2009）。孩子们应该被鼓励通过制作信箱传送邮件来彼此传递消息。这个信箱由结实耐用的、有12个分区的饮料盒制成。此外，还应该鼓励他们动手将几页纸装订在一起或用线绳穿洞制作成图书和出版物。在一节课上，当一个儿童介绍想法时，对于所有人来说，一本自制图书就证明了这是一个成功的活动（Koons，1991；Schickedanz & Collins，2013）。对于小学低年级阶段的孩子来说，更高科技的书写活动包括在计算机上写日志、PPT演示、写邮件等（Schickedanz & Collins，2013）。

另一项激动人心的书写活动是每天写日记：儿童通过书写或绘画记录自己的经验。儿童可以借助声转文程序独立写作，也可以直接向老师讲述日记内容。通过给美术纸封面增加页码或将非常牢固的纸粘在一起——更小的孩子使用无划线的纸，年长点的新手作家使用有划线的纸——这样就可以开始记日记了。

发音意识与语言模式

字母—发音对应具有专一性，必须要教给儿童。介绍这些对应的情境越有意义，对应就越有效。一个有意义的情境的例子可能始于一个孩子的名字。名字开头字母的发音是什么？名字结尾字母的发音是什么？诸如音节等语言韵律与结构中的模式可以通过对儿童名字中的语音进行拍手游戏引入。在《活跃的孩子的积极经验：读写萌发》（*Active Experiences for Active Children: Literacy Emerges*）一书中，希菲尔德和加尔珀（2000）认为音素意识包括：

- 发现韵律和头韵的能力。
- 语音记忆（phonological memory）。
- 分解、运用口语词汇和词汇中各个字母发音的能力。

尽管这些术语听起来很相似，但音素意识与自然读音法（phonics）不是一回事，也不一样（IRA/NAEYC，1998）。尽管音素意识存在于理解词汇中的字母发音之前，但它并不是词汇中的字母发音的系统化呈现。不管教阅读时使用什么方法（全语言教学法、系统语音法或兼顾两者），儿童首先要有坚实的音素意识基础（Schickedanz & Collins，2013；Wasik，2001）。

老师可以通过一件对儿童来说最有意义的事物——他们的名字——来引入字母—发音对应。例如，发出一个孩子名字的首个辅音，然后问："我在想谁的名字呢？"（Seefeldt & Galper，2000）。语音体系由音节、韵母、声母和音素组成（Yopp & Yopp，2009）。

自我书写可以促进早期读写能力的发展

改变孩子们名字的首字母来创造一个新的变化，这是另外一种吸引孩子们把注意力放在字母的发音上并做出非常滑稽的反应的游戏。

小学低年级的语言和读写学习：游戏激发动机

埃里克森（1950/1985）认为，小学生对于掌握他们的文化所重视的活动非常感兴趣，也需要证明他们在这些活动上的能力。比如，一年级的时候，他们更乐于参与成人的生活，在学习领域，如读写方面，也愿意接受老师和父母对他们的期望。

孩子的父母会参与到以游戏为中心的读写萌发课程中。他们有时会对孩子如何从画画、涂鸦、口述、假装写字和自创拼写到进行正式的读写提出疑问。哈丽特是一位小学低年级的教师，她给出了答案。她参与了由湾区写作项目（加利福尼亚大学，伯克利）主持的工作坊。她把她自己、班级环境和她的学生视为能促进儿童语言和读写学习的主要资源（Scales，1997）。她对于教授儿童具体的技能深信不疑（比如，她让儿童进行了拼写测试）。但是，重要的是，她足够明智，她为孩子们提供了充足的时间，让他们通过游戏性参与把知识与班级的社会资源整合到一起。为了获取字母发声识别技能、大写的规则、标点符号规则而进行的必要的练习，源于孩子们书写他们感兴趣的事物的自发性行为，而不是无关的重复。

在很多情况下，对"作者"的尊重使其处于被称为"小册子书写时间"的小组活动的中心。在这个过程中，哈丽特和接受过培训的父母志愿者为孩子们在指导性游戏环境中书写和绘画提供了支持。"小册子书写时间"之后，孩子就有机会坐在"作者的椅子"（author's chair）上向全班同学读或讲他们写或画的内容。有时候，哈丽特会指出孩子故事中的特别之处，比如，"听米歇尔的故事，当你听到人们交谈时，就举起手来；当他们停止交谈时，就把手放下。这就是对话。它没有让这篇故事更有趣吗？"这些实质性的参与活动不仅让孩子们专注于学习语言的功能，而且提供了教给他们基本的社会性知识的契机，如词汇、语言结构、拼写、字母—发音对应和语音意识。这些社会性知识产生于自主的、发展适宜性的活动中。

午饭后的自发游戏时间再次提供了写和画的机会，孩子们在此期间会写和画很多东西。它们可能像一个积木搭建者的警示牌说的"不要摇桌子"那样简单，也可能像两个小女孩写给校长请求得到好点的"羽毛笔"的信那样复杂。

她们写给校长的信呈现了她们已经学过的读写规范。

> 亲爱的博扬先生：
> 　　羽毛笔坏了。蓝色的羽毛笔比红色的羽毛笔好用。你能给第4间教室定制一些蓝色的羽毛笔吗？
> 　　　　　　　　　　　瓦妮莎和埃米莉

她们称呼校长为先生（M.r），但是没有把句点放在正确的位置；她们用了"先生"的缩写形式，但是把它写成了"M.r"。哈丽特注意到虽然她们并不总是在句子的开头用大写，但是她们的字母写得很好。每个句子的首字母恰好放在了左手边。在跟老师讨论后，女孩们需要复习她们写的信，并且如果她们希望学习大写的规则和字母的拼写，教师也会帮助她们。

在自发游戏和指导性游戏时间，游戏的生成力量激发了孩子们的创作热情。在此期间，有些小组甚至创作了更多的东西，如一个游戏或一张班报。

就像游戏所具有的短暂的特点一样，写作的创造性灵感也是稍纵即逝的，不能因为教师要草率地纠正儿童书写的形式而被中断。在这个班级里，教师和父母志愿者都没有为孩子拼写单词。他们鼓励孩子们自己弄明白这些单词是什么样的。随后，基于个体发展的要求，孩子们在教师的指导下学习正确的书写形式。以下是从这个班级观察到的情况：

在小册子书写时间，宙玛邀请老师看他的小册子。他已经写满了几页，并且每页都标了日期。他和他的老师从最早的一页开始。这一页上，伴随着一张生动的插图，宙玛的故事是这样的："THiS Is MY SPASMANHEEIZFLIEEN。"[1]

宙玛的老师哈丽特指着单词 THIS 说："我发现你改了 THIS 这个词。你是怎么知道词典里是怎么拼写的？"

宙玛低声说："我学过它，我就改了它。"

他的老师回答说："它是一个拼写的单词，你需要修改一下。"

教师在宙玛写的文字和图片下面认真地用一把直尺画了一条线，然后跟宙玛说："因为你已经知道很多关于词典拼写的知识，所以咱们来做些词典拼写吧。"她很认真地重抄了宙玛的故事中的第一个单词，然后热心地点评说："Is 的拼写也是对的，但是我们要把 I 放在这儿吗？"宙玛已经用了一个大写字母 I。

"不，我们要给它点上点，"宙玛回答说。他的老师仔细地在 This 后用 I 的小写字母形式写了 is。哈丽特和宙玛通读了宙玛写的故事，并邀请宙玛指出故事里的他用"词典"拼写方式拼写的三个单词。

宙玛指着 SPASMANHEEISFLIEEN，然后与老师讨论字母 c 在 spaceman 中的轻轻的发音。接着，老师一边写下单词 spaceman，一边邀请宙玛和她一起拼出来。之后，她说道："还记得吗？我们刚学过词缀'ing'。"宙玛在教师的指导下拼出了 flying 这个词。当她们继续阅读宙玛的故事时，教师指出，"两指距离"是词汇之间分开的一个原则（Morrison & Grossman，1985）。

宙玛的老师并没有谈及宙玛最近的写作作品（在作品中他仍有可能将最近所学的知识合为一体），而是谈及他最早的写作尝试。通过这种方法，宙玛在自己的作品情境中很轻松地就学会了他几乎已经掌握的正规的书写技能。在验证他早期创作能力的过程中，宙玛成了哈丽特所说的自我成长和发展的目击者。正如哈丽特的另一个学生米歇尔对其成为一名作者的成长过程进行反思时说的那样："一开始你甚至读不懂我写的东西！"在这个班级里，米歇尔在知道怎样写作前就已经明白自己是一名作者了（Morrison，1985）。这些由一年级孩子们书写的各种作品和由学前儿童创作

---

[1] 根据后面的内容可以知道，这里宙玛要表达的内容的正确的拼写形式应该是：This is my spaceman flying。——译者注

的游戏故事,为孩子们观察自己作为作家或剧作家所取得的进步提供了文献资料。

多媒体延伸了读写的意义

今天各种丰富的媒体资源反对将读写狭隘地定义为具体的阅读技能的获取方式。读写具有各种形式和作用。口述故事能刺激听者的想象力并有助于使阅读成为习惯。当然,书籍有助于儿童获得文学知识,如果有插图,还有助于培养儿童的艺术欣赏能力。录音制品不仅有助于儿童的想象力发展,还能影响儿童的语言能力与理解力。电影、录像机、电视、电脑等都对儿童的想象力、演讲能力、听力、理解力和音乐、艺术的欣赏能力大有裨益。从促进儿童的想象力到培养儿童控制和创造性运用媒体的潜能,交互式电脑对儿童的所有领域做出了最广泛的贡献(Bellin & Singer,2006;Brown,1986;Christie & Roskos,2006;Sarama & Clements,2002;Schickedanz & Collins,2013;Singer & Singer,2005;Singer,Golinkoff,& Hirsh-Pasek,2006;Singer & Lythcott,2004;von Blanckensee,1999;Wohlend,2011,2013)。

通过游戏提高儿童读写能力的动态方法

幼儿会自发地进行社会性戏剧表演游戏。对儿童言语和手势节拍的仔细观察揭示了:社会性戏剧表演游戏是何时协调和连贯的;儿童是否知道谁参加了游戏和谁没有参加游戏;这个游戏是关于什么的(Cook-Gumperz & Scales,1982,1996;Sawyer,2001;Scales & Cook-Gumperz,1993)。在某种意义上,一个非常协调的游戏场景就是儿童讲述的一个故事,而这个故事的主题和人物角色是大家一致认可的。

敏感的教师会通过做出回应,或者通过扮演游戏中的一个角色来帮助儿童进行社会性戏剧表演游戏互动,促进儿童这种读写行为的发展。他们一方面要避免以成人的力量主宰儿童的表演游戏,另一方面也要避免教育者的责任缺失。换句话说,在自发性和指导性游戏之间必须要达到平衡。

使用戏剧技术来提高儿童的社会性戏剧表演游戏水平

教师支持儿童进行更复杂的社会性戏剧表演游戏的一种方法,就是进入英国戏剧教育家多萝西·赫斯克特所说的"角色"中,即进入儿童社会性戏剧表演游戏的角色中(Bolton,2003;Heathcote & Bolton,1995;Wagner,1999)。赫斯克特提出了一套让儿童在班级中表演戏剧的技术,强调在以历史、生态和社会为主题的儿童自发创造的戏剧中，能够使儿童创造和演绎角色的策略。一个戏剧的范例聚焦于关爱动物栖息地。她为学龄儿童提出的其他场景涉及由技术发展而带来的冲击：当一个上游邻近村庄开始用大网而不是传统方式捕鱼时，一个以捕鱼为生的村庄怎样面对生计问题呢？（Heathcote，1997）

戏剧的主题来自孩子们天马行空般的想法。儿童基于自己的知识和理解来游戏般地尽情表演这些戏剧。这些方法对于学龄儿童尤其有用。赫斯克特认为，在戏剧互动（或游戏互动）的初始阶段，教师的干预必须潜移默化。通过承担一个角色来间接谈论正在进行的游戏或戏剧，教师可以支持并营造游戏的情境。

例如，通过此种间接方式，教师可以扩展游戏的主题，包括从随机的射击游戏到更紧密的医院游戏，这样就会有更多的游戏者扮演有意义的角色。在之后的场景中间接地借助先前的游戏经验，教师仅给每个游戏者一个标有红十字的袖标，就可以改变混乱的游戏的焦点。这个新焦点使得游戏经验不成熟的儿童参与进来，同时可以让大点的孩子在一个带有互动挑战的、精心设计的游戏中承担更多的复杂角色。

之后，教师需要转换职责来推动幼儿游戏的发展。在前面的案例中，作为"医院理事会"中一员的教师，现在可能只是一个不知道后面怎么做或谁来负责的"无助者"。通过这种方式，教师可以很微妙地将"教师权力"和权威转换成孩子们的创造（Heathcote & Bolton，1995；Heathcote & Herbert，1985）。

> 进入医院游戏情景，教师称呼贾森为同事："贾森，你有医院理事会颁发的可以作为急救中心负责人的资格证书吗？"得到确认之后，教师就从游戏中退出来了，建立了一个"带有电话的疾病控制中心"。贾森和他的朋友胡安开始操作急救车上的双方向盘，并指引"患者"到"重症患者监护病房"。

避免某些误区：教师在承担游戏中的"角色"时一定不能忘记他必须回归教师的身份——可以通过语言或位置的变化来向儿童发出信号——因为不管孩子玩得多尽兴，他们必须要回家。他们必须找到鞋、袜子、夹克和毛衣，游戏中的物品必须被放起来，学校也必须被清理好以便为第二天的活动做好准备。因此，不管教师在游戏中承担了什么角色，都应该可以在游戏中随时进出。此外，教师的"角色"从来也不应该是核心角色；当游戏中需要支持、引导和帮助时，这些角色应该让教师很容易提供帮助，而不是主导或支配儿童的游戏。

同时，基于他们在游戏中"角色"的假设，教师必须很清楚地表明戏剧是假装世界的一部分，其中的事物只是假装的。否则，孩子们或许会对他们游戏的真实性感到困惑。

考虑那些没能这样做的老师。一位教师花了几天的时间和一个孩子用硬纸盒、磁带和金属丝制作了一个机器人。当完成这个机器人时，这个孩子要求她"把电源插上"。老师听到后惊讶极了。当被告知"这是假的"时，孩子失望的表情是无法描述的。可以猜测到，孩子觉得他已经进入了成人有力的世界，而实际上并没有，他因此产生了混乱。然而，老师觉得她已经进入了孩子假装的世界，在这个假装的世界里，所有的事情因为它们只是假想的而成为可能。老师可以从这个案例中学到很多。

故事讲述和故事游戏

你还记得那个讲述故事"我有很多朋友"的3岁的帕特里克吗？通过鼓励一个孩子去讲述故事（后来被同学表演出来），老师为孩子内心深处的需要提供了出口——在帕特里克的案例中，就是他对朋友的需要。而且，由于孩子们渴望表达这些需要，由于孩子们有权选择主题、故事和游戏者，老师为孩子们的读写行为提供了丰富的土壤。

由佩利（Paley，1981，1986，1992，1999，2004，2010）提出的故事讲述/故事游戏课程，让人想起阿什顿-沃纳（Ashton-Warner，1963）的发现：如果儿童能自主选择词语（这

儿童既可以独自阅读，也可以和同伴一起阅读

些词会对孩子产生个人的或情感性的影响），他们就很容易掌握阅读能力。它是一个应用于幼儿园和小学的读写和游戏课程，为孩子们提供了机会，让他们从故事游戏讲述者最终变成他们自己剧本的创作者（Dyson，1997，2003；Owacki，2001）。

在下面的部分，我们将讨论一个学校在过去的几年里讲给老师的故事。在这个班里，故事讲述和故事游戏课程是相当简单的。孩子们每天都有讲故事的机会。讲过故事的和没有讲过故事的都会被记录下来，这样就能保证所有人都能讲到故事。

在一些一年级和许多二年级的班级里，孩子们写他们自己的故事，并为他们的同学读或表演这些故事（Dyson，1997，2003；Scales，1997）。通过减少道具来激发孩子们的想象力，儿童作家和其他他们选择的同伴一起来表演故事。对于那些还不会朗读的孩子，老师可以为他们读故事，而故事表演可以在儿童作家和教师很少的指导

下自然完成。有关这些故事的记录连同剧本改编所做的笔记可以放到每个孩子的档案袋里。

拉龙德：拉龙德来自一个工作努力、要求严格、不喜欢找借口的大家庭。她和班里大部分来自高知家庭的同伴不同。她在幼儿园的第二年，即4岁时，讲述了很多故事游戏。作为一个狂热的讲故事者，她很快就掌握了故事讲述和故事游戏的常规要求。

拉龙德在班里很受欢迎，她的故事提到了很多她的朋友的名字。在内容上，她的故事与家庭宗教生活、工作和大家庭环境联系在一起。拉龙德的故事很少把游戏当作一种活动提及，也很少有幻想的成分。老师通过现场做的笔记注意到，其他孩子经常叫拉龙德在游戏中扮演"王后"而不是"公主"的角色。尽管事实上在她自己的一些故事中，拉龙德为自己创造了一个"公主"的角色，虽然只是一个"因为她要做饭而离开"的角色。很明显，孩子们认为拉龙德在实际生活中只会做一些成人才会做的事情。拉龙德的生活中很少有聚会，也不会庆祝生日，她不仅有家庭琐事要做，还要"上下班"。

贾森：贾森是一个大班的幼儿，是唯一一个生活在由成人占统治地位的家庭中的孩子。他的父母坚决反对玩手枪游戏，并十分警惕地监控他看的电视节目，尽量不让他接触暴力。

就在今年，贾森很谨慎地尝试加入一个同伴群体，加入班里一群充满活力的男孩中间。他讲的最后两个故事中的第一个让他的父母感到震惊。

从前，有一条龙，他回到家里。他去了他朋友家里。然后，他去了另外一个朋友家里。然后，他看到一匹马。然后，他看到另外一匹马并杀了这些马。然后，他回到家里。然后，他看到成千上万匹马并杀了它们。然后，他看到一些人并杀了他们。然后，他看到了那些活在整个世界里的东西，也看到了他的朋友们并杀了他们。

凭借着这个毁灭一切的势头，贾森的龙去了"纽约"，在那里，"他杀害了一切事物"。然后，他回到学校，杀死了他的老师、他所有的朋友和学校里的人，并"把整个学校里的树全弄倒"。

最后，"……他毁灭了整个世界、整个天空和每一株植物。故事结束了。"

当贾森感到震惊的妈妈询问他这个游戏的时候，他扭头眨着眼睛看着她说："知道吗？我是条龙。"这对于老师来说不足为奇，因为她已经在贾森先前的故事里见过一条蠢蠢欲动的小龙。她认为这个故事是贾森的独立宣言。它充分发挥了贾森的想象力和以文学的、富有创造性的方式表达了他天赋好斗的能力。

下面是贾森的第二个（最后一个）故事：

> 从前有个魔头。接着这个魔头去他朋友家，没见到朋友反而看到那儿有条龙。然后，这条龙说："再见，我不想和你玩。我想去公园。"然后，这条龙去了公园，然后他在公园里玩秋千。然后，一个女孩来了，她问："你在这儿干什么呢？"然后，小女孩开始玩滑梯。然后，龙玩滑梯，小女孩玩秋千。接着，一只蜘蛛过来了，发现了一个网。他们都说："你怎么样啊？"（场景指导：一个人先说，然后另一个人再说。）
>
> 然后，龙回家喝了点茶。喝完茶，他就上床睡觉了。然后，一伙强盗进来了，他们环顾四周后就出去了。然后，这个小女孩又玩了会儿就回家吃饭、睡觉了。然后当她睡着的时候，一伙强盗进来了，他们四下望望，然后把小女孩的东西都偷走了。然后，他们从屋里出来。然后，他们在早上都醒了，吃了早餐。接着他们都回到公园，然后，举行聚会。（场景指导：所有的角色手牵手，开始唱歌。）故事结束了。

这里我们看到了一个有能力且精力充沛的6岁大的男孩子，他掌握了所学的故事写作常规。他使用了一个程式化的开头——"从前"。尽管大多数情节涉及的是身体活动，但有一个情节表现了他的心理活动：在第二句，当他说"没见到朋友反而看到那儿有条龙"时，贾森暗示了他的期望。为了阐释清楚和扩展故事，贾森提供了场景指导，并呈现了大众媒体中经常出现的角色（魔头和强盗）、童话故事中的角色（龙和蜘蛛）和其他角色，所有这些角色都使用了直接的语言并进行了互动式对话。故事中的句子结构复杂，包含了诸如"当她睡着的时候"的从句。

通过运用这些故事写作常规，贾森编造了一个故事。这个故事成功地融合了他自己的日常生活内容（上床睡觉或去朋友家、公园等），也包含了家人和老师对他的期望（吃饭，然后睡觉；女孩和龙轮流玩滑梯）。很多传统故事的叙事风格就是，所有的角色不论好坏，最终成为朋友。贾森的故事遵照了这种叙事风格，并且在他的故事中，他们都去了公园并举行聚会。此外，通过涉及魔头和强盗的细节，贾森包含了同伴文化的需求。现在他不仅使自己成为自己，而且成为集体中一名成熟的成员。

在小学阶段，幼儿园的故事讲述活动自然而然地演变为日记和小册子书写活动。

正如本章稍早提及的二年级班级里的儿童有机会坐在"作者的椅子"上分享故事，或者如戴森（Dyson，1995，2003）极力描述的三年级班级里的儿童在"作者的剧院"分享故事，这些机会提升了儿童写日记和小册子的动力。欧瓦克（Owacki，2001）也在自己的书中用一章的篇幅描述了称之为"作者剧场"（author's theatre）的适合小学阶段儿童的课程。

当儿童思考和谈论他们的经历时，他们了解到他们可以把自己所谈论的东西写下来，而他们所写的东西可以被人们阅读。这时，他们开始学会倾听和学会与他人交谈，从而学会语言细节和书写常规。

平衡各种游戏的机会以支持儿童语言和读写能力的发展

读写行为在很大程度上受到各种课堂资源和活动的支持，其中包括故事讲述和故事表演，也包括自发性游戏、主导性游戏和指导性游戏，且这些游戏的机会应该均衡。对于时间、空间、素材和人员的谨慎考虑，为达到活动机会的多样化和均衡提供了有计划的情境。

游戏中的语言和读写时间

首先，课程为游戏中的读写行为留有充裕的时间吗？学校的一日作息时间安排应为儿童在所有区域的自发游戏留出比较长的且不受打扰的时间。如果儿童受到催促且一天的时间被老师分割成"集体时间""分享时间""点心时间"——也就是有太多老师的选择和老师的声音——那么儿童几乎没有机会通过读写行为将他们的游戏主题进行整合和情境化。

语言和读写学习的空间

游戏中的读写行为被给予了充分的空间吗？工作台、书写区和游戏区应有足够的空间让儿童进行交流，并进行适宜的布置以便让儿童能进行面对面的活动、共享材料，或者如哈丽特的"小册子书写时间"一样，让儿童能轻松地分享和交流他们的语言与读写知识。

游戏中的语言和读写素材

语言和读写游戏的素材包括各种书写和文字材料，例如书籍、目录册、卡片、剪贴板和便签。纸张、蜡笔、记号笔数量充足、摆放吸引人和持续的供给是必不可少的。书籍、纸张和书写材料不仅要放在读写区，还要放在化妆间、娃娃家游戏区、门外攀爬区附近、积木区内和玻璃鱼缸旁边（用来记录每日小蜗牛的发展状况）。在老师的帮助下，儿童可以为这些事物做好标签，画上指示箭头，制作识别活动和项目的符号与指示牌。对于教师和儿童而言，数量均衡的常识类书籍和幻想类书籍、传记、诗歌与字母书等都是极有价值的资源。为了提高儿童的文学作品分类意识，有些书可以在图书区的塑料箱里或书架上根据主题分类摆放。在教室的其他地方，有诸如动物栖息地、动物幼崽、鱼的种类等主题的信息类图书吗？

大多数州采取的州共同核心课程标准强调读写和数学方面的信息类阅读。其他领域（如科学、艺术、音乐、社会—情感学习）的州共同核心课程标准则强调针对项目和学生独立研究的某个主题，审慎选择信息类书籍与技术（Schickedanz & Collins，2013）。

动物园之旅后，二年级的孩子们研究了有关动物的信息类书籍。他们画了大象，并用"体型大""长鼻子"和"大长牙"等标签来确定它的主要特征。

游戏中的读写指导

在提高儿童读写能力的过程中，教师应知道何时和怎样有想象力地参与儿童的游戏，而不是接管儿童的游戏，并且应知道在什么时候以什么方式退出。在课堂中出现的以下几个问题需要注意。

负面交谈：当教师帮助儿童将负面语言转为正面语言时，就能促进他们的社会—情感学习。人们非常关心儿童使用语言的负面方式，例如骂人或不尊重他人。最糟糕的情况是说"我不是你的朋友"。在一个课堂中，教师认为可能需要在集体时间或谈话活动时间，邀请儿童创建一个写有"高兴"或"悲伤"的表格来帮助他们。教师们讨论怎样将负面词汇转变为正面词汇，从而使教室成为一个让人感到快乐的地方。成人称其为处世之道，即一种我们终身需要的能力（Mitchell，1993）。

与特殊儿童相关联：这些相同的教师想知道他们怎样才能在游戏中帮助孩子们与一位听力受损的儿童交流。有些教师建议邀请某位手语精通的人来教孩子们唱歌和做手语。教授手语的教师要求孩子们把手放在耳朵上，彼此尽力进行交流。孩子们真的很聪明，他们自己创造了一些非语言交流模式，例如"看着他"和"用你的手和眼神交谈"等。

读写标准：呼吁责任

很多幼儿教师正承受着实施强调早期读写技能标准的压力。这些评价基于一系列各州相异的标准。在某些情况下，这些标准与教师认为的发展适宜性实践相冲突，并因此限制了以游戏为中心的课程的效果。有些教师认为，太多的测试对儿童情感的健康发展是不利的，并有损他们的自尊（Fein，Ardeila-Ray，& Groth，2000；Genishi & Dyson，2009；Genishi & Goodwin，2008；Wien，2004）。通过采纳州共同核心课程标准和使用新的评价方式，很多州已经对目前要求的读写标准跨州一致性做出了回应，并因此使早期儿童专家和教育家开展了对话。在这些新出现的标准下，教师怎样确保在以游戏为中心的课堂里所有孩子都有平等的机会发展更广泛的读写能力呢？（参见：Fein，Ardeila-Ray，& Groth，2000；Roskos & Neuman，1998；Seefeldt，2005）

尽管一些教育家非常关注改进中的州共同核心课程标准，但是可以确信的是，测试仍是未来评价教育实践效度的主要方法。由国际阅读协会和全美幼教协会（IRA & NAEYC，1998）联合发布的"儿童早期阅读和书写发展连续体"声明为教师应用发展适宜性标准提供了有用的工具。

本章及其他章的很多案例都说明了标准是怎样在班级中运用的。这样的班级尊重语言的作用，并通过创设语言—读写丰富、以游戏为中心的环境来支持儿童的语言发展。这让人想到故事游戏课程对年幼的双语学习者玛莎所产生的推动力量。马修是一名有特殊需要的孩子，他努力使用语言在快节奏的幻想游戏中与同伴互动（见第11章）。3岁的帕特里克"我有很多朋友"的故事以及安吉拉吸引人的故事都显示了儿童学习的力量与动机，并表明了他们特定语言和读写能力的习得。在这些实例中，我们目睹了儿童读写学习能力的提高，包括他们通过讲述故事进行最初的读写学习（比如帕特里克和拉龙德）到他们创作出更成熟的故事游戏作品（比如贾森）。在与宙玛的小学老师会面中，我们注意到当宙玛"编辑"他的小册子作品时，他融入了有关读写规范的社会性知识。在埃米莉和瓦妮莎给他们校长写的有关班级"羽毛笔"质量的信件中，我们看到了她们的读写萌发能力。这些实例反映了教师在支持这些儿童获得更高层次发展中的作用。大部分情况下，对儿童早期发展的评价是基于儿童的作品集以及教师系统化的观察记录进行的。

教师知道，任一年龄段的幼儿都是按照阅读和书写能力的发展序列发展的。在

表8.1中，全美幼教协会和国际阅读协会（NAEYC & IRA, 1998）联合发布的声明中列出的发展阶段，描述了对幼儿的期待，也提出了相应的课程建议。

表8.1 儿童阅读和书写能力预期

预期能力	例子	教师和环境支持
阶段1：觉察和探究（小、中班目标）。孩子探索他们的环境并为学习阅读和书写奠定基础。	孩子听故事并假装阅读。他们获得正确拿书的技能。他们通过画和涂鸦，发展使用写字工具的能力。很多孩子开始写他们自己的名字并尝试写其他喜欢的词，比如彩虹、我爱你、亲爱的爸爸或妈妈。孩子喜欢给他们的绘画作品贴标签，很多人会根据他们的绘画作品口述故事。	每天都会在教室的很多区域提供时间、空间和材料用来讲故事。为儿童提供很多机会自发地或在教师的指导下探索拿书和涂鸦技能。在整个班级提供家庭和宠物照片。
通过熟悉的歌曲、韵律和游戏培养儿童的音素意识。	儿童开始认出喜爱的词汇的书写形式。	集体活动强调音素意识及开头、结尾字母的发音。
阶段2：实验性的阅读和书写（大班目标）。儿童发展基本的书面语言概念，开始从事和尝试读写，同时当他们进行读写时，其行为有助于培养音素意识。儿童会从涂鸦式书写发展到写笔记、标签和自己的名字等正式书写。	儿童可以使用自己发明的书写来丰富游戏内容。	通过模板和范例引入大小写字母；在一个印刷品丰富的环境中，提供合适的格子纸供儿童自发性使用。对儿童名字的音节进行拍手游戏能让儿童意识到音素单元和词汇的开头结尾。
阶段3：早期阅读和书写（一年级目标）。儿童开始阅读简单的故事，并能围绕某一主题进行书写。	儿童能阅读自己的故事和玩故事游戏。	在一日生活中，提供写日记和写小册子的机会。在整个班级里提供大量的书写材料来支持幼儿自发书写。
		可以在小组活动、集体活动或者与儿童一对一谈话时引入发展适宜性的文章结构规则、拼写规则和书写规则。
阶段4：过渡性的阅读和书写（二年级目标）。儿童开始更流畅地阅读，并用简单的句式或更复杂的句式写作各类文章。	儿童开始为他们自己创造写作任务，例如班级报纸或给父母、其他人写信，例如瓦妮莎和埃米莉给校长写信反映班上的"坏羽毛笔"。	在一日生活中，书写会持续发生；每天提供丰富的图书让儿童进行独立阅读或指导性阅读。对文章结构、拼写和书写规范的引导应在全体、小组或集体谈话活动中出现。在"作者的椅子"活动中或在阅读和讨论熟悉的作者的写作风格时，启发儿童思考书面文章的结构。

小　　结

一门以游戏为中心的语言艺术课程产生于这样的背景下：在强调诸如字母形成与语音规则这类孤立的读写策略之前，它赞赏儿童交流的作用和儿童可能做出的反应。

■ 读写初始。读写的方式很多，不限于读书和写字两种。它包括语言与非语言的谈话与交流，以及与众多新媒体和技术的互动等多种形式。

- **游戏、语言和读写行为：天然的伙伴关系。** 从图书区、语言艺术区到沙箱、化妆角，儿童在教室里游戏时进行的交流在很多方面都有助于他们读写能力的发展。交流能使儿童在共享的游戏主题中为自己创设一个角色。他们可以创造想象的世界，让游戏的主题继续指导其他角色。游戏和语言的伙伴关系有利于双语学习者的语言学习。它有助于儿童的早期故事建构。指示牌可以标示事物，表明荡秋千的轮流次序和设定边界。儿童甚至可以自言自语地交流。即使不是口头交流，但是当他们在娃娃家共享手势和道具时，他们也向人们表明正在进行同一游戏主题。比如，使用洗衣篮熨斗和熨衣板与娃娃家的游戏主题一致，而把胡萝卜当作剑则是偏离主题的。

- **培养读写行为。** 就像故事讲述一样，读写活动可以揭示儿童习得的读写规则。本章中，读写行为，尤其是假装游戏、社会性戏剧表演游戏和讲故事中的读写行为，被视为掌握"故事"或"叙事"概念以及其中所蕴含的观点的基础。当儿童交谈、画画和分享他们在讲故事时所做的尝试时，这些相关的认知就会出现在他们早期的生活中。

- **重视读写行为的重要性。** 读写的关键特征在早期出现并持续存在。儿童的读写行为在家庭、社区和学校的每日生活情境中得到发展。读、写、口语和读写之间相互影响，因此它们之间存在一种动态关系。读写活动存在于诸如艺术、音乐、游戏、社会学习和科学等活动中。

  - 尽管儿童的很多读写学习发生在他们与同伴和其他人的游戏交流中，但字母—发音的对应是必须要教的。

- **小学低年级的语言和读写学习：游戏激发动机。** 指导性和自发性游戏提供了大量的机会，让儿童成为自己故事的参与者、作者和读者。广泛的阅读与多种形式的书写让儿童理解了创作的体裁。儿童更有动力提高音素意识、认识字母—发音对应、适宜地使用大小写字母形式和掌握大写、标点和其他的读写规则。

- **通过游戏提高儿童读写能力的动态方法。** 教师可以通过戏剧、故事讲述和故事游戏等指导性游戏课程增加读写机会。当确信游戏中存在的问题的时候，一位敏感的教师可以通过扮演一个角色而加入游戏；而当儿童能自己玩游戏时，教师扮演的这个角色可以让他们随时离开。当一个新来者试图加入其他人的游戏时，问题就可能出现，此时教师可以引导新来者加入游戏或玩别的游戏。

  - 故事讲述和故事游戏是教师常用的预设活动。在儿童给教师讲故事并在集体活动时间邀请同班同学扮演角色的激励情境下，这些预设的活动支持了儿童建构故事能力的发展。
- 平衡各种游戏的机会以支持儿童语言和读写能力的发展。在从指导性游戏到自发游戏的连续体上，读写活动的时间、空间、素材和指导之间的平衡为儿童的读写行为提供了支持。尽管一个语言和读写丰富的课堂对儿童而言是强大的资源，但是学习语言所需的资源、媒介和环境并不限于老师和学校。在很多当代的课堂里，儿童的同学和学校之外的世界也是资源，而且这些资源提供了一个广泛的社会文化情境。通过以游戏为中心的语言艺术课程，我们可以利用各种文化和语言的丰富性。
- 读写标准：呼吁责任。教师可以利用全美幼教协会和国际阅读协会联合声明中指出的儿童读写能力预期，为幼儿园的儿童研发一些课程和为他们的读写学习提供环境支持。随着许多州采用州共同核心课程标准，教育工作者正在为如何确定职责来确保所有儿童拥有平等的受教育机会而展开新的对话。

知 识 应 用

1. 讨论包括"阅读和书写"在内的更多的读写方法。
    a. 请列出对于如今的儿童来说，除了阅读和书写以外，还有哪些非常重要的读写方法。
2. 讨论游戏中的交流对读写能力发展和"主题感"与"顺序感"发展的作用。
    a. 请观察娃娃家的儿童，并指出在儿童进行游戏的过程中，玩伴之间互动时是如何运用语言和手势交流主题和事件顺序的。
3. 描述读写活动能够体现出来的儿童的能力。
    a. 请搜集一些儿童口述作品的样本，并确定一些儿童获得写作规则的初级知识和文本功能的方式。
4. 确定儿童早期读写能力发展的途径。
    a. 请给父母写一份时事通讯，总结"读写萌发"概念的特征，建议他们使用儿童的名字开展一些游戏活动来帮助他们意识到语言模式与结构。
5. 描述有多少种"创作"的形式，尤其是小学低年级儿童自己的写作形式。
    a. 请检查一个小学低年级教室的室内外环境，从而发现哪些地方可以为写作创造机会。

6. 讨论教师利用戏剧、讲故事和故事表演等指导性游戏来增加儿童读写机会的方式。

    a. 和一位同事一起描述教师直接介入儿童游戏的益处，以及教师会遇到什么意想不到的困难。

7. 描述在从指导性游戏到自发游戏的过程中，教师应如何平衡读写活动的时间、空间、材料和引导以支持儿童的读写学习。

    a. 请利用你自己的班级或你所观察的一个班级，检查下每日作息时间安排来决定各种游戏机会之间是否均衡。

    b. 请对比下花费在生活活动、集体活动和自由游戏活动上的时间。

8. 根据对儿童的读写能力的预期来为幼儿园儿童的读写活动设计课程和创设环境。

    a. 请设计两个集体活动，活动要利用儿童的名字来唤起他们对开头的辅音、音节和音素的关注。

第 9 章

以游戏为中心的科学课程

学习目标

➢ 解释自发游戏如何增强儿童对物理世界的认知。
➢ 讨论平衡化的儿童科学课程需要达到的两个目标,包括与科学和工程相关的例子。
➢ 为以下有关科学本质的词汇下定义,并举例说明:科学实践、科学概念、交叉科学概念、科学内容。
➢ 使用建构主义理论解释儿童不能像成人一样开展科学和工程实践的原因。
➢ 描述教师通过什么方式,激发儿童对自然和环境的热爱。
➢ 指出教师满足有特殊需要的儿童和双语学习儿童的需求,并提升他们自信的几种方法。
➢ 举例说明课程生成的游戏和游戏生成的课程如何提高儿童的科学素养。
➢ 通过自己的观察,提供两个例子说明以游戏为中心的综合科学课程能够体现科学教育标准。
➢ 描述几种能够帮助教师在科学教学中建立自信的策略。

> 罗莎在树荫下的水边玩一艘小船。她慢慢地把船压下水面，看见水逐渐漫过小船直到把它淹没。她看着小船沉底，然后自言自语道："现在快上来！"她把小船捞了起来。她在树下捡了许多小石头和树皮，然后把六块大大的树皮碎片放入小船，"走喽——突突突！"她又在小船上加了三块小石头，小船开始进水。很快地，她继续加了两块石头，然后，小船沉了。石头和小船沉入了水里，而树皮从水里漂了上来。"树皮跳出来了！树皮跳出来了！"罗莎大叫着，她用手把树皮压入水底，手一松又看到它跳出了水面。

让我们简短地看一下罗莎的玩水游戏，这是幼儿教育的一个典型活动。罗莎自发的玩水游戏怎么和科学联系起来？幼儿在寻找他们自己的问题答案的时候就利用了科学，尽管这种自发游戏并不像科学家或者大一点儿学生那样有正规的、分析性的过程。当罗莎把小船压到水面下时，我们可以看到她在观察小船会发生什么。科学家和工程师把他们的思考和行为归结为科学实践。罗莎观察到水进入小船。观察是另一种基本的科学实践。科学实践（科学家所做的事情）与罗莎的行为发生了联系，这可以帮助她理解物理世界。同时，她扩展了自己对重要的科学概念的认知。在玩水游戏中，她发现了因果关系。然而，她还不能理解小船载重超过排水量就会沉没，而不超过排水量就能漂浮。不管怎样，通过类似的游戏，罗莎扩展了她对浮力的初步理解。同时，罗莎还学到了科学内容——关于树皮碎片的感性知识，如颜色、形状和大小。科学实践、综合概念以及具体的科学内容是合理设置幼儿科学课程的关键要素。

为什么幼儿教育需要强调科学教育？因为幼儿需要理解物理世界，正如他们需要学习社会知识一样，他们要把这两者都当作可理解的。科学是人类发展的自然和必需的组成部分。

游戏有助于科学认知的发展

尽管科学教育一直是以游戏为中心的幼儿教育课程的暗含部分，但是许多幼儿教育者由于缺乏科学背景，因此不能把课程与科学有机地联系起来。在一个丰富的、以游戏为中心的课程中，思维缜密的教师应该具有平衡游戏与教师计划的活动的能力，并能够清楚地区分教师计划的活动和儿童自发的游戏。

那么，教育者面临的一大挑战就是将基于幼儿自身兴趣的、以游戏为中心的课程与更正式的、教师组织和主导的科学课程连接起来。在本章,我们将厘清游戏与科学之间的关系。许多任课教师选用一些资料书或科学课程资料中现成的、较有深度的调查项目、主题和单元。尽管这些是非常好的科学课程,能够推动指导性发现的发展,但是这些课程大都不是幼儿自发的和基于幼儿自身兴趣的。从这个意义上来说,它们只代表了幼儿科学教育课程中的一小部分。

在设计以游戏为中心的课程时,我们强调儿童自发的游戏与教师指导的、主导的游戏并重。科学教育课程是以游戏为中心的课程的不可或缺的组成部分。教师可以使家长、其他教职员工和管理者看到,传统的以游戏为中心的课程在科学教育上是多么的丰富。另一个目的是指出教师如何扩展基于游戏的科学理念与实践,而这些理念与实践产生于教师指导的游戏、教师主导的游戏和儿童自发的游戏背景(见表1.1)。

幼儿试图学习外界知识,并弄明白事物是怎么运转的,这应该成为科学课程的中心。传统的科学教育通常包括自然科学,例如生物学、化学、物理学、地球和宇宙知识,以及最近的环境科学。现在已经发生了变化。在《K—12科学教育框架》(*A Framework for K-12 Science Education*)中,科学教育包括工程、科学及技术。

工程(engineering)并不仅仅局限于那些工程师所做的事情。科学教育中的"工程"意义更加广泛,它指为了解决特定问题,由一定人员参与其中的系统的实践行为。幼儿可能会参与到建造一个斜坡,让小汽车跑得更快这样的工程实践中。同样,他们会用工程实践的办法来研究怎样让秋千荡得更高,或者什么时候一起建造沙子城堡等问题。

技术(technology)在幼儿科学教育中也具有更广泛的应用,通常用来描述人们试图解决问题时用到的特定的系统和流程。此处的技术比通常所指的智能黑板、电脑、智能手机等工具有着更广泛的应用。它包括人们发明和使用的所有工具。

幼儿时期是幼儿学习使用各种工具的阶段。幼儿在使用自己文化背景下的工具的过程中习得能力,例如学习使用叉子或筷子吃饭。的确,幼儿教育家将大部分时间用来教幼儿学会使用技术,例如用剪刀剪东西、用铲子挖坑、用手握着铅笔写字。

我们乐于看到这种改变,它会扩大我们对科学的认知。在幼儿自发游戏中,工程和技术是时常被忽视的却非常重要的一个尺度。尽管这一框架和标准并没有将学前儿童和每一个K—12年级的学生都纳入适用范围,但是所有的幼儿在游戏和日常生活中都会接触到工程和技术。而且,这些幼儿在游戏中并不会把科学、工程和技术三者割裂开。当我们观察幼儿在学校、家庭、社区进行自发游戏时,我们能看到许多科学、工程和技术相结合的例子。

综合性的游戏课程是发展适宜性的幼儿科学教育的基础——科学既包括传统意义上的自然科学，也包括工程和技术。本章将从一次科学家参观幼儿教育的环境开始，分析室内和户外的活动带来了多少机会使儿童参与到科学中。

科学与自发游戏：科学家参观一个幼儿园班级

当幼儿游戏的时候，他们就会参与到被科学家认为是"学习科学"的活动中。几位科学家在参观一个本地幼儿园的时候，也产生了同样的观点。玛丽莲是一位生物学家，鲍勃是一位化学家，托尼是一位物理学家。

科学与户外的自发游戏

玛丽莲：我很惊奇在这么短的时间内发生了这么多事情。我看到了许多和昨天下雨有关的活动。杰里在观察一只蜗牛沿着沙箱边爬行，他注意到了蜗牛留下的银白色的痕迹。然后，他又发现沙箱木头边缘上还有许多其他蜗牛曾经爬行的痕迹。他和艾丽西亚还组织了一场三只蜗牛的"爬行大赛"。赛道就是一个斜坡。他们观察到蜗牛以不同的速度爬行。观察和对比是科学实践的基本原则。我惊奇地发现孩子们甚至还指出了蜗牛沿着特定的角度在向上爬。许多成年人都很难发现关于蜗牛行为的信息。

鲍勃：是的，对于孩子们在没有任何指导的情况下做出的事情，我也很惊奇。沙箱里的沙子很湿，有几个孩子提议做"蛋糕"。他们进行了大量的调查来找到最合适的"面糊"，也就是能在他们的蛋糕盘里定型的刚好的湿度。孩子们想了很多办法来增强"蛋糕"的强度，包括增加更多的水、更多的粗沙。通过实验这种科学实践，孩子们了解了不同物质的特性。他们的注意力持续了很长时间，一直全神贯注地投入其中，这让我印象深刻。

在孩子们游戏的过程中，玛丽莲、鲍勃和托尼指出了游戏中涉及的许多科学概念、科学实践和有价值的内容。例如，索西在卖力地荡秋千，她不断地改变自己身体摇摆的节奏，试图荡得更高。她从中学到了作用力和反作用力。莉萨和彼得在一个水坑里"钓鱼"，他们发现一只身上有许多小圈的大虫子，他们把它称为"装甲圈"。学习生物的不同特性是生物学习的一个重要方面。杰里和艾丽西亚的兴趣与研究动物行为的生物学有关。做沙子蛋糕的孩子们遇到的是一个工程难题：只有掌握好添加到沙子中的液体的量,才能让"蛋糕"牢固成型。

科学与积木区的自发游戏

  托尼:这看起来更像是"建筑学预科"。我惊讶于孩子们对于形状的理解和使用。小朋友们对三角形的反复使用和搭积木时应用的对称结构是科学、建筑学和数学的重要概念。

  玛丽莲:他们搭的积木太棒了!这些孩子们在不停地实验,他们在思索一个长条积木和两个短点的积木是否能搭配得更好……看,他们还在继续尝试……当然,他们玩得很开心。

  托尼:在游戏的过程中有许多机会让孩子们去提问、去思考。我在想他能不能找到一个好办法,让那个积木塔变得更稳固。

  玛丽莲:是的,路易斯正在学习"支撑"的概念……这是另一个重要的概念……看,现在我打赌他还要反复使用这个概念。

  科学家们集体陷入了沉默。他们认真地观看阿普里尔和塔尼萨用积木为小汽车搭桥。他俩用一个积木做桥拱,另外几个三角形积木做桥身。塔尼萨把一辆小汽车放到桥顶,然后松手让小车滑下去。阿普里尔也学会了这种办法,并在推小汽车的时候还加了一把力:"真快!"阿普里尔、塔尼萨和路易斯在集中精力解决工程和技术上的问题。通过把对科学的关注扩展到工程和技术上,我们能更清晰地认识幼儿的能力和自我引导式学习。

科学与艺术区的自发游戏

  托尼:这里正在进行许多科学探究和游戏。让我们看一下陶艺制作桌。孩子们探索不同物质的性质的方法一下子就打动了我。橡皮泥做出来的"食物"看上去并不如黏土做出来的"食物"好。孩子们在研究各种陶土的特质,以及他们用这些陶土能做什么和不能做什么。哪种陶土质地更坚硬或更柔软?哪种更光滑?我注意到一个男孩意识到他用橡皮泥做的大桥难以承受太重的东西。黏土具有更坚韧的特性,可以满足他的建筑需求。

  玛丽莲:我很感兴趣地观察了一个女孩——玛西亚,她在做手指画。她好像在学习关于调制色彩的概念。她想调出一种和她的纸的颜色相配的绿色。她调色的过程很精准。看,她加了一小滴白色进去。她的活动涉及观察、对比和实验。

来访的科学家们观察了索西、杰里、艾丽西亚和别的他们感兴趣的孩子。通过自发游戏，这些孩子学到了科学、工程和技术等方面的知识。实际上，在这些活动中，我们看到了孩子们对于在科学发展史上具有里程碑意义的概念的好奇心，包括"浮力""距离""速度""支撑原理"等概念。

幼儿经常在幻想游戏和与其他幼儿相互交流的想象的叙述中进行科学观察。这是一件好事！在一个充满多种可能的环境中，幼儿的这些兴趣和活动很容易被激发出来，这并不罕见。那么，我们怎样利用观察到的幼儿在游戏中展现出来的兴趣，帮助我们形成一个一致的、有效的科学课程呢？

观察和描述是科学探究的基础

平衡化的幼儿科学教育课程的目标

当我们分析科学的本质时，我们认识到，科学和工程学探索的核心要素就是人性中所具有的好奇心、试图解决问题的动力、批判性地评价结果的愿望。我们相信幼儿科学教育课程的目标就是幼儿在认识自然世界的过程中，发展这些人性中的特质。

发展适宜性的幼儿科学教育课程基于科学家在科学研究中和孩子们在游戏中展现出来的相似性，即深度参与、兴趣、激情、知识以及追求兴趣、发展更高层次的知识和解决问题的能力。在科学探索和游戏中，我们发现兴趣经常是社会共享的，不论是在家庭、学校，还是在科学家、工程师小组中。

这是我们将游戏作为幼儿科学教育课程的核心的理由。因此，将科学注入幼儿课程中，我们首先需要承认幼儿通过游戏展现出来的科学兴趣的持久活力。幼儿的自发游戏展示了他们的兴趣、他们对什么好奇、他们提出的问题以及他们是怎样尝试解决问题的。然后我们能够把这些兴趣、特征以及激活幼儿的社交热情整合到课程中去。

以游戏为中心的幼儿科学教育所侧重的正是传统的K—12科学教育课程的基本弱项。我们的国家为科学知识的发展做出了巨大的贡献，也因对科学知识的应用而繁荣昌盛。而在今天，许多美国毕业生在毕业时只具备非常低的科学素养水平，这将大大影响未来科学、工程和技术的发展（National Research Council，2012）。许多科学课程只重视科学事实和教条式的公式，这造成了课程本身的严重缺陷。这些课程缺乏的正是科学探索的核心要素，那就是发现的喜悦。

一个孩子在思索春天草坪上出现的一种黄花为何只生长在此处，而没有生长在别处，那么这个孩子就在进行像自然学家一样的科学探索。相反，如果一个孩子只是按照老师的要求在涂色板上给黄花的轮廓涂色，那么他的行为可以说与科学毫无关系。第一个孩子提出了一个有待解决的问题，这个问题的本质是科学的，这个孩子表现得像一个科学家。第二个孩子考虑的完全是另外一种形式的问题：怎么应付老师的要求，把花涂成黄色。

在以游戏为中心的课程中，最小的孩子并不是在简单地学习事实，而是在研究他感兴趣的问题，并判断他的对策是否可行。对于各个年龄段的儿童来说，要发展他们的科学探究能力，教师必须尊重他们，并把他们当作未来潜在的科学家。我们以这种方式鼓励所有的儿童把自己当作科学界的一员。如果幼儿在早期没有建立起这种科学界成员的身份认同，那么在青春期或成年早期再想吸引他们从事科学研究的前景将非常渺茫。

所有儿童的科学素养

数十年来，美国科学促进会（American Association for the Advancement of Science，AAAS）不遗余力地支持"2061计划"。这项计划由科学家、科学教育家和任课教师发起，旨在确保所有学生有机会精通科学、技术、工程和数学（science，technology，engineering，and mathematics，STEM）。儿童对自然世界很好奇，并有去探索的渴望。那么该怎么定义幼儿园到小学低年级阶段儿童的科学素养水平？

美国科学促进会强调，最重要的科学教育目标是使孩子们保持对科学的兴趣，并具备较强的科学探索精神。这是一个孩子们问"为什么""是什么"和探求答案的阶段，是仔细观察和讨论观察结果的阶段，是一个做定性观察的阶段。这个阶段的儿童要开始学会收集、数数和测量。美国科学促进会认为，更为正式的科学世界观的培养可以在高年级进行。我们关于幼儿如何理解物理知识、生物知识、地球和宇宙知识、工程和技术知识的描述也体现了这种科学教育的观点。

全国所有的科学家协会和科学教育者都强调科学教育中的平等和卓越的重要性。幼儿时期的科学教育工作者能为孩子们提供公平的、一贯的支持——无论是男孩还是女孩,无论是来自哪种文化背景的孩子,这对于孩子们把自己定义为科学探索者的一员具有关键的作用(例如,National Science Teachers Association position statements on multicultural education, gender equity, and science for English language learners)。

要想发展适宜性的幼儿科学课程,那么我们需要探究科学的本质,同时我们也需要了解儿童的发展特点。在分析参观幼儿园的科学家们的评论时,我们发现他们讨论了儿童学习科学时的倾向,例如好奇心、科学实践、科学内容、科学概念等。

作为幼儿科学教育者,我们可以通过提出以下这些问题来分析每个孩子在活动中体现出来的科学本质,这些问题是:孩子们在进行什么科学实践?他们在发展哪些科学概念?他们活动的科学内容是什么?孩子们在学校获得的经验怎么和他们在家庭、社区获得的经验产生关联?这样做的过程便体现了我们支持、提倡教育的公平和卓越。

科学的本质

"科学是系统的关于事实和真理的学问,它解释了自然法则总的运行规律。"这是一个关于科学的过时的定义,但许多幼儿教育者和家长熟识的仍是类似这样的定义。

今天的儿童会更广泛地参与到科学活动中来。当他们把科学当作生活的一部分时,他们就会像科学家那样思考。一个重要的侧重点是,通过在科学实践或科学过程中获得一种能力,以及通过参加有意义的活动获得科学知识(一种解释)和解决问题的能力,帮助儿童深化他们对科学的理解。另一个重要的侧重点则是对科学中的关键科学概念——"大想法"的理解。尽管科学内容和知识,也就是"事实",是科学教育必不可少的组成部分,但不可否认的是,仅仅学习科学事实已经不是科学教育的主要目标。今天的科学家和科学教育者把科学理解为一种社会性活动,通过在活动中与他人合作而学到新知识。

科学和工程实践

科学教育正处于转型时期,工程和技术已经被整合到 K—12 科学教育课程中。为了界定清晰,我们使用了"科学实践"(scientific practices)和"科学过程"(scientific processes)这两个术语。科学家和工程师使用"实践"一词强调的是一种主动的认知行为和对自然世界的探索。"实践"一词贯穿于《K—12科学教育框架:实践、交叉概念和核心观点》(*A Framework for K-12 Science Education: Practices, Crosscutting*

Concepts, and Core Ideas）（National Research Council，2012）。

幼儿很自然地通过科学实践去寻找问题的答案。他们观察、记录、分析，试图形成一个合理的解释，用来作为科学问题的答案。他们通过设计工程办法来解决他们遇到的或是想象中的问题。他们会进行科学观察、与他人交流、描述，然后对比、提出问题，收集、组织、分析、记录数据，对结果进行解释，最终形成结论。这些我们都能够观察到。

> 在操场上的自发游戏中，6岁的马克和7岁的吉莉恩从篱笆附近的桑叶堆里找到了一些蚯蚓。他们观察到蚯蚓身上都有环带，有些蚯蚓是一头大。他们对比了好几只蚯蚓，发现不管大蚯蚓还是小蚯蚓，它们身上都有许多环带，但是只有那些大个的身体前部有凸起的组织。他们想弄清楚这些凸起的组织是什么，还有蚯蚓是不是像树那样，长得越大环带就越多。在一年级老师的帮助下，他们在一本科学资料书的插图上，找到了关于蚯蚓身上的凸起物这个问题的答案。资料书上并没有交代蚯蚓身上的环带问题，于是孩子们又跑回去数蚯蚓身上的环。他们发现需要一个放大镜，因为有一个蚯蚓太小了，他们很难看清楚它身上到底有多少个环。

马克和吉莉恩通过合作找到了问题的答案。这个案例显示了他们在共同学习和互相学习中获得的喜悦，同时，也展示了他们在寻求答案的合作活动中，共同构建知识过程。在绘制蚯蚓的过程中，他们在进行记录信息的科学实践。通过使用最基础的科学工具（如放大镜），他们进一步发展了科学素养。在教师进一步的指导下，幼儿已经可以去比较物质的属性、组织信息，以及通过画画或拍照、拍视频等技术来记录数据。

科学概念

科学概念（scientific concepts）就是对"我们所知道的"知识进行组织的原则。"圆柱体""绿色""硬的""生命周期"等都是幼儿习得的科学概念。伊伯拉姆知道绿色是一个能够指向多种物体的属性，比如，西红柿的叶子、还未成熟的西红柿、一些蜡笔的颜色，还有画板上的颜料。幼儿习得的许多基本概念都与物体或材料的属性相关。他们学会用颜色、形状、尺寸、重量来描述物体。教师可以模仿科学对话，来认可孩子们对诸如透明的、极不重要的等描述性词汇的喜爱。使用合适的词汇对科学的各个领域来说都非常重要。

随着幼儿逐渐长大，他们开始理解更加抽象的和互相联系的概念，例如原因和结果、结构和功能、稳定和改变。教育框架所强调的"交叉概念"（crosscutting concepts）是指突破自然科学和工程学之间人为界限的那些概念。"圆柱体""绿色""硬的""生命周期"都属于交叉概念，因为他们可以针对不同的内容在不同领域使用。

如果幼儿在不同的科学内容领域不断遇到同一个科学概念，那么这个时候就是他们学习科学概念的最佳时机。达克沃斯（Duckworth，2001）指出，"尽管可能是片面的理解，但是我们看到儿童早年的经历支撑起将来大的想法的构建"（p.185）。

科学家们在简短的幼儿园之旅中观察到孩子们的自发游戏涉及许多科学概念。塔尼萨和阿普里尔学到了关于距离和速度的概念。路易斯像一个工程师建造高塔一样，使用"支撑"的概念来增加建筑物的强度和稳定性。

科学内容

科学内容（scientific content）是指有效的、与事实相关的主题信息。对幼儿来说，有机会重复他们最喜爱的活动是十分重要的。如果幼儿长期深入一种活动中，那么他们就会逐步掌握特定的科学内容并乐在其中。

有关各个领域科学内容的信息类书籍有很多。一本关于昆虫的书里面可能会有蚂蚱、蚜虫、蜻蜓、蜉蝣、飞蛾和蝴蝶的图片和具体信息。我们要为幼儿提供足够多的机会，让他们去探索相关的科学领域，并由他们自己决定探索的深度，这十分重要。除了关于自然科学的书之外，还有许多适合儿童阅读的关于物理、地球、空间科学乃至工程和技术类的书籍。

在平衡化的科学课程里，儿童在有组织的框架内连贯有序地学习科学内容。在以游戏为中心的科学课程中，儿童有充足的时间进行自发游戏，儿童的好奇心、兴趣和创造力就表现在他们对特定科学内容、科学概念和科学过程的理解上。如果我们从科学内容的角度分析那些到访科学家对幼儿园班级的观察，那么可以看出通过自发游戏，一些儿童发现了关于虫子的科学内容，一些儿童发现了沙子的特性，一些儿童发现了关于积木和拼贴材料的科学内容。

伊伯拉姆的老师记录了他在花园里参与教师指导的游戏活动的情况。有几个孩子每天都要去花园里做游戏，伊伯拉姆便是其中之一。4岁的时候，伊伯拉姆在那个小花园里学到了许多关于西红柿的知识。他知道成熟的西红柿有的是红色的，有的是黄色的。他能分清楚好几种樱桃西红柿和牛排西红柿。他还能通过叶子的形状、纹理和气味来区分不同种类的西红柿。他知道什么时候西红柿就熟了，以及该如何小心地采摘西红柿。

当伊伯拉姆的老师与家长们分享她的观察的时候，她得知伊伯拉姆的爷爷奶奶来自阿曼，并且在他们的花园里种植了许多种西红柿。她向伊伯拉姆的父母解释他在花园里的游戏活动都与科学教育的框架和具体的国家教育标准相关，例如，儿童对气味、颜色、形状和大小等物质属性（特性）的理解；他们对植物生命周期的理解；他们把对科学的一般理解作为与日常生活相关联的个人的和社交上的尝试。

科学、游戏和儿童发展

在发展适宜性的科学教育课程中，教师对他们所教的孩子的发展有了更多的了解。4 岁的麦迪逊和 7 岁的塞缪尔的兴趣点是什么？我们该怎样描述他们处于发展中的对周围物理世界的不同理解方式？

在开发幼儿科学教育课程的过程中，教师们发现建构主义理论对于观察幼儿在具体环境中的经历、解读幼儿的兴趣和反映方面有很大的帮助。皮亚杰著作中的观点和当代认知科学家都认为，幼儿进行科学实践的方式（如实验）与成人完全不同（Piaget，1965a）。例如，儿童可能会用黄色颜料和蓝色颜料来做实验，调配出一定色度的绿色，但他们的实验方法是不系统的。幼儿不会像成人那样一点点地加入蓝色颜料再慢慢调匀，他们可能会加入不同量的或别的颜色的颜料，这样就会产生很多变化。同样，幼儿可能尝试不同的方法，使用不同的重量来让一个平衡木保持平衡，但他们的努力是尝试性的、会犯错的，而不是有计划的、综合性的。

通过对儿童认知水平发展的进一步观察，我们能更好地理解幼儿为何不能完全以成人的方式理解许多科学概念。幼儿的能力不尽相同，而且经常被低估，需要一定的时间才能形成成熟的科学思维。科学思维涉及分析的能力、提出假设的能力、做出推论和演绎的能力。幼儿很难以这种成人的方式进行科学实践。幼儿的演绎推理还不能像成人或青年人那样，在思考过程中具备概括性应用。正如前面的例子所示，儿童的思维是以自我为中心的和充满感性的，他们难以理解一段时间内发生的一系列事情的方方面面。

皮亚杰（1965b）在《儿童的物理因果关系的概念》（*The Child's Conception of Physical Causality*）一书中，描写了儿童对影子概念的逐步理解。他通过研究发现，多数幼儿都认为影子是物体本身的产物。当他问年幼的儿童关于影子的问题时，幼儿通常会告诉他书旁边的影子其实就来自这本书。而年龄大一点的儿童和他谈话时基本上开始理解影子和光源的关系。直到孩子进入童年中期，他们才能清楚地解释影子是光线被物体挡住之后的产物。

这并不意味着我们可以低估幼儿的能力，忽视他们的兴趣，然后消极地等待他们自己成长。影子的例子很好地说明了这一点。许多幼儿在自发游戏中展现了他们对于影子的丰富想象力，比如他们玩的和"影子手"握手的游戏，以及"踩影子"的游戏。经验丰富的教师发现，教师指导的游戏和教师计划的活动也能够像自发游戏那样激起孩子们对于影子的兴趣。

科学学习和社会背景

科学家和建构主义发展理论者都强调历史、文化以及社会背景的重要性，无论是在儿童的家庭、学校、社区层面，还是在国家、民族和全球层面。儿童科学学习的发展与所处的社会和文化环境是分不开的。维果斯基（1978）指出，家庭、学校和社区是每个孩子发展的不可缺少的一部分。在所有的文化和环境中，儿童都会有一些经历，对某些科学过程、科学概念和科学内容知识的发展起到推动作用。

例如，城市的家长和教师更倾向于给孩子提供各种各样的积木玩具。在城区的珍妮特幼儿园里，大多数儿童自发的游戏都与工程实践有关。孩子们用积木建造起城市，有公寓楼、办公楼、商场、火车站，还有高速公路。他们能看到离他们幼儿园一个街区之外，一座办公楼正在兴建之中，身处这种环境中，他们所问的问题反映了他们对于工程和技术的理解。他们描绘的都是吊车和脚手架。

相反，住在距离城市80公里开外的农场里的儿童对地球科学和生物科学更感兴趣。与城市里的儿童相比，他们对生命周期有更深入的理解，对土壤和天气也有不同的认识。

我们发现，如果孩子与自然世界有更多的接触，同时他身边的亲密的成年人和同龄人愿意与他分享社会知识，那么他的认知水平通常会发展得更快一些。随着心智的进一步成熟以及与自然界和社会的进一步接触，幼儿的思维方式在不断变化之中。我们需要把科学教育项目建立在儿童已有的知识和现有的思维方式的基础之上，为进一步巩固儿童未来的发展提供更多的经验。

自然与环境：发展儿童的场所感

儿童教育专家和自然主义者都发出这样的忧虑：如今的儿童很少有机会在一个场所进行户外活动（如树林、海滩，甚至是城市里的空停车场），进而培养出对一个地方、一个特定地理场所的眷恋和深度联系。在全世界范围内，越来越多的孩子生活在城市里，并且大多数时间都在室内度过。纳布罕和特林布尔（Nabhan & Trimble，1994）在他们的经典著作《童年的地理：为何儿童需要野外生活》（*The Geography of Childhood: Why Children Need Wild Places*）里完美地展现了培养这种场所感的必要性。

洛夫（Louv，2008）在他的畅销书《林间最后的小孩：拯救自然缺失症儿童》（*Last Child in the Woods: Saving Our Children from Nature-Deficit Disorder*）中表达了儿童与自然界失去联系的紧迫感，引起了人们的广泛关注。他指出，现在大多数儿童缺少在大自然中最基本的体验。洛夫强调儿童要想在情绪、社会性、智能上获得好的发展，那么他们就需要具备非结构的、直接的、游戏性的自然体验。今天，世界各地的许多儿童都在成长中失去自我，失去与自然界的联系。与此同时，我们认识到世界上所有的人都要增强保护地球环境的意识，增加这方面的知识和对自然的情感。

环境教育警告我们要放慢脚步，做得更多一些。著名的环境教育家索贝尔（Sobel，2004）提醒我们，培养幼儿的场所感是一个长期的过程，仅仅依靠僵化的"课程"并不能解决问题。在他的著作《儿童与自然：教育者的设计原则》（*Children and Nature: Design Principles for Educators*，2008）和《基于场所的教育：连接教室和社区》（*Place-Based Education: Connecting Classrooms and Communities*，2004）中，索贝尔和他的同事们提出了教和学的原则。他们指出，我们必须着手改善儿童周边的环境，让他们在情感上和认知上进一步投入自然环境中。幼儿需要游戏时间，需要在学校操场和邻近社区进行户外冒险的时间，以及进行探究和放松的安静或独享的时间。

这是北美环境教育协会（North American Association for Environmental Education，NAAEE）采取的办法。在《幼儿环境教育计划：卓越准则》（*Early Childhood Environmental Education Programs: Guidelines for Excellence*）中，北美环境教育协会解释说，幼儿环境教育能够促进幼儿对自然世界的理解，加深幼儿对自然世界的情感，同时能培育幼儿性格的发展和技能的习得（NAAEE，2010）。NAAEE 在提出的准则中强调幼儿需要有发现自然的自由，需要进行游戏和探索，而不是使用那些高年级教学和青少年教学中常见的结构性的办法。

儿童正在和自然界产生一种联系。他们正在学习怎样轻柔地握住一只虫子，对它进行研究一番后再轻轻地将它放回栖息地。他们正在学着欣赏各种各样的天气……儿童观察不同生命周期内的动物和植物，学会尊重自然和自然界中的各种生命。尊重自然的儿童会和自然产生一种情感上的联系，并深深地理解他们和自然界之间的联系，最终成为一名"具有环境素养的公民"。(pp.3-4)

我们认为这种自然教育的准则具有典范性，因为它的目标、原则和指导纲领是一致的。例如，目标强调与儿童之前的经历联系起来并追求所有儿童教育上的平等。相应的指导纲领为教育者实现这些目标提供了实际的操作方法。这些目标、原则和指导纲领反映了作者对儿童教育的深入理解，以及在幼儿环境教育项目中积累的丰富经验。

幸运的是，最近几年，无论是针对家长还是针对幼儿教育者，相关的环境教育资源得到了急剧的增长。大量的书籍、期刊和文章呼吁让儿童多接触大自然（例如：Arce，2006；Benson & Miller，2008；Campbell，2009；Chalufour & Worth，2004，2006；Starbuck，Olthof & Midden，2002；Rivkin，2006；Rosenow，2008）。

观察植物和动物可以产生对自然的好奇心

帮助城市儿童增强场所感

尽管以游戏为中心的课程大多利用并反映了儿童的社会背景，但很重要的一点是，我们不能把我们的期望和课程局限于这些社会背景。

梅尔本（Melben，2000）是一位城市小学的教师，她把城市孩子缺乏在户外接触自然的活动视为一种教育上的不公。在《科学与儿童》（*Science and Children*）这篇文章中，她展示了一个与儿童自身兴趣相关且来自儿童自身经验的科学教育项目。这是一个关于雨水和鸽子的项目，它充分展现了儿童对于生态的理解，并揭示了生活在城市环境里的儿童的好奇心也可以像在农村环境里的儿童一样得到促进。

这个观念在科学教育中尤为重要。在城市和郊区，特别是在一些不安全的区域，我们要问的是，怎样才能帮助这些城市儿童、他们的家庭，甚至包括我们自己，建立起一种场所感、对户外活动的喜悦感和轻松感,还有那种惊奇的感觉?

巴特勒是纽约市的一名幼儿教师,她感觉到班上的孩子对自然知之甚少,缺乏对自然的喜爱(Hachey & Butler,2009)。她希望学生能拥有一些与自然接触的经历,能有时间去听鸟的叫声,聆听风吹树叶的沙沙作响声,感受落叶的脉络。她致力于帮助城市儿童发展对自然的热爱,促进儿童场所感的发展,这让她总结出了一套经验。这套经验整合了基于自然环境的游戏与城市课堂上的园艺。

这些教师为促使全球教育更加关注并进一步增强幼儿与自然界、与他们自己的文化的关系做出了贡献。例如,在韩国,"生态—幼儿"课程号召保护本地和全球环境。这个课程培养了公民的回收习惯,同时还融合了韩国传统文化中的实践和冥思(Kim & Lim,2007)。

促进教育公平,追求所有人的卓越

观察儿童个体和群体的自发游戏,有助于发现儿童的兴趣,促使所有的儿童都变得更加卓越。对于儿童来说,兴趣是架在游戏和科学之间、家庭和社区之间的桥梁。当教师致力于教育机会的公平时,有一点对我们来说尤为重要,那就是鼓励儿童发展个人的兴趣,从而使所有儿童都参与到科学活动中来。

> 城里下雪后的几周以来,谢利班上4—5岁的儿童在上学的路上都要踏雪而行。他们高兴地看着天上下雪,和大家分享关于冰雪的惊险故事。谢利决定利用这次机会,拓展儿童对雪的观察。于是,她把雪和冰块收集在一个容器里带到课堂上,这样孩子们就有时间可以慢慢地观察雪的融化过程。她把水放到冰格里,然后再将冰格从冰柜里拿出来,让孩子们观察水和冰的变化。这样的活动持续了一个早上。谢利还从制冰店买了一块45斤重的大冰块,把它放在一个婴儿澡盆里,然后将其放在教室的一个醒目位置。孩子们对这块冰的融化进行了长达一周的观察和探索。

弗格森(Ferguson,2001)描写了班上一个叫托马斯的5岁小男孩。这个小男孩很少和班上的其他孩子互动,对课堂也不感兴趣,这让她很忧虑。而所有这一切在一次关于蛇的讨论课上发生了戏剧性的变化。托马斯带有几分犹豫地和别的小朋友分享了他知道的所有关于蛇的知识,"在他家的地下室里大概养了有100多条蛇"(p.6)。当然,这在班上引起了一场不小的轰动。弗格森描述了她是怎样借机把这次教学拓展为一次关于蛇的深度探索项目,尽管蛇本身有点让她感到毛骨悚然。托马斯和他的叔叔鲍勃充当了她的课程资源提供者,他的叔叔还从家里带来一个大大的蛇蜕。托马斯和其他小朋友还进行了一次宠物店之旅,在那里他们看到了一条巨大的蛇。接下来弗格森组织了能反映孩子们兴趣的课堂活动,她还拿来许多塑料的爬行动物标本放在操作区。

下面的专栏文章《多元文化与代际之间的学习》描写了在一个跨年龄段的儿童关爱中心,一位教师是怎样把兴趣、才能和家庭成员拥有的知识结合在一起,来丰富儿童教育项目。

家庭多样性　多元文化与代际之间的学习

瑞安是混龄儿童(3—8岁)托管中心的一位教师。他知道每一年,孩子们对观察蚕的生长周期十分感兴趣。春天,桑树发芽了。瑞安把去年收藏的蚕种拿出来。他和孩子们到外面收集最小、最可口的桑叶,这些新孵出的蚕宝宝就有吃的了。

比喜欢观察小小的蚕宝宝,她总是第一个参与到收集桑叶中。她和其他几个孩子把桑叶放到蚕宝宝的边上。它们的食欲真好,长得也很快。比每天都去观察蚕,并用一根小树枝量一量蚕,然后把蚕狂吃几周叶子后快速生长的情况用图画记录下来。蚕开始吐丝做茧了,比告诉瑞安,她奶奶知道怎么把茧做成丝来纺线。瑞安知道比的奶奶来自老挝,而且见过一条她自己做的漂亮的传统腰带。

瑞安联系了比的妈妈。比的妈妈说可以把比的奶奶带到学校,并愿意做翻译。比、她的奶奶、向女士、比的妈妈与瑞安一起设计了两次参观活动。这些活动富有多元文化性、游戏性和科学性。活动前,向女士准备了蚕茧,这样她可以抽出好的蚕丝。孩子们看着她做,并跟着她学抽丝。她带了一个小的织布机给孩子们展示她是怎么纺织的。通过展示手工制作的材料,她演示了如何利用传统工艺为丝线染色和纺织。

这是多好一个通过直观的纺织科学、工程和技术来拓展多元文化课程的机会啊!学校每年最精彩的部分就是家庭成员来到幼儿园分享他们的兴趣、才能和知识。瑞安给其他家庭写信,邀请其他家长、幼儿园班级和管理者加入他们。这是一个多么好的支持以游戏为中心的科学课程的方法啊!

建立双语学习儿童的信心，满足他们的需求

从上学的第一天开始，卡洛斯就非常期待在水桌做实验。一开始，他大多数时间只和两个既能讲西班牙语又能讲英语的孩子交流。他的老师注意到卡洛斯在自发游戏中复杂的探索行为。他的老师察觉到卡洛斯的兴趣和能力水平之后，便带来了塑料管、漏斗和一系列量杯，供卡洛斯和他的朋友们在探索中迎接新的挑战。

阿莉娅是一个讲阿拉伯语的大班幼儿，她设计制作了一个宝盒。这是一项由教师发起的木工活动，它只需要很低的英语语言能力，同时可以促进儿童间持续的、游戏性的同伴互动。首先，她的老师让阿莉娅和其他对木工感兴趣的小朋友画一幅画，作为他们的设计图纸，就像建筑师设计图纸一样。在成人的帮助下，阿莉娅在木头上标好印记，然后沿着印记开始凿木头。她还学会了用砂纸打磨木头，一开始用粗砂纸，然后换成细一些的砂纸进行打磨。在接下来的日子里，她一步步地把木头盒子用钉子钉起来。安好盒子顶部的折叶之后，她决定在盒子顶上凿一个洞，这样更方便提拿携带。这项活动是一项正在进行中的科学和工程项目的一部分，旨在发展儿童在游戏中表现出的兴趣，促进教育公平。

上述案例显示了以游戏为中心的科学课程让儿童在探索物理世界并和他的同伴们互动的同时，为他们提供了许多机会，以习得更加流利的英语。

教师们发现孩子们喜欢自己知道的、熟悉的物品（无论是在室内，还是在户外），特别是在家里就能看到的那些普通物品。通过这种方式，教师们尽可能地减轻环境中的压力，为学生英语的听说创造一个放松而有吸引力的情景。这鼓励那些双语学习者（包括移民或者难民的孩子）利用熟悉的经历，展现自己的能力。NSTA 的宣言指出，"英语语言学习者的科学课程"鼓励教师在孩子现有知识的基础之上设计课程，也就是说，孩子从他们的家庭和文化背景中学到知识（2009）。具有游戏精神的教师能想出许多办法，帮助双语学习者将科学过程、科学概念和科学内容与他们的日常生活、家庭和文化连接起来。

在科学实践活动中，教师可以利用多种多样的办法来促进第二语言和第一语言（母语）的并行发展。对第一语言的发展来说，最关键的是社会和物质环境的支持。同样，幼儿教育专家也可以创造类似这样的环境，促使这些幼儿的英语水平突飞猛进（DeBey & Bombard，2007；Genishi，2002；Genishi, Dyson, & Russo，2011；McDonnough & Cho，2009）。幼儿在探索和游戏的同时不仅听到了语言，而且有和别人交流自己的观察、问题和愿望的需求。玩科学游戏的经历，如阿莉娅的木工项目，以及搭积木、观察植物、玩沙子、玩水等游戏活动，为我们理解特定情景下孩子们的行为提供了日常机会。一个词或一个只有两三个词组成的句子包含了大量的信息。他们主要使用简单句和同龄人或成人进行交流。

为有特殊需要的儿童开发融合性科学课程

教师在设计以游戏为中心的科学课程时要认识到所有幼儿的能力，并满足他们的基本需求，这包括那些还没有完全被认识到有特殊需要的孩子，以及那些被确认的应该接受特殊教育的孩子。联合国《儿童权利公约》认为，所有的幼儿都有游戏的权利。教师如何确保那些有特殊需要的幼儿能够有足够的机会参与与科学相关的自发游戏和教师指导的游戏？那些在幼儿园参观的科学家一直用双眼紧盯着孩子们学习科学的机会，教师也可以像这些科学家一样，拥有一双善于发现的眼睛，及时发现并为具有特殊需要的孩子服务。如果这些非正式的参观活动有专业的特殊教育专家、职业治疗师、言语治疗师参与其中，那就最好不过了。

梅尔瓦得知在下一个学年，有一个叫艾登的小男孩将升入她所教的二年级班。艾登患有一定程度的视力障碍。为了准备好下学年的工作，梅尔瓦希望了解更多关于艾登的信息，包括他的发展情况、他的兴趣点，以及他的视力障碍的严重程度及其带来的挑战。在学年的最后几周里，梅尔瓦访问了艾登的家人、他现在的老师，还有负责特殊教育的老师。当他们穿过教室时，艾登的奶奶告诉她，艾登非常喜欢数学教具，喜欢在玻璃箱中养那条蜥蜴。乔伊是负责特殊教育的老师，他向梅尔瓦介绍了一系列的电脑辅助工具，包括一些带有特殊功能的自然网站，可以向弱视人群提供帮助。

梅尔瓦通过观察艾登在一年级的表现，得到了更多的信息。她亲眼看到艾登和其他几个孩子在自发游戏中一起用积木搭造，并用黏土制作构件。梅尔瓦甚至还看到艾登和几个朋友一起在拼一个非常大的森林拼图，为此她感到很惊奇，她认识到自己对艾登的刻板印象是片面的。

以下这些问题可以作为最初的指导：

- 是否所有的孩子都有方便的途径接触各种材料？
- 是否需要为儿童提供特殊的便利器材，以便他们能够看见、听见或使用诸如刻度尺、放大镜、剪刀等工具？
- 是否有一个安静的角落供儿童独自进行探索研究？是否有户外活动空间供儿童进行社交互动、攀爬和荡秋千？
- 是否有可以使一个儿童能够独自游戏或者与另一个儿童一起游戏而不被其他群体打扰的空间？
- 需要提供什么样的器材，使那些有特殊需要的孩子能够获得与同龄人一样的或近似的体验？

《行动中的倡议：制作和使用科学游戏盒》这篇专栏文章描写了当一些孩子不能去上学的时候，一名一年级教师怎样通过以游戏为主的方法，促使这些孩子继续保持探索自然科学的好奇心。

> **成为一个见多识广的游戏倡导者**
>
> **行动中的倡议：制作和使用科学游戏盒**
>
> 哮喘已经成为一个主要的公共健康问题。卡拉在一个学校教一年级，这个学校最普遍的学生缺勤原因就是哮喘。卡拉班上有五分之一的学生在6岁时就被诊断为哮喘。在这个学校和整个地区，越来越多的孩子因为与环境相关的疾病而待在医院和家里。过去，孩子们隔离在家的时间也就几天。卡拉通过电子邮件为他们布置家庭作业。她和其他几个小学低年级的老师对班里连续缺勤的孩子深表担忧，他们意识到应该更加积极主动地满足这些孩子的需求。
>
> 作为一个综合方式的一部分，他们利用孩子和家庭成员捐赠的材料，发明了"制作和使用"科学游戏盒。他们的目标是每月增加一个科学游戏盒，这样孩子们就会有更多的选择。根据当前的课程计划，班上的学生制作了科学书。卡拉确信这个盒子是这项工作中最重要的事，它就像一个托盘一样，活动用的物品不会掉在医院的地板上。收集用来分类的材料都包含在其中，这样孩子们可以独立地或在他人的帮助下完成活动。其他材料，比如科学主题游戏卡片，也可以用来和其他孩子或成人玩集体游戏。与这个设想配套的印刷品不但被翻译成西班牙语和韩语，而且还包括图示，这样孩子们自己就能理解这个设想了。卡拉和其他教师走访了最近的医院，与儿童生活专家进行了会面，为未来的合作制订了计划。

教师在教导那些有特殊需要的学生时应该时刻记住，所有的儿童都有自己的特殊才能和兴趣。帕特分享了一段她最为珍惜的经历：她班上一个孩子患有孤独症，但他非常喜欢玩积木。帕特赞扬了他搭积木时的喜悦和参与，而没有坚持请他"去参加别的活动"。在数周之后,这个孩子就在积木区第一次参加了"平行游戏"(一种大家一起玩却互不打搅的游戏),同时他还第一次开口说话了!

游戏生成的科学课程与科学课程生成的游戏:建立联系

认识到游戏在儿童发展中的作用之后,我们首先要考虑为自发游戏提供一个具有丰富可能性的环境。这有别于那些从特殊的科学概念入手,然后再考虑为孩子们提供机会去探索这样的科学课程。教师在计划以游戏中心的课程时,通常以游戏本身的连续统一性作为框架。我们先来看看始于儿童自身兴趣的、由游戏生成的课程。

游戏生成的科学课程

我们怎样才能增加儿童参与科学和工程的机会?我们在什么情况下去干预以及怎样干预?哪些因素最能支持儿童学习科学和工程的实践、概念和内容?这些原则构成了一整套游戏干预策略,其中包括设置游戏环境、指导游戏、教师发起游戏。为了丰富科学课程,我们使用的策略应该回到游戏本身,以及游戏所蕴含的可以进一步促进科学探索的意义。

设置通过自发游戏了解物理世界的环境:以游戏为中心的课程的基础是要有一个具有多种开展自发游戏的可能性的场所。对教育者来说,设置这样一个拥有探索科学的丰富机会的场所是一项极具创意的挑战。它需要仔细地计划,以确保每个孩子都有机会玩各种各样的材料。颜料、黏土、拼贴的材料、不同形状和大小的积木、土壤、沙子、水、攀登工具、植物、动物、一系列人工或天然的工具,这些花样繁多的玩意儿都可以作为以游戏为中心的教育项目的材料。

不同的物质为儿童提供了探索物理世界的机会

以游戏为中心的环境是很有弹性的。物理时间和空间都可以根据游戏的具体情况而做出改变。也许这一周以来,孩子们每天一到学校就开始用大块积木来搭建复杂的建筑。他们的教师很有可能延长玩积木的时间,并提供更多的空间和道具作为补充材料。有创意的教师和家长经常会寻找免费的材料和再生材料作为道具。当这些小小的工程师需要大块的积木作为桥梁来连接两个高塔时，他们会怎么办？我们观察到有一个班的孩子把大小不一的奶粉罐捆在一起作为搭桥梁的积木。

同样，一个幸运的农村班级也有了新的探索科学的机会。拉塞尔的父亲从附近的河边给幼儿园拉来一车粗沙，家长们用这些粗沙建造的沙石坑为孩子们进行想象力活动提供了开放的舞台。一些孩子玩了好几周的筛沙子、挖洞的游戏，还研究了干沙和湿沙的区别。另外一些孩子则玩起了工程建造的游戏。

鼓励儿童进行更深入的室内外环境探索：最初的环境布置好之后，教师们开始观察儿童在自发游戏中的表现，并根据他们的表现来改变环境布置，这样可以使儿童在游戏中扩展科学探索的深度。就像跳舞一样，教师也会不自觉地卷入这一富有创意的游戏过程。

> 通过观察罗莎在水桌上的表现，她的老师决定在水桌旁放置一个盒子，里面有各种不同类型的物品，比如，可以飘起来的木头块，还有一进水就沉底的铁块。罗莎的老师明白她这样做既是为所有的孩子提供更多的探索机会，同时也是为罗莎提供个性化的课程。

幼儿园有一些孩子在教室里用积木建高塔。如果在附近放上一套桌面积木，那么或许能更好地让儿童参与到新的工程探索中。杰里和艾丽西亚展示了他们拓展后的对蜗牛的兴趣。

在这些案例中，教师通过观察儿童的自发游戏，然后根据儿童的兴趣，思考与这些兴趣相关的游戏，以周到和微妙的方式增加新的游戏材料和道具。为了鼓励儿童进行深入的科学和工程实践，教师就要进行连续的观察和反思。

在游戏中与儿童互动：从儿童的视角来看，对他们所实施的科学教育经常以一种无声的方式进行交流。教师以一个微笑去回应儿童投来的疑问的目光，这便构成了一个非语言的交流。儿童在一个积木高塔上搭了很多的积木，试图保持平衡，这种情形便是一种科学的对话——"你要这样做的话，高塔就会倒塌。""是的，我也感到很奇怪。"

在自发游戏中，教师通过扮演艺术家的学徒的角色，努力让儿童集中注意力，这样做游戏区才不至于显得凌乱不堪。在教师指导的游戏中，教师也有可能扮演平行游戏者的角色，与孩子们挨着坐在一起。如昊教师真的很享受和孩子们一起探索和游戏的时间，比如玩沙子、搭积木、拼贴材料，那么他们在自发游戏中表现出来的兴趣、好奇和专注就会传递给孩子们。如果教师在游戏中很投入并展现出真正的兴趣，那么就能避免产生一种孩子们可能会模仿的僵化模式。

拓展游戏生成的科学课程：游戏生成的科学课程在自发游戏、教师指导的游戏和教师主导的游戏三者之间来回游走。

在游戏中，萨拉、迪安和内伦表达了他们对虫子的兴趣。他们的二年级老师约翰抓住这次机会，围绕虫子开展了一次教师指导的活动。他为孩子们提供了一个树脂玻璃容器，鼓励他们进一步游戏和探索，这样他们就可以更好地观察虫子活动的细节。这次活动被证明很成功，约翰反思了孩子们的兴趣，并问他们是否能找到其他像虫子一样的动物。一周之内，收集行动进行得很顺利，大家找到了各种各样的毛毛虫，还有几种别的虫子。内伦还带来了一种昆虫幼虫。这引起了内伦和其他小朋友的另一场关于蠕虫和昆虫区别的对话，以及关于昆虫生命周期的讨论。

学龄儿童看护中心一位老师很喜欢孩子们在展示光和影子的游戏时表现出来的激情。她对这项游戏进行了拓展，她向大家展示了如何用粉笔在人行道上给对方的影子画轮廓。这提出了新的问题："你的影子能有多大？"在这天接下来的活动中，他们在厚纸上画了好几次他们的影子的轮廓。孩子们和老师一起玩得很开心，并提出了许多研究性问题，例如，"你的影子手能和别人的影子手握住吗？""你能躲开你的影子吗？""你的影子怎么才能站在别人影子的肩膀上？"

当儿童完全沉浸在自发游戏中时，教师可以借助科学资源材料和课程，找到进一步拓展和丰富游戏的办法。在有风的一周，孩子们在院子里一边跑，一边挥舞着丝巾，他们的老师找到了有关天气和风的资源，包括制作风筝和降落伞活动。

教师做出拓展游戏的决定，受孩子的精力和当前的兴趣所驱动，因此时机最为重要。拓展基于游戏的科学课程不是受科学教学框架和教学标准所驱动。这一章中的案例展示了教师怎样以一种社会认可的方式（如科学和工程）支持儿童的自发游戏。例如，谢利把孩子们对于冰的探索与她所在的州科学教育框架中的"物质的状态"这一重要概念联系了起来。当约翰要求孩子们收集更多种类的虫子时，他考虑的是州科学教育框架中关于生物以及它们的生命周期和栖息地等基础概念的教学要求。

科学课程生成的游戏

在以游戏为中心的课程中，教师会有意地去探索课程促进游戏的方法。科学课程强调深度，要通过整年的和跨年级的探究去促进孩子认知的发展，而不是简单的不相干的日常活动，因此，游戏课程与科学课程之间的连接应该是无缝的。对真正问题的探索最有可能在孩子们接下来的自发游戏中显现出来。如果科学课程适宜于儿童的发展阶段和兴趣，那么儿童在活动中就会重现他们正在学习的内容。

下面的案例描述了珍妮幼儿园的孩子和一年级孩子开展的关于节肢动物的环境教育，以及持续的探索和游戏活动。

九月，珍妮老师教会了学生们如何用小碗收集幼儿园/一年级教室附近丛林中的昆虫和蜘蛛。她示范用一根小棍轻轻地敲打树丛和灌木丛，然后用一个白色塑料小桶在下面接着。树叶、沙子、尘土和小昆虫纷纷跳入桶中。内德、肖恩和阿什利蹲在小桶周围，急切地描述着他们看到的小生物的活动细节："看，那儿有一只小蜘蛛，它好小啊，等等，是两只。你有几只蜘蛛？别让它跑出来！"

孩子们对于蜘蛛的兴趣在继续着。几周之后，阿什利、尤米、埃里克和内德手脚并用，小心地用棍子抬起一块圆形的金属块，并不断地调整它的位置。埃里克把那整个金属块慢慢地抬起来，下面露出了覆盖物和许多小的节肢动物。突然，阿什利叫道："天呐，一只蜘蛛，一只红色的蜘蛛！它还有蛋。"一只红色的大蜘蛛露了出来，它有圆圆的红色的肚子。内德小声地说："它是一只蜘蛛妈妈，它有卵袋，那个白色的东西就是它的卵袋！"阿什利说道："它红得就像土一样。"在接下来的几周里，这只红色的蜘蛛反复出现在孩子们科学日志的画作里。孩子们也经常回到那片小树林里去找蜘蛛。

一月份，四年级和五年级的学生参加了幼儿园的户外活动。肖恩走向装着白色塑料桶的小车，他挑了一个小桶，又在地上找到了一根大棍子。他和一位四年级的伙伴一起走进树丛里，用棍子轻轻敲打树丛。他停下来，把桶放在地面上，蹲下来仔细地看他的桶里的东西。他的伙伴在看着他。肖恩站起来，往后退了一步重新进入树丛，继续敲敲打打。这次他收集到了更多的碎片和小生物。他重新把小桶放在地面，蹲下来低着头仔细观察桶里的东西。他的四年级伙伴也用这种姿势观察着。

在这个例子中，要注意怎样使技术工具成为教师主题教学单元和孩子游戏的组成部分。教师根据孩子们的兴趣选择或拓展学习单元，然后把学习自然地引向自发游戏。

以游戏为中心的科学课程的框架和标准

《K—12科学教育框架：实践、交叉概念和核心观点》（以下简称《框架》）（National Research Council，2012）提出了对科学教育进行重大变革的建议。第一，《框架》要求对K—12科学教育课程对自然科学、工程和技术进行整合。第二，《框架》要求科学教育课程对科学和工程实践、交叉概念以及科学内容进行整合。所有的幼儿教育者都应该熟知这些目标、原则和概念框架。尽管《框架》实际上并没有对学前儿童科学教育做出明确的规定，但毫无疑问它会对那些针对所有幼儿的课程产生影响。

《框架》的目标是在12年级结束的时候，学生能够达成以下维度的目标：
- 能够对科学的奇妙产生感性和理性上的欣赏。
- 拥有足够的科学和工程知识，成为合格的日常科学和技术信息的使用者，并能够参与到这些领域的民事讨论中。
- 拥有足够的知识和兴趣在生活中进一步学习科学。
- 具备科学和工程常识，为追求职业发展道路（包括科学和工程相关职业）提供选择。

为了努力达成这些目标，《框架》提出了指导原则，作为对科学课程发展的指导。以下这些原则与幼儿教育者极为相关。
- 科学教育课程应该结合儿童自己的探索倾向。
- 儿童对科学、工程和技术的理解应随时代不断发展。
- 幼儿教育课程必须结合儿童的兴趣并建立在他们已有知识的基础之上。
- 所有的学生都应该有便利的、公平的机会。

《框架》强调学生理解的深度和一致性。科学课程应该整合我们讨论过的科学教育的三个维度——实践、交叉概念和内容：

- 科学和工程实践被重点强调,以确保所有年级的学生都能积极参与到与物体、有机体和系统有关的直接经验中。
- 交叉概念被重点强调,以确保学生对于科学和工程的综合概念的体验是一致的和完整的。在幼儿园到二年级阶段,以下这些交叉概念被特别强调:模式、原因和结果、结构和功能、稳定和改变。
- 与自然科学相关的核心理论和内容知识,与探究科学、工程和技术之间的关系并重。与以前的框架相比,新《框架》较少关注"大的科学理论",这样有助于学生对科学产生更有深度的理解。

从表面上来看,这些指导目标和原则建议,相应的标准是发展的和个性化的,然而,如果我们对这些标准进一步观察,那么就会产生一系列至关重要的问题:我们担心幼儿园和小学初年级的标准在执行时不一致,有时甚至是和这些原则冲突的。例如,标准是否反映了对儿童主动参与科学实践的重视?标准能否充分调动儿童的兴趣并发展他们的能力?标准是否重视儿童的文化背景,以及他们所在家庭或社区的生活经历?

幼儿教育者很少有人参与《框架》的制定或相关标准的编写。同样,幼儿教育者也很少响应号召去评论标准或给标准提建议。未来的几年,要想全面参与到重要的执行决定过程中,我们需要对整个幼儿教育进行广泛的研究。《框架》的执行会影响大多数的幼儿和幼儿教师。它涉及课程的重大变革、教师备课的变革、教材和指导材料的变革。

我们对科学标准的讨论表明,尽管以游戏为中心的科学课程并不完全迎合所有的标准,但它强调具有合理的发展性,能够利用学生的兴趣和他们之前的经验。表9.1集合了这一章所有的案例,它展示了教师是怎样推动以游戏为中心的课程与《新一代科学标准》相融合。(Achieve Inc.,2013)

表 9.1 《新一代科学标准》融入以游戏为中心的课程

案例	新一代科学标准
在水桌上，罗莎观察并操作物品。她探索了当她把木头按到水下时会发生什么。	训练核心观点 PS2.A：力量和运动 交叉概念：原因和结果
马克和吉莉恩寻找关于虫子身上"凸起物"的答案。他们使用放大镜去仔细地观察。	科学和工程实践：在教师的指导下，与同龄人合作计划并开展一项调查研究
伊伯拉姆根据形状、纹理和味道区分西红柿叶子。	LS1.C：事物的组织和有机体内的能量流 交叉概念：自然界和人类世界中的模式可以被观察，并可作为证据使用（K-LS1-1）
阿普里尔和塔尼萨把玩具车推下桥，他们探索了倾斜和力量如何影响速度。	PS2.A 和 B：力量和运动——互动的种类 交叉概念：原因和结果
马特和利瓦伊研究土壤和石头。	训练核心观点 PS3-B：阳光温暖地球表面 交叉概念：自然界的模式是可以被观察的，可以被用来描述现象和作为证据
珍妮特班上的儿童用积木搭建城市。	ESS3.C：人类对地球系统的影响 交叉概念：系统和系统模式

来源：Achieve Inc.(2013). Next Generation Science Standards: For States，by State.

培养科学教育的信心

许多幼儿教育工作者担心，他们对科学的理解不足以开发出有效的以游戏为中心的课程。与那些参观幼儿园课堂的科学家不同，许多教师都认为他们在自然科学、工程学和技术方面的经验少之又少。如果教师不具备这方面的信心，那么如何能开发出具有挑战性的、以游戏为中心的科学课程？

教师应该把自己看作一名充满好奇的研究者，而不是一位专家。想想那些你感兴趣的、与科学有关的活动，你的学生将能感受到你的好奇心和惊奇感。去了解学生和他们的家人的科学兴趣，以及学校和社区中其他人的科学兴趣。如果能认识到别人在科学方面的特长，那么你就可以为你的学生做出很好的榜样。

比的奶奶蚕结茧的案例表明教师不需要成为科学方面的专家。教师可以通过孩子们、他们的家庭和社区成员提供的当地资源来丰富他们的科学课程。园丁、科学家、工程师、农民、内科医生、兽医、高中科学教师和面包师都可能成为班级访问者，他们都可以被列入其中。与同行聊天，获得他们提出的关于刚好能提供信息和有兴趣的访问者的建议。

你还可以找到很多优秀的资源来帮助你。NSTA 的期刊《儿童与科学》（*Children*

and Science)中有许多为幼儿教师写的文章。教师可以彼此分享探索生命科学(例如：Blackwell，2008；McHenry & Buerk，2008)、地球和空间科学(例如：Danisa et al.，2006；Ogu & Schmidt，2009；Trundle，Willmore，& Smith，2006)、物理科学(例如：Ashbrook，2006；Longfield，2007；Novakowski，2009；Trundle & Smith，2011)，以及工程和技术(例如：Ashbrook，2012；Burton，2012；Morgan & Ansberry，2012)的有创意的想法。

还有一些书籍和文章专注于幼儿科学教育。《斜坡与通道：幼儿学习物理的建构主义方法》(*Ramps & Pathways: A Constructivist Approach to Physics with Young Children*)是一本非常有意思且内容翔实的书。作者德弗里斯和塞尔斯(DeVries & Sales，2011)研究了儿童如何运用主动性在心理上建构知识。该书探讨了儿童在建造坡道的过程中解决了所出现的问题：你能否建一个能让玻璃珠拐弯的斜坡？你能否建一个能引发多米诺骨牌产生连锁反应的斜坡？你能否建一个有好几个支点的斜坡，使玻璃珠能有更大的活动面积？这本书有许多大幅的细节照片，描绘了儿童多年来对科学和工程实践的深度参与。

教育发展中心的《小小科学家系列》(*Young Scientist Series*)推出的《蚯蚓、影子和旋涡：幼儿园里的科学活动》(*Worms, Shadows, and Whirlpools: Science in the Early Childhood Classroom*)(Worth & Grollman，2004)一书提供了幼儿科学教育的完整框架，其指导方针是"儿童的科学教育集中于游戏：玩各种材料和物体的游戏以及结合事件的游戏"(p.158)。开放性的探索之后，是更加专注的探索和拓展活动。这一系列包括环境教育资源《和儿童一起发现自然》(*Discovering Nature with Young Children*)(Chalufour & Worth，2003)、科学和工程教育资源《和儿童一起造建筑》(*Building Structures with Young Children*)(Chalufour & Worth，2004)。

全景科学系统(Full Option Science System，FOSS)是一套清晰完整的针对K—3年级的课程。这套小学低年级课程注重儿童在游戏中表现出来的兴趣。拉里·马龙解释道，"课程发展的挑战是为儿童探索自然现象创造机会……创造有吸引力的环境……不要告诉孩子们该去做什么，该去想什么(Larry Malone，个人交流，2013年1月25日)。"例如，在地球与宇宙空间课程《空气和天气》(*Air and Weather*)(2012a)中，儿童制造并试验了降落伞，制造了带有气球的火箭系统、风筝和纸风车。在调查中，儿童讨论并评价了他们的设计。在《平衡与运动》(*Balance and Motion*)(2012b)课程中，我们看到全神贯注的儿童在制作能旋转的玩具，制作能控制玻璃珠运动的跑道。在另外一些初年级课程中，学生进一步探究了他们通常在自发游戏和探索中展现出来的兴趣，其中包括《昆虫和植物》（Insects and Plants）（2012c）、《固体和液体》（Solids and Liquids）（2012d），以及《鹅卵石、淤泥和沙子》（Pebbles, Silt, and Sand）（2012e）。

所有的教师都可以通过利用学生身边的科学材料，帮助学生像科学家一样研究和解决问题。通过向学生展示你利用的许多科学媒体，例如图书、DVD、科学网站，可以提高学生的科学素养。在一个科学资源和游戏机会丰富的环境中，儿童和教师都可以持续地拓展对于物理世界的认识，增加探索世界的机会。

小　　结

儿童对于自然界十分好奇。他们对于探索周围的物理环境和事物是怎么运转的非常感兴趣。因此，基于儿童兴趣的项目应该强调科学教育的作用。

- 游戏有助于科学认知的发展。当幼儿教育者将儿童游戏整合到教学课程中时，他们看到儿童的自发活动与科学、工程的实践、概念和内容是紧密联系在一起的。就像那些造访幼儿园的科学家一样，幼儿教育者开始随时随地都在"看见科学"。
- 平衡化的幼儿科学教育课程的目标。幼儿科学教育的一个基本目标就是促进儿童好奇心等天性的发展，鼓励他们去解决问题。教师通过仔细观察学生，并创设一个便于儿童通过自发游戏去探索物理世界的环境，去支持儿童科学素养的形成。科学素养将与科学概念和科学内容相关的知识和实践整合在一起。科学素养是逐步形成的，并深受社会和文化背景的影响。
- 科学的本质。教师对科学教育目标的理解、他们自身的科学和工程实践知识、对统一概念的理解，以及重要的科学"大观念"在指引着他们的课程选择。
- 科学、游戏和儿童发展。儿童的能力不尽相同，而且经常被低估，成熟的科学思维的形成需要时间。如果儿童在某些领域拥有更好的与自然和社会接触的机会，那么儿童在这一领域的认知水平通常会发展得更快一些。
- 自然与环境：发展儿童的场所感。儿童教育专家和自然主义者都有这样的忧虑：如今的儿童很少有机会形成对某一个地方、某一个特定场所的眷恋和深度联系。幸运的是，城市的教育者和农村的教育者都发现，社区的树林、花园、操场甚至停车场都可以为创造场所感提供机会。
- 促进教育公平，追求所有人的卓越。教师通过对儿童游戏过程的观察发现儿童的兴趣、能力以及他们的需求。游戏为所有儿童提供了一种有吸引力的、低压力活动，增加了他们参与科学活动的机会。

- **游戏生成的科学课程与科学课程生成的游戏：建立联系。**在一个有机会充分参与到科学、工程学和技术活动的环境中，有经验的教师能很好地平衡儿童自发的游戏和教师计划的活动。这种平衡在学前到二年级这个阶段会不断地改变。教师通过指导和引领，拓展儿童的自发游戏行为，在这个过程中儿童加深了他们的理解。这自然地产生了发展适宜性的教师计划课程。相反，教师计划的科学活动一旦激发了学生的兴趣，那么就会自然衍生出儿童的自发游戏。

- **以游戏为中心的科学课程的框架和标准。**《K—12科学教育框架：实践、交叉概念和核心观点》提出了对科学教育进行重大变革的建议。它要求对K—12科学教育课程中的自然科学、工程和技术进行整合。《框架》指出孩子们带到学校的知识的重要性，以及拓展熟悉环境的重要性。最主要的目标是促进幼儿对科学的兴趣，加深他们的理解。尽管如此，《框架》中的一些标准看起来与发展适宜性课程原则并不一致。因此，幼儿教育者需要保持清醒，以确保标准与他们的执行相适应，以便增加学生的热情和对科学的参与度。依靠儿童过去的经验，适应他们的兴趣和发展水平，以游戏为中心的科学课程能够达到这些科学标准。

- **培养科学教育的信心。**许多早期儿童教育工作者担心，他们对科学的理解不足以开发出有效的、以游戏为中心的课程项目。我们建议，教师应该把自己看作一名充满好奇的研究者，而不是一位专家。想想那些你感兴趣的、与科学有关的活动，你的学生将能感受到你的好奇心和惊奇感。去了解学生和他们的家人的科学兴趣，以及学校和社区中其他人的科学兴趣。如果能认识到别人在科学方面的特长，那么你就可以为你的学生做出很好的榜样。

幼儿期是将儿童天生的能力和思考的方向引导至科学领域的重要阶段。跟随儿童的好奇心和兴趣无疑是认识世界的最好的方式。游戏是幼儿发展基础科学兴趣、培养科学素养的核心。如果我们能把这些兴趣和精力整合到幼儿科学教育课堂，那么我们就是在促进教育公平，就是在培养具有科学素养的下一代。

知 识 应 用

1. 解释自发游戏如何加深儿童对自然世界的理解。
   a. 描述并画出一张室内和室外空间图,展示教师如何营造一种环境,让有特殊需要的儿童和双语学习儿童通过自发游戏探索自然环境。
2. 讨论平衡化的儿童科学课程需要达到的两个目标,包括与科学和工程相关的例子。
   a. 如果有一位科学家来指导你的项目(或者你比较熟悉的项目),那么他会怎样推动平衡化的幼儿科学教育课程?绘制出一幅简单的环境图,并指出图中五个或者更多激发儿童学习科学的设计。
3. 给出下列与自然科学有关的名词的定义,并举例说明:科学实践、科学概念、交叉科学概念和科学内容。
   a. 作为现在的教师或未来的教师,写出或讨论一个你感兴趣的科学活动——这个活动可以让你的学生看到你对科学活动的兴趣和好奇心,并使用以上名词来分析这个活动。
4. 使用建构主义理论解释儿童不能像成人一样开展科学与工程实践的原因。
   a. 使用其他章中的案例解释教师掌握儿童的发展水平对其开展发展适宜性科学教育项目的必要性。
5. 描述教师通过什么方式,激发儿童对自然和环境的热爱。
   a. 提高自身的观察能力:选择一片你认为非常美观的叶子,近距离地观察它。它有哪些特点?你能否列出超过25个关于这一片叶子的特点?(比如,有光泽的、光滑的、绿色的、尖尖的。)
   b. 观察儿童在你选择的户外环境中玩耍的表现。描述作为一个教育者,你如何利用他们的活动来激发他们对自然的热爱。
6. 指出几种教师用于提高有特殊需要及双语学习儿童的能力并满足其需求的方式方法。
   a. 举例说明教师如何让有身体缺陷的儿童参与到活动中。
   b. 比的奶奶展示了如何将丝从茧中抽出来做成线。描述两个或者三个来自家庭或社区的、幼儿熟悉的、能提高其科学素养的例子。
7. 举例说明课程生成的游戏和游戏生成的课程如何提高儿童的科学素养。

a. 分享 5 本与科学有关的非小说类文学作品，并将这 5 本作品推荐给以游戏为中心的项目中的学前儿童或 2 年级学生。

b. 以表格 9.1 为模板，新建一个表格，要展示出以游戏为中心的课程中的儿童活动如何体现了你所在地区的（或某个项目的）科学教育标准。

8. 通过观察举出两个例子，来证明整合后的以游戏为中心的科学课程可以体现（达到）科学教育标准。

9. 描述几种能够帮助教师在科学教学中建立信心的方法。

第 10 章

以游戏为中心的艺术课程

学习目标

➤ 讨论艺术课程的四大支柱,即时间、空间、材料以及教师的专业知识,支持可行的艺术项目的方式。

➤ 讨论在艺术课程中自发游戏、教师指导的游戏和教师主导的游戏之间保持平衡的原因。

➤ 解释儿童绘画作品中的阶段知识如何为理解儿童的兴趣和能力的发展轨迹提供基础。

➤ 在幼儿小组项目活动和调研活动中,建构包括自发游戏和教师指导的游戏在内的基于标准的课程模式。

> 就像在歌剧中那样，4岁的诺厄站在画架前思考着，然后用歌曲唱出他在游戏中发现的颜色：
>
> 　　这里有红色、蓝色、黄色
>
> 　　这里有很多颜色
>
> 　　这是浅绿色、浅绿色
>
> 　　这是蓝色、蓝色；这是蓝色、蓝色……
>
> 　　还有白色和浅绿色
>
> 　　这是白色和浅绿色
>
> 现在他把注意力放在了他的调色板和歌曲上，"这里有一些颜色"，他说出了三原色的名字——"红色、蓝色和黄色"。他把刷子放进蓝色颜料里，嘴里唱着"这是蓝色，蓝色；这是蓝色、蓝色"，强调蓝色或许因为它是浅绿色的基本色。诺厄想调出浅绿色，他知道不能把白色变成浅绿色。最后，果然还是白色。"白色和浅绿色"，然后诺厄轻轻地合上调色板，"这是白色和浅绿色"。

这个边作画边唱歌的快乐场景源自塞尔玛·哈姆斯（Thelma Harms）的经典电影《我与我的艺术》（*My Art Is Me*，1969）的片尾部分。

这个场景揭示了什么呢？它揭示了在游戏中创造性的不同表现形式，而游戏是儿童艺术创造的核心。它还告诉了我们许多内容：诺厄知道什么颜色和不知道什么颜色（浅绿色中有一点绿）。更重要的是，它说明在游戏情境中艺术（诺厄的绘画、诗歌和歌曲）和解决问题（他对浅绿色的调制）是交织在一起的。在艺术中近距离地观察儿童游戏的过程，为教师设计发展性课程提供了翔实的素材。

本章强调所有艺术领域的课程都应该包含游戏选择的平衡。这包括在艺术领域中参与教师主导的游戏和教师指导的游戏的机会，这些活动经常发生在集体活动、项目教学和小组活动时间。同样重要的是，也要确保在自发游戏中为幼儿提供充足的时间、空间和游戏材料。

艺术对于一个成功的发展性课程来说是不可或缺的。因为幼儿会将艺术自发地变成一种游戏，而游戏是幼儿主要的学习方式。事实上，最成功的课程是把艺术融入各个方面，通过艺术活动来表达形象艺术、建筑、诗歌、故事欣赏、音乐、舞蹈和戏剧表演，以至于游戏和艺术课程很难相互区分。

不过，尽管幼儿具备将艺术转化为游戏的自发性，但是这不意味着艺术活动不需要具体的计划。我们要着重考虑以下问题：

- 什么时候艺术活动应该是自发的？什么时候应该受到引导或指导？
- 幼儿能从自发的艺术活动中学到什么？
- 幼儿需要什么样的材料、工具和资源？
- 教师应该做哪些技术性功课？
- 教师和环境如何激发幼儿的自发行为？
- 教师应该如何提供引导和指导？

我们将在形象艺术和建筑方面对上述问题着重进行探讨，此外这样的探讨也会涉及其他艺术形式，比如音乐和戏剧表演。

艺术课程设计指南

有效的艺术课程既会利用艺术来支持儿童游戏，也会利用儿童游戏来支持艺术。因为游戏贯穿于整个幼儿教学活动中，当然也包括艺术活动。尽管传统意义上我们认为游戏服务于艺术（诺厄应该发现浅绿色里含有绿色），但是同样重要的是，在幼儿教育机构中要确保艺术服务于游戏。为了达到这一目标，教师必须时常走进幼儿的游戏世界，并将实施艺术活动的基础材料和道具带入其中（Edwards，2010；Gee，2000；Isenberg & Jalongo，2014；Zimmerman & Zimmerman，2000）。

进入幼儿的自发游戏世界

当游戏进行不下去的时候，教师可以通过介绍一种新的材料、游戏道具或者改变游戏环境，进入幼儿的游戏世界。有时候教师可能是自发的，有时候也可能是出于幼儿的需要或请求。有时候教师可以直接介绍或者示范新的道具和材料，有时候教师可以不这么做。在什么环境下这些变量会出现呢？且又是什么从根本上推动教师进入幼儿的游戏世界呢？

自发游戏往往具有"假装"的性质（"我是妈妈，你是宝宝。""看！我是一只小狗！"）。教师可能会有所顾虑，认为只有具备戏剧表演技巧，才能进入幼儿的游戏，而对于这些技巧，他们还没有准备好。对儿童游戏做过细致观察的教师知道，即使是一些简单的道具和环境的变化，也可以激发幼儿更为复杂的假装游戏。她也许会拿起一个玩具电话，用游戏的口吻打给"急救人员"。她也许会在急救臂章的小道具上加上一个红十字，在肩章上写上"警察"，或者需要少量的雪纺围巾或透明的窗帘。在这种情况下，幼儿很少说出需求，而是会及时抓住一些间接的线索生成新的情节，将那些道具整合到不断发展的游戏之中。英国戏剧教育家多萝西·赫斯克特（Dorothy Heathcote）曾使用这种间接生成情境的方法，为戏剧或戏剧游戏提供了新的、详细的方法（Bolton，2003；Johnson & O'Neill，1984；Lux，1985；Wagner，1999）。

为了刺激幼儿参与游戏并将注意力集中在图形艺术上，教师可以引入新奇的绘画工具。比如，海绵可以激发幼儿对形式和质地进行创造。滚筒可以让幼儿对纸的整个表面进行涂画，而不仅仅是局限在中间某个地方。通过演示如何用刷子给海绵和滚筒上色，而不是直接用这些工具蘸颜料，教师可以帮助幼儿更好地掌控自己的作品。通过利用这些精妙的辅助材料和技术，教师可以帮助幼儿创造一个新的假装的世界。

儿童既可以在画架上作画，也可以在绘画桌上作画

在戏剧表演游戏中，教师帮助儿童用纸制作自己的超级英雄斗篷，而不是直接用他3岁时穿过的斗篷。把建构艺术引入表演游戏中，教师就可能再次进入幼儿的游戏世界。教师要确保为幼儿提供的绘画、裁剪和涂鸦工具方便拿取，这样这些材料就可以辅助表演性游戏和想象游戏更快地开展。

有时候幼儿在表演游戏中会寻求教师的帮助，也许是要一些新的道具——"我们需要可以把我们藏起来的东西"。这时教师就可以提供毯子、旧床单、地垫、大块和小块的积木。也许有时他们需要技术支持，比如用沙子建造一个网状的隧道。事实上，一个幼儿的技术需求会变得非常精妙。"这个沙坑里有宝藏，我们需要一个藏宝图"，这或许要求教师成为一个"艺术家的学徒"，帮助幼儿建构一个由湖、人行道、桥梁、高速公路组成的交通网，或者设计相关的图标，比如骷髅头和交叉骨形的标志、"危险""绕行"和其他提示标志。

使用艺术品

在教室环境中把艺术品融入游戏并不难（Edwards，2010；Isenberg & Jalongo，2014）。例如，在明亮的、晴朗的日子里，我们可以将熟石膏和蛋彩画颜料在纸杯里用水混合后制成粉笔（当然，一定记得要将干粉料混入水，这也是出于安全使用粉末的考虑），然后用粗粉笔画出孩子影子的轮廓。之后，当幼儿回来看午后自己的影子时，他们可能会十分好奇：为什么画他们影子的粉笔线跟之前不一样了？

遇上其他天气（雨天）无法形成影子的时候，这些粗粉笔还能用吗？他们可以用这种粉笔在湿的柏油路上创造出美丽的红色、蓝色和紫色的"表现主义"绘画。或许这一天诺厄发现了制作浅绿色需要的所有颜色，此时他开始建构关于颜色的知识。幸运的话，教师或许能够通过引导诺厄观察人行道上许许多多的浅绿色，分享这种对颜色的感悟。

如果幼儿大量接触二维形象艺术，例如绘画、涂鸦、拼贴，那么这可以刺激他们通过游戏进行自发的艺术探索。这些媒介不仅激发了幼儿的想象游戏，而且对于培养幼儿的艺术素养和小肌肉动作的发展起到重要的作用。

追踪游戏质量和面临的挑战：触觉和感知艺术

教师们都知道，对于幼儿来说，玩水、手指画、玩面团等触觉、感知游戏具有普遍的吸引力。幼儿能够全神贯注地沉浸在触觉、感知游戏中，通过自由操作材料获得与这些材料的物理特性相关的经验。手指画和玩面团可以让动手操作变得有舒适感，这种舒适感使得此类活动成为想象游戏和功能游戏的有益辅助手段。幼儿常常在玩这些材料的时候，创编一首歌曲或一个故事。接下来的案例说明了以简单的触觉、感知游戏开始，如何为艺术活动带来更大的挑战。在教师的引导下，它变得更为深入和复杂，能够促进幼儿获得艺术制作的全部技能，并对其所学进行思考。

> 6岁的贾森在周六早晨来到了一个儿童艺术工作室。第一个活动是伴随音乐和律动进行手指画。孩子们的活动从选择两种颜色的手指画颜料开始。教师鼓励贾森和其他孩子用自己的手或手指尽可能地把颜料涂到覆盖整个桌子的大纸上。今天，8个孩子、他们的老师和一名家长志愿者参加了活动。贾森很乐意穿着爸爸一件卷着袖口的旧衬衣，但是他对触摸颜料很敏感。然而，当音乐发出行进的节拍时，孩子们受到鼓舞，他们围着桌子用手指画出一些线条。贾森被周围的音乐吸引，跟着音乐唱起了歌。
>
> 几分钟过后，手指画几乎覆盖了整个桌子。这时做标记的特殊工具，如树枝、旧梳子、牙刷等，可以供孩子们随手选用。教师宣布："我们在创造河流、山川和蛇，它们在我们的桌子周围流动、蜿蜒并扭动着。"现在通过把干的蛋彩画颜料用小铲子撒到湿的上面，一场"暴风雪"就产生了。孩子

们用他们的手画出了美丽和谐的涂鸦。

但是，很快一场"暴风雨"即将来临。这里聚集了许多做标记的工具，小刷子和液体颜料盘也被引入了。雨越下越大，成人和孩子们一起创造的雨滴形状泼溅到了整个桌子。液体颜料盘被拿走后，画作中的种子发芽了，植物长得更高了。

现在，画纸已经非常湿了。为孩子们提供一些碎纸条、皱纹纸和闪闪发光的包装纸，让他们去按压湿的画纸，这样就会创造出不同的纹理以及新的形状。皱纹纸创造出了五彩斑斓的颜色，把红色、蓝色变成了紫色。最后，老师为孩子们提供了碎纸屑，贾森高兴地将自己的画作融入小组的作品。

当孩子们把桌面收拾干净后，美丽的画作也干了。接下来要张贴展示，孩子们在餐点时间可以欣赏他们的作品。在谈论作品时，他们开始学习在创作作品的过程中使用的方法的名称；学习颜色、线条、结构和对空间的感知。贾森最喜欢跟着音乐律动"摇摆"的部分。（斯凯尔斯，个案观察报告，伯克利儿童艺术工作室）

操作触觉/感知材料（tactile/sensory materials）能够带来一种本质上的满足感。许多班级只是让孩子们占有这些材料，并没有激发幼儿产生更加富有挑战性的经验。贾森的老师通过引入各种新材料，提高了儿童制作复杂艺术的技能。她指导孩子们就手指画的经历进行反思性讨论，证明了围绕一项相对简单的艺术活动可以促进儿童的发展。将来，这些儿童可能会在一些有计划的创造性活动中，运用这些经历的某些方面，比如线条、构图等。

对于触觉/感知艺术活动，我们可以提出很多问题：
- 这种活动是否有教育依据？到底对学习有多少促进作用？
- 它是否与小组课程的目标或者幼儿个体的学习计划相关？
- 它是否可以延伸至同伴间的假装游戏？
- 活动是否均衡地强调了美学和社会性戏剧表演的叙事方面，以及支持幼儿在数学和科学等其他领域发展的潜能？
- 对于学龄前儿童或者更大一些的儿童来说，我们是否能够确定艺术课程的构成要素具有充分的挑战性？或者对于年龄稍大些的儿童来说，我们"简化"了课程？
- 此外，在混龄班，艺术课程的各方面的要求对于年龄较小的幼儿来说是否过于苛刻?

通过艺术活动巩固全部课程领域的知识

当孩子们为十月份过万圣节准备鬼屋里的骨骼模型时，艺术、科学、数学和游戏等领域便融为一体了。幼儿可以从学校百科全书里得到科学且精确的有关骨骼的内容。孩子们开始了解他们的身体：身体是什么样子的？它是如何工作的？身体里都有什么？在他们的艺术创作活动中，儿童使用的资源来自语言艺术和数学领域，这些都是州共同核心课程标准中所强调的信息化的读写内容。

我们是否可以在雨后的一天，用手中的一张黑色的纸、一个塑料罐为生活在潮湿泥土中的虫子建造一个家？在一个界限模糊的世界，教师也许会疑惑什么时候结束艺术活动，什么时候开始科学活动？

使用积木的建构游戏涉及艺术与数学内容，并且常常会复制建筑物，其跨学科领域知识的丰富性使它获得了"艺术女王"的称号。积木是假装游戏的一种主要的辅助材料，能够在个体、同伴和小组中创造出丰富的假想内容。在游戏的延伸与拓展中，积木发挥了重要的辅助作用。小夹子变成玩偶居住在用废旧织物、壁纸、废旧窗帘装饰的"鞋盒房子"里；积木一块接一块地连起来，变成了城市里的"主干道"；弧形的积木块可以作为一个小公园，也可以满足其他结构的需求。在这里，我们看到教师引导的一些游戏项目开始与幼儿自发的积木游戏相结合，进一步验证了游戏生成的课程。

从教师对这样一个积木区的观察、笔记、照片或者录音中，我们可以洞察幼儿的智力水平、技能水平和社会性发展的价值（对于文学作品和新见解的评论，参见：Frost，Wortham & Reifel，2012；Reifel & Yeatman，1991）。教师希望通过幼儿艺术活动中的其他作品对幼儿的发展情况进行可靠的评价。那么他们应该寻找什么？我们可以从洛温费尔德（Lowenfeld，1947）、古德诺（Goodnow，1977）和凯洛格（Kellogg，1969）的经典著作中找到许多关于幼儿绘画模式发展的普遍特征的信息。

特殊需要：我们能够获得的关于有情感、认知发展障碍或者发育残疾的幼儿的绘画发展水平的信息十分有限。萨拉是一名在幼儿园评价小组工作的艺术治疗师，她指出幼儿绘画中反映出的某种特征是早期"危险信号"的标志。他们中的一些幼儿突然回到了涂鸦期（scribbling stage）的绘画水平。在表现某些绘画特征的时候，他们运用较少的绘画技能，过分地重复一个绘画主题，或者所画的线条都朝同一个方向

（与 S. Wasserman 的个人交流，2005）。在和艺术治疗师讨论期间，一名教师提到了这样一个带有警示意义的案例：一名个子矮于平均儿童的幼儿总是将画画在画板上纸的底部，教师认为这名幼儿可能存在感知方面的问题。他鼓励这名幼儿，让他站在画架前画的一块大积木上画，这样可以提高视线，于是，他的绘画内容开始充满整个图画空间（pictorial space）。

支持艺术与游戏：时间、空间、材料和教师的专业知识

在第4章和第5章描述的教师干预模式中，艺术课程建立在以游戏为中心的课程的基础之上。我们将在接下来说明一个可行的艺术课程的设立主要取决于具体的支持形式。如果教师提供了充足的时间、空间和管理适宜的操作材料；如果教师在技术和理论方面做足了功课，并且在儿童自发的游戏和教师指导的游戏之间找到了平衡，那么，我们就可以更加深入地探究儿童参与的艺术活动。

时间：在理想的课程中，学校一日生活应该为使用艺术材料的自发游戏和教师指导的游戏提供充足的时间。然而，我们有必要在这两种游戏形式之间找到一种平衡。一方面，将自发游戏作为唯一的形式会导致混乱和嘈杂的状况出现；另一方面，过多的教师计划的活动会阻碍幼儿自主地整合知识。平衡两种游戏形式的一种简单的方法是，仔细检核课程的一日流程和模式的设置。这将允许教师决定游戏内容是否均衡，以及是否有充足的时间和人员支持。如果一天中的大部分时间都用于教师主导的集体活动，那么幼儿的自发游戏相应就会减少。研究表明，在幼儿教育的课堂中，最有效的学习发生在小组活动中（4～6名幼儿），他们或者进行自发游戏，或者参与教师指导的游戏活动。

空间：在精心计划的课程中，空间的组织规划可以激发幼儿参与室内和室外游戏场地中多个位置的艺术活动。

- 在几个区域里放置清洁光滑、没有之前活动残留的胶水或油漆渣的工作台，同时设置对幼儿单独游戏或对同伴、小组间的协同游戏、平行游戏具有吸引力的座位。为使用黏土或其他湿的材质的个体活动提供小盘或者塑胶装饰的背板（通常是废旧材料），这些材料可以在厨房或木料场找到。
- 理想的情况是，这些区域相对比较安静，并且不受快节奏的游戏区的干扰，但同时从活跃的游戏区能够方便达到这些区域，而且从活跃的游戏区也能看到

这些区域发生的事情。
- 期望发生的游戏类型可以很清楚地通过家具或游戏辅助材料区隔开，划分出不同的游戏区域，包括自由探索材料的区域和教师计划的活动或者结构化较强的项目学习活动发生的区域。

如果教师的监督适当，那么室内外用于绘画、涂鸦、书写、跳舞、音乐活动的区域，不仅能够支持幼儿参与这些艺术活动，而且有助于假装游戏的开展。

太平洋橡树学院开发了有价值的指标，用于对复杂的游戏场地空间进行评价。这些指标提供的标准可以用来衡量音乐与艺术创作中心的游戏潜能，帮助教师更好地预测室内的游戏类型（Kritchevsky, Prescott, & Walling, 1977; Scales, Perry, and Tracy, 2010; Walsh, 2008）。

多人参与的音乐活动需要教师的指导

教师究竟要设置多少个区域呢？一个主要原则是具体设置要确保每名幼儿可以玩1.5个游戏，他们可以自行选择和变换花样。教师要组织班级的游戏区域，为等着玩他们最想玩的游戏的幼儿提供富有吸引力的游戏活动。如果一个班级有20名幼儿，那么意味着要提供约30个游戏位置，例如：

黏土/艺术操作台有4个位置

2个画架可以有4个位置（双面画架）

娃娃家有4个位置

拼图/操作台有3个位置

积木区可以容纳4名幼儿

图书区/沙发区有4个位置

书写区可以容纳2~4名幼儿

科学区有3个位置，配备装有贝壳的托盘、供幼儿用放大镜观察的寄居蟹（Kritchevsky, Prescott, & Walling, 1977）。

在这种设置策略中，教师可以利用环境为幼儿提供选择的机会，或者改善幼儿的游戏愿望在一个区域得不到满足的情况，例如，当积木区满员的时候。这个比例可以根据更大或者更小的班容量进行调整（改编自：Scales, Perry, & Tracy, 2010）。

尽管在所有课程中，管理和预测都是非常重要的要素，但是试图僵硬地去组织所有方面的艺术活动，将会抑制或减少幼儿的创造性表达。相反，在艺术活动中过少的组织和排序，也会导致幼儿活动的无序和环境的嘈杂。这两种极端的情况都会让幼儿失去自我管理、提高能力、艺术发展和理解的机会。

材料：开放的艺术活动和建构材料是自发游戏有益的补充，为幼儿假想的世界提供了原材料、资源以及辅助材料等。包括绘画、音乐和舞蹈在内的所有的艺术形式常常与游戏融合在一起，并且彼此很难区分开来。然而，并不是所有的材料都是开放的。例如，年龄大点的幼儿能够使用各种模型来表示星星、各种动物、恐龙、汽车、几何形状，甚至数字和字母。然而，这些材料的使用要隐含在自由探索、创造性、解决问题的氛围中，并且应该与大量开放性的材料保持平衡。音乐和律动也是这样的，为了提高自发游戏的质量，要在恰当使用之前进行初步的指导。

在一个为教师指导的游戏（如提供剪刀、标记和塑料模型）而设置的绘画和涂鸦桌旁，4岁的托比把一个汽车模型拿到他这边，假装这是他的小船桅杆侧面迎风飘扬的旗帜。他把汽车上多个轮子弧形的边缘当作完美的水面波纹。几个孩子马上抓住模型中隐藏的故事，在他们自己的画上也创作了旗帜。

教师的专业知识：在做功课的时候，幼儿教师想同时用技术和概念知识将自己"武装"起来。例如，在技术层面上，什么颜色混合在一起比较舒服？如何将三原色和合成色混合在一起？只有了解这些，教师才可以在画架上准备适当的颜料，从而使相邻色混合在一起是令人舒适的，如伯克利儿童艺术工作室绘画班调色台所示。教师也应该对艺术材料非常熟悉，能根据自身经验回答如下问题：

- 颜料、纸张和黏土的特性是什么？
- 需要在颜料中加入多少混合剂，才能使颜色看上去不透明、水分过多或者像褪色一样。我们更期望颜料像奶油一样从刷子上滑下来，而不是一大块滴下来。
- 什么样的黏土更好？低燃点的白黏土点着时，能够把画在上面的丙烯颜料烧制得很漂亮。色彩丰富的红色黏土烧制以后也会变得非常漂亮。但是如果孩子们不穿好围裙，那么就有可能会弄脏衣服。
- 需要关注幼儿使用像胶水、有色颜料、面团等材料的安全问题，所有的教师都应该了解幼儿的过敏情况（Isenberg & Jalongo，2014）。

教师渴望很好地了解发生在教室的同伴文化。此外，他们也渴望了解关于本民族或其他民族的文化、历史以及审美传统。什么样的民间艺术、音乐、舞蹈、戏剧或者色彩的使用与班级中幼儿的文化背景相关？什么样的音乐或者记录材料适合用在幼儿的班级活动或户外活动时间？午睡时间或者下午放学后的照料时间又是如何呢？

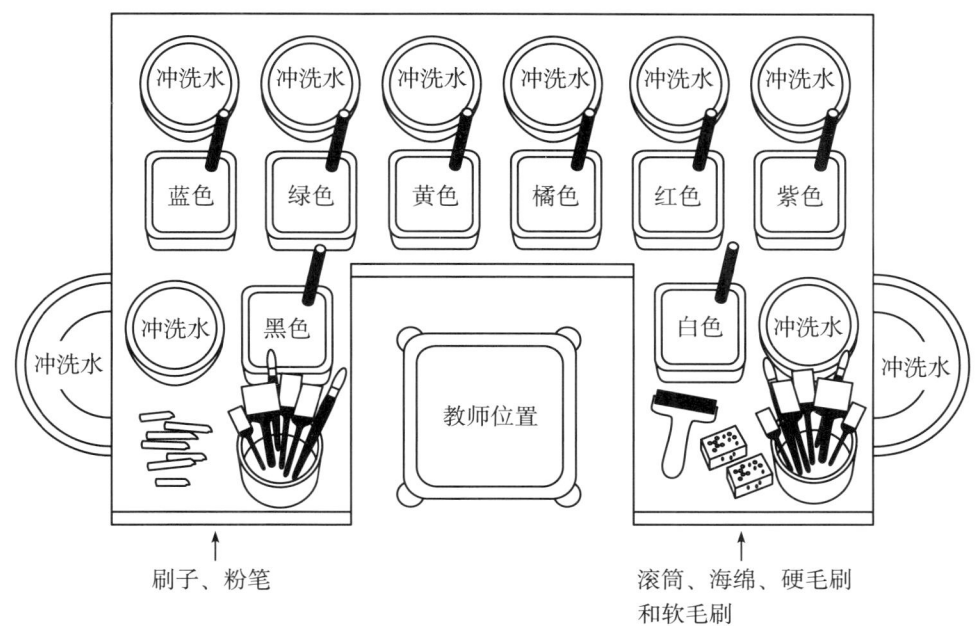

伯克利儿童艺术工作室的调色台

艺术创作和建构性游戏材料的呈现

除了考虑艺术资源和艺术材料的性质及用途之外，我们还需要关注这些材料的呈现、便利性、存储、补充方式和富有想象力的选择。如果幼儿看不到这些材料；如果他们没有一定的基础去想象这些材料的潜在用途；如果这些材料根本无法使用，那么幼儿就不会自发地去使用这些材料。因此，接下来就需要在教室里着手准备下列物品：

- 物品要陈列在视线范围内。尽量使用可移动的架子，为存储设备安装坚固耐用的轮子，可以更加灵活地提供材料。乐器、围巾和发带这种活动所需的材料以及录音设备需要存储在可移动的装置里，以便室内和户外活动使用。
- 蜡笔应该保持干净，并且按颜色进行分类。蜡笔外面的包装纸可以去除，以便幼儿能够真正地选择颜色。

- 蛋彩画颜料应该具有适宜的浓稠度。蛋彩画颜料块需要保持干净。每种材料都蕴含了一种颜色选择的适宜的技能。
- 水彩画的调色盘要保持干净。水彩画材料的投放应该为幼儿选择颜色提供适宜的技术支持,并且能够便于幼儿自我服务。
- 油画环境的设置需要:①三原色,②合成色和三次色,③黑色和白色,④颜料。
- 刷子、滚筒和海绵需要适当的引入。
- 为每种颜料提供适宜的纸张。
- 做的标记应该是干净整洁的,剪刀要便于裁剪,胶条应该提前粘贴在一个或两个小木块上便于使用。所有的东西都应该以一种幼儿自助选取的形式陈列。
- 要确保不时地出现新的刺激物,便于儿童寻找新奇的"宝藏"和可循环物,比如打孔机打孔后的纸圆点、各种小贴画、旧的贺卡和各种彩色纸的废料。甚至没有名字的画也可以循环用作漂亮的拼贴画材料。也可以把它们撕成长条或随机的形状,激发幼儿为假想游戏创造出新道具,比如发带、手镯和腰带。
- 应该在室内外提供大型的和小型的单元积木,包括有道具的和没有道具的积木。架子上的块状板有助于使用和存放积木。但是堆放得过于整洁、乱放或总是放在同一个地方,都会削弱幼儿富有表现力地使用积木。
- 建议不要将积木堆在一个箱子或者筐里,因为幼儿在倾倒积木时会引发喧闹而不是建构行为,并且还会导致他们漠视环境。

要注意不同的游戏材料如何彼此联系地放在一起。

  在一个教室里,战争游戏似乎要在积木区的"恐龙栖息地"发生了,这促使教师重新将位置调整到科学区带有地毯的区域。这个区域有吸引力很强的图书和材料,提供了许多关于史前恐龙生活习性的图片信息。通过这种方式,科学区得到了扩展和丰富,积木区的建构游戏也变得更加开放自如了。

此外还要注意的是,需要时刻警惕幼儿作品陈列区不要被教师、项目存储所占据,也不要变成一个存储杂物的区域,以防失去对幼儿"选择"的支持作用。如果这个区域有很多使用者,那么就会出现一个非常麻烦的问题,比如上午和下午需要轮换不同的老师,或者这里需要为不同年龄段的幼儿提供服务。

  在现代化的城市背景下,尽管玩泥本应是学前教育课程的重要内容,但是除了园艺活动，幼儿很少有机会玩泥。观察材料的自然属性的变化，对自然背景下的游戏意义重大，但玩泥经常被以卫生管理为由，受到严格的限制。本文的一位作者开发了一个课程，循环利用废弃的、未烧制的陶土块，在学校中以一种可管理的形式复制了这些经验。

　　课程目标：这个持续进行的项目学习活动能够使幼儿感受到自然材料的变化。这不仅是幼儿参与感知运动游戏的一种方式，也是幼儿观察并了解自然材料——泥土的特性的一种方式。所有这些都是通过他们喜欢的方式，即敲打、玩水、压扁、操作好看的且有意思的材料进行的。

　　第一步，收集废弃的和未烧制的陶土块。

　　第二步，用木质或橡胶材质的大锤将干的陶土块打碎。

　　（提示：可以将厚的陶土块放到帆布包里，再让幼儿敲打，以防小碎片溅到周围。这一步最好是每个幼儿单独进行，以保证每个幼儿都有自己可利用的陶土。）

　　第三步，第一次变化发生在敲打大块的干陶土之后，产生一种叫作"熟料"的混合性物质。在后面可以把它撒入或者掺入湿度较大的陶土里。很少一部分"熟料"就能够使陶土变成湿润的、像奶油一样的物质，这被称之为"泥釉"。孩子们稍后便能尝试使陶土的身体变得更加光滑，或者像用胶水一样把陶土片拼在一起，甚至使陶土制品的表面更加光滑。

　　第四步，第二次变化的关键是干陶土与加了水的小块干陶土混合、压扁，并且要控制整个过程，确保所有的陶土完全混合，成为厚的泥状的物质。

　　第五步，接下来，用一个石灰棒碾压完全混合并且潮湿的陶土，以去掉多余的水分。（提示：在方形的转盘底部倒入几十厘米长的、混合的熟石灰，晾干后就可以制成石灰棒——这也是一种变化形式。）

　　第六步，现在，年轻的雕塑家把再利用的陶土变得更加美观和有用。教师或者大一点儿的幼儿可以这么做，因为这个过程需要使用很大的力量。

　　教师对幼儿创造性表达的尊重程度表现在对其发展适宜性的期待中，以及提供适宜的操作材料，并且能够关注他们的表达。例如，尽管报纸或可回收的打印纸适宜幼儿进行绘画和涂鸦，但是不适宜幼儿需要用力刻画的蛋彩画。使用可循环的蜡笔、从当地印刷商那里讨要来的纸边，或者孩子们能够买得起的一种质量非常好的画架画纸，都是孩子们能够负担得起的。

艺术领域的能力标准：教师的"专业知识"包括在建构艺术、戏剧、音乐、运动和舞蹈等领域，发展适宜性能力标准的知识。因此，通过教师指导的游戏和自发的游戏，所有儿童都能得到发展和支持。教师应该熟悉全美艺术教育协会（1999）提出的艺术标准，这样班里的孩子就有机会通过艺术活动整合他们的知识，表达更深层次的感受和充满意义的想法（Edwards，2010；Isenberg & Jalongo，2014）。表10.1列出了艺术课程的标准。

表 10.1 视觉和建构艺术活动的标准

标准	例子
儿童会成为艺术媒介和工具的负责任的使用者。	诺厄在一个设计得很好的绘画中心自发地进行通过混合颜色来变出"浅绿色"的实验，在这里，他已经学会独立使用材料的常规。油漆滚筒这样特殊的工具可以帮助他将整个画面空间联系起来，而不只是局限在一个小小的区域。
儿童应该有掌握多种技术和技能的机会。	在教师指导的游戏活动中，诺厄和他的同学通过用黏土为小动物建隧道，来学习体积方面的知识。
儿童有意识和有能力谈论线条、质地、颜色和空间。	在一个特殊的多媒介的手指画活动中，贾森开始学习线条、质地、空间和颜色。在关于本次活动的反馈环节，教师引导孩子反思他们在活动中学到的线条、质地、空间和颜色的内容。
儿童能够辨别他们自己和同伴的作品。	在点心时间，孩子们讨论每月要展出的艺术秀中的班级绘画作品。后来，他们为父母设计了邀请函并且在开幕式当天充当父母的向导。
儿童能够发展控制能力，也能在音乐背景下跳舞和完成韵律操。	玛莎的妈妈做了在运动和舞蹈区使用的带有弹性的发带和腰带。把五颜六色的领带卷进发带和腰带里，玛莎教其他孩子跳她的"飞马"舞。
	在每天的音乐时间，一些孩子学习使用简单的计数系统，描述按照三线谱用手有节奏地拍出长短重音和休止的模式。
儿童熟悉并能够分享他们自己和其他文化的经典流派。	伊莎贝拉在K—1年级的艺术课上用自己的方式解释马蒂斯的画。马蒂斯是她喜欢的画家。她的哥哥阿德里安更喜欢在二年级时学习的特殊的非洲面具。

来源：Information from National Art Education Association. (1999). *Purposes, Principles, and Standards for School Art Programs*. Reston, VA: Author; Seefeldt, C.(2005). *How To Work with Standards in the Early Childhood Classroom*. New York, NY: Teachers College Press; Isenberg, J.P., & Jalongo, M.R.(2014). *Creative Thinking and Arts-Based Learning*.Upper Saddle River, NJ: Pearson Education.

内容

在本章前面的部分，我们讨论了如何设置班级环境以促进艺术领域中的游戏，特别是自发游戏。在这一部分，我们将讨论教师引入的、用以提高幼儿知识的各种具体内容。这些课程需要教师做更多的准备和指导工作，确保幼儿在自发游戏中使用教师提供的材料时，能够学到许多知识。

艺术的文化丰富性

在部分地区的学校,小学低年级的教师和艺术专业的教师会选择着重提升学生文化及审美素养的艺术课程。教师会向孩子们介绍不同时期和文化背景下不同艺术家的风格,并让他们在自己的绘画作品中模仿这些风格。马蒂斯是伊莎贝拉最喜爱的画家,伊莎贝拉生动地模仿了马蒂斯[1]的风格,她在K—1年级的艺术课上创作了这幅画。

在同样的课程中,其他年龄大一些的孩子在绘制非洲面具或绘画的过程中也会模仿或借鉴莫蒂里安尼[2]或毕加索[3]的风格。一些教师会以复制品作为切入点,与孩子们探讨现代和古典伟大的艺术作品。

伊莎贝拉创作的马蒂斯

另外一所学校中的学前儿童每年都会创作和上演一场奇特的非洲人物画展,他们的老师伯塔将其称为教室中的"文化美术馆"。伯塔会帮助他们对每一个人物画像进行加工:将木丁或纸巾卷安装在厚厚的硬纸板底座上。人物的头和手是用黏土制作的;烟斗插入线轴中就变成灵活的胳膊。许多颜色鲜亮的非洲纺织品,如缠满了胶带和涂满了胶水的肯特布,能够激发孩子们为这些非洲人物制作美丽服饰的热情。图书馆中有很多介绍传统服饰的图书,书中的图片也会影响孩子们的选择。

《能为艺术活动提供资源的家庭成员》这篇专栏文章阐述了孩子们所在群体的文化丰富性。

---

[1] 亨利·马蒂斯(Henri Matisse,1869—1954),法国著名画家,野兽派的创始人和主要代表人物,也是一位雕塑家、版画家。他以使用鲜明、大胆的色彩而闻名。——译者注

[2] 阿美迪欧·莫蒂里安尼(Amedeo Modigliani,1884—1920),意大利表现主义画家与雕塑家。他创作的人物肖像画极具个人风格,以优美的弧形为特色。——译者注

[3] 毕加索(Pablo Picasso,1881—1973),西班牙画家、雕塑家,现代艺术的创始人,西方现代派绘画的主要代表人物。——译者注

> **家庭多样性** 能为艺术活动提供资源的家庭成员
>
> 卡伦是一位艺术家,同时也是一位家长。她为传统的非洲故事制作玩偶,并在她儿子所在的幼儿园中分享她的故事和玩偶。现在,她在学区内所有的低年级班级进行分享。其他家庭十分喜欢在社区附近主要的博物馆开展的她设计的人物和所讲的故事的展览。你可以将班级中学生的家庭成员当作艺术活动的资源提供者。你对孩子、他们的家庭成员以及他们的生活状况了解得越多,就越能够把他们吸引到学校中来,让他们参与并分享他们在视觉艺术、音乐、舞蹈以及戏曲等方面的才能。

以游戏为中心的艺术课程中的音乐和律动

教师可以把音乐和律动作为指导性或引导性经验呈现给儿童,成为艺术课程和每日常规的一部分。新的和传统的律动、音乐材料、民族歌曲以及韵律都可以用这种方式引入(Edwards, 2013)。一名教师发现,当他在律动课上用"男孩/女孩—男孩/女孩"的方式安排座位时,参与律动的孩子会更加团结和包容。这为那些跨性别舞蹈的可能性提供了一种选择,即在日常民族舞的排练中,可以将男孩和女孩搭配分组。

分享来自孩子们自己文化中的歌曲是支持孩子们开展自发游戏(包含音乐在内)的一种有效的方式,也能够促进他们开展跨性别的游戏。当两个4岁的女孩——约兰达和沙妮自发地谈论超人主题的歌曲时,一群正在玩攀爬游戏的4岁男孩子邀请她们加入游戏并在其中扮演角色,先前他们也在一起玩跨性别的游戏。在引导性音乐游戏的框架中,下面就是一些熟悉的可能会发生的事情。

呼叫—应答和即兴节目:在正常情况下,呼叫—应答常规活动、即兴演奏、协同游戏(ensemble playing)和声音都能提高孩子们倾听的技能,以及对于不同音乐模式和节奏的感知力。

下面这个案例会介绍如何将一个孩子的即兴演唱转化为木琴、大鼓、三角铁的合奏及歌唱。教师会将纸质的面包师帽子戴在小朋友的头上,并以此来选择即兴表演的小朋友。在选择的过程中,其他小朋友会一边唱一边表演:

面包师的帽子,刚好适合你,

戴在你的头上时,你就来即兴表演。

类似这样用乐器即兴表演和歌唱的方式,还可以用在具有较强的节奏和旋律简单的传统音乐中，如"诺亚方舟"。或许我们能够在孩子们无伴奏演唱的基础上，尝试改变声音或加入一些乐器：

> 谁制造了方舟，诺亚，诺亚，
>
> 谁制造了方舟，诺亚，诺亚。

之后继续将乐器的旋律和演唱的声音合起来：
> 动物们都来了，成双成对的。
> 如果我在那里，我也想一起去。

如果用像奥尔夫·柯达伊课程中使用的不同类型的打击乐器进行伴奏，那么效果就会特别好（Alper，1987；Edwards，2013；Isenberg & Jalongo，2014）。如果教师拥有一架钢琴并能够为孩子们伴奏，那么便能够帮助他们更好地把握节奏和音准。

在简单的模仿常规活动中，我们可以用手掌、手指、膝盖等其他部位拍打出简单的节奏模式，也可以在有/无节奏乐器（rhythm instruments）的配合下进行律动或舞蹈，这些都会成为非常令人满意的活动。

在教师指导的游戏中，应该为两个或更多孩子提供一个存有各种录音唱片的、组织良好的倾听角。这些唱片包括一些写有关于这个音乐的重要信息的卡片，这样，指导教师就可以看着这些卡片，向孩子们介绍与音乐有关的内容。对于已经开始阅读的年龄更大的孩子来说，这些卡片可以被投放到区角中直接使用。正如许多教师了解到的那样，孩子们可以在游戏中自发地创作一些歌曲和舞蹈，这些歌曲应当被记录下来并在倾听角中欣赏（Veldhuis，1982）。

尽管这一章中的大部分内容都是关于艺术课程中的图像游戏和建构游戏，但是对于儿童的思维和审美意识的发展来说，音乐具有很重要的作用。因此，音乐应当融入艺术课程之中。

节奏模式和声调的识别：就像奥尔夫·柯达伊那样，我们可以将熟悉的歌曲与游戏整合到更系统的和教师指导的游戏框架之中（Alper，1987；DeVries，Zan，Hildebrandt，Edmiaston，& Sales，2002；Isenberg & Jalongo，2014；Wheeler & Raebeck，1985）。这种方法的主要目的在于改善感知觉，这样，孩子就能获得关于音乐的各个方面的知识和鉴赏力，比如节奏模式和声调的识别。而且，由于这种方法强调在小组活动中创作和享受音乐，而不是进行个人演出，因此，它弱化了竞争，具有积极的社会价值。弗思（Furth，1970）写道：

> 在音乐媒介中，孩子们应当有展现他们人格的多个方面并发展他们的智力的机会。玩节奏游戏、控制音调（intonation）和声音的强度、随时间构建乐句、用五线谱（musical notation）将一切表示出来、与他人互动、个人的活动服从于集体任务——这些都是人类智力的重要组成部分。正是由于这个原因，音乐教师可以合理地依靠内在动力。教师的目标在于帮助孩子们学会在音乐中思考，强调的是一种思维方式。他并不需要将每个孩子都培养成专业的音乐家（pp.140-141）。

在小组中玩音乐、享受音乐而不强调竞争，这具有十分积极的社会价值。

如果有计数系统对乐曲的强弱拍进行标记，那么计数与制作模式技能就可以在音乐活动中得到很好的发展。一位一年级的教师鼓励孩子们用这种方式创作自己的歌曲。接着，每个儿童作曲家在黑板上标示出简单的快、慢、暂停等节奏，然后齐声"读出"或用手拍出这些节奏。

音乐中有韵律的歌词和段落可以促进儿童的听觉辨别能力（auditory discrimination）和音素意识的发展（Genishi & Dyson，2009；Seefeldt，2005）。参与到音乐活动中，孩子们的抽象思维能力会得到锻炼，这对于数学能力的发展非常重要。音乐同样有助于提升孩子们的社会能力，当然，它还能够舒缓压力，让过度环节变得轻松。

不同的音乐传统丰富教室文化

教师可以选择不同语言和文化背景下的音乐唱片来为儿童的舞蹈和律动伴奏。家长为这种多样性提供了丰富的资源。在一个班级中，一位中国家长与孩子们分享了一首在当代中国流行的儿歌，引人入胜的优美旋律立刻引起了孩子们的兴趣。同样是在这个班级中，一位热爱舞蹈的俄罗斯家长为孩子们提供了一些用丝带和亮片装饰的、适宜他们佩戴的、具有弹性的发带和腰带。孩子们并不需要教师帮助他们创造舞蹈服装，他们只需要简单地将一些颜色鲜艳的围巾裹在发带和腰带上。这位母亲帮助她说俄语的女儿在舞蹈和律动中，与班里的其他孩子建立了初步的交流。如果类似的活动在一组孩子中间开展起来，那么教师就可以退后，在稍远的地方观察孩子们。这种方式可以确保这种自我主导的音乐和律动经验能够被不断强化并以音乐游戏的形式进行下去，而不是变成一种闲谈或打闹游戏。

音乐能够强化环境的情感基调，然而那些仅用于分心或娱乐作用的音乐活动，虽然也能起到"管理策略"的作用,但是不能被视为发展性课程。在艺术课程的教师指导的游戏中,要注意避免过分强调技能技巧,忽视了儿童的特殊需要。如果表演受孩子喜欢,也能引起儿童的兴趣,但它们被归于教师指导的游戏之列,那么在这样的情况下,应为孩子们留出一些自由创作音乐的机会,以此来实现它们之间的平衡。

除此之外,在高质量的课程中,教师主导的游戏或教师计划的集体活动都不应该仅仅是为其他活动做准备,这一点非常重要。对材料的介绍也是十分重要的,但是在幼儿艺术课程中不应该只是简单的"排练",也就是说反复排练一些节目。在孩子们的学校生活中,每一个独立的艺术活动都应该是有意义的,活动中的每一步在本质上都应该是有趣的。

通过艺术整合课程的各个方面:艺术活动不仅可以促进儿童审美能力的发展,而且是贯穿幼儿教育课程的必不可少的学习部分,例如,数学、逻辑和空间知识。这一点将在下面的课程生成的游戏这一案例中体现出来:

> 在一个开端计划的教室中,儿童在小组活动时间学习有关模式的形成和模式的扩展。教师与孩子们讨论并向其展示了模式与设计之间的不同。随后在当天,有一个小朋友自发地在画板上创作了自己的模式序列。他用几何形状的海绵创作了一整页由不用颜色的三角形和圆形排列而成的模式。其他儿童也如法炮制,教师在学校走廊处对孩子们创作的作品进行了展览,这些作品都与模式概念有关。这些作品也让老师能够评价谁真正理解了模式的概念。

> 另外一个例子是:一名幼儿园教师帮助儿童学习各种几何形状(三角形、长方形和正方形)的特征。在教师指导的游戏活动中,孩子们用牙签和泥球建构了这些几何形状。

直观的数学"无处不在",它同样存在于艺术活动中。不论这些能力在何时何地出现,教师都应予以关注和支持,这是教师的职责所在(Scales,2000)。

自发游戏帮助诺厄将他有关颜色的知识整合起来——他运用自己所掌握的颜色,开始创造出浅绿色。这种经验的融合和重塑,以及在新情境下对于知识的运用,也能够在教师主导的游戏中表现出来。

在艺术领域通过游戏整合儿童的经验和感受

当儿童经历诸如一个小弟弟出生或者妈妈突然离去等不幸时,他可能需要写一封带有"给妈妈"字样的特殊口述信或电子邮件。

朗尼——一个总是被虐待的孩子,最近进入一个收养家庭中疗伤。在他创作的自画像中,他需要很多不同的面具来遮蔽身上的创伤。

贾森在每月一次的艺术课上创作的唯一一张作品能够说明很多问题。他对于绘制火车和一节一节的轨道表现出强烈的兴趣,这向我们展示了一个5岁孩子的认知与典型的能力。老师很高兴看到他在艺术活动中做的标识与他在书写名字和为他的朋友韦斯利游戏的区域做标识时萌发的新的、自发性的兴趣相关。在很多合作活动中,虽然贾森在指导韦斯利,但是他的朋友有些跟不上贾森的节奏,因为韦斯利没有和贾森一样的书写兴趣或能力。因为通过游戏来识字是课程的一个中心内容,所以当韦斯利的妈妈要求教师"不要强调书写"时,教师面临一个两难的处境。

正如我们所看到的,儿童最近发展区的生活可能是十分严峻的,它并不总是顺利地进行着,有时会向儿童和他们的教师提出挑战。

平衡化的艺术课程

在全书以及本章节,我们一直强调要平衡幼儿的自发游戏、教师指导的游戏和教师主导的游戏等一系列课程。在以游戏为中心的课程中,为确保幼儿的自发游戏、教师指导的游戏和教师主导的游戏之间的平衡关系能够更好地服务儿童,我们需要仔细地审视艺术和其他活动。在判断艺术活动的平衡适宜性方面,我们需要考虑以下一些因素:

- 儿童个体和群体在文化、社会与发展方面的需求。
- 群体的动态变化。
- 物理环境的质量与规模。
- 成员的数量以及该项目在一日活动中时间的长短。

教师在设计课程时需要检验他们为幼儿提供的活动类型,以及在特定的环境中根据可利用资源产生的需求的种类。如何达到活动的平衡，这是需要考虑的地方。在教室的各个地方进行太多的自发游戏会导致混乱，而过多的教师主导的游戏或教师指导的游戏则会削弱或干扰在自发游戏中出现的学习。类似素描、彩绘、涂鸦、拼贴画等活动可以在教师最小的干预下进行监督，这些活动可能成为儿童在学校一日生活中稳定的学习项目。一个关键的问题是，孩子们如何通过理解环境中的线索，明白他们应当如何操作所提供的材料。

建立使用材料的常规是必需的。在大部分教师计划的项目活动中，教师都会在活动导入环节提醒注意事项。这样的做法不仅扼杀了幼儿的创造力，对于教师来说，也是一种束缚。在小学低年级课堂中，孩子们可以在晨间的"自选时间"选择区域活动。一个区域里的孩子数量的最大值和最小值可以根据实际需要进行调整。如果区域设置得很好，那么工作就可以顺利地进行，并达到预期的效果。

以下是一些对于常见活动的探讨，并为教师组织、管理、引导和指引活动提出了一些建议。有些小组可能需要结构化更强、选择更少的、更复杂的教师指导的甚至教师起主导作用的游戏。其他小组可能需要复杂程度较低的游戏，让他们有更多机会进行自主游戏。不论是在哪一种情况下，教师需要从所提供的各种各样的课程中进行选择，创建一个能开发儿童潜能的活动"菜单"，促进儿童愉快地参与到艺术活动中。

- 各种绘画、涂鸦、拼贴活动都有高度的潜能，能够让幼儿自发地、充满乐趣地参与活动。将注意力放在材料的投放和空间的布置上是非常重要的。如果要补充和更新材料，那么有必要进行一定程度的监督。
- 多种形式的雕塑和三维艺术作品为孩子们提供了与所提供的材料进行自发游戏的机会。黏土、橡皮泥、木头拼贴都可以考虑。再强调一遍，环境的创设、一日常规的引入和活动监督是有必要的。
- 版画制作、丝网印刷和一些需要按照规格裁剪的内容（如拼贴的肖像画），需要较高水平的教师指导和主导，但是其中也包括自发和自我指导的行为。为凹版雕刻（intaglio）选择一定的纹理材料、将各种质地的材料合理安排制作一幅拼贴肖像画等过程都体现幼儿的创造力、挑战和判断力。在一幅自画像中利用透视法表现人物的眼睛、头发、皮肤和服装并为其涂色也包含创造力和批判思维能力。
- 讲故事、写日记、音乐和律动等活动通常被归为教师主导的游戏或教师指导的游戏。如果教师提前创设一个有明确指示预期的情境，那么这些活动对于孩子们来说，自发性会更强。例如：如果孩子们建立起较好的使用乐器的常规，并且有足够数量和种类的乐器供孩子们用来演奏悦耳而非"精准"的乐曲，那么一个音乐活动区便能够为促进儿童音乐感知能力的发展起到很大的作用。

- 同样，教师要收集讲故事、写日记等活动的结果，尽可能少地干预儿童，也不要要求他们使用正规的叙述规范。作为讲故事的后续活动，教师可以通过直接介入并引导孩子们有序、分角色阅读来帮助他们扩充对内容的认识。虽然这些活动一般是教师指导的或教师主导的，但是，这些活动可以为孩子们接下来进行自发的假装游戏提供丰富的内容。

在为孩子们提供的所有的课堂选择中，只推荐一种教师高度主导的项目。如果这个项目可以在一周内的每一天都开展，那么每个孩子都可以不慌不忙地且有序地参加自己喜欢的项目活动。这样可以避免儿童失去自我主导与自发游戏的机会。

有关儿童艺术创作发展模式的知识

意识到儿童在艺术领域中的发展模式，可以为教师提供一面镜子，用来了解儿童的发展并将其作为课程设计的依据。与考古学中的遗迹类似，孩子们的绘画、建构、积木建筑、组装、拼贴以及对于他们唱歌、讲故事、跳舞的记录等都反映了他们的发展状况，并能够被视为成长和发展轨迹的档案（DeVries et al., 2002；Griffin, 1998；Veldhuis, 1982）。与此类似，它们也可以被用来评价以游戏为中心的艺术探索课程的有效性。

记录变化和成长：海迪的马

让我们看一些由一个孩子历经五年所画的关于马的绘画作品（Fein, 1984）。下图呈现的是海迪的绘画作品，这揭示了她的兴趣的变化以及她在绘画方面的成长轨迹（Gardner, 1993；Isenberg & Jalongo, 2014；Kellogg, 1969；Lowenfeld, 1947）。海迪能够在游戏中探索她的兴趣（事实上是激情），她所处的环境支持并鼓励她进行艺术创作并允许她自由选择创作主题。这些绘画作品形象地表明，正是人格、智慧和兴趣的相互交织才激发了游戏，而游戏又反过来促进了这些方面的发展。

2岁：都是涂鸦

在纸张的正面、反面进行潦草的涂写，还会把纸张戳破。

2岁6个月：聚集

线条得到了更好的控制，开始在纸的中心聚集。

3岁：有方向地运动

通过更大幅度的上臂运动，能够从某一点开始绘制出环形。

3岁6个月：螺旋线

有方向地运动逐渐发展为螺旋线。

螺旋线条彼此分开变为线圈。

4岁：圆形

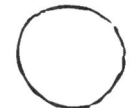

有意将线圈画成圆形的轮廓，连续的线条从某一点开始，又绕回到起点。

第一个人：可用的结构

用其他的圆形和一些线条从中心开始装饰圆形轮廓，从图形的周边进行切割，构建出水平和垂直的关系。这样一来就能够表示"爸爸""妈妈""狗""猫""房子""生日蛋糕"。

4岁2个月：第一匹马：直线的，很多条腿

圆形的构造和水平、竖直的线条形成了第一匹马的结构。

宽度：四条腿的马

改进：马拥有了四条腿——仅仅四条。

4岁10个月：偏离直线 歪歪扭扭的腿；向后弯曲的线条

第一次运用偏离垂直-水平视线的方法，尝试创作耳朵和腿，并让它们分别朝向相反的方向。新的对角将头和脖子相互整合，创造了新的形象。

5岁：马的各个部位的连接

将马头和脖子连接后，便能够用一条不间断的线将一匹马的外形勾勒出来。

5岁3个月：标准的马的发展；坚固的造型

关于腿所处的空间和长度的问题被解决了。

处于一条线上的马腿有了新的朝向，这样马就跑了起来。

身体标记：一些斑点和斑纹。

学习到达一个平稳的时期，开始整合并丰富马的装饰和标记。

6岁生日之前，在海迪的最后一个主要的建构作品中，她将马的头朝向了地面，并解释道："这样它就可以吃草啦！"

6岁：马更加强壮有力和完整；身形圆润

四四方方的身形开始变得圆润，将一些流动的书法线条加入强壮的马中，使其成为弯曲的条纹。

7岁：运动中的马牛仔和骑士

海迪的兴趣转移到对于情节的表现上；一匹优雅的马正在后退。

孩子讲述的故事变得更加准确，故事的内容也会反映在绘画作品中。骑士得到了小艺术家的关注。

8岁半：海迪的自画像

海迪认为海迪皇后是仅次于马的重要的角色，也是她最喜欢的角色。她认为自己是一匹马。

8岁半：技术任务——重叠

骑士的身体转向一边。

开始出现重叠现象。马身体的两边各有两条腿。

8岁11个月：在运用重叠技术时的进步；骑手的侧面		并排在一起的两只马
重叠现象在胳膊和后膝处出现。	当马的位置改变时，马的后腿出现了反转。	一只马把另外一只马挡住了，它们并排站在一起。人物与背景之间的关系变得更加复杂。

海迪的马

来源：From Heidi's Horse by Sylvia Fein, 1984, Exelrod Press. Reprinted with Permission.

重要的思考

教师指导的游戏通常为教师提供了机会，使他可以仔细观察并了解一个孩子的能力、兴趣和人格是如何与来自群体环境的社会挑战相互补充与相互冲突的。例如，在一个由幼儿园评价团队参加的会议中，艺术治疗专家萨拉建议好动、注意力不集中的孩子如果能够不接触一些流动性较强的材料（如手指画或以水为媒介的材料），而运用一些保持性更好的材料，那么其注意力会得到更好的控制。如果把刺绣固定在一个架子或刺绣环中，那么它就是一个很好的具有结构和边界的材料。清楚的界定模式会起到指导的作用。除此之外，萨拉强调，具有感知觉问题的儿童需要的可能不仅仅是形式，而且需要做自己擅长的工作，体会到由此带来的镇静。这个问题的重点在于让儿童去体验控制而不是对他们进行控制（与 S.Wasserman 的个人交流，2005）。

特殊需要儿童：对熟练和能力的指导

杰里是一个活泼却常常注意力不集中的孩子，下面是关于他的案例：

4岁的杰里在一个攀登架上爬来爬去。他在院子里横冲直撞，并大声叫着："发射火箭！发射火箭！"几秒之内，他又来到一个沙坑，跳了进去，碰倒了安德烈和彼得的沙子塔。老师温柔地抓住他的手，对他进行了有效的指导,将他身上无穷的力量发挥了出来。她对杰里说:"看上去你对火箭很了解啊,和我一起画一个火箭怎么样?"

通过绘画,她进入了这个孩子生动而富有表现力的假想的世界。她注意到,通过引导性和创造性的表达可能更容易完成杰里在与同伴的自主游戏中一直寻求的认可。这种表达方式有助于他的语言能力及与他人交往的能力得到良好的发展,以满足他将自己丰富的幻想世界与他人分享的需求。

设计一些有关火箭的卡通条纹片段或许能够帮助杰里。教师为杰里创作的富有活力但看上去似乎毫无意义的涂鸦做了各种标记,她用气泡图和箭头来突出画面中的重要信息,比如,"这儿是火箭发射台,这儿是火箭的鼻子"。在这样的引导中,杰里感受到自己成了一个更加有效的交谈者。

更振奋人心的是,杰里的绘画和文字在经过录音、剪辑等制作过程之后,成了一部"电影",并在一台由一位家长为教室提供的播放机上播映。杰里的电影在班上被播放和讲述,教师在分享杰里的文字影像时,也演示着叙事特征的排列顺序。现在的数码相机和计算机技术的运用让杰里的绘画作品变成活生生的故事片。

提高儿童在小组中的成员身份:运用一些艺术材料开展教师指导的游戏,为孩子们运用语言交流、进行社会及文化分享提供了机会,同时,还为教师提供了一个能够安静观察的机会。一般来说,小组项目是直接由孩子们发起的——"我也想要玛莎的那个!""我也是!"在教师的帮助下,玛莎刚刚制作的纸质的耳环成了孩子们学习的内容。教师可以为儿童提供所需的材料,这样玛莎就可以教其他小朋友如何制作自己的耳环了。

尤其是在小学低年级,我们可以持续开展有助于提高儿童在小组中的成员身份的项目,并为这样的项目制订长期的目标。尽管如此,朝向目标的每一步最好都是以游戏为中心的并能够带给孩子们一种内在满足(intrinsically satisfying)。集体制作的一本书、一首班诗、一块儿被面、一张壁画或为学校的聚会而做装饰都可以促进儿童计划、期待和分享等社会性能力的发展。

莉萨总是不愿意与小朋友们分享橡皮泥。在了解到这一点后,她的老师邀请她参与一次橡皮泥活动的准备。她需要将一整块橡皮泥分配给其他小朋友。这个过程可以帮助莉萨更好地控制她在小组活动中的需要、情绪和冲动。

让我们来看看另一个能提高儿童成员身份的小组项目：教室里的蚂蚁越来越多，于是孩子们发起了一个有关蚂蚁的探索项目。两个一年级的女孩给她们的校长写了一封信，希望得到更好的铅笔。其他同样是一年级的孩子们（我们在第8章中介绍过）为班级中的成员创办了一份报纸，其中包括几周以来的研究以及计划（这些计划是在第一版，也是唯一一版报纸出版前制订的）。此类小组项目为儿童提供了重要的机会，可以帮助他们了解并参与到如今具有丰富文化的班级生活中。

儿童游戏的兴趣在以游戏为中心的课程中的表现

儿童以玩耍的方式进行艺术活动，经常是全新或生成课程的来源，这生动地体现在多种方式上。今年在假装游戏中出现的怪兽在下一年就变成了罗宾汉[1]。在同一个小组中，这一年扮演王子和公主的孩子可能在下一年扮演恐龙爸爸和恐龙妈妈。这种事情同样发生在绘画与建构中。穿插其中的音乐能够成为儿童即兴故事表演的一部分。一旦了解到一种表演形式，儿童就会将自己熟悉的歌曲，如童谣、当代流行歌曲等加入其中。英国戏剧教育家多萝西·赫斯克特（Bolton，2003；Heathcote & Bolton，1995）通常会将一些孩子们自发创作的歌曲和吟唱融入为孩子们创作的戏曲中。

艺术领域中教师指导的游戏和教师主导的游戏

尽管我们已经了解到儿童在游戏中的学习是卓有成效的，但是现有的教育策略通常只依赖教师指导的游戏或教师主导的游戏。在以下几种情况中，游戏行为可以变得更加自主。例如，作为游戏指导者，教师会在黏土桌上向孩子们展示如何使用黏土进行塑形（就像我们的先驱探索体积的概念那样）。利用这样的模式，教师就可以退后并允许孩子们将这种模式融入自己的学习。在通常情况下，不同的孩子会轮流担任指导者这个角色。

为了让儿童学会认识三维形状，教师可以为他们演示如何在泥土中挖一个洞来制造一个恐龙洞穴，更加有趣的是，可以为他们演示如何拓展这个洞穴，挖出一个两个好朋友可以在里面手拉手的通道，或者如何做泥卷、泥片或连续排列的泥球。在一个幼儿园课程中，韦德在将牙齿安装到泥塑模型的下巴上时，整合了自己有关泥塑的一些知识。一个二年级的学生塞尔维使用之前切割好的十分光滑的泥板制作了一个漂亮的长方形的首饰盒（再添加一个合适的盖子就完整了），并将其作为祖母的生

---

[1] 罗宾汉（Robin Hood），英国民间传说中的一个英雄人物，人称汉丁顿伯爵。他武艺出众、机智勇敢，是一位劫富济贫、行侠仗义的绿林英雄。——译者注

日礼物。

　　游戏生成的课程可以帮助孩子们从家庭过渡到学校。这里需要先创设一个特殊的环境。在一开始，我们需要为每一个孩子提供一个鞋盒、一些墙纸、瓦片、布、木头和硬卡纸，引导他们用这些材料为自己设计一个房间。孩子们之前设计的模型可以作为另一个项目的起点。奥萝拉正在双语教室里学习英语。教室里的家具上贴有仿真的标签，她用英语和西班牙语说出她"房间"里的各种物品的标签。

　　如果在艺术活动中教师指导的游戏和教师主导的游戏与孩子的想象游戏相关联，或者教师能够与孩子们进行平行游戏，那么就可保证这个游戏不仅仅是一个以游戏为伪装的工作。教师就可以持续关注孩子们发展的需要。通过这种方式，教师就可以了解到维果斯基（1967）提到的最近发展区——在这个区域中，孩子们在自己的工作中探索，在与同伴、成人互动的过程中体验刺激与挑战，发展他们自己。

　　瑞吉欧·艾米利亚课程和基于项目的课程都被称作"生成课程"（emergent curriculum），这些是教师指导的游戏实践的范例。许多借鉴了这些课程模式的教师发现，标准化课程中的知识和能力都能够在孩子的探索和记录中获得，这

在游戏中，儿童用新的方式重塑对世界的认识

些都包含在瑞吉欧课程和项目教学（project approaches）中（Bodrova & Leong，2007；Katz & Chard，2000；Wien，2008，2014）。

小　　结

　　在这一章，我们论述了幼儿教育中艺术课程的基本原则，并讨论了艺术课程的一些重要的前提保障。

- 艺术课程设计指南。在幼儿园和小学低年级的艺术课程中，游戏活动非常重要。它不仅包括视觉艺术，而且包括戏剧、音乐、舞蹈、律动以及各种形式的建构游戏。它可以是游戏生成的、基于儿童自主性和兴趣的课程。这样的课程

通常会采用多种形式，通过精心策划便能够很好地支持教师指导的游戏及自发游戏的进行。

- 通过观察儿童在多大程度上可以进入持续的、有效的、自我主导的游戏，我们可以评价幼儿艺术课程的有效性。我们是否只采取了教师指导的游戏和教师主导的游戏这种方式？我们是否注意到，从教师指导的艺术活动中获得的知识被再次整合运用于自发游戏中？总之，我们要问的主要问题是："在艺术课程中，儿童自发游戏的质和量分别体现在哪里？"

■ 平衡化的艺术课程。对于教师来说，在艺术课程中，一个重要的任务在于平衡各类游戏中的选择。通过了解幼儿在游戏中的独立选择，教师能够支持幼儿的发展，提升幼儿的兴趣及美的表达。尽管建立发展适宜性的评价标准为所有的孩子接受公平的教育和文化资源提供了重要前提，但是最好还要记住，孩子们在游戏中的学习是最有效的，并且要想让处于儿童中期的孩子们按照成人所理解的方式去进行表现是不可能的（Alward，1995）。

■ 有关儿童艺术创作中的发展模式的知识。将模式融入儿童的艺术中，能够为教师的课程设计提供指导。与考古学中的遗迹类似，儿童的作品能够被视为能力的变化和提升的重要证据。

■ 重要的思考。对于基于游戏的项目来说，自发游戏和教师指导的游戏是组织课程过程中的重要的策略。游戏生成的课程与课程生成的游戏都应该被纳入思考的范畴。特殊需要儿童也许需要在教师主导的活动中获得更多的指导，以便他们更有效地与同伴分享自己的观点。教师指导的小组游戏活动，如布置一个派对、完成一项缝制任务或创作一幅壁画，能够帮助儿童更好地成为小组中的一员。

- 儿童的大部分发展都能通过他们不断进步的作品生动地展示出来。当分享这些文档的时候，能够使他们获得自尊，因为他们能够见证自己能力的进步。

知 识 应 用

1. 讨论艺术课程的四大支柱，即时间、空间、材料以及教师的专业知识，支持可行的艺术项目的方式。

    a. 绘制一张你所在的或你观察到的教室的平面图，用标识表明你是如何分配空间以支持幼儿自我探索或自主进行艺术创作活动的。

　　b. 制作一张全日制课程的一日常规时间安排表，其中应包含在常规安排下足够的艺术创作活动时间。

　　c. 检查教室中的自主艺术创作区域，描述环境的创设如何适宜儿童的发展并最大限度地激发儿童的创作能力。

2. 讨论在艺术课程中儿童自发的游戏、教师指导的游戏和教师主导的游戏之间保持平衡的原因。

　　a. 制作一张在一日生活中进行的自主活动的清单。

　　b. 描述建立常规的方法，以加强自主艺术活动区的材料使用。

　　c. 绘制一张桌面布置图，表明材料以及它们的呈现方式是如何潜移默化地影响一些自主游戏的，如绘画和涂鸦活动。

　　d. 思考最多容纳多少孩子，他们会用到哪些材料以及如何得到这些材料。

　　e. 思考为了较好地完成材料的补充、了解幼儿的作品并将其收纳保存等工作，教师需要在多大程度上进行参与。

　　f. 思考教师在参与活动的过程中是如何顾及到教室中所有区域的活动的。

3. 解释儿童绘画作品中的阶段知识如何为理解儿童的兴趣和能力的发展轨迹提供基础。

　　a. 制作一个家长会的日程安排，将会议的重点放在对于幼儿绘画作品的收集上。

　　b. 思考你希望重点关注哪些能够表现孩子们的发展方向、掌握水平及能力的主要特征。

4. 在幼儿小组项目活动和调研活动中，建构包括自发游戏和教师指导的游戏在内的基于标准的课程模式。

　　a. 与一个同行探讨如何通过组织指导性的艺术创作活动，帮助儿童在小组中练习管理自己的需求、情感和表达方式。

　　b. 描述一些教师指导性的游戏项目，在项目中教师通过引导来加强儿童的小组成员身份。

　　c. 探讨如何按照时间顺序呈现儿童的艺术作品，帮助儿童、教师和家长清晰地看到孩子的发展过程。

附录：早期学习者的基础艺术活动表

以下是一系列适合早期儿童教育的活动，能够为简单的绘画、上色、印刷、拼贴以及雕塑提供一些自主性和指导性的经验活动。这些活动的目的在于帮助儿童表达他们的创造力，培养他们的审美能力和批判意识。这些活动同样强调其他一些课程领域，如数学、科学、语言艺术和社会科学等方面的内容。它们可以被运用在许多主题研究中，如面具和纺织品中的文化和种族特点或一些特定情境下的概念，如对于季节、自然和动物生活的创作以及如何表示不同生物的住所及文化等。自我意识以及对于生理学的最初了解，正是在创作家庭和自画像的过程中获得的。

活动	组织	教师	儿童
幼儿园的绘画或涂鸦角；低年级儿童的书写区	教师布置环境（依据使用的人数），提供各种材料，例如铅笔、粉笔、蜡笔、剪刀、打孔器、成堆的纸、各种各样的模板——二维的几何图形（圆形、三角形、正方形、长方形）或汽车模型等。	在一定距离内监督儿童。确保每个孩子都在作品上写了名字。将配合黑色纸使用的油画棒以及配合白纸使用的水彩笔放在位置上。教师提供一个模型来说明效果。	材料的自由取用可以促进儿童小肌肉动作技能的发展，如书写、练习涂鸦。儿童从同伴或老师那里接触到内容。
拼贴画	教师布置环境，为需要的儿童提供座位。提供材料，如一些可粘贴在纸上的废旧边角料、建构纸、胶棒、打孔器等。	在幼儿需要时协助完成剪、贴等工作。	为儿童的拼贴工作选择和布置一些基本材料，引导幼儿互相学习。对儿童从书和艺术博物馆中看到的关于拼贴画的用途进行研究。
在黑板或桌子上绘画	教师创设的环境应有助于幼儿保持衣物的整洁，以及清洁、整理方面常规的建立。为蛋彩画的创作提供黑、白颜料；高质量的80克纸张以及有橡胶手柄的彩色刷子。	幼儿熟悉常规后，在一定距离内监督儿童，帮助儿童将作品放在作品架上晒干，确保每个孩子都在作品上写了名字。教师可以与儿童探讨他们正在绘制的作品。	自由选择绘画的内容并选择合适的纸张进行创作。内容由儿童决定，也可以在教师的引导下逐渐形成。比如：用彩色粉笔创作春天的花朵；用黑色或白色的画笔绘制一幅雪景。
小组调色板	布置相应的环境，提供调色板；引导幼儿选择自己所需要的颜料、刷子等工具。为每个孩子提供一张大纸（一般是直接贴在墙面上的）。	教师坐在调色板前方的一个座位上进行观察和指导。可以与孩子们探讨关于颜色和刷子的选择问题。在这种绘画形式中，教师对于如何使用刷子及其他工具来创作一幅作品给予直接的指导。	儿童可以自由地对内容和颜色进行探索，可以使用类似大刷子、海绵、滚筒等特殊的工具。

续表

活动	组织	教师	儿童
水彩画及蜡笔的使用	布置环境，用四个托盘区隔空间，每个盘子中包含一张白纸、水彩盒、漂洗水杯、用于蘸水的小美工盘和一把刷子。建议放一块叠好的抹布，用于吸收多余的水。	介绍材料和操作方式。	儿童可以对颜色和绘画内容进行自由探索，但通常不强调内容，只将重点放在对于颜色的掌握上。
丝网印刷画	收集并提供一些材料：墨水、小的屏风、铰接板、橡胶滚轴。大小适宜的纸张或丝绸都可以当作屏风使用。	呈现一些操作和指导性材料，将物品的摆放位置标示清楚。直接在黑板或图画纸上对幼儿的创作活动进行支持。	需要选择一些元素，并把它们从纸上裁剪下来。这种版画印制技术的特别之处在于，能够让很小的孩子看到墨水是怎样变为一幅作品的。
泥塑	在布置环境时要考虑参与者的人数。通常情况下，每个椅子的前面有一块操作板，它上面有一个小的可拆卸的艺术盘子和另一个用来盛放黏土的容器。	从第一步开始直接进行指导，比如如何使用切割金属丝，从一整块黏土上切下一片，如何使用划片和动力黏土。最初的常规建立起来后，可以用模型制作黏土板、黏土球和黏土圈。	一旦孩子们习得常规，就可以为他们提供充足的黏土供他们自由探索。观察建构过程是否结束，若没有结束，是否需要更多的黏土来完成下一步操作。在泥塑造型逐渐形成的过程中，艺术性和科学性并存，有时要根据需要考虑添加干性或湿性的黏土。
橡皮泥和黏土	布置环境，提供具有较高黏度的橡皮泥。根据不同的情景调整材料的呈现方式。	在一定距离之内进行看护。如果孩子希望将自己的雕塑作品保留，把他的名字写在底部或其他干燥的地方。	不使用任何工具进行自由探索。用比较简单易懂的方式介绍雕塑的概念。
木工	收集并提供一些材料，如胶水、木屑等，用所提供的盘子的数量提示本区域最多的人数限制。	一旦形成一定的常规后，在一定距离之内进行监督。指导卡片是必要的。	孩子们一旦掌握了这个技能，并能够在区域内自由操作，那么就可以自主地进行工作。尝试其他的雕刻形式。

第 11 章

游戏与社会化

学习目标

➤ 讨论一些在入学时能够影响亲子分离的家庭生活要素。
➤ 思考一些教师能够用于应对班级中年龄、性别、融合性和文化多样性带来的挑战的方式。
➤ 描述一些方式,说明维果斯基对社会文化传统的观察研究如何促进我们对于儿童与同伴的游戏互动有助于儿童社会化的理解。
➤ 比较根据经典的建构主义理论和社会文化理论在解释儿童行为时获得的不同形式的信息。
➤ 讨论对儿童游戏中的交流和互动进行观察研究如何说明环境能够为儿童的行为提供隐性线索。
➤ 讨论儿童是怎样不仅使用言语,而且使用其他的交流方式(如手势、节奏和语调)实现互动目标的。
➤ 思考儿童早期的社会化和正式的社会学习课程之间的一些差异。

> 安德鲁将他妈妈的大皮公文包挂在自己的一只肩膀上,斜着走出了幼儿园的教室。他坚持无论到哪儿都要带着这个公文包。安德鲁今天的目的地是游戏场地后边的秋千架。最近,他在荡秋千的时候喜欢将公文包放在附近的长凳上,但是如果有人靠近公文包,他将会激烈地进行抗议。
>
> 3岁零1个月的安德鲁刚刚参加了一个每天4小时的教育项目,但与母亲的分离对于他来说很困难。为了帮助他适应新环境,安德鲁的老师邀请安德鲁的妈妈留在学校,直到二人能够愉悦地分离为止。当安德鲁的母亲做完兼职工作休息的时候,她能够满足他的需要,而且当她在场的时候,安德鲁都玩得很高兴。尽管教师期望这个适应期很短,但是它还是持续了几周。虽然安德鲁玩得很投入,但是他还是坚持要跟妈妈一起离开。当他的妈妈几乎完全不参加工作的时候,她和安德鲁的老师设计出了一个帮他减轻焦虑心理的策略:他的妈妈会将她的大皮公文包放在门口附近的板凳上,提示她会在某个预定的时间回来。她先到吃点心的时候回来,然后在讲故事的时间回来,等等。就这样,每天延长一些时间再回来。
>
> 安德鲁的妈妈认真地在一天中按照与安德鲁约定的时间回来,最后,虽然偶尔有反弹,但安德鲁能够在教育项目中待4小时。公文包必须留在幼儿园,以保证他妈妈一定会回来。很多个星期以后,安德鲁才让他的老师将公文包拿走放到他的小储物柜里。直到在幼儿园的下半学年,安德鲁才能完全不带公文包去幼儿园。

对父母说再见

一些理论家认为,与父母的分离是儿童发展的一个重要里程碑。这个方面的研究表明,这项成就的特点是判断儿童与抚养者之间是安全依恋还是不安全依恋的重要指标。研究依恋的理论家认为,如果儿童与父母或照料者分离的时候出现异常的冲突或焦虑,那么他们在与他人的关系中也会出现严重问题(Ainsworth, Bell, & Stayton, 1974;Balaban, 1985, 2006)。其他研究则表明,这样的儿童可能无法坚持与同伴一起玩游戏,或无法做出各种努力来与同伴玩游戏(Riley, San Juan, Kliner, & Ramminger, 2008;Tribble, 1996)。

本章将说明,儿童的语言和互动行为是判断他们社会交往能力的重要指标。本章所出现的许多案例来源于教师的观察、逸事和研究。它们提出了很多问题,展示了教师面对的难题,并给出了一些建议。

我们建议采用社会文化的视角,将其作为一种真实的方式来审视来源于亲子依恋和亲子分离的社会—情绪问题。这样的真实方式揭示了文化、种族和语言多样性,以及由于性别差异和贫穷造成的不平等。本章中的许多案例呈现了教师和家庭面对的班级的文化多样性带来的挑战。下面的案例对这种视角做了说明,它说明入学本身就是一个复杂的社会—情绪事件,它会影响儿童与同伴和教师的关系。

就儿童成功适应幼儿园生活来说,从家庭到幼儿园的过渡非常重要

从分离到融入:约翰的消防栓

4岁半的约翰在老师看来被同伴孤立了(Scales,2005)。他们认为,这可能是一些因素共同作用的结果。这些因素包括:不愿与父亲分离;家里刚添了一个小弟弟;去年他与其他儿童在幼儿园班级中已经建立起了一定的关系。

> 九月份,约翰穿着黄色雨衣、黑靴子,头上戴着黑色的消防头盔,跟随父亲来到了幼儿园。在接下来的六个月里,无论下雨还是晴天,约翰都穿着这套服装。为了帮助约翰过渡,他的父亲在每天早上的黄金时间在学校的绘画和写作中心陪着他的儿子和几个女孩。这种方式持续了数个月。
>
> 约翰和他的父亲研究了在去幼儿园的路上看到的消防栓,他们拍摄了很多消防栓的照片,并编辑了很多本关于消防栓的小书。当约翰的父亲作为固定伙伴和约翰坐在绘画和写作桌边的时候,父亲画了很多消防栓的模型。约翰也用硬笔和颜料绘制了很多消防栓,并口述了关于消防栓的故事。约翰使用成人的语气说话、讲故事,并且喜欢身边要么有父亲,要么有其他成人的陪伴,这样他就可以与父亲或其他成人详细地讨论消防栓。坐在绘画桌边的一个女孩胆怯地送给约翰一些消防栓图片,但是被他忽视了。

对于消防栓的强烈兴趣一旦确定下来,就会相对不变地持续几个月。在集体教育活动中表演故事的时候,约翰总是扮演消防栓的角色。除了作为绘画和写作桌边常客的几个女孩之外,约翰几乎不给其他儿童分配一些角色。

 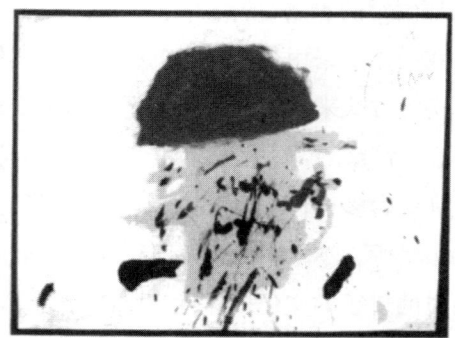

约翰最早画的消防栓和一个戴着一顶松松垮垮的帽子的消防栓

约翰的老师对他的故事和绘画进行了长时间的分析后发现，在十二月发生了一个重要变化。那个时候约翰给消防栓画上了面孔，并且介绍了一个会"走路和说话"的消防栓的角色。

下面是一个会"走路和说话"的消防栓的故事：

12月13日的故事

从前，有一个消防栓。它是一个会走路、会说话的消防栓。然后，另一个消防栓来了，并且这是约翰和会走路、会说话的那个消防栓见过的最新的消防栓。这个新的消防栓跌倒了，并弄坏了它的一顶帽子！帽子是由生铁做的。这个帽子很旧，但型号却是新的。然后，新的消防栓一个接一个地来了。然后，这些消防栓都坏了，它们再也不能喷水了。然后，来了一个非常非常非常老的消防栓，它回到了正在使用的照相机中。然后，一个球从水管中弹了出来。再然后，一个钟表从另外的水管中出来了。

一个会走路和说话的消防栓

消防栓的绘画和故事讲述的风格到了春天还保持不变。但是，到了五月份，在一个口述的故事中发生了重要的变化。这个故事显示了约翰在渐进的社会化方面发生的转变。他讲述了一个愚蠢的消防员的故事（这个故事中没有消防栓），并且扮演了这个消防员。这时，约翰抛弃了他那成人式的叙述风格，而采用了"婴儿语"的风格。教师们想知道约翰是否认为自己在模仿他的同伴的语言。并非偶然，他提到的围绕操场的栅栏就在很多活跃的男孩聚集的游戏场附近，这表明他对于教室环境的认识。

5月1日的故事

一位完整的消防员 从前，有一位消防员，他掉进了一个水坑把衣服弄湿了。然后，他到了一个大的水管连接装置前面，一辆运垃圾的卡车从他的双腿上碾过！然后，他去医院看病并拿了一些药。他感觉好多了。然后，他去了巴巴栅栏旁边，并跳进了水坑里。（巴巴栅栏就是在儿童看护中心旁边的栅栏）

其他能够证明约翰对教室的环境越来越感兴趣的证据是他这一时期创作的绘画作品（如下图所示）。

带有看似亚洲佛塔的造型和书法的消防栓

尽管约翰没有抛弃消防栓的主题，但他开始描述具有亚洲面孔、带有佛塔那样的造型的消防栓，并且在绘画空白处出现了像书法的符号。这是否反映了在教室墙上展示的日本文字，或者是对他唯一的朋友、常来绘画桌子旁边的一个日本女孩的回应呢？

他在六月份讲述的最后一个故事，显示了约翰在社会化过程中取得的巨大进步。

6月5日的故事

全城的消防员都来救一场巨大的火灾，但附近没有充足的接水装置。所以，消防员必须拿着他们的小水管把它们连接到每一辆卡车上。一共有七辆卡车。然后，他们拿到了喷水枪，但水枪的压力不够！（喷水枪是卡车顶端的大型喷嘴。）他们在大火中救下了一幢非常、非常大的建筑。故事讲完了。

根据教师在故事表演现场记录的笔记，约翰在故事中创造了很多角色——七个消防员和七辆卡车。班上超过半数的儿童参加了故事表演。他将地位较高的消防员的角色分配给了男孩，将居于从属地位的卡车的角色分配给了女孩。他没有将处于核心地位的消防栓的角色分配给自己，当有人问到这件事情的时候，他回答："我想成为一个消防员。"

幼儿园提供的故事讲述、故事表演课程促使约翰融入到了班级文化中。但是，他的融入是有代价的。当约翰将重要的角色分配给男孩，将不重要的角色分配给女孩的时候，我们看到，他也具有在社会群体中很常见的不同性别具有不同权力的性别刻板印象（Cook-Gumperz & Scales, 1996；Nicolopoulou, McDowell, & Brockmeyer, 2006；Nicolopoulou, Scales, & Weintraub, 1994；Reifel & Sutterby, 2009）。

在约翰的文件夹中按照顺序排列的故事和绘画提供了他适应社会的生动图像。这也显示了在幼儿园的一年中，约翰试图融入幼儿园文化的独特方式。他的故事也表明了故事表演课程是如何有效地促进社会化的（Paley, 2004）。教师长时间地对故事的分析，提供了评价约翰的社会交往能力进步的可靠方式。这种社会能力隐含于班级文化之中。

多样性丰富了当今课堂中的社会环境

佩利、吉尼希和戴森（Paley, Genishi, & Dyson, 2009），希思和马吉乔拉（Heath & Mangiola, 1991），还有其他许多人，写了很多文章阐释课堂中的文化、语言和种族多样性是如何为班级成员提供丰富的社会环境的。他们描述了文化多样性如何扩大教师与儿童的视野。

多样性会向教师提出挑战

本章的大多数案例涉及多样性及其对儿童社会化的影响，以及多样性给教师带来的挑战。

正如下面的专栏文章《既是机遇又是挑战》所示，除了文化价值和种族方面的多样性，混龄的、以游戏为基本活动的开放环境也会给教师带来社会融合方面的挑战。

家庭多样性　既是机遇又是挑战

"小龙"

"欢庆中国年"是多元文化课程的一部分，在这个过程中儿童令人震惊地创造了一条龙。3岁的克里斯多夫开始模仿龙的动作。他生硬地在游戏场地迈着大步走，咆哮着并想象着喷火，同时追赶班上年龄更大的男孩。差不多在同一时间，克里斯多夫的妈妈开始收到数量不少的关于克里斯多夫的"哎哟报告"（Alkon et al., 1994；见表11.1）。

她想知道究竟发生了什么。根据克里斯多夫在"哎哟报告"中对事件的描述，经常是亚历克斯（项目中年龄最大、体格最大和最受欢迎的儿童）追赶克里斯多夫。难道他作为一个华裔美国人成为班上的"粗暴"的大男孩虐待的对象了？他的妈妈想知道，把克里斯多夫送到这个综合的大学附属幼儿园是否是个错误。或许，将他送到附近的社区新开设的一家中文学校更明智。

教师查阅了学校保存的关于"哎哟报告"的文档，发现克里斯多夫确实比他那个年龄段的儿童有更多的关于肿块、摔跤和擦伤的报告。一次职工会议讨论了这个发现的影响。教师们也可以查阅为这个儿童汇编的观察资料。

在项目活动的最初几天，克里斯多夫大部分时间里会待在他的早班老师旁边，但现在他开始花更多的时间到幼儿园的户外游戏区域玩。教师们注意到，当克里斯多夫假装成一条龙的时候，年龄更大一些的男孩会转着圈追他，说："坏蛋，过来！"教师试图与克里斯多夫和更大的男孩讨论，由4岁的男孩结束目前追逐的模式。但是3岁的克里斯多夫总是含泪坚持，他想继续当龙。他似乎对担任游戏情节中由年龄更大的男孩扮演的角色以将自己融入其中并不感兴趣。教师稍不注意，他就靠近那群孩子去当龙，得到的结果自然是一样的。

克里斯多夫似乎对他吸引年龄更大的男孩注意的能力感到着迷。当产生冲突或跌倒但他从"超级英雄"中逃脱的时候，他似乎在发展能力上无法理解教师给他的关于进入的策略或在游戏主题上与其他儿童协商的忠告。从发展上来看，他还没有形成换位思考的技能，所以既无法理解其行为的后果，也无法与其他儿童的兴趣进行协调（Espinosa, 2010；Gonzalez-Mena, 2010）。

幸运的是，大概在放春假的时候，另一个与克里斯多夫年龄一般大的儿童，扮演了"雷克斯霸王龙"的角色。并不奇怪，这两个儿童形成了一个团体，并且不久成了对于幼儿来说规模小但具有凝聚力和吸引力的小组。当老师给了这个小组一个小的游戏设施作为专门的龙的区域时，他们能够彼此强烈地咆哮和发怒，但是不受年龄大一些的搜寻坏蛋的"超级英雄"的侵袭。教师的策略使他们有了一个受保护的区域，儿童在那里能够以他们的发展水平进行关于龙的想象游戏。

融合具有特殊需要的儿童

在以游戏为中心的课堂中，教师在为所有儿童设置目标时要切合实际，包括为那些有特殊需要的儿童制订的目标，还要考虑实现目标可利用的资源。我们有必要支持有特殊需要的儿童的融合与适应。经验告诉我们，如果无法在完成所有人都关心的成就目标和时间安排上达成一致，那就会妨碍融合教育项目取得成功。

表 11.1　哎哟报告

哎 哟 报 告

儿童姓名：<u>约翰·多伊</u>　　教师姓名：<u>珍·多伊</u>

日期：<u>1997 年 7 月 25 日</u>　　事故时间：<u>4:40</u>　上午 /(下午)

事件的地点：<u>院子里</u>

影响因素："我伤到了我的腿。我被追赶，并且我肿了。"

受伤类型：
　__刀伤
　√擦伤
　__肿或青肿
　__嘴咬
　__挤压伤
　__人咬
　__虫咬／叮
　__外物伤
　（碎末或沙入眼等）
　__头发被揪
　__其他_____

受伤部位：

治疗类型：
　__清洗受伤位置
　√使用冰袋
　__使用创可贴或包扎
　√儿童休息或躺下
　√给予安慰
　__使用消毒剂
　__其他_____

建议如下：
他看起来不错，他在受伤的时候受到了一点儿惊吓。
_____

班主任（首字母／日期）　_BD_

　　一些多样性的因素可能已经使下面的案例中一个有语言障碍的儿童遭受挫败，这些因素使其在游戏中进行社会融合时得不到应有的支持。并非所有的教师都一致了解如何解决这个孩子努力与年龄更小的幼儿进行社会交往的问题。

马修

　　马修（6 岁 5 个月大），一个大块头、行动迟缓、具有严重的语言障碍的儿童。他已经在 4 岁儿童的班级里留级一年。他的父母和老师相信，留级一年能够帮助他在与稍微年幼一些的同伴进行社会交往与互动的技能方面取得进步。

前一年，在4岁儿童的班级里，马修严重依赖教师来说明他的需要并支持他与同伴进行社会交往。最近，他一直努力地与其他儿童更加频繁地进行交往。然而，由于他在语言能力和身体技能方面有障碍，他的老师仍需要密切地关注他与其他儿童的交往（Scales，1989，1996）。在这方面，马修与许多有特殊需要的儿童非常相似，严重地依赖成人来说明他们的需要（Erwin，1993；Isenberg & Jalongo，2014；Newcomer，1993）。根据范·德尔·库伊（van der Kooij，1989）的研究，一些有特殊需要的儿童只用一种方式（经常是非言语的方式）对环境做出反应，这就使得他们难以有效地进入游戏情境。下面就是一个例子。注意马修试图进入格里格和弗朗索瓦的游戏时的方式——踢轮胎。

"流沙"：下面的段落摘自一篇长文。长文记录了马修试图进入两个男孩的玩沙游戏时发生的情景。格里格（5岁1个月）——一个异常活跃的男孩，弗朗索瓦（4岁9个月）——一个非洲裔美国儿童，两人刚刚进行了一次关于安静的游戏互动的协商。教师挖好了一条沟渠，他们通过往沟渠里倒水和喷洒干沙子来制造"流沙"。

> 马修跳向两个男孩附近的沙丘，站到格里格对面的"流沙"上。当他们彼此面对面的时候，马修试图进入游戏，但他不是通过说话，而是试图通过踢沟渠上面嵌到沙子里的轮胎来进入。格里格的回应是跳到沟渠对面马修附近的一个沙堆上，推了他一把并说："马修，你拿这个。"马修的回应是抓起一把沙子并将其扔向格里格。
>
> 格里格再次推他，并说："你拿这个。"格里格请弗朗索瓦帮忙，说："帮我抓住他。"这时，两个男孩在推拉马修。弗朗索瓦问："我们要将他推到流沙里吗？"格里格指着流沙的中心，给出了进一步的指示："不，就将他推到那里。"弗朗索瓦站到马修旁边说："马修，现在你过来，我给你看一个东西。"
>
> 马修指着弗朗索瓦，清楚地说："我知道你想做什么。我看见了。"
>
> 格里格和弗朗索瓦继续拉马修，弗朗索瓦说："帮我提起这个大男孩，肥嘴。"
>
> 格里格刚开始推马修，两位老师就进行了干预。一位教师试图鼓励马修用他自己的语言告诉格里格他反对将自己推到沙堆里去。第二位教师过去帮助和指导格里格。他首先承认格里格和弗朗索瓦一起做的事情的好的方面，但他也警告这种做法需要"特别关注"，因为它很"危险"。因此，他告诉两个男孩，他们将会受到老师的密切关注。两个男孩不顾这个警告，继续要

将马修推到沙堆里去。

  老师返回来改变这个打闹游戏的方向。他问:"马修,你是在和他们玩游戏吗?"没有等马修回答,格里格和弗朗索瓦就插话了,他们将游戏定义为"……试图将他(马修)推到那里的活动"。他们说马修说过"同意",他想玩这个游戏。这个时候,马修清楚地说"没有",这意味着他不愿意玩这个游戏。在某些情况下,如果所有参与者都乐于参加,而且不是特别粗暴,那么教师能够容忍打闹游戏作为表达友好关系的方式而存在(Bateson,1976;Carlson,2011a,2011b)。

  过了一些时候,马修再次尝试进入格里格和弗朗索瓦的游戏。这一次,他能使用自己的语言相对清楚地对两个男孩说明:"我知道我们可以做什么,可以把沙子放到上面。"这个时候,他取得了一定的成功。弗朗索瓦同意马修的参与,说:"你是对的,马修。当有人走到这里的时候,他们会掉进去(掉到流沙中去)。"确认了游戏主题以后,马修没有进一步被打扰,看起来他已经变成了一个相当顺从的参与者。

  当这个片段中的一切变得正常以后,教师让马修对于进入这个快节奏的打闹游戏并与两个不可预测的男孩玩耍保持戒心。这个例子揭示了具有特殊需要的儿童与同伴玩游戏时可能会遇到的社会交往困难,以及可能给教师带来的困境。

  在以往的案例中,我们已经揭示了课堂中可能阻碍儿童与同伴发起和维持互动性游戏的各种因素。最前面的两个案例是关于亲子分离的,第三个案例是关于一个幼儿无法与他人换位思考的,最后一个案例是关于三个儿童试图一起玩游戏的。三个儿童中的一个是有特殊需要的儿童马修;第二个是弗朗索瓦,与同学具有文化的差异性;第三个是行为经常具有攻击性的儿童格里格。从这些案例我们可以看出,对游戏进行准确的支持并不是一件容易的事情(Kaiser & Rasminsky,2008)。

传统的研究与实践

  过去,研究游戏与社会化问题的教师几乎得不到答案。研究者有时无法确定游戏是否真的发生了,甚至无法辨别游戏的边界。这就使得我们很难确定谁在和谁玩什么,或者很难确定如何用一种有效的方式进行干预。斯米兰斯基(1968)建议(根据她的研究)用干预来支持精细的戏剧表演游戏是一个特别的例外。

评价环境特征的各种检核清单和量表已经被设计出来了，比如关于区域边界和联系的，以及关于游戏复杂性水平的（Harms，Clifford，& Cryer，1998；Kritchevsky，Prescott，& Walling，1977；Scales，Perry，& Tracy，2010；Walsh，2008）。这些工具能够证实教室和游戏场地中应该具备的特征是否存在，但是无法显示这些要素如何发挥作用，促使社会和合作行为的出现。

受研究启发的现有实践

从20世纪70年代开始，一批受维果斯基影响并致力于社会文化传统工作的研究者非常详细地研究了游戏（Cook-Gumperz & Corsaro，1977；Dyson，1997；Garvey，1977/1990；Reed，2005；Vygotsky，1986）。许多研究者与教师进行了密切合作，或者研究者本身就是教师（例如：Cochran-Smith & Lytle，1993；Cook-Gumperz & Scales，1996；Corsaro，1997，2003；Erickson，1993；Gallas，1998；Perry，2001；Qvortrup，Corsaro，& Sebastian-Honig，2011；Reifel & Yeatman，1991；Scales，1996；Tribble，1996）。这些研究增加了我们关于游戏互动促进儿童社会化的具体方式的知识（Reifel，2007；Sawyer，2001）。

许多研究都是自然主义研究、观察研究。这些研究根据儿童的发展来看待儿童进行同伴游戏和交流的过程，展示了儿童是如何发展出这些技能的，以显示不同的社会文化环境。一些研究表明了学校实践是如何限制或促进社会交往的发展的（Cook-Gumperz & Corsaro，1977；Cook-Gumperz，Corsaro，& Streeck，1996；Corsaro，1985，1997，2003；Corsaro & Schwartz，1991；Genishi & Dyson，2009；Genishi，Huang，& Glupczynski，2005；Qvortrup et al.，2011）。其他的研究揭示了男孩和女孩的性别社会化这样的复杂问题（Dyson，1994；Goodwin，1990；Nicolopoulou，McDowell，& Brockmeyer，2006；Nicolopoulou，Scales，& Weintraub，1994；Scales & Cook-Gumperz，1993）。

男孩女孩游戏和社会化中的差异

由尼科洛保罗和斯凯尔斯（Nicolopoulou & Scales，1990）进行的长达一年的儿童叙事研究发现，幼儿园男孩与女孩的故事在内容与形式方面都存在差异（Nicolopoulou，McDowell，& Brockmeyer，2006）。

对于女孩来说，家庭故事是最重要的主题，包括婚姻、家庭关系或者经常出现的主题（如婴儿出生或丢失，或者寻找婴儿）。而男孩则很少提"朋友"以外的其他人。

这些性别差异很早就出现了,而不论教师如何努力扩大男孩和女孩的游戏范围,这些差异都一直存在。

"硬汉":正如我们在约翰的消防栓系列故事中看到的,下面的案例也在儿童故事讲述时的角色分配中表现出非常隐蔽的、与性别有关的社会等级结构(Scales,1996)。

在一所幼儿园的一天快结束的时候,28个儿童围绕地毯上的一个正方形图案坐着。这是"舞台",他们可以在这里将前面给教师讲述的故事表演出来。就在这时,表演停止了:儿童作者原来选定的那个"超级英雄"的演员不想演这个角色了。孩子们开始变得坐立不安和注意力不集中。教师希望表演活动能够继续进行,所以他小声地提出了一个建议:"为什么不选麦斯呢?他真的想在你的故事里演一个角色。"

"噢,不,"儿童作者回答,"他不能演这个角色!必须让一个硬汉来演。"

当老师建议麦斯可以"假装"成"硬汉"的时候,僵局才得以破解。

突然,课堂中以前没有被注意到的社会交往中的一个方面就显现出来了。我们知道,对于女孩来说,"公主"的角色是一个非常受欢迎的社会角色,她们在游戏和故事表演中经常要求被分配这个角色。现在,男孩世界中隐蔽的社会等级结构也表现了出来。

当"性别中立"的课堂抑制了这样的故事和故事中揭示的权力关系的时候,它们只能作为隐性课程存在。但是,贯穿于幼儿园的整个故事表演和小学低年级的"作者剧场"之中,"谁进入,谁退出"、谁拥有哪个社会角色、谁在游戏活动中具有支配权等问题都可以讨论和协商(Dyson,1995,2013;Scales,1996,2005)。

正如教师和研究者所意识到的,不仅男孩和女孩的故事在主题和特点方面存在性别差异,而且他们参与游戏的意愿与游戏中另一性别的人数有关。回到1977年,加维和伯恩特(Garvey & Berndt)发现,男孩不愿意扮演"王子"这种角色,因为这种角色通常是在女孩的故事或游戏中出

通过与游戏伙伴互动,儿童学习与其他人商量角色

现的。教师报告说，在今天的幼儿园课堂中情况依然是这样。

佩利（Paley，1984），一名教师和作家，研究了幼儿园里男孩和女孩在游戏中的差异。她发现，当自发游戏的时间延长的时候，男孩变得更加乐于参与安静的桌面活动，而桌面活动通常是女孩喜欢的活动。她还建议，教师应该尊重儿童选择的角色，因为这是他们发展自我概念的重要途径。

"邻居"：库克-冈伯兹和斯凯尔斯（Cook-Gumperz & Scales，1996）在一间教室里做的一项观察研究发现，小组环境的社会动力学本身有时候能够使性别刻板行为发生的情况加重。冈伯兹和斯凯尔斯收集了一系列在幼儿园教室里的积木区临近的两个小组玩游戏的观察信息。一组是男孩，另一组是女孩。当男孩们玩游戏的地点与女孩们越来越近的时候，女孩们的相互交流发生了剧烈变化，她们开始扮演处于危险中的无助的妈妈和婴儿的角色。而在之前的游戏中，她们扮演的是包括梳理和喂养小动物的角色。此外，当男孩围绕着女孩的时候，他们的游戏变得更具有攻击性和男子气概，他们煞有介事地到女孩后边的架子上去取积木（Cook-Gumperz & Scales，1996）。

在这个长时间游戏活动的中间，男孩成群结队地喧哗着走出教室。一个男孩在后面，故意在女孩游戏的地方缓慢地移动，制造"奇怪的咯咯声"。当一个女孩评论这个男孩的噪声的时候，发生了一段简短的对话。这段对话结束后，这个女孩回到了女孩之中并安慰其他人说："一切正常，他是个邻居。"值得注意的是，与试图进入女孩游戏场地的男孩对话的时候，这个女孩并没有使用刻板的性别模式。然而，当一大群男孩吵闹着回到积木区的时候，他俩的协商就被打断了，想要成为"邻居"的人又回到了他自己的大队伍里。就在这个时候，男孩们捣乱的行为增加了，他们还大声地唱起了歌。男孩们发出的噪声终于引起了教师的注意，教师试图引导让男孩们和女孩们像原来那样分组游戏，以"分享"积木来解决纠纷。两组儿童试图作为"邻居"（具有启发性的解决方式）共同游戏，这种方式没被教师注意到（Cook-Gumperz & Scales，1996）。如果教师暂停游戏，让孩子们讨论一下女孩游戏框架中发生的事情，那么她可能就会找到一个使游戏更具有性别包容性的解决方式。

然而，教师没有试图建构一个跨性别的游戏，而是选择了仅仅"解决"冲突。在讨论性别边界的时候，教师需要对儿童如何以新的方式界定自己以及如何定义他们与别人的关系保持敏感性（Dyson，1993，2003；Tobin，2000）。以高结构的方式，教师通过在集体活动和小组活动中与儿童公开探讨男孩和女孩能够一起玩的游戏方式，可能会建构出许多跨性别的游戏活动（Perry，2001）。

儿童的协商构成了游戏的动态背景

在关于儿童游戏交流的研究中，研究者们发现，游戏互动本身与儿童对某些情境下的社会环境期待（social and environmental expectations）的理解之间是一种塑造与被塑造的关系（Cook-Gumperz & Corsaro，1977；Cook-Gumperz, Corsaro, & Streeck，1996；Corsaro & Molinari，2005）。从这些研究中我们发现，儿童在幼儿园里的生活处于特定的社会背景之中。如果我们不忽视儿童的兴趣、自我主导性和动机，那么也不能忽视社会背景带给儿童的影响（Scales，1997）。在很大程度上，儿童游戏的时候所参与的社会性工作都被教育实践者忽视了。

诸如皮亚杰和维果斯基这样的建构主义者，对我们的儿童发展观有着重要的影响。研究者和教师都受到了维果斯基（1986）"最近发展区"（zone of proximal development）概念的影响。最近的很多文章没有注意到，维果斯基还认为游戏本身就是发展的源泉，并且创造了最近发展区（Beck，2013；Nicolopoulou，1996；Nicolopoulou, McDowell, & Brockmeyer，2006）。约翰和他的消防栓人物角色的案例是教师通过故事—游戏课程（教师指导的游戏活动）创造最近发展区的生动的例子。

在下一个部分中，小学低年级的案例也揭示了这种可能性，请思考一下一个开放的活动是如何有效地为儿童创造最近发展区的。四个小学儿童为他们自己创设的游戏角色反映了他们正在发展的社会能力（Vygotsky，1986）。

报纸

在学年中期，6岁的克莱、左伊、兰德尔和米歇尔决定在日常活动中制作一份报纸。在这个语言和读写机会丰富的一年级班级里，他们有很多机会用字母、文章、书、清单和标记来生成自己的读写课程。他们的老师哈丽特明智地通过一日活动帮助儿童发展在书写、拼写和字母发音方面的传统能力。所以，克莱、左伊、兰德尔和米歇尔在不知不觉中就开始共同计划他们的游戏学习项目。

他们对于制作报纸项目的兴趣持续了几个星期，而且引起了教师和同学的很多研究以及修正、补充和评论。新闻文章、笑话和卡通图片被收集起来放到了最后一个综合版。虽然只发行了一"版"，但班级里的每个儿童都收到了一份报纸（Morrison，1985）。在这个一年级的班级，儿童有大量的事情可以选择去做，日常生活活动的时间提供了一个最近发展区。最近发展区也被纽曼、格里芬和科尔（Newman, Griffin, & Cole，1989）称作"建设性区域"（construction zone）。创造出的这一活动时间类似于瑞吉欧·艾米利亚模式（Bodrova & Leong，2006；Katz & Chard，2000；Wien，2008）。

在同伴之间游戏的自由交往中，儿童有大量的机会体验"舍与得"或利益互惠，这是有效的社会性游戏的显著特征。在这种有效的社会性游戏中，共同的需要、兴趣、能力和社会与道德方面的发展能够得到协调（Turner，2009）。"这种互利互惠在儿童与成人之间很难实现，但是在游戏中（与同伴）这是规则，没有例外（Alward，2005，pp.1-2）。"

特殊教育中游戏与社会化的研究：在融合教育环境中，游戏具有促进有特殊教育需要的儿童社会能力发展的潜力。研究者们研究了特殊教育和融合性课堂中的游戏与社会化问题（Hartmann & Rollett，1994；McEvoy, Shores, Wehby, Johnson, & Fox，1990；Ostrosky, Kaiser, & Odom，1993）。他们发现具有严重残疾的儿童在整合性的教育环境中会花更多的时间与同学一起投入活动而不是无所事事，这扩大了他们社会支持的基础（Erwin，1993）。

本章中马修的案例，以一种写实的方式说明了在融合性课堂中支持具有特殊需要的儿童，让他们参与同学的游戏并非易事。它通常需要在环境中进行仔细观察和小心的干预。为游戏设置的新设备和玩具有利于实现融合性课堂中的目标。例如，使用高度有利于同伴进行目光交流的轮椅，有助于具有特殊需要的儿童相互交流（Belkin，2004）。但是，正如贝尔金（Belkin）在对一个儿童的研究中发现的，获得这样一个轮椅需要父母付出相当大的开销和努力（Isenberg & Jalongo，2014；Milligan，2003）。通过关于融合性课堂中的社会化类型的研究，可以获得关于环境如何影响有特殊需要的儿童和班级动力学的具体信息。

游戏架起了理论与实践之间的桥梁

我们关于儿童发展的广阔的建构主义视角并没有使我们局限于依赖任何一种单一的、僵硬的理论模式。经典的皮亚杰理论在研究儿童个体的时候对我们很有帮助，但我们同时也研究维果斯基的理论，他的理论说明了课堂里的社会动力与个体的认知发展是如何相互作用的（Genishi & Dyson，2009）。

当教师不是采用自上而下的方式，即只选择一种理论来解释，而是采用一种解释性的方法（interpretive approach）来分析他们的记录和观察时，他们可能会发现更强的解释力（Corsaro & Molinari，2005；Gaskins，Miller，& Corsaro，1992）。

这种模式采取一种内部人的视角而非冷漠的外部人的视角仔细研究具体的游戏互动。这种模式根据参与者充分了解的背景对游戏进行解释。通过这种方法，研究结论可以得到证实，不一样的案例也能得以识别和解释（Cochran-Smith & Lytle，1993；Erickson，1993，2004；Gaskins，Miller，& Corsaro，1992；Perry，2001；Sawyer，2001）。

解释性的方法

采用多元理论视角的解释性方法的价值是通过本章前面的"硬汉"案例显示的。我们记得，因为麦斯不是"硬汉"，所以那个儿童作者最初拒绝让他扮演游戏中"超级英雄"的角色。然后，当教师建议麦斯可以"假装"成一个"硬汉"的时候，他改变了原来的主意。

对于那个儿童作者默认了教师的建议这件事，可以从多种视角进行分析。经典的皮亚杰理论可能认为这仅仅属于类别之间关系的一件事。在这个案例中，对于儿童作者来说，假装成"硬汉"的儿童可以归入"硬汉"的类别，因此便可以在游戏中担任这个角色。

当然，这个案例肯定会涉及儿童对分类的理解和守恒能力这些发展与认知问题。然而，这个分析无法解释该儿童所有的推理或他的社会行为能力（agency）与动机（motivation）。具有社会文化取向的解释性视角拓展了具有更强解释力的建构主义的思想。从社会文化的视角来看，故事扮演活动为儿童提供了需要解决的冲突和分歧。作为指导者的教师在"游戏"的合作建构中提供了一种帮助他解决问题的替代性方案。

从皮亚杰理论的观点来看，这可能被看成一件打破平衡的事件（disequilibrating event）。这种打破平衡的事件有可能帮助那个儿童作者的思维发展到一个更高的水平。然而，如果采用包含课堂中的社会动力学的更广阔的社会文化视野，这个冲突就可以被看成角色权力之间的一种协商。这在戴森（Dyson，1995，2013）关于城市课堂的研究的作品中提到了。当教师采用解释性方法的时候，他们发现儿童积极地促进了他们自己的社会化进程和在群体中作为社会实体的自我感觉的发展，也促进了儿童文化的生产和再生产（Corsaro，1997；Gaskins et al.，1992；Qvortrup et al.，2011）。在以游戏为中心的课堂中，教师有大量的机会观察儿童如何将更大的文化范畴中的要素带到他们的游戏世界中。在这样做的时候，正如约翰在他的消防栓角色游戏中那样，他们被迫理解自己的真实世界和想象世界（Nicolopoulou，1996；Reifel，

2007；Scales，2005）。

在儿童叙述的民族志和语言研究中，戴森注意到，儿童个体会模仿别人过去和现在的声音。他们会使用从教师、父母和同伴那里学来的语言形式创造文本（Dyson，1995，2003，2013；Dyson & Genishi，1994；Genishi & Dyson，2009；Scales，2005）。然而，戴森也发现，当描述当天的事情时，文本中性别的模糊性和文本本身这种问题都是可转化的（Turner，2009）。也就是说，儿童的叙事过程可能转变儿童对过去和未来的理解。

例如，当今天的儿童使用过去的性别表现形式（如"王子"）时，他不只是在用某种僵硬的方式模仿过时的社会态度，因为过时的表现形式目前隐含于当今世界的不同社会环境之中。它通过制造儿童必须经过与他人对话才能解决的分歧，带来变化或转变。如果我们仅仅将性别表现形式压抑成为一种隐性课程，那么当儿童努力协调过去的性别传统和现在形成的性别观点之间的张力时，我们就无法提供任何机会让这种转变协调地发生（Dyson，1995）。

教师进行研究：内部视角

教师可以采取研究的立场，通过系统观察儿童在游戏中的交流，了解儿童是怎么"读懂"课堂的社会环境的。例如，教师对"流沙"案例中的3个儿童的互动策略进行录像观察，能够给他们提供如何指导儿童互动的重要信息，这也为后来调整沙坑的游戏环境来支持更具融合性的游戏提供了重要信息。

教师对"流沙"案例中儿童的观察

儿童的互动策略

儿童的互动策略提供了我们研究他们理解别人观点的能力的线索。儿童在情境中运用的策略也显示了行动和语言是如何协调起来与正在开展的交往活动保持一致的。这些行为对于亲社会行为来说至关重要。儿童在与同伴进行游戏互动的时候，可以获得学习关键技能的机会，如"轮流"。轮流技能（turn-taking skills）可以在操场的秋千上学会，也可以在儿童将他们的名字写在水箱旁边的等待名单上时学会。

在许多学前教育的课堂中，游戏的轮流早在两个儿童的合作中就开始了。如果小组不是太大或结构不是太正式，那么在集体教学的谈话中就可以表现出谈话的轮流。像乐透彩票这样涉及轮流的游戏、合唱或者副歌的重复也有利于轮流技能的学习。儿童也需要在自发游戏里涉及取与舍的活动中，利用大量相互交往的机会来形成和练习他们轮流的规则。

理解儿童社会化方法的核心是承认游戏环境是动态的这一理念（Vygotsky，1986）。当儿童游戏的时候，他们能够形成对于正在进行的活动的理解（Cook-Gumperz & Gumperz, 1982）。例如，当协商一个主题（比如"家庭游戏"）的时候，儿童逐渐懂得，要想成功地加入游戏，他必须"切题"（on topic）（比如，胡萝卜是用来"烹饪"的而不能当作枪用）。

研究结果告诉我们，为了维持合作，儿童会像成人一样不断地表现出对正在进行的活动主题的相互理解。当儿童开始一段游戏活动或主题活动的时候，或者当一个话题改变的时候，儿童会相互告知彼此的理解。游戏参加者会经常用"对"来确认主题的改变。"我们正在做汤，对吧？""对！""它会包含所有的字母，对吧？""对！"（Corsaro, 1979, 1997, 2003；Gumperz & Cook-Gumperz, 1982；Qvortrup et al., 2011；Sawyer, 2001）在"流沙"的案例中，马修通过说"我知道我们可以做什么，可以把沙子放到上面"来确认他对游戏主题的理解。

尽管这经常是通过共同游戏者的"对"或"好"来表达的，但是它也可能通过非语言方式来确认。例如，一个共同游戏者可能通过一

游戏与儿童发展的各个领域都是密不可分的

个适当的姿势来表达对于烹饪主题的领会，比如搅动一碗"沙子汤"。马修踢轮胎不是加入游戏的合适策略，正如我们看到的，他被拒绝了。

有特殊需要的儿童的轮流：轮流的观念对于那些可能很难与同伴进行合作的有特殊需要的儿童来说尤为重要。总之，我们发现，儿童之间会相互影响。然而，当谈到某些具有特殊需要的儿童时，"自我中心主义"可能会阻碍这种"相互性"的发展。正如教师给马修提供的机会那样，在取与舍的社会游戏中练习轮流技能的机会，对于这些儿童学会有效地相互交往是非常重要的（Koplow，1996；Odom，2002；van der Kooij，1989；Wolfberg，1999）。

幼儿园课堂社会生态的研究

本章所引用的大多数观察材料来源于对幼儿园或3—6岁儿童学前教育机构的自然观察。这种分析的基本方法是约翰·冈伯兹（John Gumperz）这样的人类学家在对成人的对话研究中首先使用的（Jaworski & Coupland，1999，2006）。然后，它被社会学家科萨罗和库克-冈伯兹改造并用于对幼儿园里的幼儿和小学低年级学生的研究（Cook-Gumperz & Corsaro，1977；Corsaro，2003；Corsaro & Molinari，2005；Qvortrup et al.，2011）。

以解释性的方法看待课堂社会生态

通过使用解释性的方法对儿童的互动和交流行为观察进行分析，教师和研究者能够回答很多问题。戴森对于城市班级里儿童的作者身份的解释，显示了课堂社会生态中的权力关系是如何运行的（Dyson，2003，2013）。关于男孩和女孩的游戏互动的研究形成了鲜明的对比，也表明了像约翰这样的儿童在获得语言和社会交往能力发展的同时，是怎样将更大文化中的刻板形式引入他们的游戏关系的。对来自不同种族的游戏参加者格里格和弗朗索瓦的交流模式的解释，揭示了两个男孩是如何创造性地改造他们的语言模式以创建相互认可的游戏场景的。

以下对儿童在游戏现场的相互行为的观察分析说明，对儿童游戏模式的社会期待包含于各种社会生态要素（social ecological elements）中。

对社会生态的比较

研究者库克-冈伯兹和科萨罗（1977）分析了在幼儿园课堂中拍摄的四段视频。在这一部分，我们将讨论和比较这些片段来说明环境的社会和生态线索是如何影响儿童的游戏与社会化的。

丽塔和比尔在家庭游戏中心：第一个片段中有两个儿童——丽塔和比尔，他俩在扮演丈夫和妻子。它展示了在家庭游戏中心几乎不需要协商就可以确立游戏主题，因为儿童将研究者所谓的"约定俗成的期待"（conventionalized expectations）带到了这个游戏现场。

对于丽塔和比尔来说，互动中最难的部分就是他们要躲避两只试图进入娃娃家的不守规矩的"猫咪"。科萨罗和库克-冈伯兹注意到，游戏一旦开始，儿童就会保护他们的互动空间。我们在马修的案例中也看到了同样的问题。当马修试图参与格里格和弗朗索瓦的游戏时，他们强烈地抵制他的企图。直到马修理解了他们的游戏主题时，他们才让他加入游戏。

意识到儿童的互动是脆弱的，教师通过帮助像"猫咪"这样潜在的进入者在附近的地方安置下来，或者让他与其他还没有参与进来的儿童一起游戏的方式，表达教师对儿童正在进行的互动的尊重。在这个案例中，丽塔和比尔通过将"猫咪"驱散到"后院"，自己解决了问题。在本章前面讨论的马修的案例中，教师们小心翼翼地支持他努力加入打闹游戏中。

沙箱：建构一个游戏幻想的空间：在第二个片段中，一个四边形的沙箱是进行更具创造性和协调性的游戏主题的地方。儿童运用他们的语言和交流技巧共同建构一个独特的集体幻想游戏是具有挑战性的，因为这个场所的情节不像家庭游戏中心的情节那样约定俗成。集体的幻想以"暴雨"开始，然后一个小沙丘被精心地制作成了一个"冻僵了的兔子的家"。游戏者协商主题的变化，并且当沙丘最终变成了"B-I-G（大）钢铁之家"——这种免受"闪电"袭击的安全的避风港时，他们再次协商主题。

与第一个片段相比，在室内玩沙盘的儿童需要随着游戏的发展，创造性地建构他们的活动。他们不能依赖家庭游戏中心的传统期待。他们必须依靠他们自己的沟通，集体创造并维持他们关于自发的、新颖的幻想的谈话秩序（Turner，2009）。

尽管家庭游戏中心是刚开始学习与他人沟通的儿童的理想地点，但是还需要更加开放的环境（比如，带有微型模型的沙盘），为年龄大一点的儿童提供挑战。在这些地点，当儿童彼此提示正在开展的、精心创造的游戏活动的含义时，他们就在运用自己的交际策略。这些策略包含以下内容：

1. 用具体的语言线索（linguistic cues）来提示幻想（例如，扮演兔子的角色）。
2. 运用重复（repetition）来确认刚才话语的特点（例如，回应和重复"冻僵""下雨""闪电"这样的关键词和短语）。
3. 对于前面的主题使用新材料。例如，使用"并且"（and）这个词加上一个新的材料，可以使其他儿童进入活动。在一个片段中，一个叫塞布丽娜的儿童说："我会把婴儿带到商店里。"她的朋友莎拉接着她的话说："……并且大姐姐会开着汽车；并且我来当大姐姐。"
4. 当行为发生的时候，用动词将正在进行的行为描述出来，例如，在操作微型玩具并能被看到的时候，儿童说："我们在森林里，并且开始下雨了，帮帮忙吧。"

限制同伴谈话和互动的环境：库克－冈伯兹和科萨罗（1977）分析了发生在项目活动桌旁边的第三个片段，在那里，教师说了大部分的话语，开启了大多数话题并控制了谈话过程，这抑制了儿童对语言的使用及其互动技巧的发展。

意识到儿童与同伴们练习互动技巧的重要性，教师可能会考虑他们如何才能在一些情境（如教师指导的项目活动情境）中支持并维持幼儿之间、幼儿与教师之间的相互交谈。

不明确的背景：在第四个片段中，环境的背景是不明确的，在这里，谈话也受到了限制。游戏中的冲突和困惑产生于当教师将工作台从原来的位置移开时无意制造的具有歧义性的线索。儿童不知道自己的桌子用来玩教师指导的读写游戏，还是用来玩与家庭有关的自发游戏。在三个儿童中，有两个儿童试图创建扮演"教师"的游戏场景，而另外一个儿童认为自己在扮演"警察"。在游戏中仅仅因为缺少一个短暂的交流，就导致了这样的沟通后果。

这个交流失败的微妙信息是研究者通过对未协调的交流特征和社会生态因素的仔细观察而获得的。通过仅仅将行为进行分类（例如，单独的、平行的或集体的）的观察模式是无法理解这个事件的。这些分类几乎无法提供什么有用的信息，说明教师如何以一种与儿童相关且儿童能够理解的方式进行干预，或者支持他们的游戏互动。教师们从这个分析中可以得知，尽管混合的环境线索有时候在儿童的游戏中能够产生有趣的、积极的转变,但是就像在这个案例中一样,它也可能造成参与者之间交流的失败。改变社会生态要素并不只是"挪动家具",它还可能产生不可预见的后果。

厨房游戏再思考

当我们按照游戏互动的一个要素把游戏分成固定的类别时,我们就会误解儿童的社会交往能力。例如,儿童没有将讲话放到他们交流的最重要的位置。相反,他们使用所有的"交流方式"(modalities of communication),例如手势、音调和节奏来实现交往目标。这一点在以下例子中能够显示出来。

三个儿童,安德里亚(3岁2个月)、席琳(3岁4个月)和彼得(3岁4个月)正在户外的沙箱中玩炊具。安德里亚和席琳在忙着讨论早餐给"婴儿"吃什么,而彼得则安静地在一旁搅拌一碗沙子。

他们的老师潘姆观察了他们的游戏,并且认为彼得安静的活动是单独游戏或平行游戏。然而,根据她后来对视频的分析,这个片段提供了彼得积极地参与小组互动的证据。

虽然近在眼前,但是潘姆没有注意到彼得被分配的角色。在这一片段的结尾处,她才意识到她和彼得分别担任了"婴儿"和"保姆"的角色。安德里亚这位"妈妈"充满深情地用手指指向潘姆并说"宝贝,我将去树林里",然后,在用手势指向彼得的时候,她说"你待在这里和保姆在一起"。

很难断定彼得的游戏是独自游戏、平行游戏还是合作游戏。然而,对视频的仔细分析以及彼得对其角色的确认表明,即使没有说话,彼得也是这个互动游戏的积极的重要参与者。而教师潘姆是最被动的角色——"婴儿"(Scales & Webster, 1976)。

对于年龄大一些的儿童来说,语言发挥了更重要的作用。并且,他们并不严重依赖环境线索进行理解。随着他们语言能力的增强,他们能够将游戏从环境背景中分离出来。如果游戏需要被打乱,那么他们能够更好地重新确立游戏主题。随着语言能力的发展,儿童也能够在多个地点维持游戏互动(Scales, 1997)。

教师对游戏互动的支持

在这一章,我们发现发起或加入游戏是一件复杂的事情,并且仅仅模仿成人的模式,如"你好,我可以和你一起玩游戏吗?"是不够的。这样的开场遭遇到的回答可能是"不行",对于4、5、6岁的儿童来说尤其如此。在儿童文化中,明显的(有效)交流形式是建构性的。

儿童能找到他们自己的特定策略,进入一个正在进行的游戏场景中。一项成功的策略是儿童围绕着游戏场地转悠,直到游戏者提议接受新的参与者为止(Corsaro,1997,2003)。当教师"扮演守门人(gatekeeper)的角色",注意到一个儿童想参与到游戏活动中的时候,她可以帮助新来的儿童找到一个能够补充已有游戏活动的角色或活动。教师也可以帮助新来者用相似的道具在附近玩游戏。

当两个女孩阻止第三个儿童进入儿童游戏之家的时候,关于守门问题的独特解决方式的案例就产生了。教师不断地为新来的儿童建议可能的角色,但是被一再地拒绝。吵闹和争论持续了一段时间,直到那两个女孩中的一个产生了奇妙的想法时才停止。那个奇妙的想法是让新来的儿童扮演"门"。新来的儿童——米亚,特别适合这个角色,因为她在其他场合经常担任守门员的角色,不让其他人进入。当她加入了游戏后,立即张开胳膊和腿挡住了入口。

针对游戏与儿童达成共识

有时候,游戏仅仅是围绕行为开展的,就像在捉人游戏中那样。然而,对于一个活动发展的自然过程的仔细观察表明,即使这种看似简单的游戏也包含被库克-冈伯兹和科萨罗(1977)称为"达成共识",或者允许建立、改变游戏主题的内容。

前面出现的与"流沙"有关的片段是达成共识的典型案例。格里格和弗朗索瓦已经同意,并达成了一个共识:把沙坑里的一块地方看成"流沙"。然而,这两个儿童中的一个在某个时间看到,将水倒进沙里可以制造出泡沫,并将其称作"巧克力牛奶"。实际上这是试图获得同伴对新的主题的同意,事实上这也引起了他的同伴的回应:"你记住,我们在制造流沙。"这个纠正被愉快地接受了——"噢,对,对",并且前面的共识被再次确认了。

围绕达成共识而进行的协商,在儿童的互动中不断地进行着。这些共识提供了将活动顺序连接起来的线索。当一项共识被达成的时候,对游戏的仔细观察表明这是语言与非语言会合的关键点。教师们可以观察到,儿童的姿势、节奏、手势和行为协调起来了。这些关键点说明彼此满意的互动正在发生。

通过进一步观察,教师们可以注意到最大的分歧或转折点的后果。在这些时刻,儿童对游戏背景没有相互之间共同的理解。因此,他们对正在进行的互动有着不同的观点。儿童的肢体语言和手势无法协调表明他们相互之间缺乏共同的理解。

在下面关于"流沙"的片段中，因为包含的主要事件是打闹游戏，所以涉及教师的干预。两个男孩格里格和弗朗索瓦看起来想参加打闹游戏并且打着玩（从他们的笑声中可以看出来）。第三个儿童——马修，没有给出他不是在发笑的信号（Bateson，1976；Carlson，2011a；Perry，2001；Reed，2005）。

在这些转折点，教师可能希望作为调节者来进行干预，他使游戏者澄清和重新确定相互之间都可以接受的焦点。但是，如果教师没有仔细地观察，那么他们可能会在错误的时间进行干预或提出无关的建议。因此，他们不是支持了游戏互动，而是干扰了游戏交往。即使是教师善意的帮助行为，比如对儿童合作游戏的登记，有时候也会使游戏者分心。

回顾"流沙"：我们现在回到前面提到的"流沙"的情节。我们现在的目的是详细地谈论游戏的发起和维持。在这个片段中，我们也了解到多种族的儿童在进行游戏互动时产生的一些问题。弗朗索瓦，一个非洲裔美国儿童，说黑人英语、标准英语和一种电视播音员说的英语。不幸的是，弗朗索瓦的大部分教师只说标准英语。他的游戏伙伴格里格既说标准英语，也说电视播音员使用的英语。在片段的开始，格里格在教师设置的三条道路交会处的沙坑的中心。早上，格里格一到幼儿园就会来到沙坑。一天中，只有三次互动发生在沙坑中，并且都涉及关于同意格里格到沙坑来玩的协商。

谈到环境的时候，特定的玩沙"课程"的一个明显特征是，沙池的物理设置会限制游戏。因为当格里格站在道路交会的中心的时候，相互交织的道路使格里格控制了一大块区域。它也限制了可能发生的游戏互动的类型。那些高高的沙丘、陡峭的斜坡和狭窄的通道都容易引起紧密的身体接触。这只能产生一种现象：打闹游戏。

达成共识的第一次尝试

弗朗索瓦进入沙坑并对格里格说："嗨，格里格。"

格里格回答，"嗨，弗朗索瓦。"然后，在情节开始的时候，弗朗索瓦跳到了格里格附近的沙丘上。

（以下是弗朗索瓦和格里格的对话）

弗朗索瓦：让我们看看时间。噢耶，现在是一对二对二的时间了。（快速地说，并且使用黑人英语的方式、节奏和语气。）

格里格：不，不。

弗朗索瓦：好，那好，一对二对二，一对二——哦哒哒——一对二对二——我和我的二对二——一对二对二——一对二对二结束了。（弗朗索瓦和格里格扭打在一起了。两个男孩都在笑。）

格里格：好，弗朗索瓦。

弗朗索瓦：好的，胖子。（弗朗索瓦走开了。）

格里格：走吧，拿着这个！（向弗朗索瓦扔了一把沙子。男孩们现在开始向彼此扔沙子。）

在这个情节中，弗朗索瓦试图与格里格建立叫作"一对二对二"的打闹游戏的共识。弗朗索瓦使用因为节奏和声调等特征而被语言学家称为黑人英语的语言对格里格说话（Labov，1972）。

当两个儿童在沙里打闹的时候，弗朗索瓦继续用一种特别的节奏对格里格说："哦，我会抓住你。"教师开始更加密切地进行关注。当儿童开始向彼此扔沙子的时候，教师对其进行了干预。尽管扔沙子是被禁止的活动，但是在这里儿童没有要停止的意思，因为他们很享受这种活动。然而教师不会对这种被禁止的活动置之不理。当教师要进入的时候，破坏这种互动的转折就出现了。

达成共识的第二次尝试

弗朗索瓦掉进了沟渠中。格里格过来。然后，他俩扭打起来并相互扔沙子。（以下是弗朗索瓦和格里格的对话）

弗朗索瓦：噢，噢，我的咕咕。

弗朗索瓦：为什么——如果你再这样，我将扒掉你的衬衣。我要做的第一件事就是扒掉你的衬衣并将它撕烂。（格里格走上沟渠上面的沙丘，转身看着弗朗索瓦。）

弗朗索瓦：撕烂你（听不到），你回来。（格里格和弗朗索瓦在沙里扭打起来。）

格里格：（笑声）。

在第二次达成共识的过程中，弗朗索瓦再次使用了熟悉的黑人英语对他的朋友说话，就好像格里格是弗朗索瓦语言文化中的一个成员一样。这次活动以男孩在沙里扭打和教师即将进入而告终。

在这个时候，格里格向教师抱怨："我不想这么玩。"这造成了对弗朗索瓦第二次请求建立游戏共识的拒绝。在这个转折点，教师试图帮助儿童发现一个更合适的活动主题。

达成共识的第三次尝试

弗朗索瓦站到沙丘上，高于格里格，用更深沉的语调说话并转变成了电视中英雄的声音，这是他第三次试图达成共识。

（以下是弗朗索瓦和格里格的对话）

弗朗索瓦：我正在山崖上。（弗朗索瓦在沙丘上做了一个新的姿势。）

格里格：弗朗索瓦，你抓不到我。（格里格从弗朗索瓦和交叉路口中间走开。）

弗朗索瓦：你也抓不到我，把我撕烂吧！（弗朗索瓦从左出口出来了，格里格跟了上来。）

这个共识更受格里格的喜爱。已经成功达成共识了，一个组织良好的捉人游戏开始了。虽然这个时候的游戏互动主要是粗大动作，但是运行良好并且具有连贯性。

刚刚描述的情节值得关注，是因为其中的一个儿童说黑人英语、标准英语和电视英语，并且在情节中间从一种形式的语言转向另一种形式的语言。我们在这里发现，对于非洲裔美国儿童来说，他更需要将自己的语言形式调整到与其游戏伙伴的语言形式相一致。弗朗索瓦通过使用黑人英语提议达成游戏共识，但并没有成功（Labov，1972；Reifel，2007）。然而，因为弗朗索瓦既说标准英语又说黑人英语，所以当他第一次转变成电视英语，第二次转变成标准英语的时候，他与格里格的交流成功了。

在这个游戏情节中，对于三个儿童的挑战是他们要找到一个相互理解的交流方式。教师虽然在关注，但是并没有将两个男孩从打斗游戏（play fighting）中分开，而是给他们时间让他们自己找到一个游戏互动的共同焦点。这种情境对教师针对所有儿童的不同社会需要而创造支持性的游戏环境的技巧提出了有趣的挑战（Reifel，2007）。

在我们日益多样化的幼儿园和小学的课堂中，多种交流模式的协商可以被看成扩展儿童世界观的沃土（参见：Genishi & Dyson，2009）。正如前面三个男孩的案例一样，它也为儿童和教师有效地交流和友好地彼此分享意义提出了挑战。

在环境中支持游戏互动

教师把教室和游戏场地划分为各种各样的区域，可以使游戏互动更具有凝聚力。隔离物、空间标志或各种设置可以保护互动空间中的游戏者，使其不容易受到干扰，游戏也不容易受到破坏。教师安排环境以使积木建构或其他地面游戏不会发生在道路中间，就是这种例子。

教师也可以在设置空间时让儿童彼此接近，比如让他们围绕一个长方形的沙盘或沙箱做游戏。所有儿童共同使用大量可以看见的玩具，可以告诉刚刚进来的儿童正在进行的游戏主题，并且提示一个可能需要扮演的角色。这样的空间也能帮助建立"面部交流"，儿童在长方形的桌子和玩具周围彼此看着对方。在这个案例中，就像能够确保对于正在进行的游戏活动的主题的共同理解一样，也能够确保游戏者之间基本的交流（Goffman，1974，2000）。

这种设置提供了被称作"防护空间"的东西（Cook-Gumperz，Gates，Scales，& Sanders，1976）。每个儿童都有一块领地（桌子在他的那边），所以进入这种情境彼此进行交往就使每个儿童的地位都是平等的。这样的空间也提供了两对儿童并排玩平行游戏的机会。这就使得两对儿童的游戏可能变成社会交往协调得很好的四人一组的游戏。

学前教育中正式的社会学习标准概述

尽管我们一直描述的游戏活动代表了课堂文化的社会化，但是教师对日益重视正规学业课程标准的评价感到越来越大的压力。广义的社会化（socialization）包括儿童与同伴交往的能力、学习的倾向，以及在以后的学习中被称为社会学习的东西。作为一门学科，社会学习（social studies）包括一系列广泛的主题领域，涉及很多学术知识领域。全美社会学习委员会（National Council for the Social Studies，1998）界定了社会学习的十个知识领域，下面选取了四个领域：

- 时间、连续和变化。
- 人物、地点和环境。
- 生产、分配和消费。
- 公民理想与实践。

幼儿的社会科学

在以游戏为中心的课程，许多社会学习的问题领域可以用具体的方式来描述，它存在于课堂集体活动时儿童彼此的日常交往中。这个集体有自己的文化，并且参与者会分享课堂中的社会资源。从这种意义上来说，课堂就是更广大的成人社会的一个缩影。不管是在成人世界里，还是在儿童世界里，分享、互惠、公平和民主的过程都是必需的。大多数与社会化有关的标准都涉及诸如对他人的同情、与同伴有效交往的能力和对他人多样性的尊重等倾向。正如在本章中大量举例说明的，在日托班的课堂中，儿童在游戏中相互交往的时候，最容易获得这些特质。如表11.2所示，对儿童的评价最好来自在指导游戏和自发游戏中对儿童交往行为的观察记录。

表11.2　将社会学习标准改编并用于学前教育课程的一些方式的举例

社会学习领域	课程/教师的案例	儿童的学习和经验
时间、连续和变化	循环事件的标记，例如，白天和黑夜；日常生活和季节的节律；特殊活动或项目（比如，冬季场景的壁画）；研究儿童在一天中不同时间里的影子。	儿童通过聚会时间、自由选择时间、小组活动时间、午饭和打扫卫生时间这些常规时间的顺序和形式，对时间、连续和变化产生认识。
人物、地点和环境	对家庭成员照片的展示表明了同伴和家庭成员的多样性；绘制当地环境的地图；绘制能够说明我们祖先的不同来源的地图。	与班级中与我们不同的他人交往。注意当地和更大的社会中自然环境和人造环境的特征。
生产、分配和消费	儿童在其中游戏、学习和参加活动的课堂环境是室内外用于创作和使用的固定场地（书写桌、艺术桌、玩球的场地和午餐桌）；调查食物来源的长期或短期的活动；撰写农场、工厂、超市、港口、机场或建筑工地的参观报告。	儿童开始意识到位置是社区的关键特征。他们与教师分享课堂中的玩具、食物和时间这些资源。 实地考察及与实地考察有关的活动可以扩展儿童的知识。
公民理想和实践	当儿童协商争执、讨论差异、建立关于如何使课堂变得更加和谐的规则时提供指导；这些规则成为课程的一部分，并与治理、公民理想与实践有关；提供帮助儿童培养轮流技能的游戏；教师示范并指导儿童用礼貌的方式请求；教师进行干预，帮助儿童找到友好地协商他们的需要和愿望的方式，比如，为新来的儿童找到一个角色："安德鲁可以成为拜访你房子的爷爷吗？"	儿童与他们的同伴和教师每天在教室这样的集体情境中交往，通过交往学习到了这些观念。 儿童通过在自我指导的游戏中与教师和他们的同伴相互交往，学会了他们示范的策略。在游戏中他们知道了哪些策略是有效的，哪些是无效的。在游戏和教学活动中，他们形成了他们作为一个集体的意识，同时获得了作为班级文化一员的自信和心理平衡。

来源：National Council for the Social Studies(1998), *Curriculum Standards II. Thematic Strands.*

小　结

本章认为，儿童发展他们社会性的主要方式是通过与同伴在游戏和交往中练习交流技巧。仅仅由成人示范语言技巧和交往策略是不够的。对已有策略的运用不仅是由儿童的发展决定的，而且还需要儿童对正在进行的游戏活动的意义进行解释。当教师代替了这种交往活动时，他们就剥夺了儿童自己发展交往策略的机会。这就使教师的仔细观察成为为游戏提供有效支持的关键性因素，对于混龄或融合性小组以及具有种族或语言多样性的游戏环境来说更是如此。这些观察使教师能够首先研究一下儿童在刚入学阶段与父母分离时产生的问题。

- **对父母说再见**。与父母分离是儿童发展的一个重要里程碑。许多理论家认为这对于儿童形成与他人交往的能力和进一步融入学校文化来说至关重要。
- **多样性丰富了当今课堂中的社会环境**。当今课堂里的文化差异拓展了教师和儿童的世界观。它也为开放游戏环境中的教师和儿童的家长带来了挑战。
- **传统的研究与实践**。传统的研究使我们能够判断有没有我们想要的课堂的那些特征，但是无法说明这些特征本身是如何产生社会合作行为的。
- **受研究启发的现有实践**。源于维果斯基理论的社会文化传统的研究，对于我们思考儿童的行为具有重要的影响。其中的许多研究观察的是儿童在游戏产生的社会背景中如何进行交流与互动的。
- **游戏架起了理论与实践之间的桥梁**。我们的发展观不能仅仅依赖某种单一的理论，而要借鉴许多理论，包括皮亚杰的建构主义理论和社会文化视角理论。我们并没有采用一种自上而下的模式，而是依赖对教师记录和观察的分析。因此，我们采用了一种内部人的视角，而不是漠然的外部人的视角。
- **幼儿园课堂社会生态的研究**。本章引用的对儿童观察和分析的基本方法，主要借鉴了对成人的观察研究。这种对成人的观察研究主要是由人类学家和社会学家进行的。
- **厨房游戏再检查**。使用固定的类别对游戏进行分类会产生误导。没有语言并不意味着交流没有发生。儿童并没有把谈话放在首位，他们使用各种交流方式，包括手势、协调的行为节奏等来实现他们的交流目标。
- **学前教育中正式的社会学习标准概述**。广义的童年早期的社会化，包含了儿童学习的各种倾向及与同伴交流的能力。而当社会化的目标与被称为社会学习的东西在某种程度上会合的时候，学前教育的重点就是儿童的社会—情绪发展和交往能力。

我们在早期教育的心理社会学和建构主义的研究传统中获得的成果对我们帮助很大。这些成果被新的技术、分析方法和维果斯基等人的社会文化学派的理论倾向扩充了。而维果斯基学派的理论倾向正在影响我们对社会平等、文化资源的习得和全球化等问题的思考（Anderson，1995；Corsaro，2003；Corsaro & Molinari，2005；

Jaworski & Coupland，1999；Swartz，1997）。

使用这些理论方法，我们现在能够以更有效和具体的方式设计和实施课程，以支持儿童的社会化。通过对社会文化背景中的游戏的观察和分析，评价儿童发展的策略就与当地学校的背景和儿童的前期经验联系起来了。儿童的前期经验包括：分离产生的问题、个体的特殊需要、儿童生活中的文化和语言差异。

知 识 应 用

1. 讨论一些在儿童入学的时候能够影响儿童与父母分离的因素。
    a. 为新入学的儿童的家庭设计一份时事通讯，为儿童的离校和返校提供一些建议以便能够缓解儿童的分离焦虑。
2. 思考一些教师可以用来调节班级中的年龄、性别、融合性和文化差异的方式。
    a. 在你自己的课堂或另一个具有多样性的混龄的项目中实施一项观察。在决定谁和谁玩或在游戏情节中扮演哪个角色这些问题中，儿童的年龄、性别或种族这些要素会起作用吗？
3. 儿童与同伴进行游戏交往促进了他们的社会化。在维果斯基的社会文化传统中，有些观察研究的方式促进了我们对这个问题的理解。请描述观察研究的方式。
    a. 讨论检核清单和量表可能遗漏的，而涉及语言和交往行为的观察研究能够捕捉到的东西。
4. 从经典的皮亚杰理论到社会文化模式的对比中，比较一些能够从解释儿童的行为中获得的信息的不同形式，就像在"硬汉"的案例中显示的那样。
    a. 为了获得儿童建构系列物体的能力方面的信息，你会在他在户外攀登架上时，还是在他玩操作游戏时进行观察呢？
5. 讨论对儿童游戏中的交流与互动进行观察研究如何说明环境能够为儿童的行为提供隐性线索。
    a. 在时事通讯中界定社会生态的意义，并说明教师为什么需要意识到它能影响儿童的游戏和学习。
    b. 观察你的课堂中或在你观察的课堂中，两个不同类型的活动中心的游戏类型。当儿童玩游戏时，从儿童的语言和行为中，你能对他们读懂隐含于游戏中的期待说些什么呢？

6. 讨论儿童如何不是只使用语言，而是使用所有的交流模式，例如手势、节奏和声调来实现他们的交往目标？

    a. 收集一段时长10分钟的两个儿童一起玩游戏的视频。注意儿童在交往过程中使用的各种交流方式。

7. 比较儿童的早期社会化和正式的社会学习课程之间的一些不同之处。

    a. 将社会学习标准作为实地考察的基础，或作为学前儿童、小学儿童发展适宜性课程活动的基础。

    b. 让儿童画一张画，口述或写一个关于这个活动的故事。

第12章

户 外 游 戏

学习目标

➤ 解释活跃的户外体育游戏、户外自然游戏和儿童自发的户外游戏如何促进儿童的健康发展。比较户外环境和室内环境的不同之处。

➤ 了解教师支持户外游戏的五个目标,并解释如何实现户外游戏的教学目标。

➤ 在为户外游戏制订计划的时候,讨论什么是最好的实践,包括支持不同背景的儿童和应对户外游戏的挑战。

➤ 说出儿童同伴游戏的三个阶段,并解释儿童发起的游戏是如何经历这三个阶段的。回顾如何理解并支持大肢体打闹游戏,以及如何服务于有特殊需要的儿童。

➤ 讨论教师在决定使用什么策略监督户外游戏的时候会问自己的三个问题。

➤ 对比两种不同的支持户外游戏的教学模式,并且比较儿童发起的户外游戏和教师计划的户外活动。

➤ 对"探究"的概念进行解释,并且回顾儿童在户外游戏时进行探究活动的几个标志。

➤ 描述教师利用户外空间支持儿童游戏的两种方式,并且提供案例说明如何利用评价工具评价户外环境。

➤ 讨论和提供例子说明教师该如何提供安全的户外游戏空间和时间。回顾让儿童进行主动的、自发的户外游戏的建议。

这是丽贝卡的混龄班开学的第一天。在活动时间，孩子们可以在室内也可以在户外活动。加布里埃尔和托马斯都是4岁的儿童，这是他们上幼儿园的第二年。他们轮流从大滑梯上往下滑，滑到滑梯的一半的时候停下来，将一条腿搭在滑梯的扶手上滑下来。其他儿童则熟练地从他们旁边滑过。丽贝卡隔了一段距离小心地进行观察，观看加布里埃尔和托马斯是怎样出现她担忧的危险的：在距地面一定的高度从滑梯上翻跟头下来。比他们小1岁的新来的儿童过来观看这个游戏，并想模仿。

"加布里埃尔和托马斯，你们能将腿放在滑梯里面吗？我知道你们感到安全，但我不确定这对于没有做过很多练习的小朋友来说也是安全的。他们会看到你们吊着腿滑滑梯，并认为很安全。他们会从滑梯上翻下来并受伤的。"

托马斯说："但是我们是蝶螈，它们就是这么做的。"

"蝶螈！当然。"丽贝卡停下来想了想。"你说自己是蝶螈？我想帮助小朋友们游戏，还要保证安全。你介意将腿放在滑梯里面，并玩潮湿的木头吗？"

莉亚，一个有自闭症的4岁儿童，趴着从托马斯旁边滑下来，将她的脸贴到滑梯上是她下降的标志。

托马斯将他的腿放回了滑梯内。

"莉亚过来，"丽贝卡边说边在本子上记录莉亚进入游戏场地，"嗨，莉亚。那里是加布里埃尔和托马斯。他们是蝶螈。"

"我们吃臭虫并睡觉。"加布里埃尔接着说，然后趴在滑梯中间。托马斯将他的头放在加布里埃尔的肚子上，他俩从滑梯上一起滑了下来。

当莉亚试图攀爬一架具有挑战性的拱形梯子的时候，丽贝卡走过去紧紧地跟随着她。

丽贝卡建议说："你们可能想问莉亚，她是否也想成为一只蝶螈。"

第二天早上入学以前，丽贝卡被托马斯和加布里埃尔扮演的美丽的蝶螈吸引住了。为了设置游戏场地，丽贝卡从伸出的屋顶下面拉出了两个凳子，并将其放在紫藤旁边。当加布里埃尔和托马斯跑到外面的时候，丽贝卡听到了他们的对话：

"我们是蝶螈，对吧？"

"对。"

丽贝卡一边随意地说道"那儿有为蝾螈准备的木头",一边指向了凳子。加布里埃尔和托马斯在凳子上开展他们的游戏,趴卧并吊起一条腿。然后,他们离开凳子去探索树木区,在那里当他们挖坑的时候,树木为他们提供了树荫。

蝾螈的游戏持续了几个月,年龄更大一些的儿童和年龄更小一些的儿童都参加了。丽贝卡从图书馆查阅了关于蝾螈、火蜥蜴和林荫区的书籍,以增强儿童的兴趣。有些儿童讲述了关于蝾螈的故事并在丽贝卡周围将故事表演出来。有些儿童画了不同种类的蝾螈和火蜥蜴的图片。在发给儿童父母的时事通讯中,她写了关于当地自然中心的展览说明和开放时间,展览中展示了在当地发现的蝾螈。这个班级绘制了一幅关于森林的壁画,里面有岩石、原木和小溪,孩子们还绘制了蝾螈以及栖居在该地的其他动物。

户外游戏的重要性

游戏对于儿童的健康成长来说至关重要(Pellegrini,2009;Smith,2010)。户外游戏不仅是"释放精力"、出点汗,而且能使教师从儿童的课堂学习中停下来歇一歇。加布里埃尔和托马斯的游戏向我们展示了儿童户外游戏的多维特性(Pellegrini,2005)。加布里埃尔和托马斯在扮演蝾螈的时候试图理解他们对自我的感知。他们的游戏是一种认知活动,因为加布里埃尔和托马斯通过用整个身体去探究作为一只蝾螈究竟意味着什么来检验自己对当地自然界的兴趣。他们使用语言彼此沟通并与他人交流思想。加布里埃尔和托马斯的游戏是肢体游戏而且很严谨。他们在身体下降的时候需要保持平衡、持续一定的时间并保证上身的力量。

莉亚也喜欢攀爬。她的助手会帮助莉亚放弃从滑梯上趴着滑下来,然后坐起来的自发活动,让她能够看见像加布里埃尔和托马斯这样的同伴。

这个案例展示了快乐的、自发的、以儿童为中心的户外游戏。儿童在这些户外游戏中身体活跃,投身于自然,并且注重从日常生活中寻找自发的兴趣。丽贝卡认可加布里埃尔和托马斯的兴趣,将莉亚看成潜在的游戏者,以丰富的环境保证他们的安全,促进他们的探究。她支持并扩展了教师设计的源于儿童日常生活、具有审美趣味和丰富的认知内容的游戏。

家庭、教育、社区生活以及社会环境已经使人们非常担心儿童户外游戏活动时间的减少。洛夫（Louv，2010）指出，儿童正经历着户外游戏活动时间的减少，以致他们正面临着被他称作"自然缺失症"（nature deficit disorder）的危险。洛夫发起了"不让一个儿童留在室内"运动，建立了"儿童与自然网站"，不仅强调要为儿童设置必需的户外活动时间，而且强调走近自然有利于所有人的健康和地球环境的改善。

社会协调发生在户外游戏中

对成绩测验持续进行资助的教育基金组织已经导致一些学校取消甚至严重缩减课间休息时间，影响了儿童在户外获得关键经验。对不利因素的过多考虑已经导致操场设计中缺少关键的身体方面的挑战。在家庭生活方式方面，由于父母工作很长时间或做几份工作，使得孩子户外游戏活动的时间很少。商业营销将儿童的自由时间变成了商品。父母受到广告影响，认为他们应该购买打包销售的、促进学习的儿童活动，或者接受为了取得成功，他们的孩子需要参加有组织的活动的建议。社区安全是户外活动时间的一个实实在在的障碍，但媒体关注会强化恐惧并减少儿童在户外探索和游戏的机会。

与这幅悲惨的画面形成对比的是，我们可以看到户外游戏的好处。每天参加户外游戏活动的儿童，可以得到以下好处：

1. 他们能够获得促进力量与协调性发展的身体经验。
2. 他们感到自己与自然世界联结在一起，并且不断了解自然世界。
3. 他们在自发的同伴游戏中运用了他们的好奇心和兴趣（American Academy of Pediatrics，2007；Burdette & Whitaker，2005；Jarrett，2002；Frost，Brown，Sutterby，& Thornton，2004；Oliver & Klugman，2002；Pellegrini & Smith，1998）。

当潮湿的微风吹向一年级学生塞拉、伊恩迪和贾米拉的嘴巴，并且雾吹拂在他们的脸上和手上的时候，他们穿着雨衣笑着在轮胎做的秋千上晃荡。这些儿童正体验着对于身体发育来说非常关键的动觉经验。在轮胎秋千快速晃荡的时候，塞拉、伊恩迪和贾米拉试图爬上轮胎，此时他们也在练习粗大动作的力量、平衡和协调。他们获得了在小雨中进行户外活动的感觉刺激,同时他们也在体验社会亲密关系带来的快乐。在快乐的时候体验面对面的亲密,有助于塞拉、伊恩迪和贾米拉的社会性发展。

户外游戏有利于健康。除此之外,如果缺少休息时间,儿童对于任务的注意力会降低;而休息之后,儿童的注意力则更加集中(Pellegrini,2005)。

户外体育游戏的重要性

活跃的体育游戏(physically active play)通过促进儿童整个身体的锻炼和技能的发展来促进儿童的发育。幼儿需要进行以下活动:跑、跳远、单脚跳、跳绳、飞奔、攀爬、荡秋千、扔和接以及推拉游戏道具。全美运动和体育协会(National Association for Sport and Physical Education,NASPE,2004)为我们提供了六条体育活动标准与指导意见:

1. 展示进行一系列体育活动所需的动作技能和运动模式;
2. 当学习和进行体育活动的时候,表现出对运动概念、原则、策略和方法的理解;
3. 经常参加体育活动;
4. 达到和维持促进身体健康的水平;
5. 展示出在体育活动环境中尊重自己和他人的负责任的个体行为和社会行为;
6. 重视体育活动对于健康、快乐、挑战、自我表现和社会交往的重要性。

当我们看这些标准的时候,我们发现加布里埃尔和托马斯的活动体现了这六条标准。全美运动和体育协会(NASPE)建议,幼儿园里的孩子每天要有至少60分钟到几个小时的非结构化的体育活动(unstructured physical activity)。他们建议,除了睡觉以外,儿童每天不要有超过60分钟的连续的静坐活动。

儿童需要身体很活跃才能发展耐力。在一项户外体育游戏研究中,佩里和布拉纳姆(Perry & Branum,2009)介绍了一个4岁儿童莫莉。在经历了一段时间的试探和几次失误之后,莫莉正在尝试新的协调与平衡。她用语言和行动表达了她的不满:"我现在很慢,因为我是海龟。(p.204)"请注意,她在加速的时候是如何进行想象性的——"但现在我是一只狮子。(p.204)"莫莉的身体运动伴随着她的自发游戏。当围绕着攀爬设备奔跑的时候,她的声音中表达了一种力量感:"有时候我扑向了树枝,因为我是一只食肉动物。(p.205)"

身体和动作能力发展的里程碑,包括一系列连续的运动能力,比如快速行动和改变方向,扔球和接球,以及包括跑、跳、扔、接在内的活跃的游戏活动。莫莉的体育活动表明了她具备越过崎岖地面的快速运动的能力,她能感知到自己协调能力的改善,并且对体育活动感兴趣。

当幼儿的整个身体都参与到体育游戏中时,他们学得最好。加布里埃尔和托马斯关于蝾螈的游戏给他们提供了活动和锻炼肌肉的机会,而儿童在室内的时候很少使用这些肌肉。他们的攀爬和蹦跳会促使血液流向这些肌肉(Ayres,1979)。在一项对大班儿童进行的研究中,迈尔斯(Myers,1985)比较了在体育课中的运动行为和在操场上能够为大肌肉运动提供挑战的自发游戏的运动行为。她发现,与日常的体育课相比,儿童发起的游戏中会有更多的体育活动。

活跃的户外游戏有助于把儿童发展与新的学习整合起来(例如:Frost,Wortham,& Reifel,2008)。儿童能够体验到思考、讲话、与玩伴和教师协商时的认知与社会需求(Frost et al.,2004;Pellegrini & Holmes,2006;Perry,2001;Perry & Branum,2009)。加布里埃尔和托马斯的蝾螈游戏的体育活动需要他们与丽贝卡讨论并协商安全的行为。他们安全地调整了自身的平衡,并且运用上肢的耐力与同伴分享攀爬架的空间。塞拉、伊恩迪和贾米拉用交易的方式轮流推动坐在轮胎上的对方。莫莉受自然环境的启发,运用生动的比喻来表达体育运动对她来说意味着什么。

户外游戏促进儿童大肌肉动作技能的发展

户外自然游戏的重要性

直接接触自然对儿童的健康发展来说至关重要。户外的自然环境打开了儿童的各种感官,促使他们用视觉、听觉、嗅觉、触觉、运动觉和味觉来玩游戏。因为塞拉、伊恩迪和贾米拉进行的游戏活动在户外,那里的空气是新鲜的并且降水使他们的皮肤感到舒服,所以他们进行了充满趣味和活力的游戏。下面所描述的加布里埃尔和托马斯的挖树皮的自然游戏本身是有益的,而且为儿童提供了猎奇、探索、观察和探究的机会(Knight,2011)。加布里埃尔和托马斯的游戏具有复杂性、灵活性的特点，他们对在自然游戏中发现的材料可以进行开放性的诠释（Frost et al.，2004；Perry，2001）。

　　加布里埃尔："我们在挖虫子，对吧？"她用一根木棍挖了一层树皮和泥土。

　　托马斯："对，我找到了三只虫子。"他向加布里埃尔出示了他的小桶，里面有三只虫子。

　　加布里埃尔："三只。这意味着我们需要足够的泥土盖住桶底，还需要一些虫子可以吃的树叶。尽管那里没有甲虫。"

　　蝾螈游戏是一个例子，它说明了基于儿童日常生活中的自然经验的假装游戏是怎样使儿童的注意力转向探究（inquiry）过程的。加布里埃尔和托马斯在搜集和照料真实的虫子时，使用观察、探索和比较来丰富他们自己的游戏。

　　户外游戏为儿童提供了机会，让他们体验并发展与自然的关系。洛夫（2010）认为，儿童在自然中获得的早期经验构成了儿童依恋和怜悯之情的基础，使其能够形成管理能力和可持续发展的情感。

　　当卡尔弗特作为一名教师刚刚转到一所新的小学的时候，他发现操场上空空如也，什么植物也没有。在下一次家长—教师委员会会议上获得支持以后，卡尔弗特确认自己能够从当地的养殖场获赠4个花槽，他的交换条件是在他办的一二年级合班的家长时事通讯中提及养殖场的慷慨捐赠。他用时事通讯来寻求愿意捐赠种子的家长，而莫里斯的妈妈主动建造了另一个花槽。各年级的儿童都在休息时间给种子浇水并除草，因为卡尔弗特已经给每个班派了一个志愿者去讨论种植。刚开始，卡尔弗特或另一位老师监控儿童照料花园，来自他班上的学生在操场上教会其他人如何照顾刚长出来的苗芽。孩子们制作了指导照料花园的标志，卡尔弗特又将标志制成了薄片。一场暴雨将蚯蚓带到了操场上，卡尔弗特帮助儿童将蚯蚓安放到花槽中。在两个月的时间里，儿童在课间休息时采集了两种生菜的样本，用"辛辣"和"干净"这些词来进行描述。花槽成了一个聚会的地方，孩子们在那里捉虫子、制订游戏计划并巩固友谊。

　　当像丽贝卡和卡尔弗特这样的教师进行一项以自然为基础的户外教育活动的时候，儿童能体验到一种神奇感，并觉得自己与自然世界联结在一起（Knight，2011；

Moore & Wong，1997；Schultz，Shriver，Tabanico，& Khazian，2004；Sobel，2004；Wilson，1997）。

照料和保护地球的健康，需要的就是这样一种与自然的关系。与动物一起玩的游戏会产生饲养行为，比如，加布里埃尔和托马斯要去收集鼠妇虫。另外一项研究表明，抚育的力量非常强大，当儿童在操场上寻找教室里丢失的蜗牛时刺激了他们的想象，他们不仅体验到与同伴之间的亲密关系，而且体验到与蜗牛之间的亲密关系（Perry，2008）。

自然环境中的游戏使得儿童能够进入蝾螈、鼠妇虫和蜗牛这些生物的栖息地。幼儿是极具同情心的。自然中的游戏不仅引发了儿童的探究，而且使他们产生了抚育之情，它为儿童提供了体验平静和惊奇等情感的机会。

> 一年级学生莫里斯躺在操场上的枫树下，观看一片片白云在天空中飘过，并且飘过树枝。他闭上一只眼，睁开，然后再闭上，观看树枝随着其视野的变化而变化。莫里斯看着一朵又厚又密的云在天空中飘移的时候散开、变薄。当一缕微风吹过院子的时候，他将注意力转向了树叶的沙沙声。一只乌鸦捕捉到了微风，莫里斯看着它张开翅膀在风中飞行。

自然中的游戏与莫里斯的兴趣和能力保持一致。正如莫里斯、塞拉、伊恩迪和贾米拉的经验所显示的，户外自然游戏在触觉、交往、丰富感官经验等方面都促进了儿童的健康发展（Knight，2011；Moore & Wong，1997）。第9章补充了关于自然和以游戏为中心的课程中的生态要素的讨论。

儿童发起的游戏与探究的重要性

户外游戏通过儿童自发的活动并追随他们的好奇心，为儿童提供了健康发展的经验。儿童自己发起的户外游戏，而不是成人组织的游戏，带来的是一种平凡的快乐。它也需要儿童努力去谈话和彼此倾听，去寻找语言表达他们的好奇心。

当儿童集中注意力，专注地、有计划地玩游戏的时候，他们通过探究去理解自己感兴趣的东西。探究意味着儿童在其物理环境和社会环境的各个方面运用观察、比较、探索和研究。加布里埃尔和托马斯装作树枝上的蝾螈的时候，便是在探索和实验平衡技巧与身体感觉，他们的兴趣拓展到观察和研究昆虫。当他们在户外玩游戏的时候，加布里埃尔和托马斯体验到彼此之间的关系以及他们与自然之间的关系，有利于其社会—情感的发展。这是因为当儿童游戏、解决问题、与同伴协商的时候，户外游戏能够帮助儿童形成和建立各种关系（Moore & Wong，1997；Perry，2003，2004；Thompson & Thompson，2007）。

> 托马斯："现在可以说我们就要完蛋了，因为一条蛇正要过来抓我们！"
> 加布里埃尔："但我们不会被吃掉，对吧？"
> 托马斯："我们认为我们将会被吃掉。"
> 加布里埃尔："但不是真的，对吧？"
> 托马斯："对，因为我们跳到了另一根树枝上，并且蛇只能爬行。"

在这里，我们看到当托马斯和加布里埃尔想象他们在荒野中独立生存的时候，他们建立起了安全感。他们也练习使用语言表达观点、澄清和协商新观点的细节。他们探究的重点是，作为一只蝾螈究竟意味着什么和作为一个捕食者究竟意味着什么。托马斯和加布里埃尔体验到了往返于现实和想象之间的复杂性。

自发的户外游戏提高了儿童在探索不同环境时的自尊感和自信心（Swarbrick，Eastwood，& Tutton，2004；Thompson & Thompson，2007）。佩里和布拉纳姆（2009）在研究中发现，莫莉一旦体验到自信的运动之后，就有机会接触快节奏的、充满活力的同伴游戏文化。知道了狮子在荒野中的统治地位后，她通过将自己想象成一头狮子来表达她刚获得的运动能力。儿童搜寻操场，因为他们将游戏场地的游戏看作某些事情发生的时间，在这里他们能够感受到对自己的好奇心、想象和表达的控制。室内活动会给儿童带来具有特定和固定期待的经验，而在户外的游戏和探究中，儿童可以经历更加开放的主题活动（Corsaro，2011；Perry，2001）。户外活动环境在噪声、空间、运动和主题方面是灵活多变的。尽管儿童在寻找这些经验，但是他们有时候也可能会迟疑。

> 在休息期间，5岁的波西亚与几个儿童一起在操场上奔跑。除了波西亚以外，其他儿童都沿着攀登设备的梯子往上爬，一直爬到上面的平台上。波西亚跟着她的大班老师阿齐扎。
> "我不会爬梯子，而我的朋友们在那里。"
> "噢，让我们试一下！我已经看到了你能够保持平衡。你的腿稳定而强壮。"阿齐扎实事求是地说。
> "我想和我的朋友们在一起。"波西亚说。
> "我们走，我会到那儿去。"阿齐扎提议说。
> 波西亚和她的老师走向了攀爬设备的梯子。"让我们看看你能否做到。"

阿齐扎说。

波西亚爬到滑梯上，滑下去，又几次爬回来。当波西亚与她的玩伴重聚的时候，阿齐扎走开了。在一天结束的时候，阿齐扎蹲下对波西亚说："这几天，你学到了很多。今天你发现你真的知道如何使用梯子了。"

我们发现，当户外游戏中含有快速活动的时候，这些快速活动能够起到增强同伴凝聚力的作用。试着想象一下，波西亚的朋友一起奔跑，在快速运动中彼此打量着对方，一起发笑，一起兴奋。当一群儿童能够在有趣的追逐游戏中一起奔跑的时候，他们就感到彼此联结在一起。

与同伴在户外一起玩的群体游戏的力量使儿童比独自游戏时表现出更强的能力。正如维果斯基所强调的，他们的能力在小组的集体努力下会得到发展，使每个儿童知道下一步该做什么（Vygotsky，1978）。在儿童与同伴游戏的世界中，活跃的户外游戏能够帮助儿童形成并感受亲密的关系（Pellegrini，2005）。

户外与室内的差别

与室内相比，户外可以提供空间和灵活使用的材料，以及开放的想象性诠释。儿童在户外的时候，可以使用任何材料创造自己的主题和角色：一根棍子可以成为一把螺丝刀，一个橡子帽可以当作一个仙女杯，木片可以当作钱，沙和水可以混合成他们想象的任何东西。卡尔弗特、阿齐扎和丽贝卡设计的户外环境能够引起探究和实验。户外环境也是一个儿童更容易进行自发游戏的地方。表12.1比较了室内与户外学习要求方面的差异。

表 12.1　室内与户外的比较

户外	教室的要素	室内
为运动和活动重点而进行的开放式设计	空间	确定的、集中的活动区域
教师对空间进行安排，以使活跃的游戏及使用材料和配件的游戏的作用最大化	区域的组织	教师对空间进行安排，以使使用材料和配件的游戏的作用最大化
更嘈杂的、剧烈运动的、儿童发起的、开放的、活动的、探究的、实验的、教师促进的游戏	游戏类型	更安静的、任务导向的、探究的、实验的、教师发起的和儿童发起的游戏
在开放性的、灵活的活动区域和指导性更强的主题区域，儿童创造主题和角色	对儿童游戏的要求	儿童有活动区域的明显的提示指导

来源：*Outdoor Play: Teaching Strategies with Young Children* (p.8), by J. P. Perry, 2001, New York. NY: Teachers College Press; and "Planning for Play in a Playground," by P. Walsh, 2008, *Exchange*, 30(5), 88-94.

丽贝卡整天都在利用户外活动,因为在她的班级儿童可以随意出入教室。在休息时间,阿齐扎将操场看成儿童获取重要的健康经验的地方。在科学和语言艺术活动中,卡尔弗特将户外用作进行生态活动的地方,并将园艺和养殖活动变成了课间休息时可以选择的活动。

户外教学目标与指导原则

像在室内一样,教师可以在户外通过游戏使儿童获得同样的发展。表12.2提出了五个教师最大限度地指导户外游戏的目标。

户外游戏的第一个目标是,通过准备具有暗示性和鼓励儿童参与游戏的区域,促进儿童发起的、自发的游戏。丽贝卡放置了长凳,并把它叫作一根"原木"。阿齐扎

表 12.2　教师使户外环境中儿童游戏最大化的指导原则

教学目标	对游戏区域的间接协调	作为游戏者直接参与
1. 促进儿童发起的自发游戏	为儿童发起互动提供下列区域,使他们与其他人进行口头交流、倾听并且协商: ◆安静地专注的区域。 ◆随便跑及有组织的规则游戏的区域。 ◆活跃的、专注的体育游戏的区域。	使用游戏性的语言、声音效果,模仿儿童发起的游戏主题的协商阶段。退后一步观察儿童在同伴游戏的三个阶段的变化方向。
2. 延长儿童的游戏时间	观察游戏过程的顺序。当儿童或游戏小组的游戏想法发生改变时,教师应该保持游戏区域之间关系的清晰。指导儿童使用想象出来的要素进行游戏,仿佛它们就是真的。	用下列手段拓展儿童发起的游戏主题与语言: ◆提开放性问题。 ◆加强或者发挥游戏主题或想法。 当游戏小组太大,无法进行管理和交流想法的时候,将其分成更小的组,让儿童在不同的地点游戏。
3. 鼓励儿童的想象力和创造力	为进行想象性游戏的游戏场所提供自然材料:沙、水、可拆装的东西。为修剪整齐的天然草坪、花和植物保留自然区域。	同上。鼓励儿童穿与游戏相适宜的衣服。
4. 指导并丰富儿童对自然的好奇心和探究欲,使儿童与自然相联系并获得关于自然的知识	设立指定的自然区域,让儿童探索水、土、树叶和树等自然要素。让儿童建立和维护一个花园。	强调探索、实验、比较以及与以下做法进行对比: ◆提开放性问题。 ◆写儿童在绘画、计算和信息收集方面的观察日记。
5. 鼓励儿童合理的冒险	让儿童进行近距离观察。在复杂活动中,鼓励儿童进行小程度的尝试。用可拆装的材料增加游戏的复杂性。可以使用以下东西: ◆进出游戏区域的路线。 ◆地面上的游戏要素。 ◆坡道和中转装置。	在儿童练习新技能时提供帮助,然后退后一步进行观察。和儿童一起制定安全的规则并张贴。确认规则。示范什么是适当的打闹游戏。当危险即将发生的时候,进行干预以确保儿童的安全。

来源:*Outdoor Play: Teaching Strategies with Young Children* (p.86), by J. P. Perry, 2001,New York, NY: Teachers College Press; "Planning for Play in a Playground," by P. Walsh, 2008, *Exchange,* 30(5), 88-94; and *The Developmental Benefits of Playgrounds*, by J. L. Frost, P. S. Brown, J. A. Sutterby, and C. D. Thornton, 2004, Olney, MD: Association for Childhood International.

在波西亚的攀爬过程中帮了她一下，然后因为波西亚想跟她的朋友待在一起，所以走开了。当儿童将操场看成他们而不是教师定义游戏和主题的地方时，他们就可以通过发起交往活动获得社会和认知方面的益处（"我们是蝾螈，对吧？""对。"），并且用语言表达他们的兴趣和计划（"现在可以说我们就要完蛋了，因为一条蛇正要过来抓我们！"）。

户外游戏的第二个目标是，通过鼓励并促进儿童主导的协商活动，延长同伴指导的互动游戏的持续时间。塞拉、伊恩迪和贾米拉对轮流推秋千产生了强烈的兴趣，因为游戏本身是很有趣的，他们的教师还花时间与他们讨论了他们轮流推秋千的想法。儿童在长时间的自我主导的户外游戏中，练习了创造性地解决问题、组织与记忆信息，以及为了使游戏开展下去而控制冲动所需要的能力。

户外游戏的第三个目标是，通过创造带有自然材料的户外区域，鼓励儿童在户外游戏中的想象力和创造力，并鼓励儿童在各种各样的天气中游戏时进行适宜的着装。加布里埃尔和托马斯从用树皮覆盖的地面进行的假装游戏中获益。塞拉的老师给其家长写了一封信，描述了户外游戏的好处以及穿与天气相宜的衣服的重要性。她的教师在家长会上播放了6分钟的视频，这个视频是从"儿童与自然网"上下载的。当教师提供沙子、水、天然的地面覆盖物等自然材料和种植区的时候，他们就是在支持儿童玩假装游戏。假装游戏鼓励儿童灵活地思考，考虑多元视角、合作，提高他们使用书面语言的能力和计数的能力。在丽贝卡其他的户外课程中，加布里埃尔和托马斯将他们的游戏转变成了审美和读写的活动。

户外游戏的第四个目标是，通过建议、验证、强化、解释，发挥儿童对自然游戏的专注力，指导并丰富儿童对自然的好奇心和探究欲，使儿童与自然相联系并获得关于自然的知识。

塞拉和伊恩迪趴在地上，一点点地吃一个花槽中成熟的生菜叶子。花槽中儿童制作的标志牌上写着"准备采收"。

卡尔弗特："嗨，塞拉，你吃的是什么？"

塞拉："芝麻菜！我和伊恩迪是马。"

伊恩迪："马只吃芝麻菜。"

卡尔弗特："你是怎么分清楚哪种是芝麻菜，哪种是甘蓝菜的呢？现在绿叶蔬菜长得如此茂密。"

塞拉："芝麻菜是浅绿色的叶子。"

伊恩迪："并且叶子更小。"

塞拉:"并且有波纹,看到了吗?"塞拉温柔地用左手擦生菜的叶子。当她透过生菜的叶子看阳光的时候,她变得更加平静。

伊恩迪:"对于马来说,甘蓝的叶子更长、更硬,更不适合咬。"

卡尔弗特:"你的农场中的马具有强壮的下巴。我记得,我们在实地考察的时候喂它们吃胡萝卜。"

卡尔弗特将女孩的想象游戏看成一种活动模式,通过这种活动模式,塞拉和伊恩迪仔细地观察、产生好奇心、问问题,并且与其他人交流他们的观点(Seefeldt,2005)。

户外游戏的第五个目标是,通过鼓励儿童接受被称为"合理性危险"的挑战,支持儿童的全面发展,形成儿童的发展轨迹(Knight,2011;Tovey,2007)。阿齐扎支持波西亚以保证她的安全,她在保持平衡以及提升上身的力量时,通过可控制的风险满足自己的社会性需要。在大班的课间休息时间,阿齐扎对波西亚的练习进行仔细的观察,并给予坚定的鼓励。波西亚像莫莉一样,运用刚掌握的大肌肉动作技能,能够跟上其他儿童的快速游戏,并且能够体验到自己在活跃的同伴游戏中在社会和认知方面的收获。丽贝卡认识到加布里埃尔和托马斯在活跃的体育运动方面的需要,并支持他们进行合理的冒险。在认可儿童的观点的同时,她与儿童一起商议安全标准,并且安排户外环境来支持他们的兴趣。

户外游戏计划中的最佳实践

当儿童主导他们的自发游戏时,活跃的户外游戏环境给予了教师观察、反思和帮助儿童实现目标的机会。

为来自多元文化背景的儿童服务

并非每个儿童都是在自然环境和户外长大的。这并不意味着,在成人照料下的儿童就应该待在室内——远离户外。在被有些人称作"恶劣的天气"中游戏,只要儿童穿着适当的衣服,游戏就可以为儿童提供独特的经验——为儿童的感官提供经验,为儿童提供探索和检验物理环境的经验。

方在一所城市小学教书,这所小学因其户外环境而著称。她的策略是教师支持来自多元文化背景的儿童进行游戏的范例。方为儿童提供了很多机会进行互动,使自己营造的户外活动环境成为对于所有儿童的健康发展来说至关重要的因素（Frost et al.，2004；Frost & Woods，2006；Frost et al.，2008）。方所在的学校有一个可以种植可食用植物的菜园，户外有艺术区、音乐区及一个用于挖沟渠的玩沙、玩水的建构区，有两棵栽种的树，还有一棵在挖掘的时候保留下来的树。游戏场地的空间既反映了弗里德里希·福禄贝尔和约翰·杜威的教育传统，也反映了当前重视儿童互动的研究结果与实践，同时还反映了瑞吉欧和项目活动模式中所倡导的，强调教师对儿童的兴趣和探究活动进行观察的重要性的研究结果与实践。方认为当儿童在2～5人的小组时，他们与同伴的交流效果最好，同伴的话语能够被听到，并且有机会进行反复交谈。她在每一个区域提供了充足的工具、游戏道具、可拆装的部件，以鼓励小组游戏。

方使用全美幼教协会的幼儿教育项目标准中的反思性自我研究方法来评价她的项目。她每年都使用《学龄儿童看护环境评定量表》（School-Age Care Environmental Rating Scale）对她的课堂进行评价（Harms，Jacobs，& White，1996）。她的游戏场地鼓励儿童进行活跃的体育游戏，并帮助儿童与自然相联系。操场与一楼的地面处在同一水平线，门在一年中的大多数时间都一直开着，让儿童根据他们的需要和兴趣自由出入。方在户外安排了一系列发展适宜性活动，设置了有四个音调的音乐吧台、靠近花园的运动场地。从室内到户外过渡的门廊下有桌子，儿童整天都可以从那儿取用自然和艺术方面的材料。每张桌子都可以坐4~6名儿童。从房子里走到院子里，儿童有单独的地方用于挖掘、爬、跑和组织游戏。

由于方从关于户外游戏重要性的研究中得到了指导，所以她安排了几个家长工作日，与家长一起讨论他们的孩子的发展目标。对于户外游戏的价值，方有自己的看法。拉甸达的妈妈听说她的女儿在操场上获得了语言和读写方面的成绩。那天，拉甸达的妈妈和其他家长一起制作了一个在地形和海拔上有变化的园林景观，其中有水域、植物、树皮和小山。

方和其他老师鼓励儿童，用活动区域内放在可取用工具的架子上的工具在菜园里工作；在模仿室内带有碟子和炊具等可拆卸部件的娃娃家的沙子厨房，用沙和水工作；在挖掘区，用铲子、排水沟、铺水渠的管道进行工作；在门廊下，用艺术和书写工具以及胶水、胶带和黏土这样的建构材料进行工作。在自然区里，有一个种植可食用植物的菜园（一个花盆上有一个儿童写的标志，上面写着"我们的比萨菜园——百里香、罗勒、牛至，有时候还有西红柿")。菜园里还有能够吸引昆虫和蝴蝶的花,供儿童观察。幸运的是,这所学校有树木,能够提供树荫。两棵树所在的区域的地面上有树皮覆盖,并且有一个攀爬架。另一棵树在操场中央,树底下有一张桌子可供儿童对自然进行仔细观察、绘画和书写,以及进行建构性的操作活动。

方追踪她为儿童在户外提供的诸多材料,以确保他们在自然环境中能够找到诸如沙子、水、土、石头等材料,以及能够用于堆积和建构的材料。方获得了一个可以锁起来的储物台,并将其放在门廊下。它不仅可以供儿童日常使用,而且可以供老师储存平时不用的工具、开放性材料(loose parts)和表达艺术的材料。方用了若干种资源来帮助自己布置活动区,以确保所有的儿童都能方便地取用材料。同时她强调,这些是供所有儿童进行建构、照顾和照料活动并且需要保持安静的区域(Dimensions Educational Research Foundation & Arbor Day Foundation,2007;Frost et al.,2004;Kritchevsky & Prescott,1977;Rui Olds,2001;Walsh,2008)。方的户外活动环境为儿童提供了一些儿童自己定义的特殊场所,让他们对这些地方产生了依恋的情感。她的户外活动环境还包括与植物和动物共享的菜园和自然区域。操场上有适合粗大动作技能、精细动作技能和力量发展的地方,也有能够确保安全的用于休息的半封闭的地方,还有用于组织游戏的开放空间(参见:Frost et al.,2008;Goodenough,2003)。

下面的文章《对户外游戏的仔细观察》描述了教师怎样与家庭成员和照看者一起对儿童的户外游戏进行观察。而教师会用教育和发展目标来解释儿童的游戏行为。

家庭多样性　对户外游戏的仔细观察

不是所有家庭都理解户外游戏越来越重要的价值。有一些家庭中的成人和照看者对游戏的理解是基于他们的文化标准和价值观以及在教师主导的教育中获得的成功经验。库珀(Cooper,1999)反思了在争取这些家庭中的成年家庭成员和照看者的信任时所使用的策略。当他们共同观察游戏中的儿童时,库珀与家庭中的成人和照看者分享了她的观察策略。库珀着重强调了儿童展示出的运动技能、解决正在发生的问题的能力和语言能力的发展。正如库珀所说的"当学校的困境就在眼前的时候",她能够使家庭成员更愉快地理解户外游戏的价值。本书中关于课程的章节强调了户外活动可能带来的读写能力、数学计算能力、艺术和科学方面的经验,库珀说,可以将这些解释给家庭成员听。她指出,要帮助成人找出儿童的发展目标,并且在与家长的谈话中强调这些目标。

教师们会遇到不同民族的游戏互动方式和"消耗能量的方式"（Holmes，2012，p.332）。教师要支持所有儿童的户外游戏，可以做到以下这些方面：

1. 最大程度地进行面对面的交流（使用轮胎秋千、建在小山上的特别宽的滑梯、配有椅子的能够进行面对面交流的桌子）；
2. 将活动区安排在能够进行想象并集中注意力的地方（包括带有垫子的柔软的地方，使用薄布标记受保护的地区，儿童使用学习区域进行游戏时的照片，儿童写的标志）；
3. 保护和界定游戏区域以吸引儿童的注意力（在带有轮子的低矮的架子和手推车上放置儿童易于取用的材料和道具，或者儿童一个人能待着、进行观察或保持安静的地方）。

具有挑战性的户外游戏地点

一项在城市小学进行的针对儿童在户外课间休息时间的游戏偏好的研究发现，儿童把他们的大多数课间休息时间都用于谈话和社会交往。这项研究还指出："操场上只有一块沥青地面，上面除了一个可移动的篮球场外，没有其他设备。环境明显地影响了儿童的行为。"（Holmes，2012，p.347）当户外游戏场地并不理想的时候，教师仍旧可以促使儿童进行活跃的户外游戏活动，投入到自然的游戏活动以及儿童自己发起的游戏活动中。卡尔弗特学校的操场是柏油的，还有一个建在沙子上的攀爬架。有时候，在休息和自发游戏的时间，卡尔弗特从户外的小房子中把可拆卸的部件用带轮子的推车推出来，并将攀爬架变成玩沙区的厨房区域。卡尔弗特也储备了一张折叠桌和一顶遮阳帐篷，用于儿童自己选择的活动。儿童可以拿出乐高玩具进行组装，拿出纸和带有胶带的绘画盒子进行立体建构，还可以拿出用于想象游戏的道具、自然标本、硬纸板、放大镜和架子上的图书。

户外区域被整合到了阿齐扎的课程中。所以，阿齐扎在上科学和数学课时，将儿童带到了户外。她用铲子把一大块沙地与两座小山隔开。她在沙地上用褶形布做了一顶遮阳帐篷，在帐篷下面放了板凳。然后，她将一推车的厨房玩具推到了帐篷下面。她布置了可供一个儿童绘画的地方，因此一个害羞的儿童就可以在此观察一小组儿童游戏并将此作为成长的下一个步骤，或者可以在快速游戏的打闹中获得一定的休息。为了结束的时候方便存取，阿齐扎将道具和推车放在了教室的门后面。

洛克萨尼在一家幼儿园工作。这家幼儿园不向社区开放，所以她设置的一些道具晚上可以放在户外，但她要收起室内的其他玩具。她使用塑料储物筐而不是桌子来放旧的、被废弃的键盘和办公室电话，她用一个装食物的盒子装纸和成把的铅笔，以激发儿童对"工作"和"太空旅行"等一系列主题进行想象游戏。洛克萨尼把一大捆纸放到了操场边缘的建筑上，又加上了几盒粉笔，以此鼓励儿童在合作一幅壁画的过程中表现大肌肉运动的协调能力和平衡能力。为方便儿童进行即兴的音乐演奏活动，洛克萨尼在地毯上放了一些鼓，让儿童可以接触音乐。阿齐扎则在户外音乐区域放置了专业的绘画桶、大型的食用罐头和圆柱形的燕麦桶。

无论儿童在城市还是在乡村，教师们都能够以极少的花费使儿童产生对自然的欣赏。北卡罗来纳州户外学习环境联盟（North Carolina Outdoor Learning Environment Alliance）能够提供花费很少或免费的点子，供教师丰富户外环境，例如在花槽里创造一个草本植物的花园，留一块专门的地方用于挖掘，悬挂一个喂鸟器，与美国林业局（U.S. Forest Service）或社区的绿化机构合作，以及用一根木头当作凳子等想法（Bradford，Easterling，Mengel，& Sullivan，2010）。

成人对户外活动的感受

最好的实践活动能够提示我们户外游戏对于儿童健康的重要性。回忆你的童年时期。你在童年期玩过户外游戏吗？如果玩过的话，是在哪儿玩的？在那时你都做了什么？你是一个人玩还是和其他儿童一起玩？你是在所有天气中都在外面玩，还是仅仅在某些天气中在外面玩？你对这些时刻的感受是怎样的？如果你没有在户外玩过，是为什么呢？是由于安全方面的原因吗？

每个儿童和成人都需要有用来探索、照料、感到被滋养并受其影响的、安全的自然环境。许多人，包括许多教师，都没有享受过这样的童年时光。一位教师是否愿意给儿童提供户外游戏的机会，与他在户外感受到的舒适程度和愉快程度直接相关。

美国的许多组织，包括美国儿科协会（American Academy of Pediatrics）、儿童联盟（Alliance for Childhood）、植树节基金会（Arbor Day Foundation）、美国游戏研究所（National Institute for Play）、儿童与自然网（Children and Nature Network）和美国休闲与公园协会（National Recreation and Park Association）指出，到户外进行游戏是儿童的一项权利。联合国《儿童权利公约》承认儿童娱乐的权利。

安全对于每个人来说都是一项基本权利。洛克萨尼成长于一个不能安全游戏的社区中。在儿童发展课程和一位导师的帮助下，她才开始想象户外活动的好处。玛丽索小时候想翻跟头和爬树，但由于她的父母给她穿了裙子，所以她不能这么做。当玛丽索大学期间去幼儿园进行实习的时候,她与儿童一起了解到了在户外自然环境中进行游戏的好处。儿童时期的贝斯由于弄脏自己而受到了告诫。我们发现,其他教师也回忆起在他们的童年时期,由于要清洗他们的衣物而引发了成人额外的工作。对于这些教师来说,在照料儿童的过程中,要推翻他们自己过去的经验是一种挑战。

如果学校或者幼儿园坐落于无法保障儿童安全的社区中,教师就无法放心地鼓励儿童到户外进行游戏活动。这意味着,儿童安全的权利需要获得重视,并通过创设安全的游戏环境来保障儿童的这项权利。

因为户外游戏有利于身体健康,所以户外游戏是儿童的一项权利。如果教师对户外游戏感到不舒服,那么他应该考虑是什么原因导致了这种不适。如果确实有安全方面的考虑,那么社区有必要采取行动确保儿童的健康。如果教师过去的个人经历不能提供户外游戏在充实、快乐、教育方面的例子,那么儿童和像洛克萨尼这样的教师应该一起探索户外活动的好处。

观察与解读户外游戏

自发的户外游戏能够让教师关注儿童的发展,因为这时儿童的行为是儿童自己主导的:当使用攀爬架上的梯子时,莉亚的平衡保持得如何?如果加布里埃尔跑上了滑梯,她能在滑到一半的时候停住吗?看起来她需要学会独自一个人往下滑,这样她才能够看到她的同伴并且能够在他们出现的时候做出回应。儿童能够在彼此的陪伴下建立起熟悉的、特定的游戏常规和习惯。理解儿童的同伴游戏互动的教师能够更好地理解儿童正在努力去做的行为。

理解儿童的户外同伴游戏

户外空间显然能够引起儿童同伴游戏互动的发生。儿童将操场看成一个能够主导他们的快乐、精力和兴趣的地方。科萨罗(Corsaro,2011)指出了儿童与同伴在一起的独特特征。他描述了幼儿同伴游戏的两个主要主题:①与其他儿童一起玩游戏的强烈愿望;②坚持尝试进行挑战,促使事情发生,主导自己的行为。儿童想要感受自己所具备的专业

冬天为儿童的户外游戏提供了独特的机会

知识（技能）。

当加布里埃尔和托马斯奔跑到滑梯上时，丽贝卡观察到了他们已提高的粗大动作技能和平衡能力。她确认了儿童的注意力和对风险管理的专注。并且，如果需要，她准备随时介入，使儿童再次集中注意力。丽贝卡注意到了儿童成功地克服攀登挑战时的开怀大笑，同时她注意到了莉亚也有爬上滑梯的愿望。三个儿童都感受到了具有控制感的快乐，设法管理同伴间的大肌肉运动游戏（big body play）。对话和轮流评论不仅表明了他们的体育运动经验，而且表明了他们的社会和认知经验。

儿童在同伴游戏中以下面的方式进行交流：

- 基于一致同意的想象的角色，使其他儿童融入他们的游戏中（"你必须在我们的游戏中当摇绳子的女孩。"）；
- 记住过去常常发生在特定学习区域里的游戏情节（"我知道！""还记得我们扮演了马，然后在花园旁边舒适地待着吗？"）；
- 宣称占有地盘（"这是我们的海盗船！"）；
- 挑战成人的权威（"我们不排队，行吗？"）；
- 玩追逐和逃跑的游戏；
- 展示打闹的、大肌肉运动游戏；
- 假装恐惧并"扮演死人"；
- 伴随着游戏及其过程而发出单调的声音（"喃呢，喃呢，波波，波波！"）。

同伴游戏的阶段

当儿童只能靠自己的时候，我们发现他们的游戏交往会经历三个阶段。在第一个阶段，即开始的阶段，儿童需要搞明白他们在与谁一起玩游戏。有时候，当儿童与经常一起玩的伙伴在一起时，这一点很简单。儿童用一些方式表示相互认可，如微笑这种面对面的表情，或者用口头的邀请和接受，比如，"让我们一起玩游戏，好吗？""好。"或者说，"我们是朋友，对吧？""对。"一些儿童急于进行互动，这会激怒同伴，并遭受恼怒和愤怒的尖叫。但他们仍会受到关注，"别闹！""她破坏了我们的地道！""他偷了我们的东西！"教师能够帮助没有经验的儿童在儿童主导的互动中迈出第一步，比如，可以这样评论——"吉，我认为波西亚想和你一起玩游戏"，或者指导没有经验的波西亚问"你们在玩什么"作为试图进入的策略，或者可以通过评论来帮助托马斯："我想，托马斯想玩游戏。如果他想玩游戏的话，除了将你们的东西推倒，他还能做什么呢？"

幼儿同伴游戏的第二个阶段是协商阶段。儿童确定他们的游戏主题，或许还会确定他们游戏的角色。在这里，儿童必须再一次同意继续进行游戏，比如，"我们当小龙，行吗？""可以。"或者，"这些东西（橡树子）是用来增强星球力量的，对吧？""对。"每个新的观点都要进行协商。儿童经常要保持一贯性，"我们在玩冰冻大战的游戏，对吧？""对，并且滑梯是基地。行吗？""行。"注意，每个新想法或建议必须被同伴认可，才能让游戏互动继续下去。在儿童自发产生的户外游戏中，儿童经常使用高级认知和语言功能。在这里，教师也可以通过支持假想的手段帮助儿童。教师可以通过声音效果来丰富主题（"龙来了！"——教师制造风吹的声音），也可以通过评论支持儿童的意见（"好，这里是给你的星球增加能量的火箭发射站。"）。教师也可以为儿童补充一些想法、道具或通过提问来深化儿童的游戏（"龙！你们飞行之后踩在上面的云朵在哪里呢？""这是当作控制面板的键盘。""你在和他们玩游戏吗？因为他们在玩捉迷藏，而不是在玩打怪人，对吧？"）。

同伴游戏的第三个阶段是实施阶段。随着游戏的继续，儿童在这一阶段扩大、发展并改变主题。在这里，为了使游戏继续进行下去，儿童必须相互同意关于游戏的想法。佩里和布拉纳姆（2009）描述了迈克尔和他的朋友们用平衡机制进行实验的过程。注意他们是如何同意继续进行游戏的。

> 迈克尔努力使他的支点保持平衡，所以木板倾斜的、较低的那一端可以离开地面。他转过身，看着摩根，两人进行了面部交流。"我想，你太重了。"他说道，并做出了一个木板一直向下的解释。
>
> "为什么不让我试一试呢？"艾玛建议说，"我的体重比她轻一点。"在其他儿童解释迈克尔的安排的时候，艾玛注意到了体重这个因素。
>
> "好的。"迈克尔说，他接受了艾玛交流时提的建议。
>
> 艾玛进入了板条筐（p.202）。

教师支持儿童进行活跃的、大肌肉运动游戏的一个方法是，观察和追随儿童游戏开展的过程。在下一部分，我们将更加详细地谈论活跃的打闹游戏是什么样的、不该是什么样的，以及它在儿童早期游戏经验中的价值，也会讨论教师如何安全地支持儿童的打闹游戏。

支持大肌肉运动的户外打闹游戏

打闹游戏（rough and tumble play，RTP）是一种精力充沛的、紧张的、身体大幅度运动的游戏，儿童在跑、摔跤、爬、逃跑、追逐、打着玩、捉人、跳跃等打闹活动中能够体验到快乐（Carlson，2011a）。与真实的打架相比较，儿童在打闹游戏中不是寻求教师的帮助，而是自愿地进行游戏。在打闹游戏中，儿童寻求的是放松、游戏时的笑脸和笑声（Carlson，2011b）；与之相比，打架则包含了眼泪、拳头、以伤害为目的的拍打或抢夺，以及严厉、僵硬的面部表情（Fry，2005）。打闹游戏还包括自我设限，或不熟练的游戏者想掩饰真实的能力水平，以使这个有趣的游戏进行下去（Flanders，Herman，& Paquette，2013）。

全美幼教协会（NAEYC）支持打闹游戏。因为在打闹游戏中，儿童可以经历身体控制和协调、感知和识别言语、非言语线索、理解原因和结果、练习轮流、妥协、制定和遵守规则以及协商社会技巧等方面的发展刺激（Carlson，2011a；NAEYC，2012b）。儿童在打闹游戏中学会不伤害彼此，并且识别和察觉别人的情绪（Smith，Smees，& Pellegrini，2004；Tannock，2008）。打闹游戏也满足了儿童对身体触摸的需要（Carlson，2006）。

为了支持户外打闹游戏，成人向儿童示范适宜的大肌肉运动游戏，并帮助儿童了解如何控制明显的攻击性冲动就变得尤为重要（Carlson，2011a；Flanders，Leo，Paquette，Pihl，& Séguin，2009）。另外，教师要记住以下要点：

- 和儿童一起为打闹游戏选定并标记一块户外区域，帮助儿童制定安全游戏的规则（Carlson，2011a；Perry，2001）。将这些规则张贴出来。
- 准备一块地方，让游戏的开展安全、开放、无危险，这块地方应该使每个参与游戏的儿童平均拥有100平方英尺（约9.3平方米）的面积。在高出地面的游戏设备下方的地面要铺设优质的地面覆盖物，供儿童跳跃（Carlson，2011a）。
- 告知父母。全美幼教协会为幼儿园提供了一个"信息背包"（NAEYC，2012b，p.20），为幼儿园与学龄儿童的父母提供了"大肌肉运动游戏父母手册"（Carlson，2011a，pp.87-88）。
- 通过观察儿童快乐或痛苦的姿势进行监控，当姿势表达的情绪不明显的时候要确认儿童的目的（"你们这些孩子是在真的打架还是在假装打架呢？"或者"你喜欢他把你扔到地上吗？""如果不喜欢，那就去问她为什么这么做。"），帮助儿童解释非言语线索（"因为他们想和你玩，所以他们在追赶你。"），并且支持儿童换位思考("看看他的脸。你把整个身体压在了他身上。他看起来高兴还是不舒服?")。

- 接受理解并支持打闹游戏的训练,争取得到你所在教育项目的合作。被受过这种训练的教师监督,儿童在游戏时玩得更积极和有效(Bower,Hales,Tate,Rubin,Benjamin,& Ward,2008;Cardon,Van Cauwenberghe,Labarque,Haerens,& De Bourdeaudhulj,2008)。

下面的部分展示了户外环境是如何通过提供安全、活跃的游戏机会和其他伙伴一起满足儿童的特殊需要的,同时展示了自然经验的抚慰效应。

为具有特殊需要的儿童提供服务

教师为儿童正在发展的身体、社会能力和特殊需要安排户外空间。教师改造场地和设备以方便有特殊需要的儿童使用,并使用标志和图片鼓励所有的儿童积极地加入同伴的活动中去。对于发育迟缓的儿童来说,教师为其示范并训练他们的语言能力和游戏姿势,尽量靠近儿童以支持他们的活动,并弄清楚他们的理解状况。

莉亚的个别化教育计划(Individualized Educational Plan,IEP)包含了促进其语言和社会交往能力的一项帮助。丽贝卡观察到,莉亚主要与游戏道具和设备进行互动。当有其他人陪伴的时候,莉亚可能会抱怨或哭泣。如果家庭中的成人对她进行身体上的亲近或安慰,她就会镇静下来。莉亚的个别化教育计划包括练习与同伴一起游戏,鼓励她观察和注意其他儿童在玩什么和怎么玩。今天莉亚站在一个沙箱的对面,加布里埃尔站在沙箱的另一边。

莉亚:"帮忙!"

助手:"帮我?"

莉亚:"帮我。"

助手:"嗯,我可以帮助你。"助手压住了莉亚正在垂直组装的积木结构。莉亚正在寻找另一块积木。她瞥了一眼站在沙箱对面的加布里埃尔。

助手:"你看,加布里埃尔也在搭积木吧?加布里埃尔用一块长方形积木在她的积木建筑上加一个盖子。噢,看!架子上还有很多长方形的积木,莉亚。"

莉亚:"帮我。"

助手:"帮助我搭积木?"

莉亚:"帮助我搭积木。"

助手:"是的,我可以帮助你搭积木。看,莉亚。拿一块长方形的积木来建构吧。你在建构什么,加布里埃尔?"

加布里埃尔:"我在建构一个商场,以便我能够购物了。"

当儿童玩自然材料(Kuo & Taylor,2004)或者只想休息一下(Pellegrini & Pellegrini,2013)的时候,户外游戏也可以提供平静的体验。

7岁的肯德里克正在努力解决卡尔弗特的数学活动中的加减问题。图书馆馆员索尼娅在多次鼓励肯德里克回到恐龙的柜台之后,邀请他到外面观看正在生长的玉米。他俩一起除草,肯德里克发现了一只瓢虫并将它放在手上让它爬行。他们一起收集了一些薄荷叶子,并将其放在嘴里咀嚼。他们在大丁草上面加了一些雏菊,有的雏菊是红色的,有的雏菊是黄色的,有的雏菊是橙色的。在这个替代性和补充性的环境中,在索尼娅的鼓励下,肯德里克用几组花进行了加减运算。

在本章的后面,我们会讨论在贫瘠的户外空间中儿童的特殊需要。

教师在户外游戏中做出决定

在支持长时间的户外自发游戏时,教师需要问自己以下三个问题,帮助自己决定采用什么样的指导策略:

1. 在没有成人支持的情况下,儿童能够独自活动或与其他儿童一起活动吗?
2. 在同伴游戏中,儿童的交往活动是否已经跑题或变得不安全?
3. 教师干预的目的是什么?

表12.3回顾了教师在户外的时候需要做的决定,并且随之提供了可使用的指导性策略。

下面的专题文章《行动倡议:户外游戏的实践》提供了阿齐扎如何在课堂中运用这些原则,以及她如何把自己观察到的儿童在户外取得的进步通知家长的例子。

当幼儿园里的儿童还无法离开教师单独玩游戏的时候,丽贝卡通常会用设置好的游戏地点鼓励他们玩临近的游戏。就像在莉亚玩积木建构的例子中那样,对面有

表 12.3 教师选择最大程度地支持户外自发游戏时的指导策略

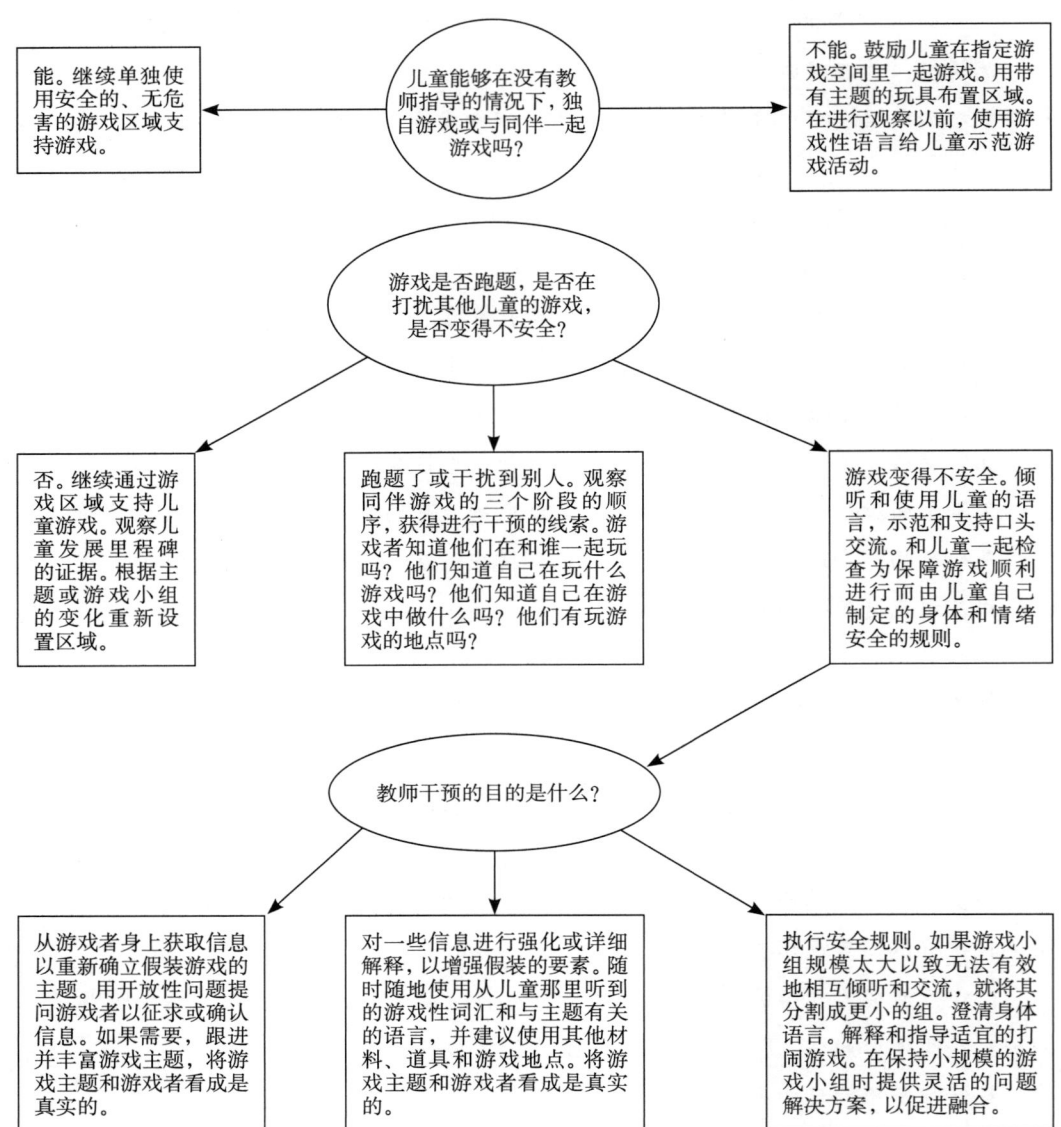

来源：*Outdoor Play: Teaching Strategies with Young Children* (p.85), by J. P. Perry, 2001, New York, NJ: Teachers College Press; and *Big Body Play: Why Boisterous, Vigorous, and Very Physical Play Is Essential to Children's Development and Learning*, by F. M. Carlson, 2011, Washington DC: NAEYC.

一个更老练的游戏者在玩游戏的时候，这样的游戏就能够告诉儿童下一步该如何玩。如果户外游戏没有跑题或变得不安全，那么教师可以通过游戏区域的使用鼓励儿童想象、计划并解决问题，以此来支持儿童的经验。当户外游戏已经跑题、身体或心理安全可能受到伤害时，教师必须决定如何进行恰当的干预。

> **成为一个见多识广的游戏倡导者**
>
> **行动倡议：户外游戏的实践**
>
> 因为同伴交往和反馈是促进发展的一种有力的方式，且儿童天生就喜欢与同伴进行社会交往，所以教师要鼓励儿童彼此进行交往（Patte，2010）。阿齐扎在户外为她的大班儿童安排了稳定可靠的游戏区域，以便他们能够日复一日、周复一周、月复一月地重复玩游戏。她的班级里有几个双语学习者，所以她一直安排几项能够促进同伴谈话的活动，比如午饭后对着自助餐厅的墙玩板球、在柏油地面上玩跳绳，并把纸、记号笔、胶带、剪贴板和几个放大镜放在野餐桌上。就像在室内一样，阿齐扎安排了户外活动区域，所以2～5个儿童组成的小组可以聚在一起谈话、倾听，并且不受其他小组的交往和不适当的噪音干扰。有些复杂游戏能引起想象、计划和实验，她用固定的游戏场地支持这样的复杂游戏中的交往。在接送儿童的时候，阿齐扎热切地向家长们介绍她在户外游戏时观察到的情况。阿齐扎在一整年里每个月都给家长写时事通讯，介绍关于儿童在户外区域如何学习以及学到了什么的案例。

游戏时间，塞拉、肯德里克、伊莱和贾米拉在玩"超级英雄"的游戏。卡尔弗特看到游戏升级成推搡和摔跤。

卡尔弗特想知道：他们同意一起玩了吗？他们知道或同意他们正在玩的游戏吗？他们在轮流并愉快地进行限制以使游戏安全地进行吗？

卡尔弗特看着塞拉、肯德里克、伊莱和贾米拉极其快乐地围绕着操场跑，但很少有言语交流。当他看到他们跑到其他儿童正集中精力玩其他游戏的场地时，他就走近他们。

卡尔弗特想让游戏小组的速度慢下来，以便获取信息并使他们重新找到重点："嗨，孩子们，请停一下。你们在玩什么游戏？"当听到他们说自己是"警察"，正在"打坏人"的时候，卡尔弗特问了一个问题："那谁是坏人呢？"肯德里克指了指在轮胎秋千上的两个儿童。"警察，你问过他们是否愿意当你游戏中的坏人了吗？"卡尔弗特问。塞拉跑过去问了，这时卡尔弗特在屋檐下摆放了两部电话机、键盘、纸张和铅笔。他对其他儿童说："警察，这是你们的警察局。""你们有标志以便让人们知道这是警察局吗？"贾米拉说："我正在做。""这是当人们需要你们的帮助时可以给你们打电话的地方。调度员可以将信息输入电脑，并且这里有一些正方形的纸用来写谁报警了、他们报警的时间和他们在哪儿需要帮助。"

卡尔弗特的探索性问题和提示强化了游戏中的假装要素和言语交流。他希望能够通过集中讨论游戏角色和游戏中的工作来延长游戏时间。像丽贝卡一样，为了确保游戏继续进行下去，卡尔弗特与儿童用假装的游戏角色进行对话。

支持户外游戏的教学方式

在一年多的对于教师在户外支持儿童自发游戏的反思性研究中，佩里（Perry，2001）描述了两种有同样价值和效果的支持户外游戏的教学方式：间接协调和直接参与。

间接协调

第一种教学方式叫作游戏区域的间接协调，它为儿童发展提供准备条件，对儿童进行观察，并且根据儿童对领域的使用而改进游戏空间。在本章开始的案例中，丽贝卡在监督加布里埃尔、托马斯和莉亚的游戏时使用了这种方式。

> 洛克萨尼有意在户外沙地的厨房提供了沙子和水，因为她知道儿童喜欢玩这些材料，并且厨房的主题通过聚焦于家庭生活而提供了社会交往和语言交流的可能性。洛克萨尼也知道，当儿童"摆餐具"的时候，沙子和水支持物理形态变化的科学问题和分类以及数的计算能力。她在下面说明了进一步的复杂性。
>
> 洛克萨尼："所以你在做蛋糕和汤！听起来像是一家咖啡店。你需要菜单吗？你能在写作桌上制作菜单吗？"

洛克萨尼用沙地的厨房来引导儿童的学习。她以艺术家的学徒的身份间接地参与到游戏中，观察儿童的进步，注意他们的兴趣并判断是否需要向他们提供硬纸板、铅笔和其他用于接收命令的纸等材料。

当教师使用观察来"进入"儿童的游戏时，间接协调尤为有效。正如我们看到的，丽贝卡称加布里埃尔和托马斯为蝾螈，就是间接协调的一个例子。洛克萨尼用开放性问题揭示了儿童的想法和隐藏在他们行为背后的动机："服务员，你能告诉我今天你们有哪些种类的汤吗？"当洛克萨尼追踪儿童的活动进展时，她在观察和反思：谁在建议假装游戏并使游戏进一步开展？她从她的双语学习者那里听到了哪些词汇？她看到了哪些数数和一一对应的例子？即使在户外，在间接参与的过程中所做的观察也促进了对共同核心标准的评价。

直接参与

佩里（2001）指出了第二种教学方式，即教师作为游戏者进行直接参与。方作为组织者和促进者参与到了游戏中。她使用想象出的形象建立了一个游戏区域作为"事情发生的地方"。方准备了一艘火箭飞船、一个消防局或一座森林。她使用视觉线索和游戏区域的调整，比如键盘、牛奶筐、带褶子的面料、带有小山或沟渠的玩沙区域高地的变化，和对树枝这样的自然材料的想象性使用，来建议交互性游戏的主题。她使用游戏的语言和声音效应，示范语言和协商的阶段，并在结束的时候用激励性话语"对吧？"或"是吗？"来确保相互同意。方也使用了语言评论，作为提示没有经验的游戏者的方法。

"指挥中心，能听到我说话吗？我们正在准备起飞。十，九，八……"

方阐明儿童的游戏以强化他们的计划的意义。

在午餐休息时间，卡尔弗特发现几个儿童习惯性地坐在操场边上谈话。午餐休息时间过后，卡尔弗特在他的班级聚会时间问："我很好奇。你们是这儿的行家。你们喜欢休息时间的哪些方面？除了这45分钟的时间，你们会如何进行休息？"卡尔弗特倾听、复述和概括了儿童的回答。他记录了"没有轮到谈话"的儿童。在某种程度上，卡尔弗特从他的班级了解到，处于边缘的儿童想要找一个地方玩网球。卡尔弗特问："我们能做什么呢？"儿童建议了几项解决方案，其中包括移动一个凳子和一些盆栽植物。结果是，这些以前坐着的儿童进行了更多的活跃的体育游戏。

佩里（2001）发现，当教师考虑儿童的游戏主题并从主题内部进行干预，而且包含了儿童游戏的观点时，教师对户外游戏的支持几乎总是更为有效。表12.2提供了何时与如何使用这两种指导方式的建议。但是，无论使用哪一种方式，当游戏变得不安全的时候，教师都要直接进行干预。

支持户外探究

探究意味着，儿童对他们所处的物理环境和社会环境的各个方面进行观察、比较、探索和研究。洛克萨尼、丽贝卡、阿齐扎、卡尔弗特和方通过鼓励儿童的观察、探索和研究促进了儿童的户外探究。教师们运用他们自己的观察和反思技能：加布里埃尔和托马斯准备好了从图画书中获取信息，并在和玩伴一起绘画的时候使用它吗？塞拉大多数时间是在推轮胎秋千，所以卡尔弗特问她："塞拉，贾米拉喜欢轮胎秋千。你能否向他展示推完秋千后再跳上去那个很难的动作呢？"卡茨（Katz，2007）指出了在户外游戏活动期间对儿童探究活动进行指导的几条原则，包括儿童：

- 对自身环境中的各个方面以及对于他们有价值的兴趣、知识和理解的持续探究；
- 从克服障碍和失败，以及从问题解决中获得满足的经验；
- 对他们自己的智力和问题有信心；
- 帮助别人更好地发现问题和更好地理解问题；
- 给别人提出建议，并且欣赏别人为取得成功所做的努力；
- 有目的地使用他们正在发展的读写能力和计算能力；
- 感受到他们属于一个群体（pp.94-95）。

这些指导原则向我们表明了儿童的户外游戏可以是有目的的和有计划的。第9章详述了儿童探究的过程。

评价儿童的户外游戏

某种程度上，儿童参加户外游戏活动是由学校的支持性环境所引导的。教师通过观察儿童如何使用准备好的游戏空间和对户外游戏的评价来改善游戏空间，从而决定如何利用户外空间来支持儿童游戏。在儿童参与了游戏场地的设计计划后，卡尔弗特观察了伊莱是如何独立地使用新的沙子和植物的。卡尔弗特通过观察得到以前在体育活动方面受到限制的儿童显示出对在休息时间参与活动感兴趣的证据。在花园里休息以后，肯德里克是否显示出他对自己所取得的成就感到快乐和骄傲？在职工会议上，洛克萨尼和他的同事问自己，他们是否观察到所有儿童都乐意花时间到户外玩，或有些儿童是否需要被邀请和获得教师的支持。阿齐扎观察了波西亚。在调查游戏期间，她能够与人合作进行游戏并展示出团队合作的精神吗？在集体活动时间儿童做了"我们如何照料比萨花园"的标志后，方观察到儿童是怎样表现出照料户外生物的知识的。比如，安娜能够照料花园里的花，但并不摘取即将长出来西红柿的花朵吗？莫里斯能够在树下轻轻地抓住蛇，但不将它拿到轮胎秋千或沙子那里吗？

评价户外游戏环境

评价户外游戏空间的工具适合幼儿园、学前班和小学低年级的教师使用。大多数评价工具基于户外环境设计的计划或建议。有些评价工具具有明显的评价要素,而其他的评价工具则建议教师遵循一个包括准备、观察、修正和充实的直接互动的草案。

弗罗斯特(Frost,2007)提供了《操场检核表》(*The Playground Checklist*)帮助幼儿园、学前班和小学的教师进行环境设计,并用于评价学校和社区的操场。《操场检核表》有三个标题,共有60个评价项目。三个标题分别是:

1. 操场上包含了什么?
2. 操场修理完善并相对安全吗?
3. 操场和游戏领导者应该如何发挥作用?

《为儿童创设户外空间》(*Learning with Nature Idea Book: Creating Nurturing Outdoor Spaces for Children*)(Dimensions Educational Research Foundation & Arbor Day Foundation,2007)一书提供了儿童的健康成长为什么需要与自然相联系的研究综述。这本书提出了户外环境设计的10条原则,推荐了活动区域,描述了适当的自然材料,并且强调了耐久性、少量维护、美、视觉清晰度和安全的重要性。这本书提出了根据儿童的年龄、个人需要、当地的气候以及有关社区资源方面的信息来进行设计。

《早期教育环境量表》(*Early Childhood Environment Rating Scale*)(Harms,& Clifford,& Cryer,2004)的修订版是在国际范围内用于评价幼儿园室内和户外环境的设计特征、材料和常规的量表。《学龄儿童照料环境量表》(*School-Age Care Environment Rating Scale*)(Harms et al.,1996)是用于学前班和小学低年级的量表。7个子量表下共有43个评价项目,7个子量表的内容是:空间和设备;个人照料的常规;语言推理;各项活动;教师—儿童的互动和儿童—儿童的互动;一日作息安排和结构;为家长和教师提供的材料。每个项目都是根据7个点的连续体进行评价,连续体也提供了质量改进的下一个步骤。

《幼儿园户外环境量表》(*Preschool Outdoor Environment Measurement Scale*)(POEMS;DeBord,Hestenes,Moore,Cosco,& McGinnis,2005)是对幼儿园户外环境进行了解、计划、评价和研究的检核表。这个量表包含56个项目并将56个项目分成了五个领域:

1. 物理环境;

2. 儿童—环境互动、教师—儿童互动、儿童—儿童互动，以及家长—儿童互动；
3. 游戏环境中的材料和松散部件；
4. 项目支持的特征；
5. 教师角色。

户外游戏环境的修复涉及学校和社区两方面的努力。教师作为支持者要将学到的评价方面的知识运用到与家长和社区的对话中，以充实学校的户外游戏。

倡议所有儿童都参加户外游戏

专业组织和研究者强调户外游戏对于儿童的健康发展来说至关重要，与此同时，儿童户外游戏的机会却正在受到限制（Pellegrini & Pellegrini，2013）。《美国医学协会杂志》（*Journal of the American Medical Association*）报道，美国儿童的肥胖在过去30年里增长至原来的3倍多（Ogden，Caroll，Curtin，Lamb，& Flegal，2010）。其他资料表明，儿童自发游戏的时间急剧减少，而焦虑、抑郁和其他心理健康问题在儿童后期却在上升（Gray，2011）。

以下是社区组织创立和修复安全的户外游戏空间的案例：

> 跳跳公园正通过关注儿童发展、社区发展和成功的资金筹集，在一个曾经令人骄傲和充满活力，而现在被暴力犯罪、随处可见的贫民窟和深度的贫困破坏的城中村，重建一个小的城市公园和操场。他们的故事表明了公园正在致力于提供一种社区经验，以使儿童体验安全的、身体活跃的、充满激情的游戏活动。

"设计你自己的公园"提供了社区组织、筹款组织和市政当局合作修建安全的户外游戏空间的个案研究的范例（参见：Wilson，2011）。

哈蒙德（Hammond，2011）使用他的个人账户，动员社区创建安全的游戏空间和支持创立卡布姆（KaBOOM）。

阿齐扎担心有些儿童在操场上很少主动活动。有几个肥胖儿童在休息时间和放学后的照料时间在操场上的墙根坐着玩交换卡片。阿齐扎的学区已经将休息时间减少至10分钟。阿齐扎联系了儿童联盟，并获赠一张密歇根电视台制作的免费的纪录片光盘，光盘的名称是《儿童在哪里玩游戏？》（*Where Do the Children Play?*）。然后，她为家长、教师和社区的邻居放映了一场免费的电影。在电影放完之后,一个倡议小组得以成立并向学校董事会请求增加课间休息时间,在小学课程中纳入与共同核心标准一致的自然要素。

卡尔弗特有一些花盆,里面种着能够吸引蝴蝶的植物。儿童在周五放学以后,开了一个小型的"农贸市场",他们在那里出售青菜、南瓜、黄瓜、豆角和西红柿。儿童用收集来的钱购买"能够使我们保持强壮和健康"的东西,这包括他们关于主动游戏的想法:一个 A 形攀爬架、梯子、跳绳、供有组织的游戏用的球和脚踏板。

保持和促使所有儿童都能参加户外游戏意味着,要创建鼓励剧烈的体育活动并能够与自然相联系的游戏环境。这种环境必须具有安全性和保障性,只有儿童依据他们的好奇心与兴趣进行活动,才能够获得社会和认知发展方面的收益(Wilson et al., 2011)。此外,我们为促进所有儿童参与户外游戏提供几条政策性建议。儿童每天需要几个时间段参加活跃的、非结构性的自发游戏,以保持身心健康。教师可以做以下几件事来鼓励户外游戏:

- 确保户外空间允许儿童使用各种道具和工具,并且允许他们跑、跳高、单脚跳、跳跃、飞奔、走、爬、荡秋千、投掷和抓取。
- 为儿童提供带有水、沙子、木头、阳光、阴影、高地、斜坡和正在生长的植物的自然环境与自然材料。
- 创造和维持户外空间以促进儿童的自发游戏。
- 通过为儿童提供可以使用的照料小动物和调查研究生物的区域来支持户外游戏,包括使用材料的触觉经验和促使儿童进行开放性的研究("我想知道怎样……")。

我们建议教师接受专业培训,将户外活动作为其课程的一部分,并且反思他们在户外的思想和感受。因为班级提供了适宜的服装,所以户外游戏可以发生在所有的天气中。

小 结

本章揭示了户外游戏在早期教育课程中具有重要意义背景及原理。这一章也说明了为什么快乐的、自发的、以儿童为中心的、身体活跃的、与自然互动的和关注儿童日常生活中自发兴趣的户外游戏能够成为学校经验的一部分。

- 户外游戏的重要性。当儿童每天在户外游戏的时候，儿童能够获得有利于他们发展力量与协调性，感到自己与自然相联系并了解自然，以及在自发的同伴游戏中追随自己的好奇心与兴趣的经验。引用基于研究的案例，本章跟踪了几个儿童，以说明在户外环境中儿童发展的里程碑是如何出现的。与室内相比，户外能够提供可灵活使用的空间和材料，能够激发探索和实验。我们也在本章介绍了几位教师。丽贝卡进入了她班上幼儿的想象世界，并且用书、故事听写、艺术和实地考察来拓展儿童的户外游戏。卡尔弗特是他所在小学里的一位转岗教师，他将柏油路改造成了儿童进行种植、艺术和调查研究的地方。阿齐扎是幼儿园大班的教师，她将操场上儿童的挑战和成就整合到每天的课程中，并且在本章的后面，当休息时间受到威胁的时候，她成了休息时间的倡议者。

- 户外教学目标与指导原则。以游戏为中心的户外课程，既涉及儿童发起的游戏与成人发起的游戏之间的平衡，也涉及日常生活活动和教师计划的活动之间的平衡。本章清楚地说明了户外教学目标和实现这些目标的指导原则，强调如何促进包括想象、创造性和关于自然的惊奇感、研究、联系和知识在内的长时段的自发游戏。

- 户外游戏计划中的最佳实践。除了丽贝卡、卡尔弗特和阿齐扎以外，我们还介绍了另外两位教师，用来说明如何支持来自不同背景的儿童在户外环境中的游戏。教师们的选择是教师使用不同的策略和教学方式支持户外游戏的例证。与家长送儿童入学的目标一致，方提供了在保证安全和有保障的条件下进行教学实践的最好范例。洛克萨尼生活在没有安全的游戏选择的社区里，但她与儿童和导师一起学到了如何在操场上提供改进的游戏活动。我们强调了获得儿童的家庭成员和照看者信任的重要性。你可以反思一下你在户外时的经验和情感以及教师的童年经历是如何影响对户外游戏的支持的。实践部分讨论了改善具有挑战性的户外场地的想法。

- 观察与解释户外游戏。积极的户外活动为教师创造了观察、反思和促进儿童游戏目的的机会。本章提供了在理解儿童同伴游戏交往的基础上，观察和解释儿童户外游戏的框架。本章提供了一个理解同伴游戏阶段的框架，教师对儿童游戏的支持和促进要建立在对儿童目的的观察和对这个参照系的理解的基础之上。这一章强调了对于打闹游戏和教师支持大肌肉运动的同伴游戏所使用的策略。户外可以作为对具有特殊需要的儿童的教育环境的补充。在户外，对空间的灵活使用和感官的丰富性能够促进儿童正在萌发的身体和社会性能力的发展。

- **教师在户外游戏中做出决定。**当教师支持长时段的户外游戏，在考虑使用哪个策略时要问自己以下三个问题：

    ①在没有成人支持的情况下，儿童能够独自活动或与其他儿童一起活动吗？

    ②在同伴游戏中，儿童的交往活动是否已经跑题或变得不安全？

    ③教师干预的目的是什么？你可以看到阿齐扎、丽贝卡和卡尔弗特在操场上使用的决策的技巧。

- **支持户外游戏的教学方式。**两种同样有价值、有效的支持户外游戏的教学方式是间接协调和直接参与。丽贝卡和一位转岗教师洛克萨尼，都根据儿童如何使用活动区域来准备游戏空间、观察发展过程和改善游戏空间。方和卡尔弗特通过在组织和促进游戏的时候，将儿童的游戏主题和儿童的观点考虑进去，示范了直接参与的教学策略。你会发现，教师是通过支持合理的冒险来鼓励儿童发展的。

- **支持户外探究。**对于儿童和教师来说，户外是充满调查机会的地方，户外调查涉及观察、比较、探索和研究。

- **评价儿童的户外游戏。**有些班级的教师需要户外游戏，如果学生在这样的班级中学习，那么评价和支持儿童户外游戏的讨论就为他们提供了有用的质量改进资源。

- **倡议所有儿童都参加户外游戏。**本章表明了，在某种程度上，成为幼儿教师就意味着积极地进行呼吁。改善学校的户外游戏环境需要学校和社区的共同努力。本章为你们提供了个案研究和支持你作为倡议者的专业发展的网络资源，也为你提供了我们认为对于确保所有儿童参加户外游戏来说非常重要的政策性建议。

知 识 应 用

1. 解释户外体育游戏、户外自然游戏和儿童自发的户外游戏是怎样促进儿童健康发展的。比较户外与室内的差异。

    a. 对比室内和户外的特点。

    b. 和一位同学一起参观一个操场。写一份儿童参加户外游戏的详细的观察记录。你们观察的是儿童发展的哪些方面呢？比较你的观察和你的同学的观察。你或你的同学有没有发现儿童与自然相联系（或对自然感兴趣）的活动、体育活动或儿童发起的游戏活动？你们两个人有没有人观察到大肢体打闹游戏的例子？如果发现了，讨论一下哪些行为表明这是游戏。

2. 指出教师支持户外游戏的五个目标，并解释如何实现户外游戏的教学目标。

    a. 参观一个学校的操场。观察操场上为儿童准备了哪些活动？你能否推测儿童在这些区域想做什么吗？有没有显示在不同区域该玩什么类型的游戏的标记？如果有的话，是什么标记？一个区域可以容纳多少儿童？不同的区域都支持儿童哪些方面的发展？有没有发展领域没有被包含进去？你认为教师监控儿童的时候会遇到哪些挑战？

3. 讨论计划户外游戏时的最佳实践，包括支持来自不同背景的儿童和应对户外游戏时的挑战。

    a. 描述在计划户外游戏时的最佳实践中，方是如何提供范例的，并将她的观点和策略运用到你所熟悉的户外场地。

    b. 观察一个真实的户外空间，并描述一下你是怎样根据对场地的限制或其他挑战来增加游戏机会的。讨论你在改善户外空间的时候可能面临的挑战。

    c. 回忆你的童年。你在户外玩游戏吗？如果玩的话，在哪儿玩？你都玩些什么？你是一个人玩还是和其他人一起玩？你在什么天气中玩游戏？你玩游戏时的感受是怎样的？如果你没有在户外玩过游戏，是因为什么呢？

4. 说出儿童同伴游戏的三个阶段的名称，并解释儿童发起的游戏是如何按照这一顺序展开的。回顾如何理解和支持大肢体打闹游戏，如何为具有特殊需要的儿童服务。

    a. 当你们熟悉的儿童在户外环境中与同伴进行游戏的时候，你和你的同学一起对同一个儿童进行观察，并且分别写出详细的观察记录。比较你们俩的观察，并且分析儿童在游戏交往中情节发展阶段的顺序。你观察过打闹游戏的例子吗？哪些表情与行为说明那是打闹游戏？儿童或教师是否表现出一些能够说明正在实施的个别化教育计划的行为？

5. 描述教师在监控户外游戏活动的时候，决定使用哪种教学策略时问他们自己的三个问题。

   a. 跟随一位在午餐休息时间对儿童进行监控的教师，或你自己监控儿童的休息时间，并且问自己教师决策时需要问的三个问题，帮助自己决定使用哪些策略来促进儿童发起的长时段的户外游戏。

6. 对比支持儿童户外游戏的两种不同的教学方式，并且比较儿童发起的户外游戏和教师计划的户外活动。

   a. 挑选一位在本章出现的教师，并且列出这位教师鼓励户外游戏的重要的具体方式，并且辨别出该教师所使用的一种或两种教学方式。

7. 解释"探究"的概念，并且回顾能够说明儿童在户外游戏时进行探究的几个标志。

   a. 辨别出几个能够说明儿童在户外游戏时进行探究的标志。

8. 描述教师利用户外场地支持儿童游戏的两种方式。举例说明评价工具是如何评价户外环境的。

   a. 使用本章中提到的一种工具对儿童的户外活动空间进行评价，并且准备撰写一份关于这个活动空间的优势与进一步改进的步骤的报告。

9. 讨论和提供有组织地安排户外游戏时间和空间的例子。回顾让儿童自发进行户外游戏的建议。

   a. 访谈你所在地区的一位教师，并且了解他在支持儿童每天几个时段的户外游戏时所遇到的挑战。

第13章

作为游戏工具的玩具和技术

学习目标

➤ 讨论将玩具和媒体技术作为游戏工具的原则。
➤ 讨论教育者对于玩具的分类,并且对每一类玩具举例说明。
➤ 解释儿童发展及个体差异与儿童玩玩具的关系。
➤ 举例说明为什么有些玩具会限制儿童的发展并危害公平性。
➤ 解释"媒体技术"的概念,并且概括关于幼儿在生活中使用媒体技术方面的重要研究发现。
➤ 概括在以游戏为中心的课程中使用媒体技术的建议。
➤ 描述教育者使用媒体技术使儿童游戏生成教师计划的课程的例子。
➤ 解释幼儿教育项目中的游戏是如何达到技术标准的。

> 为了实施"夜空"计划，幼儿园大班的教师苏珊娜、克里斯蒂娜和玛格丽特精心策划了每年一度的"周五彻夜狂欢"，其中包括用望远镜看夜空这项天文活动。在一整年里，幼儿都可以在晴朗的夜空里看到恒星与行星。他们生活在这样的地方是多么的幸运啊！
>
> 在这个山区的小镇，每个人都听说过"夜空"计划。儿童和家人一直在参加这个秋季的活动。所有的家庭成员都受邀参加聚餐和夜晚的天文活动。
>
> 这个活动之后，教师们组织了一个壁画制作活动。过了一段时间，儿童将夜空中移动的物体都呈现了出来。这既包括儿童观察到的物体，比如月亮、恒星、行星和飞机，也包括他们听说的东西，比如黑洞和星系。儿童也绘制出了想象的生物，比如独角兽、外星人和仙女。他们用从图书馆借来的图书和三个班级的儿童家长捐赠的资料，对他们的绘画进行研究。马里奥的爸爸带来了望远镜，并到学校回答儿童提出的问题。他还将笔记本电脑带到了学校，因此儿童能够观看探索星空的短视频。
>
> 在下一个阶段，儿童用一个大纸箱建造了一个宇宙飞船和一个航天地面指挥中心。在后来的几天，他们用积木当作无线电话，用假装的电脑来指挥游戏中的飞船在行星和月球表面登陆。在一个教师计划的补充性的活动中，他们建造了太空基础知识墙，这将变成他们幼儿园图书馆的一本书。

全世界的幼儿都把他们身边的材料作为工具，用来丰富他们的游戏。一个2岁的儿童将小毯子折叠起来当作洋娃娃。一个3岁的儿童从斜坡上往下滚球。两个5岁的儿童把橡果当作玩具汽车，并收集树枝建造道路和桥。7岁的儿童在玩绳球，他们在玩球的时候会挑选团队成员并协商规则。

本书的案例说明，幼儿可以使用各种各样的玩具，他们可选择的玩具似乎是无限的：

- 从自然世界获得的物体和材料，比如沙子和水。
- 在日常生活中发现的操作物体。
- 专门为儿童游戏做的材料，包括玩具和媒体技术。

对于教师来说，玩具的选择似乎也是无限的。当教师布置好环境并与儿童进行互动的时候，幼儿教育者要为选择玩具和技术作为游戏工具而不停地做决定。比如，课外项目的教师安德烈娅告诉她的合作教师们，她在使用最新的商业"教育材料"时感到非常有压力，她的学生在使用最新的商业玩具和媒体技术时也一样。其他幼儿教育者称有时他们从专业的组织和同事那里获得的建议会自相矛盾。那么，尽责的教育者如何才能做出明智的决定呢？

选择玩具和媒体技术作为游戏工具的原则

我们知道，玩具和媒体技术可以影响儿童的游戏。实施以游戏为中心的课程的教育者要对所照料的儿童是如何使用玩具和媒体技术来玩游戏的做出评价。所有的游戏都不一样。尽管它们被宣传为具有教育性，但不是所有的玩具和媒体技术都能够促进儿童的游戏。

幼儿教育项目的第一个指导原则是，考虑儿童使用的物体、材料或媒体技术能否用作玩丰富和复杂的游戏的工具。好的玩具——从在自然界发现的鹅卵石、树枝和羽毛到各种球、积木和泥巴这些"经典的"非结构的玩具，都具有作为想象工具的潜力。促进游戏的玩具能够激发儿童将他们的想象、幻想、形象、角色和剧本运用于他们的游戏中。

第二个指导原则是，在早期教育环境中要考虑儿童使用玩具和媒体技术的各种社会环境是如何塑造他们的游戏的。基于媒体技术的游戏和玩具对于儿童和学校教育产生的商业影响，引起了父母、教育者和健康专家共同的担忧。如何看待市场上最新的商业玩具？应用于平板电脑和智能手机的媒体技术一直在快速增长，我们该如何看待？尽管大量玩具和媒体技术被宣传为具有教育性和发展适宜性，但是教育者如何对其进行评价？

玩具的种类

玩具是儿童在感知运动游戏、建构游戏、戏剧游戏和规则游戏中用来塑造其经验的具体物体。对玩具进行分类的方式有许多。感知运动玩具（sensorimotor toys）仅仅是用一个物体进行重复性活动并获得快乐的玩具，比如，弹力球、拨浪鼓、陀螺、木马和供儿童攀爬的猴架是我们熟悉的一些例子。象征性玩具（representational toys）是看起来像文化或自然中的物体的玩具。动物、运输工具、房子、厨房用具、家具和洋娃娃的微缩模型（miniatures）是我们熟悉的一些例子。建构玩具（construction toys）是可以用来操作和创造新物体的玩具，比如，硬毛积木、木质积木、乐高积木和科瓦木板是我们在幼儿教育项目中最常见的一些例子。可移动的玩具（locomotion toys）包括三轮车、自行车、踏板车和小型手推车。

玩具有时候以一种微妙的方式对儿童的发展产生深远的影响。首先，它们会影响儿童的个体活动和社会活动。玩具具有一种"行动的逻辑"（logic of action），它说明玩具是如何被使用的。比如，一个玩具电话会暗示某种特定形式的运动、象征和社会行为。

有些玩具具有特定的提示作用。乐高积木和图案积木暗示儿童进行建构游戏。填充玩具、洋娃娃、玩具人和交通工具玩具暗示儿童进行戏剧游戏。棋盘游戏能够启发儿童进行规则游戏。玩具也提示教师具体的游戏期待。教师指定的数学操作性玩具（manipulatives）包括一些微型动物和交通工具，或者儿童用来进行排列集合并且建构逻辑—数理关系的工具。操作性玩具还包括图案积木和（教儿童算术用的）奎泽内瓦色棒，它们的使用目的相似。就微型物体而言，逻辑—数理思维方面的经验与儿童进行戏剧游戏的配件相关；就图形材料来讲，这种关系与建构游戏相关。

玩具的其他常见的"教师分类"是：精细动作玩具和大肌肉动作玩具。插钉板、图案纸板、拼图有助于儿童精细动作的协调发展。与之相比，三轮车、踏板车、秋千和操场上的攀登设施帮助儿童发展大肌肉的力量与协调。在户外和室内用于玩感知运动游戏的材料包括用于艺术创作与建构的原材料，比如沙子、水、涂料、泥巴、黏土等。

无论成人如何对玩具和游戏的原材料进行分类，问题的重点是儿童要以适合他们的目的的方式使用玩具，而不是根据成人的目的使用玩具。一个关键性的问题是，"儿童如何看待一件玩具或材料的游戏潜能"？

依据上述原则，格里芬（1988）建议，教师根据玩具对于儿童内在情感和社会交往的效果对其进行分类，而不是根据抽象概念和玩具能够发展的能力对其进行分类。一些玩具会激发主动的群体游戏，比如积木、过家家玩具和艺术材料。其他玩具，比如插钉板、拼图、微型动物和书籍，则暗示安静的个体游戏。格里芬注意到，玩具具有自我修正的性质，比如串珠和插钉板是令人感到慰藉的，因为它们为儿童创造规则和控制他们的物理环境提供了机会。就像园艺能使成人放松一样，这些玩具能够使儿童放松。许多蒙台梭利的自我修正的玩具一直对幼儿有这种吸引力（Montessori, 1936）。

在单独一人的情境下，儿童没有与同伴协商假装游戏的挑战，像微缩模型和书籍这样的玩具可以鼓励儿童展开想象的翅膀。儿童可以使用微型模型表达情绪上的苦恼经验，因此可以使他们在一个更舒适的距离内，处理让人困惑或苦恼的经验。

肖恩在一开始去幼儿园的时候与他的妈妈出现了分离焦虑。在开学的前几周，每天与妈妈含泪告别后，肖恩会拿出一个从家带来的小洋娃娃和一个小型的塑料的游戏房子。他把玩具娃娃放入房子，然后说："再见，妈咪。"又将玩具妈妈放到一个玩具汽车里，然后将玩具汽车"开"走了，并低声说："我爱你。"过了一会儿，他将玩具妈妈带回房子并说："回家的时间到了，今天你过得快乐吗？"他边说边将玩具妈妈和玩具娃娃放到了汽车里。

这类游戏使儿童将他们的情感投射到玩具中，而不是仅仅扮演一个角色。它也能够让儿童在场外控制游戏情境。因此，格里芬（1988）建议教室里要有充足的玩具，以便让儿童能够进行潜在的"掌控"，比如，奶瓶、高脚椅、蜘蛛、龙、披风、魔法棒和帽子。教师们很早就发现，"原始的"感知运动材料，像水、沙子、泥巴、颜料、胶水和拼贴材料，能够让感官获得快乐。他们为所有儿童提供了许多掌控和促进情绪平衡的机会。

那是春季沙漠中炎热的一天——一个到户外探险和树下乘凉的日子，三四岁的幼儿园孩子自由地从户外进入室内。室内和户外有许多低矮的架子，儿童伸手就能够拿到各种材料、玩具和设备。户外一个宽大的露台遮阳篷为儿童提供了阴凉。

贾丝明和塞拉斯围着一个小沙盘面对面坐着。旁边的架子上有不同型号的提桶、塑料铲子和晒干的葫芦做成的勺子、大小不一的量杯，还有很多塑料的食物模型。他们决定制作"湿的、黏稠的沙子"。每个儿童选了一个大的提桶，然后到附近的水龙头去提水。他们吃力地将桶提回来，然后将水倒进沙子里。

塞拉斯："这是个水塘，想游泳吗？"

他们一边在制造的小水坑里拍水，一边大笑。今天天气很热，他们身上的水一会儿就干了，留下了一些小沙点。

塞拉斯："让我们弄一些潜水员吧！"

贾丝明："从积木那里……"

她跑回教室，取来一些小的塑料棋子、一匹马、一头母牛和一些人物模型，然后将其全部扔到了水坑里，她说："好的！游泳吧！"

她注意到水坑里的水特别少（大多数水都被沙子吸进去了，也有一部分水在短时间内蒸发掉了)。

贾丝明:"快——水塘正在泄水,我们已经修好它了!"

他们拿起葫芦勺子,一言不发地开始挖水坑。

特殊教育的教师指出,沙子、水和其他材料提供的感官经验能够满足许多具有特殊需要儿童的需求。这包括有自闭症谱系障碍的儿童和注意力缺陷多动障碍的儿童。

三个一年级的孩子已经花了30分钟的时间全神贯注地制作一个拼图,这是"物质属性"这一科学单元的延伸。安杰洛正在从所有收集到的物品中搜寻明亮的羽毛和珠子。他和他的同伴协商设计的细节,并且在放置和粘贴拼图的时候互相帮忙。在这个环境里,儿童的个人需要得到了满足。安杰洛是一个患有大脑性麻痹的儿童,他全身心地参与到这个社会活动中去了,这有利于他的精细动作的协调发展。

玩具的使用与儿童的发展

随着儿童的发展,我们看到他们在使用玩具时发生的变化。对于幼儿来说,最好的玩具是有灵活的"游戏能力"(play-ability),这一特性能使玩具在一段较长的时间内适应儿童的个人需要和发展阶段。例如,积木是一种具有很高的游戏能力的玩具。一个2岁的儿童可能会堆积积木,让积木掉落,在一遍遍地重复感知运动游戏的过程中进行试验。3—6岁的儿童可能会利用积木建构他们在生活中见到的建筑(比如,儿童指着积木建筑物会说"这是海洋世界的海豚池子"),或者将积木当作戏剧游戏的道具(比如,拿起积木的时候会说"拿起电话")。最后,当儿童将积木叠高,然后用扔出去的网球将其"击倒",并且每次"击中"都记分的时候,积木就变成了规则游戏的材料。

除了为儿童提供灵活性很高的玩具以外,教师还要选择能够满足儿童特定发展阶段需要和满足具有特殊需要儿童的玩具。教师和研究者使用"结构"(structure)这一术语来描述一个玩具或其他物体与儿童表征的物体之间的相似程度。教师需要仔细观

在假装游戏中,儿童通过一日生活探索技术

察，让儿童正在发展的表征能力与玩具的结构能够很好地匹配。

例如，2—3岁的儿童为了支撑他们的游戏剧本，可能需要高结构的玩具，比如各种工具的复制品、玩具汽车或者过家家玩具。游戏可能会因为由谁来接玩具电话或由谁来使用玩具消防车而中止，所以许多教师有很多套可以使用的逼真的玩具。拥有许多套玩具的复制品也能够使几个幼儿探索相似的兴趣或扮演相似的角色。

年龄大一些的4—8岁的儿童多在他们的游戏中使用积木、弹球或者木棍这样的"非结构"玩具。年龄较大的儿童的表征能力已经发展到一个更高的阶段，即意义存在于他们的想象中，而不是主要依靠物体的特征。例如，一个年龄较大的儿童可能用一块积木表征一个三明治、一架直升机、一个钱包或一杯咖啡，所有这些过程可能都存在于一个游戏片段中。

通过仔细观察儿童的社会戏剧游戏，教师可以判断出他们用物体进行表征的象征性水平。他们可以意识到儿童在假装游戏中使用非结构玩具表现出的各种能力。据此，他们可以为儿童提供大量的玩具，包括结构化的复制品和非结构的物品，以及新的或熟悉的玩具。

《行动倡议：家庭分享传统的玩具和游戏》这一专栏，描述了桑德拉通过让不同儿童的家庭分享他们文化中的传统游戏，对游戏进行推广。

成为一个见多识广的游戏倡导者

行动倡议：家庭分享传统的玩具和游戏

桑德拉是一位幼儿园大班的教师，她的祖父、祖母生活在墨西哥。几年前，她开始收集墨西哥传统的玩具和游戏。然后她开始邀请一些父母在她的班级分享传统的和非传统的家庭玩具和游戏。这个活动立即受到了欢迎，许多家长来到学校观看其他儿童的家长介绍的玩具和游戏。在几周的时间里，班级收集了越来越多的木偶、陀螺、洋娃娃、球类、口哨和雕刻的动物。桑德拉制作了一个来自不同国家的传统家庭玩具与游戏的照片书。

今年早些时候，桑德拉组织了一次家庭的"传统玩具聚会"，家长和儿童有时间在一起玩耍，有的家庭甚至还自制了一些玩具。她用英语、西班牙语、塔加拉族语和汉语给每个家庭发了一份邀请函。

大家在一起玩得很高兴。班级自制的书中还有章节，里面有各种各样的自制的和购买的旋转器和陀螺，包括水封筒、竹制的直升机和四面陀螺；各种各样的洋娃娃，包括碎布做的洋娃娃、用干苹果当头做成的布娃娃、陶瓷娃娃和纱线娃娃；皮球、布球、玩具茶杯和线材滚筒；小金属口哨和长木笛；穿着不同衣服的动物和人的木偶；还有看起来像蜻蜓和各种鸟的风筝。

规则游戏

当儿童从童年早期进入童年中期时，规则游戏越来越明显地出现在他们的游戏中。棋类游戏和运动技能游戏，比如手部游戏、跳绳、足球、跳房子游戏和四方阵，都是小学低年级儿童喜欢的规则游戏。我们许多人都有关于在操场上或在社区街道上玩游戏的鲜活记忆，这些游戏从上一代儿童传给下一代儿童。

有些规则游戏（比如跳房子或井字棋）不需要特殊的设备，能够在不同的环境中玩。另外一些规则游戏（比如跳绳或足球）则需要购买一些材料。在当今的社会，我们拥有数量众多的、不同类别的、进行规则游戏的商业玩具。

规则游戏发展的计划：无论是学前儿童在操场上玩的游戏，一年级学生玩的棋类游戏，还是二、三年级学生玩的足球和棒球，教师都要对儿童进入规则游戏阶段所代表的认知飞跃保持敏感。规则游戏大概在儿童6岁左右开始，这时我们看到想象和规则的关系变化了。现在想象变得内隐，或者被游戏者认为是理所当然的。规则是外显的，是由制造商提出的，但是游戏者在游戏开始前可以进一步对规则进行协商，讨论的过程从"让我们假装……"到"规则是……"，再到"让我们制定一个规则……"

教师在使用市场上面向学前儿童的规则游戏时，需要保持谨慎和敏感。虽然棋类游戏和运动器材在学前教育的教室中有其重要性，但它们不应该取代更适合这一年龄段儿童的建构游戏和戏剧游戏的材料。相反，敏感的教师会鼓励儿童使用球、跳绳、纸牌游戏和棋类游戏，创造他们的规则，建构他们对于输赢的理解（DeVries, Zan, Hildebrandt, Edmiaston, & Sales, 2002）。

为所有幼儿选择适宜的游戏：要想为幼儿选择适宜的游戏，前提之一便是要理解游戏的发展。当为儿童选择玩的游戏时，游戏设计的其他特征就变得十分重要了。无论是传统的操场上的游戏，还是棋类游戏，好游戏的一个重要方面体现在游戏者之间的社会互动。好的游戏都有确定的目标和不确定的结果。随着儿童玩游戏次数的增多，他们会用更多的方法解决问题，创造更多可供选择的策略，游戏的挑战水平也会相应提高。这些游戏锻炼的是儿童的智力和创造能力。

被围困的儿童：玩具和市场

儿童和父母都被玩具产业围困，他们不停地购买会破坏想象的玩具和游戏。教师也被围困了。即使教师不买这些玩具和游戏，但当儿童表演这些玩具所暗含的游戏情节或将这些玩具带到学校的时候，这些玩具也会对班级产生影响。

通过思考游戏发展的阶段和儿童游戏的结构，教师可以让自己明白哪些游戏材料最适合自己班级的儿童。许多卖给儿童的玩具不仅不具有发展适宜性，而且还利用了童年的脆弱性，比如，儿童渴望长大、想拥有更大的权力和想拥有朋友的特点。著名的早期教育专家卡尔森-佩奇（Carlsson-Paige，2008）、莱文（Levin，2011，2013；Levin & Kilbourne，2008）和林（Linn，2008）都指出，这种现象并非偶然。

玩具制造商严重地依赖于针对儿童的广告。商业广告和玩具包装都在推销一种社会建构的现象，而儿童就是由此了解到某些渴望获得的玩具和需要购买的物品。如果得到这些东西和玩具，他们看起来就会更有魅力或"很酷"。在电视广告中，上幼儿园的男孩用渴望的眼神看着年龄大一些的男孩快乐地玩成套的跑车。注意玩具的包装方式，幼儿园女孩手里拿着的处于后青春期的洋娃娃都带有化妆品和高跟鞋。

限制儿童发展的玩具

很多商业炒作的游戏，正在快速地侵蚀许多"经典"玩具中所含的自由。为了形成抽象概念和发展想象的能力，我们必须给儿童提供机会，让他们将自己的意义和行动运用于玩具。然而，沿着商店的玩具货架走，我们会发现大多数商店出售的是使用方法单一的电子玩具。只有单一使用方法的玩具，无法给儿童提供以各种方式运用想象力的灵活性。

玩具的狭窄特征限定了玩玩具者的角色和行为，由电子技术控制而不是由儿童自身控制身体动作和谈话的洋娃娃，限制了儿童想象力的萌发。这些玩具妨碍了抽象思维的发展。这些只有一种用法的玩具为玩具制造商创造了大量财富，但不利于儿童的发展。实际上，一些玩具的限制性特征不仅为幼儿的认知和想象的发展带来消极的影响，而且限制儿童其他领域的发展。例如，媒体中的人物娃娃经常被包装用于说服儿童，每个人物在游戏中只表演一个角色和功能，而且通常是性别刻板的角色。一些玩具人，即使是在积木区的玩具人，现在也有可能引起暴力游戏。

"经典"的建构玩具，比如林肯原木、乐高玩具或动物玩具，曾经促进了非结构游戏的发展，但是现在也设计了如何具体的使用玩具的模板。许多玩具以专门化的成套装备出售，这些装备只有画在内部包装上的特定模型的部件。儿童在模仿广告上和玩具包装上看到的东西的时候，这些销售策略便会影响儿童使用玩具的策略。当儿童慢慢适应了模仿的范例，而不是使用玩具发展他们想象的潜能的时候，限制性的和刻板的玩具的销售就会扼杀儿童的发展。教师们发现，许多来到学校的儿童都持有这样的观念，即游戏只有一种正确的玩法，也只有一种"正确的情节"要展开。

破坏性别平等的玩具

商店里出售的很多玩具限制了学校和家庭环境中的性别平等。很多商家把优雅的粉色玩具卖给女孩，把奔放的原色玩具卖给男孩。玩具包装表明了不同性别类型的结构模型，因此儿童就会获得这样的信息，即这些玩具应该有"正确的玩法"。

儿童在建构他们的性别观念的时候，会从人们和大众媒体中获得信息，并将这种信息分成了"男孩的行为"和"女孩的行为"两类。然后，他们继续进行推理——"如果我是一个男孩，我就必须像男孩那样行动，并且玩男孩的玩具"或者"如果我是一个女孩，我就必须像女孩那样行动，并且拥有女孩的玩具"。

像所有的刻板印象一样，性别刻板印象限制了儿童在各种环境中进行游戏经验的范围，也限制了与这些经验相关的概念和技能的发展。教师们提出了男孩和女孩在班级游戏中的显著差异，并且讨论了"男孩玩具"和"女孩玩具"可能会对儿童造成的影响，尤其是《恐龙战队》《星球大战》或《迪士尼公主娃娃》这些媒体中的角色可能对儿童产生的影响。即使儿童在学校和家里没有这些玩具，他们也可以从同辈和大众文化中获得这些刻板的印象。男孩更有可能用玩具武器、玩具交通工具、超级英雄和变形金刚来玩戏剧游戏的主题。女孩更可能选择芭比娃娃、迪士尼公主娃娃、家庭配件的玩具和化妆品玩具。

一直是这个样子吗？既是又不是。在19世纪六七十年代以前，玩具的刻板印象多根据在成人中流行的，针对男人和女人的不同性别的职业而设计。男孩会使用玩具作为工具，扮演消防员和医生的角色；女孩则会使用玩具作为工具，扮演妈妈和护士的角色。在19世纪70年代，父母和教育者共同努力减少儿童文学、电视、电影和玩具中所倡导的性别刻板印象。这些努力取得了一些成效。所有儿童在游戏中都使用各种各样的玩具，女孩变得更加果断和独立，男孩变得更加敏感和具有爱心，这些都变得更加容易接受。

在19世纪80年代，随着对电视监管的放松，这些成就大都消失了。近来允许在儿童节目中播放商业广告，因此玩具制造商为了销售更多的玩具，不断迎合儿童的兴趣，在制造玩具的时候采用与社会认同相一致的性别角色的刻板印象。

更多具有性别刻板印象的游戏重新出现了，直到今天我们仍旧能够看到这种现象。与性别刻板印象有关的信息是潜在的。当我们调查更加结构化的玩具，比如洋娃娃和"玩具人"的时候，我们发现很多玩具提倡一种被限制的和危险的性别角色。正如莱文和基尔伯恩（Levin & Kilbourne）在他们的著作《如此性感，如此迅速》（*So Sexy So Soon*）中强调的，男孩和女孩都学到了：男孩要玩暴力游戏，女孩则要玩与性早熟有关的游戏，"……在珍视他们自身、他们的性别和他们彼此的关系中什么是重要的等方面，他们都学到了有害的经验"（2008，p.33）。

促进性别早熟的玩具：近年来，出现了一个涉及"年龄压缩"（age compression）概念的销售策略，即为大龄儿童或青少年设计的、与性别有关的、具有性别特征的产品，现在极力地向幼儿推销（American Psychological Association，2007；Levin & Kilbourne，2008；Schor，2004）。比如，芭比娃娃原来是为年龄更大的女孩设计的，现在却在幼儿园的女孩中更加流行。以"芭比娃娃的时装设计师"命名的玩具娃娃很受欢迎，它们大都穿着富有魅力的服装，配有色彩鲜艳的发型。另一个销售概念是"边缘"（edge）形象，它被肖尔（Schor，2004）描述为幼儿版的同伴间"耍酷"，通常与青少年音乐和性别相联系。这种营销传递出的信息是，流行的服装是女孩成功的关键。当女孩们检查她们是否穿上了"正确的服装"的时候，幼儿教师见识了这种市场营销的力量。

通过暴力展示力量的"男孩"玩具：教师们也担心，许多面向男孩的玩具逐步提高了对于暴力的关注，而这种日益增长的暴力则会引起校园霸凌事件的发生。

四岁的儿童杰里米、赛思和马克正在户外的游戏设施旁边玩"忍者神龟"的游戏。尽管他们的游戏主题来源于25年来一直很受欢迎的"忍者"的形象，但是他们的游戏借鉴了很多不同动画片中的人物形象和面向幼儿的电脑游戏。他们在假装打架的时候，会使用击打和空手道踢腿这样敏捷的武术动作，并配上"呼"和"哈"的声音。他们把木杆当作剑来用，补充了武器。马克后来说，他使用的松果是能够射死机器人的"像长针一样的东西"。

在这个游戏场景中，机器人是坏蛋。打闹游戏变成了真实的打架。他们的动作变得越来越激烈和暴力，沙恩老师来干预他们的时候，他们争辩说：

"我们并不是想真的伤害对方,他们仅仅是机器人。"过了一会儿之后,沙恩对他的同事说,最令人担忧的事情是,这些孩子没有人想"当坏蛋",于是这些男孩就强迫更年幼的、力量更小的玩游戏的儿童充当他们暴力游戏中的受害者的角色。

战争主题的玩具是玩具引起暴力和刻板印象的一些例子。现今美国的幼儿出生于"9·11事件"之后,他们在阿富汗和伊拉克战争期间长大。流行的战争玩具看起来和在战争和校园枪击案中使用的真实武器一样。这些玩具通常会附带说明,指出它们不适合3岁以下的儿童玩耍。实际上,这也就是在说,他们是在有目的地向幼儿园的儿童出售。

教师对性别刻板印象的回应:幼儿教育者可以使用同样的技术来应对班级中幼儿身上出现的各种形式的刻板印象。

> 莱斯莉是一位小学一年级的教师,她为她的班级有目的地选择了很多游戏材料。"我想让男孩和女孩都能发展精细动作的技能,比如,通过艺术游戏,发展剪、粘贴和使用画笔的技能。"她说,"我想让两种性别的儿童都能够在攀爬、跑、滑行和骑车的过程中发展大肌肉运动技能。大量的玩具能够帮助班上的男孩和女孩发展空间推理能力和身体运动智力,这些能力的发展都与建构游戏相关。比如,用乐高积木建构一个宇宙飞船或用积木建构一个堡垒,都能够促进所有儿童的这些经验。为了鼓励这些活动,作为教师,我们需要小心地让儿童超越男孩和女孩该做什么的刻板偏见,并且尝试新的活动。"

对于担忧儿童在学校和家里接触疯狂的、暴力的和刻板的游戏的父母和教师来说,有大量资源可供使用。几十年来,"教师反对不健康的儿童娱乐"(Teachers Resisting Unhealthy Children's Entertainment,TRUCE)这一组织一直在向父母和教师传播玩具指导原则,指出了不能选择的一些特定的玩具、要避免的商业潮流、如何应对的策略,以及对于新玩具和经典玩具的使用建议。

儿童生活中的媒体技术

在以游戏为中心的课程中，教育者应将媒体技术看成促进儿童游戏与发展的工具。选择媒体技术时使用的指导原则，与选择玩具时使用的指导原则是一样的。儿童会将媒体技术作为工具来促进多样和复杂的游戏吗？儿童在家中和学校使用媒体技术时，他们所处的社会环境会如何影响他们的游戏、发展和学习？

《以游戏为中心的幼儿园课程》的第一版出版于1993年，在此后的20多年中，媒体技术的数量和类别都在爆发性增长。尽管那时只有相对较少的班级中配有电脑，但是关于幼儿教育项目中电脑的使用产生了大量的争论。在过去的二十年里，儿童使用的媒体技术的领域成倍地增长，其中包含有成千上万种产品，这些被认为是"有教育意义的"产品面向教育者和家庭出售。

幼儿教育者面临的难题是：是否和如何让儿童使用媒体技术？在早期教育和儿童照料项目中，如何才能最好地利用儿童的时间？什么时候使用媒体技术可以丰富儿童游戏，促进儿童学习？教师如何评价诸如电脑游戏、视频或电子书这些大量的项目和程序？这些都是具有挑战性的问题。

在教育文献中，媒体技术（media technology）一般指的是屏幕技术（screen technology）。尽管有些产品（像MP3播放器）只有音频，但是大多数系统都有屏幕，例如，写字板、计算机、智能电话和电子白板。科学家、工程师和数学家将人们解决问题时产生的所有系统和过程都称为"技术"，与这种广泛意义相比，上述用法限制了"媒体技术"这一术语的使用。

关于儿童使用媒体技术的研究概览

现在，大多数幼儿每天的生活中都有几个小时沉浸于媒体的屏幕中。教育者感到十分担忧，因为儿童与同伴和成人进行交往的时间越来越少，在户外玩游戏的时间也越来越少。研究说明了什么呢？

《0—8岁：美国儿童对于媒体的使用》（*Zero to Eight: Children's Media Use in America*）（Common Sense Media & Rideout，2011）呈现了一份2011年对美国儿童进行的全国性调查报告。该报告显示，以下年龄组的儿童每天观看屏幕的平均时间分别是：

- 0—2岁的婴儿和学步儿　　　　　53分钟

- 2—4 岁的儿童　　　　　　　2 小时 18 分钟
- 5—8 岁的儿童　　　　　　　2 小时 50 分钟

这些时间包含了儿童使用所有屏幕技术的时间，但是不包括花在 CD 机和 MP3 播放机这种只能听的媒体技术上的时间。近年来，幼儿个人接触媒体技术的机会一直在增多。超过 40% 的美国儿童在他们的卧室里都有一台电视，大概 50% 的美国儿童能够接触到平板电脑和智能手机这些手持移动屏幕技术。

另外，一些对于幼儿进行的全国性调查报告显示，儿童使用视频的时间更长。例如，来自尼尔森 2009 年所进行的关于观看电视时间的调查表明，2—5 岁的美国儿童在电视机前花的时间超过 32 个小时，他们或者观看电视或 DVD，或者玩游戏机 (Nielsen Company & McDonough, 2009)。

幼儿教育项目使用媒体技术的效果并没有得到科学证据的检验。除了一些观点认为儿童早早使用媒体技术会极大地提高其计算机水平以外，我们还没有发现在幼儿园就开始使用媒体技术的儿童比在小学低年级或中年级使用媒体技术的儿童获得更好的教育效果。

大多数研究关注的是儿童在家里而不是在幼儿教育机构或儿童看护中心对于媒体技术的使用。很少研究调查针对大量的、多样化的人口进行取样。不幸的是，由于现有研究大多是由与媒体相关的公司资助的，所以科学偏见仍旧是一个问题。

幸运的是，这一研究领域正在扩大。在下一个十年，我们会获得更多关于在幼儿教育中使用媒体技术的后果的研究。届时我们会有更多关于媒体技术影响儿童健康的信息，包括神经科学对于脑发展的研究、生理学对于儿童健康的研究（例如，活动水平、肥胖率和视力）。我们会知道更多的媒体技术对于儿童心理健康的影响，尤其是对于儿童自我调节情绪和社交能力的影响。在下一个十年，幼儿教育者能够获得更多关于使用媒体技术影响的科学证据，能够做出更明智的教育决定。

《M2 代：8—18 岁儿童生活中的媒体》(*Generation M2: Media in the Lives of 8- to 18-Year-Olds*) 是最新的一项纵向研究报告 (Kaiser Family Foundation, 2010)。这些最新的研究数据表明，儿童在非学业方面使用媒体技术的时间在增加。8—18 岁的儿童平均每天使用媒体技术的时间超过 7.5 小时。如果我们算上几个媒体技术同时使用的时间（例如，电脑、电视和智能手机），那么儿童每周使用媒体技术的时间则超过 75 小时。这种显著增长主要归因于移动媒体，这种媒体能与其他媒体同时使用，并能与其他视频媒体相连接。例如，在使用电脑和观看视频的时候，可以同时发短信。调查数据表明，媒体技术的高使用率与儿童的消极结果相关，比如体育活动的减少、更高的肥胖率和更低的学业水平表现。

技术的高使用率会导致儿童自我调控能力的降低，这一问题让人更为担忧。越来越多的儿童、青少年和成人担心他们无法控制自己使用视频的时间。在尽管不常见但更极端的案例中，青少年和成人感到有一种要去检查短信和电子邮件的紧迫感。另外一些人感到有必要一直与人保持联系，并且如果没有与其他人联系，那么会让他产生一种强烈的紧迫感。强烈的紧迫感以及伴随的自我控制的消失被认为是吸烟、酗酒或赌博这些成瘾行为的标志。在目前的心理学文献中，对于表现出与使用媒体技术有关的这类行为是不是成瘾行为还存在争议。无论这些行为是不是真的成瘾行为，教育者面临的挑战是培养学生的明智行为，并且帮助他们改掉诸如过度使用和依赖媒体技术这种不健康的习惯。

与此相关的问题是，早期教育中儿童对于屏幕技术的使用对于他们以后的发展会产生什么样的影响。我们还不知道，早期使用媒体技术会如何影响儿童以后的使用模式。几乎没有研究关注儿童生活中长时间使用屏幕技术会产生什么问题。例如，早期教育中屏幕技术使用时间的增长是否会导致青少年对屏幕技术的高使用率？屏幕技术的高使用率对于想象性游戏、社会关系和积极的生活方式会产生什么影响？

专业教育和公共健康协会的指导

幼儿教育工作者承认，儿童在出生后的前几年会产生巨大的变化和发展。他们也认识到了幼儿的脆弱性，并寻求专业的教育和健康协会为媒体技术的使用提供建议和使用标准。

全美幼教协会的建议：全美幼教协会在2012年发表了一份声明——《技术和互动媒体作为0—8岁儿童早期教育项目的工具》。这份声明是与弗莱德·罗杰斯（Fred Rogers）早期学习和儿童媒体研究中心联合撰写的。该声明承认媒体技术对于儿童的诱惑力，以及教育者在决定使用媒体技术时面临的挑战，特别是当他们看到使用媒体技术存在相互冲突的证据的时候，更是如此。例如，声明引用了使用媒体对于幼儿影响的研究。研究指出了使用媒体技术的差异，以及与使用媒体技术相关的积极的和消极的后果。这份声明包括几个重要的建议，这些建议来自全美幼教协会发展适宜性实践的一般指南（Copple & Bredekamp，2009）。指南强调，教育者要有目的地选择媒体技术，要以发展适宜性的方式使用媒体技术。

这份声明强调了婴儿和学步儿的脆弱性，并且强调了他们与照看者之间的关系的重要性。全美幼教协会建议，如果媒体技术用于不足2岁的儿童，那么它应该用于加强儿童与成人的社会交往和联系。全美幼教协会强调，2岁以下儿童对于技术的消极使用应该被禁止，所有幼儿对于媒体技术的使用都不应该鼓励。

根据发展适宜性实践的原则，全美幼教协会建议，教育者应该仔细计划，以确保幼儿教育项目能够提供平衡的活动。这些活动强调儿童的"主动性、动手能力、创造性、与周围的人和世界进行真正的交往"。全美幼教协会建议，在这种平衡中，如果教育者使用媒体技术，那么应该支持和扩展儿童主动的、游戏性的活动。全美幼教协会进一步建议，教育者应该"慎重考虑"公共健康协会发布的号召限制使用屏幕时间的建议。

公共健康协会的建议：为了获得公共健康协会的指导，我们可以求助于《全国健康和安全表现标准：早期保育和教育项目指南（第三版）》（*National Health and Safety Performance Standards: Guidelines for Early Care and Education Programs*）（American Public Health Association, American Academy of Pediatrics, & National Resource Center for Health and Safety in Child Care，2011）。这本书由美国公共健康协会（APHA）、美国儿科协会（AAP）和全国儿童健康和安全保教资料中心联合出版。

"标准2.2.0.3：限制屏幕使用时间——媒体和电脑时间"是针对儿童和媒体技术的具体指导。公共健康协会强调，如果儿童使用媒体技术，那么必须告知其父母或监护人。标准认为，为2岁以下儿童服务的教育项目不应该允许儿童使用屏幕媒体（如看电视和使用电脑）。为2岁以上儿童服务的教育项目使用屏幕的时间应该受到严格的限制，一周的观看时间不应该超过30分钟，并且只能用于教育目的（包括体育活动在内）。在吃饭和吃零食的时候，不应允许儿童观看屏幕媒体。2岁以上儿童每天使用电脑的时间应该限制在15分钟以内。特殊健康需要的儿童如果需要使用适应性的媒体技术，那么是被允许使用电脑的。学龄儿童可以使用计算机完成家庭作业。

《全国健康和安全表现标准》提供了一些背景信息，强调了儿童的大脑和身体在最初几年发展的重要性。对于儿童发展来说，花时间进行社会交往和玩游戏是至关重要的。使用媒体和计算机的时间会导致社会交往的减少。《全国健康和安全表现标准》概括了美国儿科协会研究综述中的重要发现。这项研究表明，幼儿观看电视时间的增加会导致肥胖、水果与蔬菜摄入量的减少、身体活动量的减少，导致含糖饮料摄入量的增多（含糖饮料经常在儿童节目中做广告）。

使用媒体技术的伦理维度：公共健康协会和全美幼教协会的立场和建议并不相同。公共健康协会对早期保育和教育项目中使用媒体技术的消极健康后果提出了警告，并且建议对儿童使用媒体技术进行严格的限制。与之相比，全美幼教协会对于教育者的建议就没有那么严格。

教育者如何解决这种明显存在的矛盾呢？教育者作为专业人员，要受到职业道德的约束。我们看一下《全美幼教协会的伦理规范和承诺声明》（2005年修订版）（*NAEYC Code of Ethical Conduct and Statement of Commitment*）中关于在幼儿教育中决定使用屏幕技术相关的道德考量方面的指导。很明显，作为幼儿教育工作者，我们希望能够确保儿童以健康的方式使用媒体技术。在查阅全美幼教协会的职业道德标准之后，我们形成了我们的建议。

《全美幼教协会的伦理规范和承诺声明》指出：

"最重要的是，我们不能伤害儿童。"（NAEYC，2005b）

标准说明上述原则是最高原则，它凌驾于其他所有原则之上。因此，我们形成的建议是，要遵循专业健康机构的建议，进行更加谨慎的实践。

在以游戏为中心的课程中使用媒体技术的建议

在这本书的第六版，我们修订了关于幼儿教育项目中使用媒体技术的立场。对已有研究、专业文献和专业组织的立场进行回顾之后，我们基于游戏在儿童发展中的中心地位，以及幼儿教师对于保障儿童健康与幸福所起的关键作用，提出以下建议。

游戏与儿童发展之间的关系已经越来越得到广泛的认可。在游戏中，儿童直接与他们生活中复杂的社会环境和物理环境进行互动。通过自发游戏和其他直接经验，幼儿与环境建立起深度的个人关系。通过游戏活动这种直接经验，幼儿对地方形成了感知。操作具体物体的直接经验能够为儿童发展日益增长的抽象符号表征能力提供基础。真实的经验至关重要，它为儿童一生的发展提供了坚实的基础。

在美国和其他地方的实证研究都表明，儿童在家里使用媒体技术的时间都超过了专业健康机构建议的时间，并且许多儿童没有充足的时间进行社会交往和游戏。

幼儿教育者在做教育活动的决定时，如果能够在儿童日常生活的背景中考虑早期教育机构中的时间，那么他们能够提高儿童的健康水平。在这样的背景下，我们建议将游戏作为幼儿教育课程的中心。

怎样才能使儿童在教室中最好地度过他们的时间呢？在以游戏为中心的课程中，教师促进儿童与物理环境、社会环境进行直接的互动。教师在制订一日活动计划的时候，他们要问自己花在以技术为基础的活动中的时间，是否比因此减少的儿童与同伴直接交往的时间更有价值。发展模式认为，每个儿童在幼儿教育项目中的时间都是宝贵的，并且虚拟的经验始终无法代替直接经验的价值（例如：Carlsson-Paige，2012；Linn，2012）。

表13.1提供了我们推荐的适当使用媒体技术的指导原则。

表 13.1　在以游戏为中心的课程中适当使用媒体技术的指导原则

- 0—5岁儿童的教育项目不应该使用屏幕，或者对儿童使用屏幕进行严格限制。
    - 0—2岁儿童的教育项目不应该使用屏幕。
    - 2—5岁儿童的教育项目不应该使用屏幕，或者对儿童使用屏幕进行严格限制。
- 学前班和小学一、二年级的教育项目不应该使用屏幕，或者限制使用屏幕的时间。
    - 学前班到小学阶段的儿童使用屏幕技术的时间和范围应该逐渐增加。
- 与幼儿一起工作的成人应该示范对于媒体技术健康的和限制性的使用方式。
- 特殊需要的儿童可以使用适应性的技术，并且在使用这些技术时能够获得适宜的支持。
- 幼儿教育项目应该形成一份适用于父母、工作人员和管理者的书面项目政策，包括使用媒体技术的原理和描述性的方针原则。

教师谈论在以游戏为中心的课程中使用媒体技术

我们与幼儿教育工作者的谈话表明，为了与特定的教育项目相适应，他们以不同的方式修改了指导原则。教师们谈论了他们制定和改变决策的理由。

我们与埃莉莎和希瓦进行了交谈，她们是儿童家庭保育员，对婴儿和学步儿坚持不使用屏幕技术。她们解释说，对于她们来说最大的问题是，什么时候可以通融一下。

埃莉莎解释说，某一周的两个下午，她和两个3—4岁的儿童在谈论一个短视频，而两个学步儿在睡觉。她指出，有时候一个或两个学步儿不肯睡觉。通常在这种情况下，她会推迟播放视频的时间，但有时候她决定通融一下。

希瓦谈论了一个相似的例子。最近，有一个母亲带来了一段她的孩子与姑妈交谈的视频，这时她通融了一下。希瓦很了解这个儿童和她的家庭，因此她使用这段视频与五个儿童谈论了到亲戚家做客的话题。

我们与幼儿园教师的谈话呈现了不同的实践方式，其中有不使用屏幕的实践、严格限制使用屏幕的实践，还有更广泛地使用屏幕的实践。

特里妮蒂在一个根据华德福理念运行的幼儿教育项目中工作。其中一个原则是，幼儿不应该使用屏幕技术。在儿童入学前，他们就已经向家长阐明了这一原则。这一整年，特里妮蒂都会向幼儿的家长寄送关于家庭和媒体技术的文章，其中包括健康和教育组织提供的建议和最新的研究发现。

像许多教师一样，莉萨说，她的教育项目有一项儿童不使用屏幕的政策，还有一项成人使用屏幕的政策。她解释说，教师和助理教师确实在以几种方式使用媒体技术。他们拍摄关于儿童的数码照片和视频，特别是儿童在玩自发游戏的时候。儿童也会看到成人使用笔记本电脑和平板电脑上网搜索儿童提出的问题的答案，或者在图书馆搜索特定书籍的名称。莉萨和其他教师整天在用计算机写观察记录。

埃里克在一项全日制学前项目工作，该项目针对4—5岁的儿童。这个项目的一项核心原则是，让儿童有公平的机会使用所有的教育资源。儿童在家里几乎没有接触电脑和智能手机的机会。几个月后，家长和学校工作人员决定形成一份旨在提高所有儿童使用电脑、摄像机和电子白板的技能的书面政策。根据各种建议，要限制儿童使用屏幕的总时间。该项目鼓励家长每周至少减少一小时儿童在家使用屏幕的时间，以便教师在学校有更多使用媒体技术的机会。

埃里克解释说，每个儿童每周使用电脑的总时间限定在15分钟以内。他补充说，实际上每个儿童使用电脑的平均时间是10分钟。通常，这个班级会另外花15~30分钟的时间，观看并讨论与他们的游戏活动的某一方面或目前开展的一个活动项目有关的视频。埃里克记录了在活动中心转悠的儿童，包括在带有台式电脑的活动中心转悠的儿童。有时，儿童在成人的指导下会扮演摄影师的角色，拍摄游戏项目、成果的照片和视频。埃里克指出，他发现，在谈论照片或使用网络进行搜索的时候，与单个儿童或一个小组的儿童讨论比与整个班级讨论的效果更好。他确信，按照这种方式，每个儿童都能观看视频并参与小组讨论。

在我们的谈话中，每个幼儿教育工作者都在谈论他们教育项目中的具体儿童和家长对于使用技术的思考，以及教育项目对于使用屏幕技术的政策。其中的可变性很大。一些教师谈论了他们是如何创造性地实验和使用媒体技术的，但是他们反对每天让幼儿使用媒体技术。仍有一些学前班和小学低年级的教师说，他们决定使用媒体技术。他们谈论他们参加过的工作坊和他们使用的媒体技术资源。

很多学前班和小学一二年级的教师指出，他们需要媒体技术使用方面的资金支持和专业培训，但是有些教师，尤其是幼儿园教师提到，他们在使用媒体技术时感到压力很大，因为他们觉得这种使用方式不具有教育性，甚至是不健康的。例如，一个教师解释说，在增加学生使用计算机的时间时她感到压力很大，因为她所在的学区对学前班和小学低年级学生进行评价时，要求他们使用电脑回答问题。

在这一章，我们探讨的是作为游戏工具的媒体技术。与我们交谈的幼儿教育工作者描述了一系列不仅与游戏有关，而且与他们的教育项目有关的各个方面的实践活动。他们提出了无数范围很广的问题。

我们建议，教育者查阅并使用关于幼儿使用媒体技术的更多资源。《面对使用屏幕技术的困境：幼儿、技术和早期教育》（*Facing the Screen Dilemma: Young Children, Technology and Early Education*）就这些复杂的问题的多个方面，进行了综合且简明扼要的探索，并且引用了大量重要的资源（Campaign for a Commercial Free Childhood，Alliance for Childhood，and Teachers Resisting Unhealthy Children's Entertainment，2012）。

美国儿科协会和全美幼教协会等公共健康和教育协会也发表了无数其他的资料和文章。《幼儿》（*Young Children*）是一份由全美幼教协会发行的杂志，2012年发行了一期关于媒体技术的专刊。《超越遥控的童年：在媒体时代教育幼儿》（*Beyond Remote-Controlled Childhood: Teaching Young Children in The Media Age*）是全美幼教协会最近出版的一本书，这本书就这些问题提供了更加广阔的视野（Levin，2013）。

媒体技术：支持有特殊需要的儿童

对于与各个年龄段的幼儿一起工作的所有幼儿教育工作者来说，一个重要的问题是发现能够支持具

电脑可以促进不同年龄段有特殊需要的儿童的学习，但它不应该在小学之前被引入教室

有特殊需要儿童的媒体技术资源。专业的健康和教育协会建议，特殊需要儿童使用辅助性技术，可以提高他们的独立性和能力。关于儿童使用媒体技术的限制并不适用于特殊需要儿童，这些儿童需要获得充足的支持。全美幼教协会建议，教师应该与家庭合作，与学校其他工作人员一起工作，以便获得更多的教育资源（比如，特殊儿童委员会和全美早期教育技术援助中心）。教育者使用的许多材料也适用于父母和跨年龄的指导教师。技术使用建议和技术使用标准强调提高公平性，让所有儿童都能掌握技术知识。

> 玛丽亚是一位五年级的指导教师，她在安德烈娅所在的幼儿园大班的计算机中心每周帮忙两次。有一天，一个发展迟缓的学生乔舒亚一直在玩一个图片软件。他用一条线画了一只兔子，玛丽亚指导她用不同的颜色进行填充。几分钟后，乔舒亚皱着眉头说："我的故事不想要这只兔子，我想要那一只。"他说完，指了指早些时候绘制的图画。最近，玛丽亚在她的工作中学会了使用扫描仪，她问负责的教师能否将乔舒亚带到学校的图书馆扫描他的图画。之后，乔舒亚用扫描出的兔子形象讲述故事。乔舒亚的故事被打印出来并配上扫描的绘画，结果就像是一本印刷出来的书。

教师在安排环境以确保能够使用的时候，要将特殊需要儿童包含其中。教师或其他儿童在使用屏幕技术的时候，要确保所有儿童都能看到屏幕。图片、文本的色彩和大小可能成为问题，对于像平板电脑这样的手持设备来说更是如此。屏幕上显示的内容也是一个需要考虑的重要方面。教师在回顾照片和图片中的人物性格时，要确保很多特殊需要的儿童被关注到，并且没有对他们的行为产生偏见，以此来促进融合。

同样，教师必须小心，不要对特殊需要儿童的兴趣和行为产生偏见。埃拉的父母向她的老师提出，他们想确定学校是否因为埃拉身体残疾而鼓励她在室内使用电脑，而不是到户外主动玩游戏。

媒体技术：促进教育公平的益处与面临的挑战

研究和文献指出，儿童使用媒体技术的差异与家庭收入有关。不论家庭富裕还是贫穷，每个学龄儿童平均每天都要观看几个小时的电视。对于媒体鸿沟的讨论多聚焦于学前儿童和小学低年级的学生，以及他们对于电脑、智能手机和平板电脑这些移动设备的使用，还包括他们访问网络。

我们对于这些不公平感到担忧，例如，在一些小学低年级的教室中，我们看到，熟悉电脑、数码相机和平板电脑的学生控制并主导了整个活动，给其他儿童留下的时间很少。因此，我们建议，如果使用媒体技术，那么幼儿教育工作者要持续地进行观察记录，确保所有儿童都有平等的使用机会。

另一个方面，"数字鸿沟"影响了教育者与父母的交流。一些教育材料促使教师使用数码照片、电子邮件和社交媒体与家长进行交流。实际上，在考虑周全的情况下使用数码照片，可以为学校和家庭有效沟通架起一座桥梁，对于无法流利地说英语的父母来说更是如此。但是，对于无法使用电脑、电子邮件、智能手机的家长来说，这是否公平呢？我们如何解决"数字鸿沟"带来的问题，并确保所有家长都能收到重要的信息、他们的孩子的照片，以及有机会与其他父母建立关系呢？

如果教育者无法说家长的母语，那么教育者在使用媒体技术来促进与家长、儿童的交流时就会面临新的挑战。在教室中，媒体技术能够帮助我们与双语学习的儿童进行交流。教师和家长都有大量能够翻译文本与口语的程序软件可供使用。但是，翻译可能会出错，并且可能会产生误解。因此，我们建议教育者不到万不得已时，不要使用这些程序软件。

媒体技术：游戏生成的课程和课程生成的游戏

我们建议，如果教育者选择对2—5岁的儿童使用屏幕技术，那么应该由教育者而不是儿童操作这些技术。成人可以向儿童示范健康的媒体技术使用方式，并且可以选择能够促进儿童的游戏和想象力的媒体技术。如果使用得当，那么数码照片、视频以及像网络电话和视频聊天等应用程序都可以用来促进儿童对于所玩游戏的理解。专栏文章《与远方的亲戚进行交流》揭示了网络电话这种应用程序是如何促进家庭联系，以及如何提高家庭成员，甚至生活在远方的亲戚对于游戏重要性的理解的。

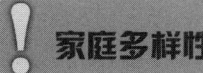 **家庭多样性**　　与远方的亲戚进行交流

以利亚和乔伊的爷爷奶奶生活在遥远的荷兰。从他们还是婴儿的时候，每周他们都用装有摄像头的网络电话与他们的爷爷奶奶进行交流。他们会分享一些家庭故事，一起唱歌与荷兰亲人进行生动的交流。他们会向爷爷奶奶展示他们是如何玩游戏的，展示的内容有他们作为学步儿时的拍手游戏、他们上幼儿园时骑的三轮车、他们上一年级时玩的滑板。

一个早晨，在3岁儿童进行的教育活动中，奥德丽拍摄了乔治、坦纳和加布里埃拉进行积木建构的照片。第二天，照片就被冲洗出来了。儿童看着他们进行积木建构的照片，兴奋地讨论起来。他们将图片按照顺序排列起来，并将其粘贴到图画纸上与整个小组进行分享。

对于5—8岁的儿童来说，教师可能会选择使用更多的媒体技术和应用程序。儿童也开始承担更加主动的角色。从幼儿园大班到小学二年级，我们建议教师逐渐增加所使用的媒体技术的范围和使用时间的分配。

在学校的图书馆中，尼娜坐在我的苹果笔记本电脑旁边。她是幼儿园大班里最小的学生之一。尼娜在电脑上随意打下了一串字母，并且告诉我她在写故事。我问她是否想让电脑将她打出的东西读出来。她看着我选择了这些字母，并在工具菜单中点击了"说出所选择的内容"。当电脑发出她打出的一串无意义的音节的时候，她高兴地大笑起来。（von Blanckensee，1999，p.52）

2—5 岁儿童教育项目中成人使用媒体技术的案例

几十年来，幼儿教育工作者都在使用照片展示儿童的活动、制作班级图书，并与家长交流他们的孩子的成长与发展。在过去，胶片和洗印都很贵，而且洗印照片的时间对于幼儿来说很漫长。随着低成本的数码相机的普及，这一切都发生了急剧的变化。教育者可以非常方便地使用照片和视频。教师可以随意放大照片以适应有视觉障碍的儿童或者用于小组讨论。一天之内，他们就可以制作出带有图片的书，并在班级内进行展示。同时，教师还采用了儿童的视角，以确保儿童不是一直隐藏在摄像机镜头的后面。他们提醒自己，眼神交流是最主要的交流方式，并且要确保虽然数码相机使用起来很方便，但是这不能导致儿童与教师之间社会交流的减少。

许多受瑞吉欧·艾米利亚的教育哲学和教育方法影响的教育者，将照片作为文档材料来丰富活动和方案，以使儿童进行更加深入的反思，以及思想方面的融合。儿童戏剧游戏、舞蹈、音乐和艺术等方面的视频可以引发讨论，并且产生持续几周或几个月的新活动。持续时间长的活动可

技术设备有助于探索发现

以促进幼儿对于时间概念的理解,例如,记录学校花园里蚕豆的生长或南瓜的播种和收获情况。

在多伦多大学的实验学校里,研究型教师佩尔蒂埃、哈利伍德和里夫(Pelletier, Halewood, & Reeve, 2005)使用数码照片促进了传统的杂志的编辑过程。例如,他们把班级的一个叫作"知识论坛"的数据库与为大班儿童制作的摄影杂志结合了起来。当儿童调查的主题是简单的机器时,他们会用数码照片制作电子杂志。

> 儿童一直在班里用滑轮和杠杆做实验。他们使用"知识论坛"来评论实验的照片。在一天的休息时间,当儿童发现一把铲子插入了小屋和栅栏之间的时候,他们变得非常兴奋。他们建议我拍一张铲子的照片,并将照片放到"知识论坛"的"机器视图"栏目中。儿童认为,这张图片引起的问题是"如何把铲子弄出来"。接下来出现的想法与争论非常活跃——有儿童建议在铲子的木根一端贴上胶带拔出铲子;另外一个儿童说,用一根杠杆可能会起作用。然而,另一个儿童写道"uusrhns[1]"。最后,当积雪融化成很多水的时候,铲子就出来了,这时儿童已经去调查其他问题了。这仍然是一个极好的例子,说明了儿童的想法如何以一种有意义的方式激励和主导自己的学习。(C. Halewood,个人交流,2005年10月8日)

儿童在幼儿园大班和小学低年级使用媒体技术的案例

我们要优先考虑的是,为幼儿园大班、一年级和二年级的儿童使用媒体技术玩游戏创造一个最佳的环境。为了促进儿童的同伴交往,我们建议准备一张大桌子,两到三个儿童可以面对面坐在桌子的两边使用电脑或其他屏幕,并且儿童有地方放与他们的电脑游戏有关的材料。另外,可以在台式电脑上连接一台打印机,供儿童将自己游戏的成果打印出来进行保存。

媒体技术设备在房间的摆放位置非常重要。首先,对于儿童来说,台式的或手持的技术设备都有健康和安全问题。所使用的全部媒体技术设备都应该远离剧烈的体育活动,以免发生潜在的意外事故。要避免将媒体技术设备放在阳光能够直射到的且会产生屏幕反光的地方。要确保将屏幕放在一个合适的和舒适的距离,以保护儿童的视力。请记住,大多数幼儿都能看得很远。

台式电脑应该摆放在地面上的电源插座附近,并且要远离水、其他可能漏水的

---

[1] 意思是"用手",这是儿童读写萌发时出现的不规范的写法,规范的写法是"use your hands"。——译者注

物品和食物。要安装一个电流保护器来保护硬件，并且如果需要的话，要为设备提供另外安插座的地方。

为5—8岁的儿童选择软件和应用程序的框架：由于新的软件不断在出现，已有的软件也在不停地更新，所以我们不对使用具体的软件提出建议。相反，教师需要一个自己能够判断软件的分析框架和与他们的观点一致的软件评判方法。

为了帮助教师选择基于媒体技术的工具活动，冯·巴兰根斯（von Blanckensee）设计并在最近修订了《为5—8岁的儿童选择基于媒体技术的活动量表》（*Choosing Technology-Based Activities for Young Children, Ages 5-8*）（von Blanckensee，1999；von Blanckensee，个人交流，2013年4月23日）。这个量表是为使用数码摄影、音频和视频录制、视频会议、电脑模拟、电脑游戏和电子书这些交流工具而开展教育活动开发的。

根据这个量表，教师在评价一项活动是否合适时要考虑以下三个问题：①内容/方法，②技术设计问题，③电脑软件设计问题。这些用于评价的问题可以帮助教师确保他们使用技术的方式能够反映儿童的个体需要、促进性别平等、尊重文化差异（见表13.2）。这个量表提供了一个极好的框架，我们可以用来思考在这一部分提到的选择软件的问题（多样性、公平和非暴力内容），思考软件是否以适宜儿童年龄的方式支持建构式学习。

我们可以通过教师资源网对儿童软件进行评价，包括各个州教育部门的网站。当选择的软件由别人评价时，教师希望能够确保评价的标准与以游戏为中心的课程在哲学观点上保持一致。

幼儿园大班到小学二年级儿童对于制图软件的使用：大量制图软件和多媒体软件将儿童写的文字和图像、声音连接起来，并且，有时候儿童也可以使用动画。在儿童游戏的背景中，他们可以使用这些程序编故事并给故事配上插图；制作图书；制作贺卡；为他们的创造性工作制作礼物；把这种方式创作的作品当作"真实"的绘画，以表达他们对艺术的热爱。但是，我们应该鼓励儿童创作原创的艺术作品，而不是依赖剪贴画或电子图画书。作为教育者，我们要把注意力集中于儿童游戏的过程而不是他们的成果，但是从儿童的视角来思考过程和成果也是很重要的。

幼儿园大班到小学二年级儿童对于电脑模拟和电脑游戏的使用：好的电脑模拟和电脑游戏对儿童具有吸引力，因为它们为儿童提供了发展解决问题的策略和创造

表13.2 为5-8岁的儿童选择基于技术的活动

评定等级：0=不好；1=胜任；2=良好；3=优秀
教师可以重新设计或避免任何评定结果不好的活动

内容/方法
支持具有发展适宜性并且和课程学习目标相一致的活动。
- 活动要与儿童在家里、学校和社区中的直接经验有关；
- 通过与其他支持同样学习目标的实践活动相联系，将活动整合到课程中；
- 对于能力和技能水平不同的学生来说，包括特殊需要的儿童，活动是有趣的和具有挑战性的；
- 活动是开放的，允许儿童通过自己游戏性的调查进行学习；
- 通过儿童在小组中的交往活动对语言的直接使用，或者通过多种多样的活动来支持儿童语言的发展；
- 活动适用于具有不同学习风格的儿童；
- 活动能够使两个或两个以上的儿童合作工作；
- 活动能够积极地解决多元文化的问题或对这些问题保持敏感；
- 活动能够积极地解决语言多样性的问题或对这些问题保持敏感；
- 活动能够积极地解决性别不平等的问题或对这些问题保持敏感；
- 活动能够积极地解决个体差异的问题或对这些问题保持敏感；
- 在电脑游戏和电脑模拟的使用中，活动没有暴力内容。

技术设计问题
- 儿童能够学会独立操作技术；
- 技术对于目标年龄的儿童来说是安全的；
- 技术的选择与设置是为了使破坏的风险最小化；
- 如果需要的话，技术要适用于特殊需要的儿童。

电脑软件设计问题
- 菜单简洁，并且在菜单选择中配有图片线索和文字；
- 儿童可以轻松地浏览软件，随时回到主菜单或退出软件；
- 程序可以提供帮助，儿童可以随时关闭程序或获得帮助；
- 设计对儿童来说具有吸引力，它可能包含鲜艳的图片、声音或动画片；
- 程序可以用多种语言使用；
- 程序可以被特殊需要儿童使用；
- 儿童可以保存并打印他们的成果，以便他们能够与在家里无法使用电子邮件的家庭成员分享这些成果。

来源：Copyright 1997.Revised 2013 by Leni von Blanckensee (personal communication, April 23, 2013).

性思维的机会。在一些软件和应用程序中，儿童以一些角色进入游戏并且能够控制屏幕上的角色的行动。还有一些软件和应用程序能够让儿童以有趣的方式操作物体。例如，在一个软件中，儿童可以创造建筑物和城镇，然后让他们能够像一只鸟在空中飞行一样，逐渐改变视角。幼儿喜欢讨论他们解决问题的过程和他们假装的风景。教师和研究者都相信，同伴之间的合作可以提升他们的认知能力和电子游戏的社会交往价值（Kafai，2006；Scarlett，Naudeau，Salonius-Pasternak，& Ponte，2005；Singer & Singer，2005；Silvern，2006）。

儿童将媒体技术作为工具来提高读写能力：多年以来，一些教师报告说，一年级、二年级的学生使用电脑后，他们的工作可能会变得更复杂和更具想象力。有一个关于读写能力的媒体技术工具能够做到"文本转语音"。这些软件已经存在很多年了,最新的版本也有了很大的改进。

在使用电脑进行写作的时候,一些儿童看起来能够更自由地创作故事情节,并在拼写的过程中建构对于字母—语音关系这一概念的理解。字母的书写不再是教师最关注的问题了。

对于小学低年级的儿童来说,电子邮件是一个有力的交流工具。儿童在等待"蜗牛邮件"的回复时感到非常难熬,因此收发电子邮件的速度对于他们来说非常令人激动。教师们发现,当儿童使用电脑给一个真实的读者写信的时候,比如发电子邮件时,他们经常会写得更多、更详细,并且修改得也更多。

在南希一年级的班级里,学生互通邮件的对象包括另一个学校中与他们同龄的朋友、合作公司中的成人朋友以及他们自己学校中五年级的朋友。在他们的班级里,儿童都有合作者,他们一起给互通邮件的朋友写电子邮件。南希发现儿童不仅从相互帮助中获益,而且他们也很享受一起创作书面语言材料时的社会交往。

当电脑发出接收新邮件的提示音时,一个儿童冲到电脑前,然后宣布莉莉和布赖恩有新邮件。他俩走向电脑,发现一封来自他们的成人朋友的邮件。儿童收到邮件后很开心,并且想立刻回复邮件。在回答他们的问题时,他们的朋友写了自己的宠物的情况,并且问:"你养宠物了吗?"

20分钟过后,布赖恩和莉莉发送了以下信息:

1. I have a gol fis. My gol fis is bubbles.(我有一条金鱼,我的金鱼会冒泡。)
2. I have a dog. My dog is very ol.(我有一条狗,我的狗已经很老了。)
3. Do you like gol fis?(你喜欢金鱼吗?)
4. Do you like hres?(你喜欢马吗?)
5. Do you like cows?(你喜欢奶牛吗?)
6. Do you have a cow?(你养奶牛了吗?)[1]

南希发现,学生给不同的朋友写邮件的时候,写作方式是不同的。在给同龄的朋友写邮件的时候,他们写得快速而简略,在给成人朋友写邮件的时

---

[1] 儿童在学习读写的时候会建构自己对于书面文字的理解,比如,用单词中的一些字母代替整个单词,或者省略单词中的一些字母,正如布赖恩和莉莉用"gol fis"代替"gold fish"。依据读写萌发理论的看法,这不是儿童的错误,而是儿童在学习读写过程中出现的正常现象。——译者注

候,他们会努力地修改错误。因为他们五年级的朋友会到班里来读邮件,所以儿童通常是为了一个目的而写电子邮件的,比如要找某本书或者对一本读过的书发表评论。写电子邮件只是一项可选择的活动,但是大多数儿童会跑去回复邮件,并且会期待有人回复。

教师们会交换他们班级的儿童使用电子邮件与全国范围内或全世界范围内的学生和家庭进行交流的故事。萨门和阿卡兰(Salmon & Akaran,2006)写了他们的学生之间进行的"跨文化电子邮件交流"的故事。萨门所在的幼儿园大班的学生生活在新泽西州的大城市,而阿卡兰小学低年级的学生生活在阿拉斯加州科特利克,这里远离大城市,而且美国原住民保持着更加传统的生活方式。

媒体技术、标准和游戏

在本章开始时的那个"夜空"项目的案例中,三位幼儿园大班教师利用网络观看恒星、行星、太空旅行的视频,从而开启了一次长达一个月的探索太空的项目。媒体技术融入班级文化、融入儿童游戏的方式是值得思考的一个重要的问题。

2007年,国际教育技术协会(International Society for Technology in Education)采纳了幼儿园大班至小学二年级的全国教育技术标准,指出幼儿教育工作者可以采用与全美幼教协会发展适宜性指南相一致的方式来实现这些技术标准。表13.3呈现了这六条标准。每条标准都用本章中一个案例解释了与游戏有关的表现指标。

表 13.3　全国学生的教育技术标准

用表现指标作为例子的标准	本章中的案例
1. 创造性和创新 创造原创的作品,作为个人或小组的表达方式。	乔舒亚用他在电脑上绘制并扫描过的图片讲述了一个故事。
2. 交流和合作 使用多种媒体技术与不同的人有效地交流信息与观点。	生活在新泽西州大城市中的萨门幼儿园大班的学生和生活在阿拉斯加州农村的阿卡兰一年级班上的学生使用电子邮件了解彼此的生活。
3. 研究和信息流畅 寻找、组织、分析、评价、综合并有道德地使用来自各种资源和媒体的信息。	哈利伍德班上的儿童使用滑轮和杠杆进行试验。他们使用数字照片在他们的杂志中记录他们的发现。
4. 批判性思维、解决问题和做决定 识别和定义进行调查的真问题和有意义的问题。	作为"夜空"项目的成员,幼儿园大班的儿童使用网络获取精确信息,然后进行绘画。

续表

用表现指标作为例子的标准	本章中的案例
5. 数字化公民 　对于能够支持合作、学习和生产的技术表现出积极的态度。	南希一年级班上的学生与同伴一起合作,使用电子邮件与儿童和成人进行交流。
6. 技术操作和概念 　理解和使用技术系统。	在成人的帮助下,尼娜使用"文本转语音"的工具先打出了自己的名字,然后非常高兴地听到"尼娜"的声音。

来源:Based on ISTE (2007). National Educational Technology Standards for K-2 adopted by the International Society for Technology in Education.

小　结

世界各地的幼儿都使用他们身边的材料作为工具来玩感知运动游戏、建构游戏、戏剧游戏和规则游戏。当幼儿教育工作者准备环境并与儿童进行互动的时候,他们要不断地做出决定来选择作为游戏工具的玩具和媒体技术。

- 选择玩具和媒体技术作为游戏工具的原则。幼儿教育项目的第一个指导原则是,思考儿童使用的物体、材料或媒体技术能否用来作为工具玩多样和复杂的游戏。第二个原则是,思考儿童使用玩具和媒体技术的各种社会环境是如何塑造早期教育环境中的儿童的游戏的。
- 玩具的种类。教育者以多种方式对玩具进行分类。常见的分类包括感知运动玩具、象征性玩具、模型玩具、建构玩具、操作玩具、精细动作玩具和大肌肉动作玩具。
- 玩具的使用与儿童的发展。教育者要提供具有灵活性的玩具,以便儿童根据他们自己想象的目的使用。他们也会选择满足儿童特定发展阶段需要和有特殊需要的儿童需要的玩具。教师需要仔细观察并保持敏感,以使提供的玩具或游戏的结构与儿童正在发展的表征能力形成良好的匹配。
- 被围困的儿童:玩具和市场。面向儿童的大多数玩具不仅不具有发展适宜性,而且还利用了童年的脆弱性,比如利用了儿童渴望长大、想拥有更大的权力和想拥有朋友的特点。很多出售的玩具具有性别刻板印象,限制了儿童的性别平等。教师们讨论了与更具暴力性的游戏相关的"男孩"玩具和能够导致性早熟的"女孩"玩具可能造成的影响。
- 儿童生活中的媒体技术。"媒体技术"这个词指的是用来看或听的电子技术。

一般来说，媒体技术指的是电脑、平板电脑和智能电话这种屏幕技术。儿童对于媒体技术的使用正在剧烈地增长。几乎没有人研究过在早期教育环境中儿童使用媒体技术的后果。在家庭环境中，学龄儿童媒体技术的高使用率与体育活动的减少、高肥胖率和学业表现差相关。

- **在以游戏为中心的课程中使用媒体技术的建议。** 下面的建议是根据游戏在儿童发展中的重要性和教育者"不能伤害儿童"的道德信条而制定的。为0—5岁儿童服务的早期教育项目不应该使用屏幕技术，或者对儿童使用媒体技术进行严格的限制：①为0—2岁儿童服务的教育项目应该完全不使用屏幕技术；②为幼儿园儿童服务的教育项目不应该使用屏幕技术，或者对使用屏幕时间进行限制。有特殊需要的儿童应该有使用适应性的技术的机会，并且能够获得使用这些技术的适当支持。所有的教育项目应该为儿童的父母、教职工和管理者制定一项使用媒体技术的书面政策，这一政策包括使用媒体技术的基本原理和描述性的指南。

- **媒体技术：游戏生成的课程和课程生成的游戏。** 在早期保育和教育项目中，教育者可以有目的地选择软件和应用程序，作为游戏和学习的工具。他们以多种方式使用照片来记录儿童的游戏，以增进儿童的理解并且与父母交流他们孩子的发展。在幼儿园大班和小学低年级，儿童对于媒体技术的知识和使用应该逐渐增加。在整个儿童早期，教师应该正确评价玩具和媒体技术作为工具在促进游戏生起的课程或者课程生成的游戏中产生的价值。

- **媒体技术、标准和游戏。** 媒体技术融入班级文化中的方式和特定文化背景中的儿童游戏是值得思考的两个重要的问题。2007年，国际教育技术协会采纳了幼儿园大班至小学二年级的全国教育技术标准，指出幼儿教育工作者可以采用与全美幼教协会发展适宜性指南相一致的方式来实现这些技术标准。幼儿教育的六条标准及其与游戏有关的表现指标，都能在本章中找到相关的例证。

教师可以以发展适宜性的方式选择经典的、最新的玩具和媒体技术作为工具，支持儿童的认知和社会性发展。在游戏中，儿童会使用工具来寻找能够表达自我和与同伴进行交流的方式。

知 识 应 用

1. 讨论将玩具和媒体技术作为游戏工具的原则。
   a. 从自然环境中找一个物体,并解释儿童会如何将其作为一个想象的工具。
   b. 找一件"经典"的非结构的儿童玩具,并讨论你作为一个成年人会如何将其作为游戏工具使用。
2. 讨论教育者划分的玩具种类,并给每一类玩具举个例子。
   a. 比较两种玩具的异同。
   b. 观察一个幼儿教育环境,并讨论你对儿童使用不同种类的玩具玩游戏的观察。
3. 解释儿童对于玩具的使用如何与他们的发展和个体差异相关。
   a. 以单独工作或小组合作的方式选出一组玩具进行游戏,并讨论每件玩具是如何用于不同发展水平的儿童的,或如何改造以适用于身体残疾的儿童。
   b. 参观一个玩具店或玩具货架,并描述出你所看到的能够支持儿童发展的玩具。哪些玩具随着时间的变化具有最高的"游戏能力",并对此进行解释。
   c. 为游戏发展的某一具体阶段设计一个具体的游戏。如果可能的话,与儿童实地检验并评价这个游戏。
4. 讨论并提供某些限制儿童发展、破坏性别平等的玩具的例子。
   a. 讨论教师可以应对班级中的性别不平等问题的几种方式。
   b. 研究两件已经变成文化偶像的受欢迎的玩具的历史,比如芭比娃娃、特种部队、人偶玩具和迪士尼的角色。随着时间的推移,它们发生变化了吗?描述一些你见到的刻板印象的证据。
   c. 再次参观玩具店或玩具货架,并且从性别、种族和文化刻板印象方面评价这些玩具。玩具包装传递了哪些信息?哪些儿童该玩玩具和他们应该如何玩玩具?描述你发现的男孩和女孩的玩具放在不同位置的证据。
5. 解释"媒体技术"的概念,并概括与幼儿在生活中使用媒体技术有关的重要研究发现。
   a. 用口头或书面的方式概括并介绍一份对于儿童使用屏幕技术有关的研究文章(例如:《0—8岁:美国儿童对于媒体的使用》)。
6. 概括在以游戏为中心的课程中使用媒体技术的建议。

a. 解释全美幼教协会和公共健康协会制定的建议的原理。
7. 描述一个教育者有目的地使用媒体技术，以使儿童游戏生成教师计划的课程的例子。

   a. 描述一个教师计划的课程促进游戏性活动的例子。

   b. 使用表 13.2 中的量表，评价你选择的一个软件或应用程序。

8. 解释幼儿教育项目中的游戏是如何达到技术标准的。

   a. 选择一个技术标准，并根据你自己在幼儿教育项目中的观察，说明游戏是如何达到这个标准的。

第14章

结语：整合游戏、发展与实践

学习目标

- 讨论建构主义理论与儿童各个领域发展的关系。把这一讨论与手段—目标协调关系的一般框架联系起来。
- 描述皮亚杰和维果斯基的发展理论，解释这些理论是如何相互补充的以及它们如何与幼儿游戏联系在一起。
- 讨论皮亚杰智力及其发展理论中的核心思想。
- 讨论社会经验在儿童建构事实中的作用。
- 讨论并解释人类发展的四个方面（智力、人格、能力和社会意识或者自我意识），讨论它们与手段—目标的协调有何关系。
- 儿童的自主性与社会期待之间的共同特点是什么。请在你的论述中加入发展适宜性实践和学习标准的相关内容。
- 描述幼儿教育者能够促进游戏的方式并为每种方式列举出一个有用的资源。

📝 两个男孩和一个女孩正在爬一座小山。4岁的查利颤抖着举起双臂，边喊着救命边发出刺耳的声音："我需要你们的帮助，坏蛋包围了我。"

戴着一个棒球帽的杰里大喊着，表示收到了求救信号，他跑过来营救："没事了，他们都跑了，我们走吧。"他们挽着胳膊下山了。

希拉接着说："我得去趟厕所。"

两个男孩向四周望了望，一个男孩说："厕所在那儿。"他用手指向一个树荫下的混凝土建筑物。

男孩们忘了她的问题，又开始了另一个游戏场景，其中一个男孩说："跟我来。"于是她加入游戏并说："我来扮演泽尔达。"但是她的身体在提醒她要上厕所，她下山朝着野餐桌的方向走去。后来，她拉着爸爸的手回来了。他们走向厕所。想起自己和父母对陌生场所安全问题的担心，她走了回来，确定了自己的能力，重新加入游戏："我是对的，那就是厕所。"

几个小时之后，孩子们在操场上追逐杰里的爸爸。他转过身轻轻地把儿子摔在地上。追逐游戏继续进行着，他们离混凝土厕所越来越远，一直跑到了海滩，后来又回到小山。两个男孩暂时落在后面，计划着他们的袭击活动。"听着，我们要做的就是……"

追逐游戏结束后，他们挤在一起回顾下午的游戏。希拉没有参与其中。她坐在离他们有一段距离的山坡边拔着草。过了一会儿，她和杰里走在了一起。她拉长了脸，说："你对我不好。"

查利向他们走来，喊道："杰里，等一等！等一等！里面没有蜜蜂。我把它从可乐罐里拿了出来。"希拉和杰里等着查利赶上来。三个好朋友又一起玩了起来。✈️

让我们看看这个简短的案例中发生的一切。这些4岁的孩子在协调共同游戏的主题，他们要达成一致并坚持下去。他们在模仿并复制自己文化中的要素。他们使用语言引导自己的游戏并提供游戏内容。他们展示了实用的知识，例如，辨认厕所、理解家长的保护是必要的。希拉能够表达自己被排斥时的感觉，在短暂的缺席之后，她又加入了三人共同的游戏之中。最后，查利弄明白了如何把一只蜜蜂从可乐罐中取出来。

在游戏中我们看到智力（intelligence）的表现方式，对需要和情绪的管理，对共同游戏主题的发挥及付出的努力以及对文化的复制。我们看到了合作方面的相互让步。

社会意识和性别身份的发展也是很明显的。童年的世界和游戏的世界是不可分割的。从婴儿期到成人期，游戏是显而易见的且不容置疑地占据着人类发展的核心地位。我们的目的是把游戏放在班级课程中的核心位置。在结尾的这一章中，我们回顾了我们坚信游戏作为课程规划和班级管理中心所依据的理论基础。

建构主义与发展

"建构主义"（constructivism）这个术语表达了这样一种观点，即发展并不仅仅是成熟或者身体上的生长发育，也不是环境作用的结果或者经验通过强化而在大脑上产生的印记。这个术语来自"建构"一词，意思是指儿童在知识和心理的建构中起着积极的作用。建构主义是一个教育术语，它主要来自对让·皮亚杰关于儿童发展的著作的解释。

哪些方面获得了发展

每一个撰写了关于儿童发展的著作的重要理论家都能够根据本章开头的案例给我们讲一些不同的理论。让·皮亚杰能够帮助我们理解游戏中使用的表征方法和概念的协调。乔治·赫伯特·米德能够帮助我们理解这个游戏是如何影响这三个孩子的自我意识（sense of self）的发展的。列维·维果斯基能够向我们展示儿童的集体活动是如何为他们自己创设了一个有助于他们理解力发展的环境的。这个环境是儿童所处的微观文化的发展，它有着自己的历史并与广义的文化存在交集。西格蒙德·弗洛伊德能够帮助我们理解游戏如何突出更深层面的与控制本能力量相关的情感主题。埃里克·埃里克森向我们展示了游戏中儿童的信任与自主的发展情况。例如注意希拉如何让两个男孩陪她去厕所，以及她如何恰当地告诉杰里他对她不好。约翰·杜威可能会指出这个故事中所表现出来的幼儿的能力和勤奋。

即使是在幼儿自发的和没有教师主导的最简单的游戏场景中，发展也是发生在人类成长的所有领域之中的。我们把这些领域分为智力、人格、能力和社会意识/自我意识。我们相信每一个领域都是儿童在社会、文化和历史环境中通过自发和自我主导的活动发展起来的。这就是建构主义发展观的含义。发展并不是由先天的遗传因素决定的，也不是教育或者选择性强化等社会经验直接作用的结果。智力、人格（personality）、能力和自我意识是儿童通过社会、历史和文化环境中自我调节的活动建构的。我们坚持认为上述提到的理论家在这个观点上是一致的，并且相信没有游戏就没有发展。

我们的立场可以概括为以下五点：

1. 游戏是主要的环境，智力、人格、能力和社会意识在其中得到发展和整合。
2. 这四个领域与儿童在文化和历史环境中所得到的社会经历不可分割。
3. 在这些领域中，自我主导的活动对于发展来说是必要的，并与游戏高度一致。
4. 这四个领域在功能上相互依赖，每一个都涉及游戏的所有形式。
5. 每一个领域都是通过手段—目标的协调来建构的。

手段—目标协调和发展

看待建构主义的另一种方式是思考儿童为达成既定目标所采取的手段。这被称为手段—目标协调（means-ends coordinations），它关心的是如何重新组织旧的手段以实现新的目标，或者反过来，如何采取新的手段以达成旧的目标。这类似于生物学上的进化，即旧的结构得

道具是象征性游戏的必备材料

到发展去适应新的功能，新的结构得到发展去适应旧的功能；也就是说，改变旧的手段去适应新的目标和使用新的手段来实现旧的目标。例如，早期的鱼鳃得到进化，为鱼提供氧气。最终，肺得到进化，为陆地动物的血液提供氧气。早期鱼类的鳃骨进化为哺乳动物的一个中耳骨，使它们能够听到声音。由此可见，旧的手段为新的目标服务，新的手段为旧的目标服务。

智力是发展领域中最接近皮亚杰手段—目标分析的一个领域。智力是通过手段—目标的动态协调而得到发展的这一事实，在智力和建构主义之间建立起共同的联系。在皮亚杰看来，智力不是一个像智力商数（IQ）那样可以测量的特质，而是一个适应性的理解过程。皮亚杰认为推理能力的发展是儿童适应环境的过程，而这一适应过程最终会导致儿童对事物的理解。当新经验与早期的理解方式不一致或者不相容时，就发生了改变。例如，同理解数量是由单位构成的相比，根据事物外在形态来理解数量这一点显示儿童对世界的解释较不稳定。知道重新摆放物体的顺序并不会改变它们的数量，这一点是所有文化中所有儿童普遍理解的事实，但是他们需要花费童年的大部分时间才能具备这种能力。这一发展是建构的结果而不是学习、基因

发展、社会模仿或者教育的结果。

人格也涉及手段—目标的关系，它也是建构的结果。人格是每个人维持能被人接纳的情感状态，同时还能达到目标的独特手段。它是我们保持情感稳定而又能进行目标导向的活动的方式。从某种意义上来讲，人格是个体情感自我调节的手段。每天的行动，例如跟朋友一起玩游戏、做别人期望你做的事情、上学、解决争端或者为轮流荡秋千而协商，都包括情感。管理这些情感的方式受到人格的指挥。

甚至在出生的时候，有些孩子很平静，有些很活跃，有些能够接受常规的改变，有些则不能。尽管这样的气质类型在幼儿早期就会出现，有时候一直保留到成人期，但是人格的问题更为复杂，并且以一种直接和微妙的方式与儿童的社会经历以及潜藏于所有人类活动之下的深度的情感基础紧密相连。如同智力一样，人格是建构而成的，并非生而有之。

能力是那些我们能够以可靠的方式完成活动的条件——能让我们在世界上发挥作用的能力。能力主要是通过智力塑造的，但又不能与儿童发展的其他领域分离。如同智力和人格一样，能力也与手段—目标密切相关，因为它们或者是达到目标的手段或者本身就是目标。一种能力可能是达到目标的工具，例如知道如何与他人有效地玩游戏；也可能本身就是一个目标，例如一个人参与他人游戏的策略。能力总是包括情感的，因为我们总是对我们所做的事情有感情的。情感也包括能够把我们自己的感情和他人的感情联系起来的能力，以及能够让我们规范并控制自己情感的能力。

社会意识（social consciousness），是指儿童自我意识的发展以及自我如何与跟自我接触的其他"自我"相关联。社会意识与智力、人格和能力不可分割，并且像这些领域一样，是通过手段—目标关系的协调而建构的。然而，在此，手段—目标的协调是与社会因果关系相关联的，或者与人们如何相互影响相关联的。

自我意识是通过对两种类型因果关系的理解而形成的。一种类型与我们对自己的客观理解相关，另一种类型与我们理解我们如何影响他人，以及社会环境如何影响我们相关。例如，稳定地理解自己必须考虑到我们如何影响他人以及他人如何影响我们。我们被他人的行动和观念影响，并且相应地，我们也为其他人创造同样的条件。理解这一点需要对社会因果关系中发生的手段—目标关系进行反思，也就是说，我如何影响他人，以及他人如何影响我？

建构主义与社会文化发展理论

两个重要的发展心理学家，让·皮亚杰和列维·维果斯基是同时代的人而且都是建构主义理论家。然而，他们对儿童发展持不同的观点。我们有必要理解两位重要思想家之间的一些差异和相同之处。

让·皮亚杰（1896—1980）

从反思性思维出现开始，人们就提出了"作为人意味着什么"这个问题。在历史上，这个问题曾经被抛给神学和哲学，但是在20世纪，它逐渐成为发展心理学的研究职责。瑞士心理学家让·皮亚杰在发展心理学领域里可能是唯一一个最受推崇的人。他的理论改变了我们对人类理性和心理发展的理解。

皮亚杰出生于1896年，他是一位对进化论感兴趣的生物学家。他惊奇地发现，我们的一些最基本的理解并非是通过文化传递获得或者习得的，甚至也不是来自直接的身体经验。根据皮亚杰的观点，知识的建构发生在一系列可以预测的以及普适的发展阶段（universal stages）。儿童最初的动作是感知运动模式的，后来出现的动作更多的是内部心理表征（internal mental representations）。他的理论主张，这些阶段的顺序是普遍存在的，在所有健康和活跃的人类当中都以相似的方式表现出来。

皮亚杰著名的守恒实验（conservation experiments）提供了案例，说明儿童理解力发展的几个可预测的阶段。幼儿首先对数字形成了守恒，理解了把一组物体重新排列并不会改变这组物体的数量。这是发生在幼儿末期的典型思维特征。几年之后，儿童才能够理解改变物体的形状并不会改变它的重量（即重量守恒）。再后来儿童才能理解体积守恒，明白改变物体的形状并不会改变它的体积。

发展被皮亚杰看作个体动作模式的改变，会导致内部心理一致性（internal mental consistency）的增强。这个发展的概念完全扭转了关于遗传—环境的争论。皮亚杰认为，发展中的儿童不仅仅是按照基因（遗传）发展成熟的，也不仅仅是环境影响的结果（教育），而是按照可预测的阶段逐渐进行建构的主动建构者。对于皮亚杰来说，儿童的发展遵循行动的规律和手段—目标的协调，这与热力学或者物体按照规律运动的方式是一样的。具体的发展过程对于所有的人来说都是一样的，因为行动的规律和手段—目标的协调对于所有人来说都是一样的，并不是因为人们的经历相同或者具有相同的基因。

教师可能会发现很难把皮亚杰的理论变成实际的课程，不仅因为他关注儿童的自主性和自我主导的活动，还因为他的理论中关于社会互动如何影响儿童发展的论述很少。实际上，皮亚杰没有深入解决教育和课程的问题。尽管如此，全世界的教育理论都受到皮亚杰的影响。

列维·维果斯基（1896—1934）

然而，维果斯基的理论提示我们去思考皮亚杰的理论构想中遗漏的内容，并且当今许多教育者在他的理论中寻找如何组织班级中的社会元素以实现课程目标（Bodrova & Leong，2007）。

列维·维果斯基于1896年出生于苏联，与皮亚杰同一年出生。两个人都是同时影响整个欧洲思想的新现代主义的代表人物。达尔文的进化论、弗洛伊德的潜意识理论、爱因斯坦的相对论以及马克思的经济学和社会制度理论都是19世纪末和20世纪初现代主义理论的组成部分。这是一个产生伟大思想和社会变革的时代。

维果斯基主要受到他那个时代社会理论以及伴随俄国革命而来的社会变化的影响。他对社会互动如何影响个体以及个体和社会如何受到历史和文化的影响很感兴趣。维果斯基极大地影响了苏联的心理学发展，他认为概念性的活动不能与社会经历相分离。他进而认为，这个经验是在文化—历史环境中发展的。这是他的理论信念的延伸，即认为意识活动的调整只能发生在社会环境之中（Davydov，1995）。

维果斯基认为所有的活动都发生在社会环境之中，并从后来会被内化的社会经验开始。由于维果斯基在皮亚杰出版其最重要的著作之前的1934年就去世了，所以我们无法知道这两个人是否能就个体发展的问题和社会经验的问题达成一致意见。

把皮亚杰和维果斯基的理论联系起来

那些试图理解发展和教育之间关系的人，如果能够理解皮亚杰和维果斯基的理论是如何相互补充的，将会受益匪浅（Beck，2013）。许多人认为皮亚杰是一个个人主义者，他相信发展是独立于社会经验而发生的。他们还认为维果斯基是环境主义者，他相信学习是由社会—文化—历史环境作用的结果。实际上，维果斯基和皮亚杰都是建构主义者，他们相信学习既不是社会活动直接作用的结果，也不是个体活动的结果，而是两种力量之间互动的结果。例如，皮亚杰相信如果没有与社会共识有关的并依靠于社会共识的参照系，真正的概念性活动（他指的是理性思维）是无法进行的。没有植根于社会环境中的语言、文字和数学符号，理性（rationality）是不可能产生的。人们在社会环境中必须同他人协调自己的观点，并达成共识或者形成不同观点。当一个人只从自己的视角来看待世界时，理性也是不可能产生的，因为一个单一的视角不能考虑到所有的观点（Piaget，1954，1962，1995；Vygotsky，1978）。

理解皮亚杰的这个立场对于理解皮亚杰的理论至关重要。他主要研究了人类如何获得具有必要逻辑性的和客观的可以被证实的知识。客观知识（objective knowledge）涉及我们要有能力对一些问题进行逻辑性的思考。这些问题包括空间关系；时间；时间、运动与距离的关系；几何关系；量的关系，例如数字、体积、长度和重量；因果规律以及概率。他的理论认为客观知识的获得是一个逐渐"去中心化"的过程。这一过程是一个逐渐发展的过程。在这个过程中，首先，儿童的表征能力受限于他们当前感觉到的事物。之后，儿童的表征能力虽然仍然与他们的经历相联系，但是与以前的联系相比变少了。最终，在幼儿期之后，年轻的成年人能够脱离具体的感觉和经历，完全自由地进行表征，他们还能通过使用文字这样的符号与他人进行协商。

进一步了解皮亚杰和建构主义理论

图式：同化、顺应和游戏

动作图式（action scheme）是皮亚杰理论中很重要的一个概念。图式就像电脑里的程序一样，是一个能够重复的动作模式。儿童对世界的全部了解都与他们在世界上能做的事情相关——与他们的动作图式相关。

新生儿的条件反射就是最初的图式。眨眼、抓握、吸吮、转头、伸舌头、张开嘴巴、合上嘴巴都是很好的例子。3岁时，儿童会出现更复杂的图式，例如追球或者穿衬衫，它们都是从简单的图式协调发展而来的。图式的复杂发展和图式协调（coordination of schemes）在整个发展期都会按照规律的过程持续进行下去，而且在每个阶段都会产生更复杂、更具有适应性的活动（Piaget，1963）。

儿童理解经验的普遍方式，证明了儿童对事实的建构反映了儿童的发展规律。例如，所有的儿童在某个阶段都会过于笼统地概括语言规律（"I played and I goed to the store"或者"I put the shoes on my foots"[1]），正如另一个例子中所示，所有的儿童在发展的某个阶段都会推断部分会比整体大——例如，花瓶里的玫瑰花（roses）比花

---

[1] 此处儿童要表达的是 go 的过去式 went，属于不规则动词的过去式，但是该儿童按照规则动词变化的形式说成了 goed；foot 的复数应该是 feet，但是该儿童按照名词变复数的一般规则在 foot 后面加了 s。这些都属于儿童在语言习得过程中常见的错误。——译者注

(flower)多,尽管里面只有几朵玫瑰花。所有的儿童在发展的某个阶段都会认为尽管物体只是外观发生了变化,但是它的量还是会发生改变。他们相信,把液体倒入不同形状的容器会发生量的改变,或者重新摆放一堆积木会使积木的数量发生变化。对事物的这些理解方式都是儿童自己建构的,而不是从经验中复制的。

人类需要适应环境。人类的发展受到它的驱动并由同化和顺应的双向过程组成。同化是指儿童把环境纳入自己的动作模式或图式的过程。在某种意义上说,儿童使用已经发展的能力去理解新的事件。当图式或能力不适宜并产生相反的结果时,顺应就发生了。顺应是修改图式以适应新环境的过程,它是儿童与环境互动的结果。例如,通过增加或者减少,物质的量可以改变。在儿童发展的某个阶段,他们意识到,这种认知与一种观念之间的矛盾之处。这种观念认为即使不增加也不减少物体,物体的量也会改变。这种矛盾的感觉有助于他们理解并发展量的守恒概念。

同化扭曲并改变了事物,因为它根据儿童的图式修改了世界。相反,顺应是一个屈从于现实压力的过程。皮亚杰把游戏看作同化。这反映了同化和游戏的扭曲性质之间的联系。在游戏中,假装和幻想构成了儿童所希望的整个世界。当儿童把客厅中的家具变成了宇宙飞船时,家具的性质在儿童的大脑中就被扭曲了,此时它变成了火箭的部件(Piaget,1962)。

皮亚杰把顺应看成模仿,因为在对事实的复制过程中(模仿),儿童的动作图式要适应现实。当儿童在假装一匹马并模仿马的声音时,他就是在适应马发出的声音。

尽管皮亚杰把游戏看作纯粹的同化,但是同化和顺应是不能被分开的。儿童的游戏来自同化与顺应活动的协调。随着儿童的发展,他们的游戏也在发展。游戏主题变得越来越复杂,逐渐出现越来越多的符号,社会协调作用变得更复杂,更具有合作性。

儿童发展的阶段与游戏

由于游戏无法与发展的其他方面分离开来,游戏本身必须得到发展。生命的前两年被叫作感知运动阶段,因为在这个阶段,儿童对世界的理解与他们的身体行为和感觉经验相关。游戏包括身体动作。儿童为了获得简单的乐趣,会不断地重复身体动作。在这个阶段,儿童逐渐发展出在大脑中进行表征世界的能力。这一发展包括六个明显的阶段,从出生就练习感知运动条件反射开始,到以表征功能的出现作为结束,如模仿、假装、语言等。这一阶段持续到儿童2岁左右。

感知运动游戏(sensorimotor play)缺乏象征性或假装的特点,因为假装需要只有在这一阶段末期才出现的表征能力。在这一发展的早期阶段，婴儿不能建构支持假装活动所需的象征和想象能力，如拾起一棵草并假装吃它。

第二个主要发展阶段——前运算阶段，开始于儿童出现表征能力的时候，或者儿童有能力对那些不会立即被感觉到的物体或者事件形成映像的时候。表征思维的出现是同化与顺应协调作用的结果。同化和游戏现在能够赋予由于顺应和模仿而产生的符号（symbols）以意义。创造符号的能力对于儿童的游戏主题、用于支持游戏的符号以及沟通游戏目的和方式的手段具有深刻的影响。这一时期的游戏并不能代替感知运动游戏，而是需要融入感知运动游戏来创造更多可能的行动（Piaget，1962）。

在前运算阶段，儿童会形成稳定性有限的一些概念。儿童每天从具体的和熟悉的（如妈妈和爸爸、哥哥和姐姐）到抽象的（如数字、时间、动作、测量）事物中理解的一些概念还不稳定，而且常常还会面临遇到矛盾的危险，因为幼儿会从特定事物到特定事物进行推理，而不是把特定事物与全部可能的事物进行联系。例如，妈妈在某一时刻可能是一个会帮助你的人，尽管并非所有帮助你的人都是妈妈，而且并不是所有的妈妈都会帮助你。而在另一刻，妈妈可能是一个带着宝宝的任何人，即使这种关系不是母婴关系（Piaget，1966）。

皮亚杰详细论述了前概念阶段的这个事实，即游戏是主要的，也是最适合儿童表达自己以及调节自己情绪或者理解自己情绪的方式。游戏这个媒介既能让儿童对情绪进行直接的表达，也能让儿童排除并探索不愉快的情绪体验，甚至根据自己的喜好决定去改变现实的程度（Piaget，1962）。

第三个阶段，具体运算阶段大约开始于6—7岁时，其特点是稳定的概念的出现。真正的概念化的推理，是通过逐渐发展的不可逆转的同化与顺应之间的协调带来的。反过来，这也通过语言和其他表征系统使社会协调得到了促进。其他人可能同意也可能不同意这个表征系统。这些综合过程使儿童能够从直接感觉经验变得去中心化。这些感觉包括想象力、理解力、情绪和实践行为。这些去中心化的过程能够让儿童形成超越个人经验和表征符号的概念（Piaget，1962，1995）。

但是因为6—7岁这一阶段的儿童的社会协调能力以及成功地复制事实的能力越来越强，游戏对于儿童的发展来说仍然是必要的。这可以在正规的规则游戏或者他们对建构模型的兴趣中看到。

由于概念推理提供了新的思维力量，7—8岁的儿童更容易通过使用词汇和概念，而不是通过纯粹的游戏进行表达、规范并理解情绪。然而，游戏、假装和幻想对于儿童情绪的自我管理来说仍然是重要的内容。

第四个主要的阶段是形式运算阶段。这个时期的儿童能够详细阐述假设的可能，或者从理论上来讲，能够解释假设的可能（hypothetical possible），能够详细阐述科学或者逻辑手段，并能详细阐述在对立的假设之间进行判断的科学或者逻辑手段。游戏的全部早期形式仍然是青少年生活的一部分，但是在形式运算阶段，游戏融入在复杂的工作之中。在此阶段，把事情变得"像真的工作一样"的真实工作任务，与其他人合作完成的青年小组活动是这个阶段与游戏相关的活动的例子。此时，情绪可以成为反映逐渐扩展的理解人类经验本质的活动焦点。

对事实的建构

对事实的建构是指逐渐以一种可靠的逻辑的方式解读经验和情感。这能使儿童进行准确的预测。

例如，我们知道从一个容器中把液体倒入另一个容器中并不能改变它的量。我们还知道如果不采取行动，如果我们想把液体倒回原来的容器中，它会占据原来量的空间。

正如前面所提到的，皮亚杰对我们如何建构对时间的客观或者理性的理解（事件暂时的顺序）、物体（区分对不同的、单独的实体的感觉）、空间（物体的相对运动和位置）和因果关系（事件之间必然联系的属性）感兴趣。在每一个领域中，人类的智力最终会形成客观的理解。然而，从婴儿的理解到最高级的科学家的理解，这些理解不断深入。毕竟，现代科学是对物体、时间、空间和因果关系的本质的理解的持续不断的探索。这一探索永无止境，因为每一个新的理解都为进一步提出问题创造了条件。

2岁的时候，大多数儿童都能建构起有限而又可信的理解力，认为物体是永恒的存在，它按照空间和时间加以组织，并且是按因果关系联系起来的。即使这个看似简单的理解也是逐渐建构的。想象一个14个月大的儿童坐在地板上。他的妈妈一直在看着他，这时向他的右侧靠近，并从他的后面走过去。这个婴儿向左边转头，期望看到他的妈妈重新出现在那里。这种行为表明物体、时间和空间被组

在游戏中，情绪、智力和社会生活都融合在一起

织在一起，物体在那里持续存在，尽管它们随着时间的推移会出现也会消失；这个孩子会意识到他和妈妈存在于一个空间，在那里，同样的目标可以通过不同的路径得以实现。他期望在他的妈妈的空间轨迹中找到那一个点，不是通过视觉追随她，而是采取一个替代性的路线。

这个简单的理解需要多个月的时间才能得以形成，它是更复杂的思维组织的前期表现形式，以逻辑—数理协调为特点。找到隐藏在其他物体之内或者之下的物体，在房子周围找到自己的路，知道把球扔过篱笆会对那只正在跟他玩接球的狗造成障碍，以及通过不同的路径都能到达同一个地点，这些都证明了对空间的理解能力。在这个理解中，要协调定位（空间中的位置）与位移（位置的改变）之间的关系。协调位置与位置的改变是逻辑—数理思维的一种早期形式。它使幼儿具备在附近的空间解决问题的能力，在幼儿成长到感知运动阶段末期的时候，我们能够观察到这种能力。能够理解无论物体出现还是不出现在面前都会继续存在的能力，标志着儿童初步具备了守恒能力。此时，虽然感觉到的环境发生了变化，但是有些东西还是保持不变。这是能够使幼儿对空间、时间、因果关系和物体恒常性的最初建构成为可能的感知运动动作的可逆协调。这个认知成就对整个儿童都有影响，也能被看到，例如，分离焦虑的出现，与物体恒常性的出现是一致的。

在入学初期，我们看到儿童对事物理解能力的进步。儿童开始理解可以按照各种方式对事物进行排列。例如，可以按照从最少到最多的顺序对物体进行排列。这可以在儿童对时间和数字（例如，历史、年龄、日历）的理解中反映出来。部分—整体关系的协调（coordination of part-whole relations）开始出现，此时幼儿开始理解整体是由部分构成的，整体可以分成部分，并且部分可以组合成整体。这种现象可以在儿童对词汇的理解中（"班上的孩子比男孩多，因为有些同学是女孩"）以及算数（"7比4大，因为如果7减去4，你还剩下3"）中看到。

由于儿童的理解是按照逻辑组织起来的，所以我们把儿童的思维看作动态的，意思是儿童大脑内部进行的协调是按照可逆的运算（reversible operations）系统进行组织的。这个系统能够让概念保持稳定，进而保持客观推理的状态。运算的例子见于部分—整体关系的可逆协调以及顺序关系之中。例如，两个部分合起来可以产生整体（A+B=C），整体（C）可以被分成部分（A 和 B）。

社会经验和对事实的建构

正如前文所述，皮亚杰努力说明儿童用被称作客观知识所表达出来的对事实的建构，是通过儿童的内部调节建构的。因为这些内部调节的规律被认为是普适性的，知识的集体性存在于所有的人中。然而，维果斯基认为所有的概念性知识首先都是在社会互动中遇到的。如果儿童的发展依赖于社会经验，那么来自不同文化和不同社会经历的人可能得到不同的发展。皮亚杰和维果斯基的理论相互补充，表明个体内部以及人际之间的力量如何构成了儿童的发展。

皮亚杰详细论述了儿童的发展存在两个主题，每一个主题都是由最终会发展成稳定概念的协调构成的。一个主题是儿童的内部调节，另一个主题是与他人合作。社会协调是能够让我们同意或者不同意另一个人的意见的条件，或者是让我们与他人进行合作或者竞争的条件。皮亚杰主张这两个加工过程是密不可分的，也是同化与顺应的不同的、简单的两个方面。此外，他认为发展的这两个方面都是按照有规律的过程发展的。如同思维动作，社会行动也是按照逻辑—运作的系统组织起来的。社会经历可能会提供不同的观点——同意和不同意以及理解和不理解。其中的每一个方面都会影响我们的思维调节过程。有时候，他人与我们一致，有时候他人与我们相冲突的智力会参与到我们自己智力发展的过程之中（Piaget，1995）。

儿童理性思考能力的发展与社会生活联系在一起。最终，儿童推理的能力一定来自儿童自己的视角并综合了他人的视角。这个与他人一致而又不一致的过程取决于一种表征事实的手段。这种手段没有单独的表征手段（实用的知识、图像、理解、情绪、梦想和潜意识符号）。它依赖于一个社会公认的表征系统，如语言所提供的表征系统（Piaget，1962）。

一个儿童可能已经具备某些思维运算能力，但是这种能力并不一定会按照其所在文化中运算所需要的知识形式呈现出来。例如，全世界大多数8岁儿童都已经具备了理解简单加法必需的运算能力。然而，其中只有一些儿童知道算式4+9=13的答案。对于这个儿童要使用的智力或者其所在的特定文化形式表达自己的智力，这个儿童必须具有该文化形式的经验，并作为一种能力，以这些形式表达他的理解。这就是学校教育以及其他非正式和社会传递机制的工作。那些无人辅导过的儿童的大脑具备理解一些事物的智力，但是如果不具备以符合文化的方式来表达理解能力，这个孩子将不能以该文化中的语言展示或者表达他的理解。

我们所学习的内容无法与社会经验割裂开来。经验只发生在特定的历史文化时刻，发生在特定的价值观以及工作和游戏的模式范围内，并使用特定的文化表征手段。因此，尽管智力可能通过有规律的图式协调而产生，但是被协调的是动作和表征，而且这些是与社会经验无法分割的。因此，不同文化和历史环境中的人们可能通过相同的基本发展阶段（developmental stages）得到发展，并且在日常生活中有不同的表达智力的方式。这是因为日常生活的需要在各种文化、社会和历史时期之间是不同的。此外，人类知识的大部分内容都不受严肃的逻辑话语支配，它们受到更复杂的不一致的话语支配。例如，科学企图把共同的兴趣带到逻辑法则和数学推理所支配的话语情境之中，即便如此，科学也要通过复杂的论证、争论、批判和评论以及修正而得以逐渐发展。

游戏与发展

在下面的内容中，我们总结游戏与我们所探讨的儿童的四个发展领域——智力、人格、能力和社会意识之间的关系。

游戏与智力的发展

儿童的自然活动有助于他们的智力发展。幼儿期的自然活动几乎毫无例外地与游戏相关，因为非游戏活动需要一种理解方式以及一种幼儿期尚不具备的指导某人活动的方式。在幼儿时期，儿童智力的特点是同化与顺应之间缺乏协调性。儿童对世界的理解具有很多矛盾和波动之处。由此导致的儿童理解能力和行为上的改变永远都不足以抵挡不断出现的不确定性和矛盾。儿童智力结构不断和持续改变的特点是连续进行协调活动，或者在同化、顺应和社会协调之间保持平衡（equilibrium）。然而，直到幼儿末期这一平衡能力才能够保持稳定，才能够创造概念上一致并且具有逻辑顺序的世界。在此之前，该儿童不断地加工相互矛盾的信息。比如，一块大积木不能放到一个小洞里，但是一个大的圣诞老人却能从一个小烟囱里爬出来。儿童相信的类似事物数不胜数。

直到儿童达到了这一平衡状态，该儿童的智力活动还一直限制在大的游戏范围内，因为他们对世界还不能形成客观的、可靠的和稳定的观念。在儿童当下的观念中，总是有一个从属的世界。从某种意义上来说，由于儿童按照自己期望的样子来理解世界，我们说儿童受到游戏的限制。在游戏中，工作和实践与假装、幻想和模仿联系在一起。

简而言之，通过自我主导的活动和自然的活动，儿童的智力得到了发展。这些活动是与游戏相关的，因为所有幼儿的活动都倾向于那个对于现实的自我来说从属的世界。这个世界缺乏真实的工作手段——同化和顺应在这个世界进行可靠的协调，而智力也在这个世界与他人进行协调。儿童被迫进入一种游戏的模式。在这种模式中，以目标为导向的活动分裂成幻想，把握现实的努力让位于假装的活动，调和各种视角的尝试也服从于儿童当下的、真实的兴趣或者视角。因此，关于智力的一个真理是，儿童必然也必须玩到他能够工作的那一天。这是在游戏中而不是在工作中的实习，这种游戏终究会在某一天让儿童成为理解力很强的工作者。

游戏与人格的发展

儿童全部的需要和情感都是在游戏中被安排和表达的。他们的游戏主题包括抛弃、死亡、权利、接纳和拒绝。在游戏中，儿童的情感得到了练习并与他们的需要联系起来，但是在被抛弃的真实恐惧和在游戏中表达出的幻想（"假装我们的妈妈都死了，只剩下我们了"）之间存在假想的缓冲。

游戏、人格和智力是相辅相成的，他们是不可分割的，都与情感密切相关。游戏不仅仅是儿童投入其中的可能的活动之一——把游戏说成对儿童人格、智力和情感的一种表达会更确切一些。

人格和智力在某些方面也是类似的。在这里，我们发现了健康的人格和健康的游戏表达方式之间的有力关系。建构主义的一个原则是，当儿童试图理解这个世界时，他们的智力变得更加具有建构性。然而，有些时候，人格和对情绪的调节能力仍然未得到发展。对于一些儿童来说，生活的过程会产生适应性良好、结构化强、健康的人格；对于另一些儿童来说，童年早期不完整的人格会持续一生。

一个叫作反思性抽象（reflective abstraction）的过程在智力之中是不可避免的，也是必要的，但是在人格和对情绪的调节中却是可避免的。皮亚杰创造了反思性抽象这个概念，用来描述智力在发展阶梯上提升自己的方式。在反思性抽象中，儿童通过表征活动，使未被意识到的或者未被认可的关系呈现出已经被认可的形式。这些活动和关系使实践行为成为可能。也就是说，一个自然的、调节的过程仅仅通过把未被意识到的想法加入要表征的重点内容就能够促进智力的发展（Piaget，1977）。

例如，在教育他人的时候，作为成人我们能感受到反思性抽象的力量。教学要求我们找到一种向他人呈现我们已知事物的方式。当我们把实践的知识变成表征的形式时，我们就抽象出潜藏在我们所拥有的实践知识之下的规则。例如，在发展过程中，我们可能会发现，一个能够理解数量守恒（例如硬币）的儿童，还无法理解液体从一个容器倒入另一个不同形状的容器中时，它的量不会改变。尽管对于量的守恒仍然感到困惑，但是这个儿童或许能够看出来把一罐硬币倒入另一个罐子，硬币的数量不会改变。在这个例子中，儿童反映出来的早期理解能力有助于他们从早期的不平衡状态发展成为晚期阶段能够理解液体守恒的相对平衡的状态。

一个类似反思性抽象的过程对于人格及其情绪的调节是必要的。一个儿童的人格会向着心理需要和在这个世界上可能的互动平衡的方向发展。这个过程在儿童能够有意识地表征潜在的需要和情绪时会进一步得到发展。在智力中，反思性抽象是不可避免的，因为为了达到这些目标，儿童需要制订目标并精心安排实现这些目标的手段。它迫使儿童表征这些目标并在可能的行动和如何实现目标之间建立起联系。

例如，在试着把项链装入纸杯时，一个18个月大的儿童在项链被杯子边沿卡住，进而把杯子弄翻时可能会想象正在发生什么事情。这个孩子可能能够成功地把项链团成一团，然后把它放入杯子里。通过这种方式，幼儿表征了自己的目标（把项链装进杯子）、遇到的障碍（项链把杯子弄翻了）、解决办法（把项链团成一团）。在人格发展方面，内在的自我能够保持潜意识、被压抑状态，使处于潜意识并终身没有显示的动作模式保持稳定。例如，一个儿童可能会发展出某种人格，作为适应家庭冲突或者解决家庭冲突的一种方式。尽管这个发展可能是一种应对机制，可能是被压抑的结果，可能也无法供儿童进行反思。

智力和人格之间的平行关系是通过常见的手段——目标协调过程和反思性抽象过程建立的。为了让人格得到持续发展，它需要不断地融入反思性活动之中。象征性游戏是儿童表征情绪需要和忧虑的方式，也是这些需要和忧虑如何得到解决的方式。成人可能会依靠治疗、分析、意识、艺术或者工作来发展人格，但是儿童却依靠游戏来发展人格。这指出了游戏在儿童生活中所占据的关键性和必要的作用。通过游戏中自由的和不受限制的过程——不受限制是因为它不受禁止，并根据当下的需要和兴趣修改现实——儿童把被表征的形式带入了自我的潜意识和内部心理世界中。

游戏与能力的发展

在幼儿期，儿童能够发展令人吃惊的智力、身体能力、社会性和情绪能力。新生儿是无助的，仅具有最基本的反射性感知运动能力，例如吸吮、抓握或者看物体，其余的能力全都不具备。就连人类最简单的能力，婴儿在出生时都不具备，例如把毯子从面部移开或者有目的地抓住一个物体。

当他们上幼儿园的时候，儿童已经获得了控制身体的能力；他们能够自己吃饭、自己穿衣服，能够跳跃、爬和跑；他们掌握了一种语言和广泛的表征能力；他们能够发起社会互动，开始学习如何调节情绪并表达需要和情感，已经学会哪些是被接受的和哪些是不被接受的，并具备了解决问题的能力。简而言之，幼儿园的儿童已经具备了作为人类的明显的品质。再大一些的儿童其自己吃饭和穿衣服的能力更强。他们会单腿跳和双腿跳。他们不仅会用语言进行模仿，还能与他人保持互动，解决复杂的情绪问题。这些能力的持续发展与游戏密切相关。

许多能力都属于感知运动图式范围，把感觉和肌肉的使用综合在了一起。最明显的例子就是吃饭、穿衣服、奔跑和单腿跳，甚至说话，都是复杂的感知运动活动。其他的能力不属于感知运动能力，相反却涉及可能的动作的内部表征，具有表征性和抽象性。儿童思考、解决问题以及同他人协调游戏的能力都是很好的例子。无论这些能力属于感知运动范畴还是表征范畴，它们的发展都依靠多种形式的游戏，最明显的就是功能性的实践。所有获得的图式，无论是否是感知运动的图式，都是重复的。重复新获得的技能能够带给幼儿欢愉。儿童通过使用母语发出声音来玩游戏，通过大肌肉动作或者小肌肉动作来玩游戏，例如单腿跳或者穿衣服，而且一般都喜欢探索并练习那些新获得的智力。

除了为获得能力而进行的功能性练习外，游戏还能为其提供环境和意义。儿童把他们刚出现的能力融入游戏活动之中，这种游戏活动常常是与他人一起进行的。因此，这些游戏活动不仅使他们的表述更清晰，而且使其更有意义。例如娃娃家的游戏可能包含母亲和家庭的主题，积木游戏可能包含建构和破坏性的主题。户外游戏可能包含跑、双脚跳和单脚跳的游戏。这种在背景中产生的意义包括游戏的幻想和假装的要素，因此可能被当作象征性游戏。在游戏中，儿童要么创造一个符号（例如，使用一盘沙子代表一盘食物），要么创造一幅有意义的挂毯——在这个挂毯上各种各样的符号被编织成一个有意义的整体。

游戏的另一个作用关系到能力的社会化。在有些情况下，正如发起和保持互动或者戏剧性游戏主题一样，它们本身就是社会能力。在其他情况下，这些能力本身不是社会能力，但是能够被综合在一起去满足社会需要。例如，在户外的追逐打闹游戏中，大肌肉活动、语言、解决问题以及考虑他人的需要的能力与文化中的英雄人物综合在一起。

形成社会关系的能力是一个极为复杂的过程，而且发展得也很慢。在这些社会关系中，为了达到目标，小组成员之间能够确立共同的目标并进行共同活动是协调的结果。它开始于儿童一起亲密地玩游戏，可能只是为了最终彼此一起玩游戏，但是没有共同的主题或者目的。然后，它发展到试图建立并保持共同的目的，但是在游戏的方向、态度和角色方面不断地发生变化。最后，社会关系发展成为具有一致目的、方向、态度、角色；具有情绪兼容性的、可持续的和协调的游戏。这些广泛的能力几乎就是社会化的同义词，从本质上来讲就是儿童游戏的发展。

总之，能力在情绪面前就是智力和人格的表现。它们代表了儿童在需要和情绪的背景之内控制手段—目标关系的能力，还代表了儿童形成参与自己文化手段的能力。他们的发展始于与游戏相关的活动，它提供了功能性练习；背景化和意义；社会化。

游戏与社会自我的发展

从出生开始我们就是一些个体，然而我们的身份——自我意识——必须被建构、经过许多阶段逐渐发展起来。在最初的几个月里，婴儿无法把自己和他们周围的环境区分开来，因为他们缺少有目的地与世界互动的能力。例如，婴儿有目的地对物体或者他人施加影响的能力有限，因为他们无法区分他们自己造成的结果和他人造成的结果之间的区别（Piaget，1954）。如果无法意识到一个人会造成什么结果，就不可能产生真实的自我意识。因此儿童会经历智力的各个阶段，慢慢从开始的未分化转向逐渐意识到自我——作为结果的原因和作为原因的结果。

由于自我意识必然是与因果关系联系在一起的（自我既是原因也是结果），它的发展经历了两条路，每一条路都有自己的结果——然而，由于他们共同的起源，其结果也是不可分割的。一方面是认识能力的发展，即认识到自己能做什么或者自己是谁（即对自己的智力、人格和能力的意识）。另一方面是逐渐理解他人的动作如何影响自己以及我们如何影响他人。第一，发展的终点是客观的自我，一种通过逐渐脱去自我中心的外衣，接近一个不偏激的、客观的立场而取得进步的对自我的意识——在这种立场中，自我意识不断地对他人如何看待自己做出反应。在游戏的环境中，儿童能够学会把他人的观点整合到自己的意识之中。第二，发展的终点是一个对自我的概括，具备一种意识到自己作为他人之中的一个社会客体的能力。此时，能够理解"自我"与他人之间的相互关系，对于一个人来说是真实的，对于他人来说也是真实的，反之亦然（Mead，1934）。

自我意识可能是人类发展最有趣、最深奥的方面，因为其终点并不仅仅是自我，而是能够使人类产生伦理、道德、甚至精神条件的一种社会意识。正是由于自我意识及其与社会良知发展之间的紧密联系，才使我们开始理解社会经验与培养健康的发展和健康的道德社会秩序的社会条件之间的必要联系。

从一开始，自我意识的发展就与游戏联系在一起，其中自我效能得到了探索，自己的观点与他人的观点得到了协调，每天遇到的社会协作问题也都被解决了。游戏是人类最深奥，也是最必要的能力的基础——把个体的精神编织进入社会组织之中。

游戏在童年和社会中的意义

游戏是如何为儿童最终成为完整的社会成员而做出贡献的？我们相信童年的世界与游戏的世界是不可分的，并且游戏对于儿童的社会、情绪和智力的发展都是至关重要的。同时，我们也知道如果只让儿童游戏，那么他们在成人世界发挥作用的基本能力不会得到发展。为什么是游戏而不是工作——游戏而不是跟成人一样的模式，游戏而不是与权威的一致性——成为儿童发展的主要力量呢？

游戏与社会上的工作

我们需要把儿童的工作和社会上的工作加以区分。前者包括许多情况，由儿童确定目标和手段，例如，一个婴儿使用一个棍子取回一个物体，一个学步儿为拼拼图而工作，或者一个学龄儿童为理解一个规则游戏而工作。后者也包括许多情况，工作的目的和预期的结果以及手段，甚至工作的成功都是由外部因素决定的。

尽管这两种形式的工作都很重要并且常常融合在一起，但是它们在儿童的发展中具有不同的地位。因为我们把儿童的工作看作自我主导的活动，从定义上来讲，它是以自身为目的的（autotelic），或者其内部包含着自己的方向和目的。儿童必须面对的社会上的工作是外部赋予目的的（heterotelic），工作的方向和目的都是由外部强加的。尽管儿童也可能从事两种形式的工作，本身具有目的的活动对于发展来说至关重要，因为动态的发展包括世界对儿童的拒绝所带来的调整或修改。从某种意义上来说，儿童是根据自己所知的事物来对待这个世界的，但是那常常是不适宜的，儿童所知的事物必须加以修改，这就是同化和顺应。例如，当儿童发现他们因未达到目标而受到挫折时，他们会根据内部经验把目标、障碍以及克服障碍的手段都综合在一起。

从本质上来说，儿童对世界的同化与相应的顺应过程的动态作用，其本身是具有目的的，因为他们能够理解存在的不适宜性，并有进行修改的愿望，这些都是内省的智力（在儿童内部发生的），而不是人际智力（在儿童外部发生的）。我们认为，作为发展的来源的游戏优于工作，因为发展会伴随儿童自身具有目的性的工作。在幼儿期这种自身具有目的性的工作与游戏联系在一起，并从属于游戏。

在儿童的学校教育中，我们必须把儿童的工作和社会上的工作加以融合。我们必须让儿童在完整地经历内部矛盾中找到平衡。这种矛盾存在于他们已知的事物和新经验的挑战之间。我们使用"游戏"这个术语来描述环境的特征，在这种环境中儿童才能达到最佳的平衡。这并不意味着我们不应该对我们所照料的儿童的预期学习结果进行规定。然而，它确实意味着这样做的时候，我们必须永远都不要忽略驱动儿童发展的能量和兴趣。因此，我们努力把标准的问题放在综合性的、完整的学校环境之中，例如，在发展适宜性实践范畴内。

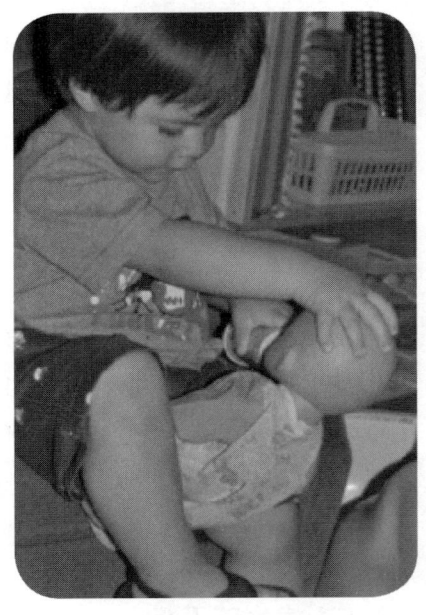

通过玩表征性玩具，儿童探究着他们的文化

自主性作为发展的背景

儿童生活在两个不可分割，同时又不可调和的世界之中：成人的世界和同伴的世界。成人的世界把一切强加给儿童，创造了一个他律的（heteronomous）而不是自律的（autonomous）环境。其中行为规范由成人来设计并完全来自儿童不能控制或理解的外部世界。例如，一个成人可能告诉一个孩子要公平游戏，但是这并不意味着这个孩子必然理解为什么公平游戏很重要或者如何做到公平。

另一方面，同伴的世界构成了一个自主的环境，而不是他律的环境。儿童在这里能够创造他们自己的规则和行为规范，由他们自己决定什么是公平、公正以及在当下的环境中什么是适宜的。在这个世界里，他们检验自己的愿望能够延伸到何处，他们精心安排反对成人限制的斗争。

皮亚杰进行了有力的论述，认为是自主性而不是他律创造了社会、道德和伦理发展的环境。自主性对于真正的社会协调来说是至关重要的——也就是说，我们自己的活动与他人需要之间的协调（Piaget, 1965c）。这样的协调需要互惠性（reciprocity），社会团体的成员在其中是地位平等的，能够表达共同的需要以及共同认可的相互参考的框架。儿童和成人之间取得这种相互关系只是部分地由于儿童永远都不能与成人真正地地位平等。我们一定想弄清楚儿童如何通过他们的自主探寻，最终获得了能够把他们与成人分开的成人所具有的特质。通过以下三个答案我们会发现，儿童的自主性在课程中具有重要地位。

首先，儿童的工作和游戏都是他们想使自己达到他们认为自己将会（或者必须）变成的样子。教室构成了一个能够证明融合了儿童现在的发展水平和成人世界期待的发展水平的微型文化。对于儿童来说，什么都没有比参与成人的世界更重要——获得他们的兴趣、关注、保护和接纳。因此，即使被允许去探索他们自己的兴趣，儿童主要还是探寻与我们的期待相符合的兴趣。

其次，自主性对于儿童的发展来说是必要的，因为社会协调（所有知识的分享都是一种社会协调）实际上依赖于儿童的自主性。在协调当中，每一个当事人都必须把另一部分人考虑在内。他们必须按照规则进行协调，这些规则要符合自己的目的，被其他的参与者所理解，并且不能强加给他人。

最后，社会自主性产生了最近发展区。我们在第2章探讨过维果斯基的最近发展区理论。维果斯基使用最近发展区的概念描述社会空间的特点。在这个空间中，儿童解决社会问题的能力与儿童的发展水平足够接近，使儿童能够在这些不平衡的发展中受益。正是在最近发展区才发生了正式的和非正式的教学，因为只有在这个区里，"外面"所发生的事情才能够影响到"里面"所发生的事情（Vygotsky，1967）。

社会关系中的自主性产生了一个最近发展区。同伴处于一个同等的发展水平，有共同的焦点、兴趣，因此，能共同促进彼此的发展。来源于同伴关系中的儿童所做的坏事适合在最近发展区里解决，在这里，同伴之间的活动所产生的问题和任务能够适当地刺激个体儿童的发展。

发展、发展适宜性实践和游戏

在历史上，美国的幼儿教育并非儿童所能普遍获得的经历。在20世纪60年代中期，美国国会决定只有把学前教育纳入其中，才能在全国范围内打破贫困的循环。这就是"开端计划"（Head Start）的开始。几乎在半个世纪之后，该计划还在为多样性的人口提供高质量的幼儿教育。其他的社会力量，例如工作的母亲的数量的增加，也促使更多儿童获得学前教育的经历。

作为参与全国性学前教育运动的一部分，全美幼教协会成立了。早期的会长之一，米丽·艾尔米也是美国第一个研究皮亚杰的教育者。艾尔米在美国幼儿身上做了皮亚杰在瑞士儿童身上进行的研究工作（Almy，1967）。

随着全美幼教协会在幼儿教育中发挥越来越大的作用，它开始特别强调发展适宜性实践。它还把"幼儿期"定义为从出生至8岁。这不是武断的定义。皮亚杰的理论显示，尽管学校教育在许多国家开始于6—7岁，但是这个阶段的儿童才刚刚开始使用概念推理来解释自己的经验。例如，儿童在幼儿期仅仅部分地形成了"一些和全部""更多和更少""相同和不同"等概念。因此，这个阶段的儿童还无法确切地理解数字、时间、空间、因果关系、历史、几何图形、分类、排序等。尽管对皮亚杰的理论存在批判，但是毫无疑问，幼儿阶段的儿童对这些概念的理解普遍存在困难。正如我们所认为的，全美幼教协会认为幼儿期发展的特点决定了我们需要对幼儿教育实践给予特殊的关注。这些关注被全美幼教协会描述为发展适宜性实践。

我们认同发展适宜性实践，但是我们更想表达我们的信念，即游戏在幼儿发展中起着核心作用，而且游戏为综合而全面的幼儿教育课程提供了一个理想的基础。我们的意思是，通过一个"综合的"课程将学习结果融合在课程之中，例如，读写。我们还想表达的是，通过"全面的"课程，我们强调培养在社会、情感和智力发展方面以及在能力和自我意识方面全面发展的儿童。幼儿期与幼儿在学校接受教育的年限重叠的事实并没有阻止我们把游戏放在课程的中心的信念。我们认为自发游戏和自主性活动在幼儿园是非常重要的。我们相信把教师指导的游戏、教师主导的游戏和儿童自发的游戏在小学低年级进行融合是有价值的课程。

对我们自己以及儿童的期待：标准

在过去的20年里，美国一直致力于为幼儿园至12年级的学生开发课程标准。州教育目标一直致力于为所有儿童提供高质量的教育经验。就其本身而言，它是引导"开端计划"和其他早期干预项目的许多相同力量的继续。课程标准被看作明确课程内容，提高对所有幼儿的教育期待，确保对公立教育的问责制的一种方式（Kendall & Marzano，2004）。从这一视角来看，学习标准是为我们所照料的所有儿童提供高质量教育要求的一部分。

然而，任何机会都存在风险。全美幼教协会在2012年回应采取州共同核心课程标准时指出了这些风险。我们认为最大的风险在于，许多教育团体会发现它向传统幼儿教育价值观提出了挑战，同时它需要对与我们了解的幼儿发展与学习不一致的学业标准进行问责。特别是那些认可以游戏为中心的课程价值的教育者如何向各利益相关者保证，他们还能够使儿童获得满意的学业期待（不具有发展适宜性）？我们担心在缺乏研究和证据的情况下去支持早期学习标准和州共同核心课程标准，会导致多数幼儿的利益受损。在综合性的、全面的课程中尊重儿童的选择和兴趣，受到教师只教给儿童孤立的知识和概念的压力的威胁。在资源分配和工作发展前景都与责任有关的环境中，造成这一威胁的教师人数所占的比例是很大的。关于教室中的实践研究表明了这一威胁对学生和教师的影响（例如：Genishi, Dyson, & Russo, 2011；Wien, 2004）。我们见证了太多的事实，在学业标准运动的推动之下，个人、学校甚至社区表现得都不好。

我们主张作为幼儿教育工作者我们的责任是，表明以游戏为中心的课程能够达到我们为幼儿设定的发展适宜性的目标。我们相信，这是对于游戏在童年和社会中的意义的最好的阐述。这份责任会让我们在更广泛的社会中倡导以游戏为中心的课程，在特定的教育项目中为我们所服务的幼儿倡导游戏。

作为游戏倡导者的幼儿教育专业人士

本章的核心目的是支持那些高效的、见多识广的且致力于倡导游戏的幼儿教育工作者。在第1章中，我们强调倡导游戏涉及专业的幼儿教育实践以及一系列促进游戏的活动。这一系列活动包括每日发生的个人层面的活动以及我们影响公共政策的工作方式。我们建议利用一个文件夹或者"促进幼儿游戏的工具包"来有效地组织教育观念、经验和资源。这些都是真实的以及具有隐喻意义的促进游戏的工具。每一章都涵盖了一些关于游戏在学习和发展中的核心作用的补充信息、视角、资源和案例。我们在本书的末尾总结了一些你可以直接使用的资源。

行动的资源

许多机构都能提供关于游戏在儿童发展和学习中的重要性的免费资料和视频。许多地方机构会举办关于游戏的活动和会议，让人们自愿付出时间和专业知识来促进游戏。创办你自己的倡导游戏的地区性组织。

分享我们倡导游戏的故事

通过本书，教师们分享了他们自己每天在与家庭、同事和管理者交流时倡导游戏的方式。有些人解释了他们如何参与到在学校和学区层面制定政策的委员会中的经历。在整个美国，幼儿教育工作者都处在倡导有利于儿童生活的政策的前沿。

对于儿童的发展和健康构成风险的是户外游戏时间的减少。许多学校和学区已经取消了课间休息时间,使它根本就不再存在于K—2年级的教育之中。在专栏文章《倡导行动:倡导课间休息》中,桑德拉·维特-斯图皮安斯基(Sandra Waite-Stupiansky)描述了她和其他人为倡导课间休息时间而采取的成功的行动。

> **成为一个见多识广的游戏倡导者**
>
> **倡导行动:倡导课间休息**
>
> 当我们的家庭搬到一个新地区时,我吃惊地发现我的孩子们所在的小学不提供定期的课间休息时间。我问了一圈,发现一些家长也很担心缺乏户外游戏的后果。有10多个家长每周六早上都会在喝咖啡的时间见面,讨论学校何时以及为什么取消了课间休息时间。一些人浏览了专业文献,找到了关于课间休息对于儿童的学业、社会性、身体以及情感技能发展的有效性的研究(积极的和消极的)。一组人员招募了一些母亲,每天快速完成一个问卷,询问她们的孩子当天是否有外出活动时间。她们记录了2周内特定日期的数据,我们得以看到学校的活动模式,以及各年级课间休息的情况。没有专门记录个别教师或者儿童的情况。
>
> 然后,我们小组的成员分散开,去和那些熟人以及对儿童健康感兴趣的专业人士交谈,如医生、心理专家、教育者、家长、牧师以及其他人。我们邀请愿意给当地报纸的编辑写一封信的人,阐述他们关于课间休息对于小学生的价值的观点。信件蜂拥而至,报纸每天都刊登几封信件,直到报纸的编辑感到要被迫写一个编者按恳请学校教育委员会"把课间休息时间还给孩子们"。
>
> 当我们对这个事情了如指掌的时候,我们要求参加学校教育委员会的会议。学校教育委员会同意只让我们发言10分钟。我们感到整个学区所有儿童在我们肩头的分量!我们在PPT展示中总结了我们从文献综述、立场声明以及我们自己收集的有关2周内儿童在户外活动中花费的时间的数据中得出的结论,阐述了我们的案例研究。学校教育委员会的回答是绝对积极的,当晚投票表决在下一个学年恢复课间休息时间。
>
> 这件事发生在10多年前。我很高兴向大家报告,这个小学的儿童现在仍然还有课间休息时间。这个倡导课间休息的经历教会我们成功地倡导活动需要与利益相关者联系,明确问题,获取可用资源,并随着时间的推移耐心地坚持下去。

通过游戏倡导游戏

我们分享的关于在教育项目层面促进以游戏为中心课程的一些生动的故事包括通过游戏倡导游戏。教师和管理者一致认为针对家庭的最成功的工作坊和学校开放日趣味性强而且信息丰富。我们最喜欢让家庭成员制作玩具和开发游戏并能带回家庭的工作坊,以及在学校为儿童制作游戏、拼图、化妆服、积木以及其他游戏材料的工作坊。《从游戏到实践:把教师的游戏和儿童的学习联系起来》(*From Play to Practice: Connecting Teachers' Play to Children's Learning*)一书中提出的有关工作坊的创意,可以让家庭成员把他们操作材料的游戏与儿童的学习联系起来(Nell &

Drew, with D. E. Bush, 2013）。

一个地方游戏联合会包括来自社会组织、教师、教育管理者、健康专业人员以及城市公园和休闲中心协调者的成员。他们从识别儿童的需要开始：在一次表明游戏对幼儿发展和学习重要性的活动中，他们把政策制定者和公众组织到一起。通过开展"社区游戏日"活动，由有孩子的家庭、选举出来的政府官员、监督家庭、县和学区管理者的专业人士、从事幼儿教育的大学教师以及附近大学的大学生广泛参与的联合会取得了巨大的成功。

在幼儿教育工作者和研究者之间，越来越多的人意识到童年应该充满趣味和欢乐，学习必须是引人入胜的且有益于儿童的社会性、情感、身体以及认知的发展。这在我们倡导的努力中得到了印证，成年人会对儿童的生活产生深刻的影响，他们会理解游戏在儿童发展和学习中的核心作用。

然而，这并不意味着成人的指导对于儿童的智力、情感和社会发展就不重要了。随着我们开始理解建构主义的观点，我们意识到我们提供的指导必须成为促进儿童成长的一个条件，而且幼儿期的成长与游戏本身是不能区分开的。

小　结

从出生到青少年早期，游戏都是儿童的主要活动。它是儿童的社会、情感和智力成长的全部领域中的一部分。游戏是儿童理解世界和安慰自我的一种方式。游戏的材料来自儿童的社交世界以及儿童内在的情感需要。当我们承认游戏的重要性时，我们就认可了儿童早期发展中的这个主要工具。

在幼儿期，儿童在四个相互关联的重要领域得到发展：智力、人格、能力、自我意识或者社会意识。"目标"（目标的形成）与"手段"（达到目标的方法）协调之后才会带来发展。目标与手段的协调是一个心理建构过程，它在幼儿期与游戏是不可分割的。

- 建构主义与发展。建构主义对发展理论的推动主要来自让·皮亚杰和列维·维果斯基的研究。皮亚杰强调在目标—手段协调过程中自我规范的动态过程，而维果斯基聚焦于社会和文化历史发展的动态过程。两种理论都是建构主义观点，都强调儿童作为发展中的积极参与者，在融入历史文化的社会关系中的重要作用。
- 建构主义与社会文化发展理论。皮亚杰和维果斯基都是建构主义者，但是他们拥有不同的取向。维果斯基强调在建构主义过程中，社会文化力量的作用，而皮亚杰强调动作的调节。这两种理论的共同之处在于，对于皮亚杰来说，儿童的生活融入社会行动以及感知运动活动中。每一个人的内部表征能力对于人类推理能力的充分发展来说都是必要的。

- 进一步了解皮亚杰和建构主义理论。皮亚杰的理论有三个核心观点：
  ①儿童对世界的理解反映在这个儿童可以做的事情之中，这些能力依赖于动作图式或者动作模式。
  ②通过与世界的积极互动，主要是与游戏环境的互动，这些动作图式通过同化（通过现存的图式理解这个世界）与顺应（环境的压力导致的图式及其调节的改变）的过程发生改变。
  ③通过同化与顺应的动态变化，在建构对事实的理解时，儿童会经过普遍存在的一系列发展阶段，获得对世界的理解。
- 社会经验和对事实的建构。在考虑社会经验和对事实的建构时，要记住以下三种与儿童的游戏有关的重要的理念。
  ①两个相互关联的发展主题是内部的自我—规范图式的加工过程与同他人进行社会协调的加工过程。
  ②像所有其他动作一样，社会动作倾向于被组织成能够提供他人可能同意也可能不同意，可能理解也可能不理解的逻辑—数理系统。
  ③为了具备理性思维，儿童必须从自己的观点中脱离出来，理解并融合他人的观点。
- 游戏与发展。通过游戏环境中的手段—目标的协调关系，儿童建构智力（理解）、人格（保持被接纳的情感状态的手段，同时要寻找达到目标的手段）、能力（目标与手段的形成）、自我意识或者社会意识（对自我的理解，认为自己是他人处于某种状态的原因，也容易受到他人的影响）。
- 游戏在童年和社会中的意义。在发展过程中，以及为自己建构世界的过程中，儿童必须形成社会所期待的能力和自我控制能力。关于儿童发展的一个具有讽刺意味的事情是，受到限制的自主性和自由对于儿童获得我们所要求的能力是很关键的。在自主性和发展之间存在一个特权关系。自我主导的活动——与他人主导的活动相反——对于儿童的发展来说是至关重要的，因为发展包括改变现存的行为或者做出解释以适应新的挑战。这一过程不能发生在儿童的需要、矛盾以及本能的摸索之外。因此，儿童自己主导的活动主要存在于发展之中。儿童在成人权威之外建立的社会条件和规范也是其社会性发展的必要条件。社会性发展是一个社会性协调的过程，儿童使自己成为联合活动中的合作伙伴的能力越来越强。这种协调和随之发生的相互关系（你如何对待我，我怎么对待你）需要自律性，而不是他律性（从外部强加的权威），因为相互关系要求地位平等。维果斯基、皮亚杰、埃里克森和米德的著作澄清了一个理论，即如果儿童不能自我主导，且不能投入自主性的社会联盟，那么他们将不能发展成有能力的成人。

- **作为游戏倡导者的幼儿教育专业人士。** 在这一部分，我们特别讲述了一位幼儿教育者成功倡导课间休息时间的故事，这一倡导行动推动该学区制定了一个对幼儿游戏机会起着重要意义的政策。我们讨论了你代表儿童倡导游戏时可以使用的一些策略和资源：倡导游戏在儿童发展和学习中的重要性，提供免费材料和视频的机构；通过为家庭和公众举办工作坊等趣味活动来倡导游戏的方式。

最后我们乐观地相信，以游戏为中心的课程最终会成为对幼儿来说最好的综合性课程，而且能够满足为幼儿提出的任何合理的基于发展的学习标准。我们必须问问我们自己，我们是否真正投入到促进学生的智力、人格、情感、能力以及自我意识的发展之中。如果是，我们能够确保教育成功。

在以游戏为中心的基于发展的课程中，教学要求教师了解儿童，知道儿童的兴趣和能量所在，知道儿童的发展方向。它要求教师了解如何让儿童投入，以至于教师对儿童的理解和对课程的开发是伴随着儿童在理解和获得技能的过程中一起发展的。以直接或者间接的手段进入儿童的游戏，能让教师了解儿童知道什么，他们要去哪里。精心安排游戏，能让教师通过进一步操纵游戏和非游戏环境支持儿童的进步。利用游戏作为营养和结构，教师不要作为课程中的守护者和管理者，而要成为环境中的园丁和建筑师。

知 识 应 用

1. 讨论建构主义理论与儿童各个领域发展的关系。把这一讨论与手段—目标协调关系的框架联系起来。
   a. 列出作为本章要点的人类发展的四个领域。
   b. 用你自己的话解释你如何理解手段—目标的协调，简要描述这一概念与人类发展的关系。
   c. 讨论你如何理解建构主义，以及它如何区别于有关人类发展的其他理论。

2. 描述皮亚杰和维果斯基的发展理论，解释这些理论是如何在儿童游戏方面相互补充的。
   a. 讨论你对普遍存在的儿童发展阶段的理解，以及这一点如何通过儿童理解守恒概念的发展得到证明。
   b. 用你自己的话说明儿童发展普遍存在的阶段理论以及儿童守恒概念发展的案例如何改变了你对遗传—教育争论的理解。
   c. 皮亚杰的发展理论为什么对于幼儿教师来说既有帮助又没有帮助？
   d. 讨论关于发展的建构主义理论和社会文化发展理论如何支持以游戏为基础的课程。

3. 讨论皮亚杰智力和发展理论中的核心思想。
   a. 举两个例子证明这一理念，即对事实的建构反映了儿童发展的规律。
   b. 儿童的智力、人格、能力和自我意识都能在儿童的动作图式中得到反映。这些动作图式如何随着儿童的发展而发生改变的？举例说明。

4. 讨论社会经验在儿童建构事实中的作用。

5. 讨论并解释人类发展的四个方面（智力、人格、能力和社会意识或者自我意识）。讨论它们如何与手段—目标的协调联系在一起。
   a. 用自己的话解释为什么在生命的最初8年里智力与游戏联系在一起。
   b. 解释游戏如何为儿童健康人格的发展提供环境？
   c. 手段—目标的关系如何促进儿童人格的发展？

6. 描述儿童的自主性与社会期待之间的共同特点。在讨论中加入发展适宜性实践和学习标准的内容。
   a. 详细论述他律与自律以及社会上的工作和儿童的工作之间的关系，以及自主性对于儿童的发展为什么至关重要。

 b. 本章提出在追求兴趣的过程中，在与他人相互协调的过程中，在最近发展区内儿童的自主性得到了发挥。带着这些理解，讨论儿童的自主性如何促进儿童在社会工作中获得成功。

 c. 讨论你对发展适宜性实践的理解及其与学习标准和以游戏为基础的课程之间的关系。

7. 描述幼儿教育者倡导游戏的一些方式，为每一种方式举例说明有用的资料来源。

 a. 你如何在今年或者明年倡导游戏？制订一个计划，写出你的总体目标，描述你可以采取的一些行动策略。为你倡导游戏活动列举出一些有用的资源。

术　语　表

辅助材料盒（Accessory boxes）：储存道具以及儿童熟悉的游戏材料的收纳盒。

动作图式（Action scheme）：一种与特定的肌肉动作有关的图式。

活动区（Activity areas）：教师在教室中设置的供儿童玩游戏的指定区域。

适应（Adaptation）：在真实的世界中，为了更好地达成目标而改变行为。

年龄适宜性评价（Age-appropriate assessments）：以能够反映并说明某个年龄段儿童特点和能力的方式进行的评价。

年龄适宜性发展（Age-appropriate development）：儿童的发展水平处于其年龄段发展水平内。

社会行为能力（Agency）：一个人在世界上有意识地采取行动或者参与社会活动的能力。儿童的社会行为能力是指儿童在学校环境中以自我主导的方式进行活动的能力。

艺术家的学徒（Artist Apprentice）：在儿童持续进行的游戏中，教师所扮演的一种角色，目的是帮助他们清除环境中的杂物或者为游戏提供辅助材料，其作用非常像剧院的布景助理。

同化与顺应（Assimilation and accommodation）：皮亚杰理论中的重要概念，解释了儿童如何把新的知识整合或者吸收进已有的图式中，以及儿童在适应这个世界时这些图式是如何变化或者适应的。

听觉辨别能力（Auditory discrimination）：大脑组织并区分口语中的相似音或者个别发音的能力。

真实性评价（Authentic assessments）：基于儿童发展典型阶段的知识并以一种能够促进儿童学习与发展的方式进行的评价。

真实性提问（Authentic questioning）：教师在自己也不知道答案的情况下提出的问题。这类问题既认可了儿童的游戏，也让教师更加了解儿童个体和集体。

作者的椅子（Author's chair）：一个供儿童阅读或者向全班同学讲述自己所写或所画作品的机会。这是一个儿童与同伴分享自己的故事的社会交往机会。

作者剧场（Author's theatre）：儿童把自己的故事写下来，然后挑选同伴表演。

自律的（Autonomous）：能够控制自己，主导自己。

自律性（Autonomy）：自我管理。

以自身为目的的（Autotelic）：自我激励性活动。

大肌肉运动游戏（Big body play）：积极的身体游戏活动，包括跑、投掷、跳、摔跤、追逐、逃跑等。儿童在玩这类游戏时，面部表情放松，并常常伴有大笑声或者兴高采烈的尖叫声。

因果关系（Cause-and-effect relationships）：理解现象（观察到的事情）和观察到的原因之间的关系。

分类（Classification）：根据物体的一种或者多种特征进行分类。

共同建构（Co-construction）：游戏者共同构想一个假想的现实，两个或者更多的人一起行动来建构知识和理解力。

补偿功能（Compensatory function）：能够补偿情感缺失或者其他不愉快经历的一种行为。

能力（Competencies）：一个人的技能和才能。

具体运算阶段（Concrete-operational period）：一个较长的发展阶段。在这个阶段，儿童开始出现运算能力和掌握真正的概念，但是这些都与具体的物理事实相联系，在本质上还不属于假设。这一阶段通常在儿童6岁时开始，在儿童13岁时结束。

具体运算思维（Concrete operational thought）：在童年中期出现的一种思维形式，具有逻辑性和理性，但是仍然与具体的物体相联系，还不属于假设。

守恒实验（Conservation experiments）：对4—13岁儿童实施的一些实验，目的是探究儿童理解某些物品即使外观发生改变，但是它们的某些方面也保持不变的能力。

建构游戏（Constructive play）：儿童使用材料来创造新的物体或创建新的模型的游戏。

建构玩具（Construction toys）：用于创造新物体或创建新模型的玩具（例如，不同种类的积木）。

建构主义（Constructivism）：个体在制定目标并追求目标实现的过程中适应世界，并因此构建对世界的理解力的一种观点。

约定俗成的期待（Conventionalized expectations）：基于对行为的普遍认识或

者普遍认同的理念而产生的行为标准。对于许多儿童来说，娃娃家的游戏中有许多类似的期待。

部分—整体关系的协调（Coordination of part-whole relations）：理解整体能被分割成部分，部分也能够组合成整体，而且部分和整体之间有一定的逻辑关系，比如，整体大于部分。

图式协调（Coordination of schemes）：这一理论假设认为，不同的图式相互协调以形成更加复杂的行为。到儿童出生后的第二年，协调的图式已经不再是感知运动性的了，已经变成了行为图式的抽象表征，并且已经成为可能性动作的内部心理表征。

交叉概念（Crosscutting concepts）：可以运用于各个科学领域的抽象概念。科学领域基本的交叉概念包括颜色和形状。

文化资本（Cultural capital）：能够带来生活中良好的经济状况、地位和权力的资源，如金钱、教育、家庭和社会关系。

课程生成的游戏（Curriculum-generated play）：教师根据儿童在自发游戏中反映出的经验和兴趣而设计的与主题相关的课程。

日常生活活动（Daily life activities）：构成人们日常行为的活动，如吃饭、睡觉和工作等。

发展适宜性实践（Developmentally appropriate practice，DAP）：这一术语是由全美幼教协会提出的，是指根据对儿童的发展与学习、个别儿童的发展与学习以及儿童的社会与文化背景的了解而进行的教育实践。

发展阶段（Developmental stages）：指既包含前面的发展阶段的要素，又为后面的发展阶段奠定基础的阶段。

失衡事件（Disequilibrating event）：导致失衡、冲突或者矛盾出现的事件或者情境。当失衡、冲突或者矛盾情况得到解决后，儿童将会获得进一步的发展。

学习品质（Dispositions for learning）：个人所具有的能支持学习的态度、品质或愿望（例如，好奇心、想象力、创造力和坚持性）。

戏剧表演游戏（Dramatic play）：围绕一个叙事主题或故事而开展的游戏。

绘画图式（Drawing schemas）：在儿童绘画作品和涂鸦中出现的图形和构图，是一种图形表现形式或模式。

双语学习者（Dual language learner）：在本书中，指的是除学习自己的母语之外，还学习英语的学生。

以自我为中心（Egocentric）：皮亚杰理论中的一个重要概念，指的是幼儿的想法与他们即时的感觉和兴趣紧密相连，还没有"去中心化"。

生成课程（Emergent curriculum）：根据儿童的兴趣和投入程度以及教师的目标和期待而设计的课程。它不是提前设计好的一成不变的，而是灵活的和不断发展变化的。

读写萌发（Emergent literacy）：这一概念的关键特征是，读写能力在幼儿早期就开始发展了。同时，当幼儿与他人进行日常互动时；当他们参与美术活动、音乐活动、游戏活动、社会学习和科学活动时，他们的读写能力也会得到发展。

情感发展（Emotional development）：在日常生活中，调节和管理自己情感和情绪状态的能力的发展。

实证证据（Empirical evidence）：根据观察得出的证据，包括从实验研究得出的结论。

工程（Engineering）：在科学教育中，这个术语用于描述人们为了解决问题而采取的系统的和持续性的行为和实践。

协同游戏（Ensemble playing）：每个人负责一部分，然后大家作为一个团队一起游戏，以达到一种效果。比如，音乐家一起演奏或者演员一起表演。

平衡（Equilibrium）：皮亚杰理论中的一个核心概念，他认为发展的不同阶段代表了同化与顺应之间的部分平衡，这样儿童就能在一定的行动范围内有效地发挥作用。

探索与自我纠正活动（Exploratory and self-correcting activity）：让儿童通过做实验来发现材料的正确摆放方式的游戏。用于这类游戏的材料包括小钉板、微缩模型等。

估算（Estimation）：对一组物体大概数量的判断。

幻想游戏（Fantasy play）：让儿童把自己创编的故事表演出来的游戏，而且这些故事往往能反映一些对儿童的情感来说非常重要的问题。

教学要点（Focal points）：由全美数学教师委员会定义的，对于数学教育非常重要的核心概念或者重要概念。

概念形成（Formation of concepts）：能够达成共识的观点的形成过程。

机能性游戏（Functional play）：重复已获得的能力的游戏，儿童享受到的是重复本身带来的快乐。

规则游戏（Games with rules）：涉及规则制定和服从的游戏。

守门人（Gatekeeper）：教师所扮演的推动游戏开展的角色。教师可以通过在其他儿童的游戏情境中补充一个活动或者角色，来帮助一个新加入者参与到游戏中。

集体搞怪（Group glee）：儿童通过尖叫、大笑或者激烈的身体活动而对某种情境或者活动做出反应，比如咳嗽、系鞋带等。这些反应可能是偶然爆发的，也可能是从一个儿童传递给另一个儿童。

小组游戏（Group play）：由两个或两个以上儿童参加的游戏。

守门员（Guardian of the Gate）：教师使用的一种间接的策略，目的是帮助儿童加入其他儿童正在进行的游戏中。例如，提供相关的道具（比如与这组儿童使用的玩具相似的玩具），或者向新加入者澄清游戏的背景。

由成人指导的游戏（Guided play）：由成人有目的地施加影响的儿童的游戏。

他律性（Heteronomy）：由他人管理或控制。

他律的（Heteronomous）：被外部力量控制，或者由其他人主导。

外部赋予目的的（Heterotelic）：由外部力量推动的活动。

假设的能力（Hypothetical possible）：在没有任何具体证据的情况下，提出某种可能性的能力。

假设—演绎思维（Hypothetical-deductive thinking）：一种高级的思维形式，是指在解决某一特定问题的过程中可能形成某种观点，并决定采用哪些证据来支持这种观点而非另一种观点。

不正当游戏（Illicit play）：儿童在教室里开展的不被教师允许的游戏。它们要么在教师不注意的时候进行，要么作为对教师权威的直接挑战。

融合（Inclusive）：将有特殊需要的儿童作为班级一员纳入活动中。

融合的教育环境（Inclusive environments）：一种营造归属感，并鼓励有特殊需要的儿童与他们的同伴相互尊重、彼此间建立联系的环境。比如，提供能促使儿童进行社会性互动的玩具或者材料。

个别化教育计划（Individualized Education Plan，IEP）：由儿童的家人、教师和专家一起针对有特殊需要的儿童制订的计划。它既指出了具体的目标，又为实现目标和提供具体的服务制订了计划。

个体适宜性评价（Individually appropriate assessments）：能够反映某个儿童的个人素质和成长的评价，包括儿童的文化和语言。

个体适宜性发展（Individually appropriate development）：某个儿童的发展特点和过程。

探究（Inquiry）：通过观察、比较、探索和调查而获取信息的过程。

工具性游戏（Instrumental play）：在学校环境中，由教师允许并实施的与学校的课程目标相一致的游戏。比如，积木游戏、由教师发起的能够促使儿童理解某些特定概念或者词汇的规则游戏，以及能促进儿童活动的戏剧表演游戏。

凹版雕刻（Intaglio）：一种刻在金属或者石头里的浮雕文字或者设计。

智力的（Intellectual）：来源于思维活动或涉及思维活动的。

智力（Intelligence）：对于建构主义者来说，它能够让一个人在这个世界上发挥作用。

互动空间（Interactive space）：支持儿童将注意力集中于他们的游戏，并促使他们与同伴一起活动的教室环境和班级一日作息时间安排。比如，较低的师幼比，教室中有各种区角，而且区角间活动道路畅通。

内部心理一致性（Internal mental consistency）：个体在同化这个世界的时候，重新组织图式，以便不产生相互矛盾的结果。比如，一个儿童可能意识到，东西太大了，无法放到洞里去，但是他却拿了一个更大的物体。在这个例子中，将物体放到洞里的图式和判断物体尺寸大小的图式既不协调，也不一致。

内部心理表征（Internal mental representation）：当事件或物体不再出现在眼前的时候，在心理上表征这些事件或物体的能力。

人际的（Interpersonal）：发生在个体之间的。

解释性的方法（Interpretive approach）：通过分析儿童对他们的互动行为和交流所赋予的意义，来理解儿童的互动和交流行为。比如，通过故事讲述和叙事性研究，揭示儿童富有想象力的想法。

音调（Intonation）：音乐家对于一个人的声音或乐器的音准的认识。音调可以是平缓的，也可以是尖利的。

内省的（Intrapersonal）：发生在个体内的。

内在满足（Intrinsically satisfying）：由完成活动而产生的一种内在成就感。

内在动机（Intrinsic motivation）：来自个体内部的动力，而不是因为外部的奖赏，比如金钱、分数等。我们可以把它描述为一种参与活动以提升自我意识的动机。

语言线索（Linguistic cues）：位于句子中的词语，能够提供有关句子意思的信息。比如，要同意开展一个活动，只需要在句子结尾说"好的"或者"OK"就可以。

宣泄功能（Liquidating function）：根据皮亚杰的理论，它是指能够补偿不愉快的情感的活动。

读写行为（Literate behaviors）：先于更为具体的读写技巧发生的行为，它有无数表现形式，包括言语的和非言语的，以帮助儿童实现表达需要、兴趣和愿望的基本目的。对于幼儿来说，这些基本的语言目标为他们以后的读写能力的发展提供了动机和框架。

可移动的玩具（Locomotion toys）：能够使儿童将他们自己或游戏材料从一个地方移动到另一个地方的玩具，如三轮车、滑板车、小推车等。

逻辑—数理知识（Logical-mathematical knowledge）：儿童在理解物体之间关系而非物体特点的过程中建构起来的知识，如数字、空间逻辑、分类和排序。

开放性材料（Loose parts）：可以以多种方式被搬运、组装、拆卸、重新组合且容易被移动的游戏材料。它既包括自然材料，如沙子、树叶或原木，也包括教师提供的材料，如盒子、木板、管子、牛奶箱、废旧的轮胎、收纳箱、盘子、漏斗等。

操作性玩具（Manipulatives）：教师用于支持儿童的数学理解能力或精细动作发展的玩具，如微缩动物玩具、家具以及积木等。

数学概念（Mathematical concepts）：个体建构的与几何、数字、运算和测量有关的理解能力。

数学过程（Mathematical processes）：个体如何形成数学理解能力，例如通过解决问题的方式。

数学化（Mathematize）：教师如何利用数学术语来理解和辨别一日活动流程、各种情景和活动。

手段—目标协调（Means-ends coordinations）：制订目标（目的）和建构实现这些目标的方法（手段）的能力。

媒体技术（Media technology）：电子视听技术。一般指带有屏幕的视觉技术，如电视、电脑、平板电脑、智能电话等。

心理表征（Mental representation）：自己"表征"事实的方式。

心理工具（Mental tools）：在一个支持个体进行思考的文化中，人们共享的认知过程，如语言、数学、计算机科学等。

元认知（Metacognitive）：一个人对自己的思想的思考。

元沟通（Metacommunication）：当它被用于描述某些游戏活动的时候，指的是被用于发出游戏信号的行为，比如使眼色、微笑、大笑、做出夸张的动作以及口头标记，比如，"让我们假装我是那个看孩子的人，你是那个坏小孩"。

微缩模型（Miniatures）：常见的自然物品、人造物品或生物的缩小版，如动物、交通工具、家具和玩具娃娃等。

交流方式（Modalities of communication）：儿童用于交流或实现他们互动目标

的多种方式，如手势、节奏、音调等。

道德发展（Moral development）：儿童正在形成中的一种能力，以判断社会行为与它对自己和他人可能造成的伤害之间的关系。

动机（Motivation）：激励、指导或者促使一个人按照一种特定的方式行事的力量。在学校教育中，它主要是指儿童学习的渴望。

五线谱（Musical notation）：用于表征听到的声音的符号。

物体转换（Object transformations）：一种象征性转换，是指儿童会将想象出的特质或特性赋予一个物体。

客观知识（Objective knowledge）：既指一种逻辑或理性的知识，也指一种关于客观世界的知识。

切题（On topic）：根据一个主题来实施相关的活动。比如，在娃娃家游戏中，胡萝卜应该被"烹饪"，而不是当枪使。

数词（Numerals）：用来表征一个数概念的符号，例如，16。

一一对应（One-to-one correspondence）：当一个集合中的每个元素都能在另外一个集合中找到对应的元素的时候，两个集合就可以实现一一对应。比如，四个儿童和四把椅子。

旁观行为（Onlooker behavior）：一个儿童要么因为不知道如何加入他人的游戏，要么因为在等待加入游戏的机会，而在一旁进行观看的行为。

平行游戏（Parallel play）：儿童彼此间靠近玩游戏，但看起来又没有进行互动的一种游戏形式。不过，当儿童想要加入一个正在进行的游戏时，他们也经常使用这种策略。

调解者（Peacemaker）：教师在直接或者间接干预儿童游戏时所承担的一种角色，目的是帮助儿童以多种方式解决游戏中出现的冲突。

同伴文化（Peer culture）：儿童在与同伴交往的过程中产生并达成共识的一系列活动、常规、价值观等；在某种程度上它是对学校文化的一种补充。

基于表现的评价（Performance-based assessments）：当儿童在熟悉的环境中参加熟悉的活动时对其行为的评价。

人格（Personality）：个体在这个世界上发挥作用时保持可让人接受的情感状态的方式。

音素意识（Phonemic awareness）：意识到书面符号（字母）能够表征声音，同样的声音可以由不同的音素表征，以及同样的音素（字母）可以表征不同的声音。

自然读音法（Phonics）：一种把声音与字母书写系统中的字母或字母组合联系起来，教人们学习阅读的一种方法。

语音意识（Phonological awareness）：对符号与声音之间的关系的一种意识。

语音记忆（Phonological memory）：能记住或回忆起一系列不熟悉的声音。

物理知识（Physical knowledge）：从物体的物理属性中得出的、使得儿童能够概括出物体的一般属性的知识。

活跃的体育游戏（Physically active play）：涉及跑、跳、飞奔、攀爬、跨越、摇荡、扔、接住、推和拉的游戏。

物品替代物（Pivots）：维果斯基提出的一个概念，指的是儿童用一个物体来代表其他的物体、概念或思想。比如，用一本书来代表墨西哥卷饼。

游戏能力（Play-ability）：在相当长的时间段内，儿童使玩具适应他们的个体需要、目的和发展阶段的能力。

打斗游戏（Play fighting）：一种儿童假装战斗，却没有伤害自己游戏伙伴意图的活动。它经常以孩子们的笑脸为标志。

游戏框架（Play frame）：一种想象的界限，限定了游戏情境。它来自游戏治疗的研究。

游戏生成的课程（Play-generated curriculum）：从儿童的兴趣中直接生成的课程。教师利用自己对于儿童游戏的观察来扩展并精心安排儿童的学习活动。

前概念阶段（Preconceptual stage）：儿童在拥有"真正的概念"之前经历的一个发展阶段，一般出现在2—4岁。这一阶段也被称为前运算阶段。

前运算智力（Preoperational intelligence）：在皮亚杰的理论中，"运算"是一种心智活动，是以逻辑推理引起逻辑上必然的结论为特征的。前运算智力是缺少这种运算特点的一类推理。

前运算阶段（Preoperational period）：在感知运动阶段之后，运算思维出现之前的一个较长的阶段，通常在儿童7岁左右出现。

假装游戏（Pretend play）：儿童假装成另外的东西而不是他自身，或假装在做另外的事情而不是他实际上正在做的事情。

项目教学（Project approaches）：一种课程模式，是指让儿童围绕一个主题进行深入而广泛的研究，整合了儿童在语言、读写、艺术、科学、社会学习和数学方面的发展能力。

精神分析理论（Psychoanalytic theory）：由弗洛伊德提出的一种人格理论，它认为本能的力量无意识地对个体生命的发展和日常生活施加影响。

心理社会发展理论（Psychosocial theory）：由埃里克森提出的一种理论，是指人的一生发展需要把心理和社会文化层面整合起来。

互惠式互动（Reciprocal interactions）：彼此间公平地、平等地互动。

娱乐性游戏（Recreational play）：一种教师允许的游戏，但这类游戏通常发生在教师的视线之外。课间休息时的游戏，以及一些幼儿园的户外自由游戏就属于这类游戏。

反思性抽象（Reflective abstraction）：皮亚杰理论的一个方面，指出儿童如何通过理解他们自己的实践能力或知识来提高自己的发展水平。

信度（Reliability）：当重复评价时，评价结果的一致性程度。

象征性玩具（Representational toys）：与自然界或所处文化中的其他物体相似的玩具。

打闹游戏（Rough and tumble play）：涉及摔跤和打斗的一类游戏，同时在这类游戏中儿童也常常为了取乐而追逐、推和拉等，并伴随着大叫。儿童通过发起这类游戏获得地位和主导权，他们并没有伤害他人的意图。

鹰架（Scaffold）：由成人或更熟练的伙伴使用的一种互动策略，目的是促进儿童进行更深层次的学习，包括使用熟悉的线索或物体来帮助儿童学习特定的概念和技能。

图式（Schemes）：使感知运动和心理活动成为可能的、潜在的生理和心理结构。

学校文化（School culture）：我们的社会中普遍接受的学校行为标准，是通过教师的行为所塑造的。

科学概念（Scientific concepts）：科学知识的组织原则，如生命周期、气候、绿色、柔软等。

科学内容（Scientific content）：与科学相关的学科知识信息，如生命科学、物理科学、地球科学等。

科学实践与过程（Scientific practices and processes）：伴随科学探究出现的行为，如观察、交流、解决问题、组织信息、分析结果与解释结果。

屏幕技术（Screen technology）：一般指的是媒体技术，如电视、电脑、平板电脑和智能电话等。

涂鸦期（Scribbling stage）：这一阶段由很多更小的发展阶段组成，包括不受控制地画一些符号、有控制的动作重复、有控制的动作探索和故事讲述。

自我监控（Self-monitor）：儿童密切注意某一社会情境，以便能够改变自己的行为以适应那一情境。

自我规范（Self-regulation）：控制自我的能力。

自我意识（Sense of self）：一个人区别于其他人、区别于环境，并最终考虑自己是如何影响他人以及如何被他人影响的意识。

感觉运动智力（Sensorimotor intelligence）：通过感觉和肌肉而不是依靠表征活动来理解世界的一种方式。

感觉运动阶段（Sensorimotor period）：在生命的头两年出现的一个发展阶段，出现在表征能力之前。

感知运动游戏（Sensorimotor play）：运用感觉和肌肉进行活动的游戏，意味着缺少表征活动。

分离（Separation）：一些理论家认为，与父母分离是儿童发展的里程碑。关于这一话题的研究表明，能否成功分离，是儿童能否与父母形成安全依恋的一个重要指标。

排序（Seriation）：根据物体的一个共同特征（如长度、尺寸、颜色的深度等），将物体按顺序排列。

在一旁观看（Sideways glance）：对游戏进行深入且全面的观察，以了解儿童之间互动的来龙去脉。

社会环境期待（Social and environmental expectations）：班级环境中隐含的期待，涉及社会价值、信念、行为、标准以及环境特征等。比如，带有四把椅子的一张小桌子表示这是为四个儿童进行交流准备的一个地方。

社会意识（Social consciousness）：对于自己作为其他人中的一个社会客体，能够对其他人产生影响也能被其他人影响的意识。

社会生态要素（Social ecological elements）：能够促进儿童与同伴、儿童与环境之间关系的要素，而且这些要素是动态的、相互关联的。比如，相关的道具能够促使儿童进行娃娃家游戏。

社会知识（Social knowledge）：包含于社会生活之中的，并且由其他人传授的知识，比如事物的名称或特定的文化习俗。

社会化（Socialization）：个体获得与其他人有效互动的能力的发展过程。学校中的社会化包括儿童与同伴及教师有效交往的能力。

社会学习（Social studies）：包括社会关系和社会功能等广泛内容领域的一个学科。

社会生态学的（Socioecological）：要结合社会和生态要素来理解儿童之间的互动。

社会文化的（Sociocultural）：将社会和文化要素结合起来理解或分析一种情境

或现象。

社会性戏剧表演游戏（Sociodramatic play）：同伴之间进行角色扮演的一种游戏。它有助于儿童发展想象技能，并学习社会规则，如给予、索取、互惠、合作、分享等。

社会性戏剧表演游戏训练（Sociodramatic play training）：当教师认为学前儿童的戏剧表演游戏复杂度不够时，进行干预的一种策略。

柔软的空间（Soft spaces）：教室里由枕头和地毯等舒适的材料组成的安静的区域。

独自游戏（Solitary play）：一个人做的游戏。

特殊需要（Special needs）：用于描述心理上、情感上或身体上存在障碍，进而需要获得帮助的个体。

旁观者（Spectator）：教师采用旁观者或外围参与者的视角观察儿童的游戏。

自发的游戏（Spontaneous play）：儿童选择的能表现他们自己的兴趣、动机和行为的游戏。

故事游戏（Story play）：儿童向教师讲述一个故事，然后在集体教学时间由同伴表演出来。参与这项活动能够使儿童更早地意识到，语言包含着希望他人能够做出回应的期待。

结构（Structure）：一个玩具或其他物体与儿童正在表征的物体间的相似程度。

象征性距离（Symbolic distancing）：所使用的象征物与它所代表的东西并不相似。比如，用一块积木代替一个电话比用一个玩具电话来代替电话更具有象征性距离。

象征性游戏（Symbolic play）：假装游戏的另一种叫法，是指用某物或者某人来代替他物或者他人。

象征性角色扮演游戏（Symbolic role-play）：表演者担任想象性角色的一种游戏。

教师主导的游戏（Teacher-directed play）：由成人组织和控制的儿童游戏。

主题式课程（Thematic curriculum）：根据儿童和教师的兴趣、儿童过去的经验、资源等，围绕某一个特定的观点或概念而设计的活动或方案。

普适的发展阶段（Universal stages）：被认为适用于所有人的那些发展阶段。

非结构化的体育活动（Unstructured physical activity）：由儿童主导的，而非成人用规则组织的大肌肉动作游戏。

效度（Validity）：评价在多大程度上能够测量出所要测量的东西。

最近发展区（Zone of proximal development）：维果斯基提出的一个概念，是指在一个能力更强的同伴或成人的支持下，儿童学习去完成高于他平时发展水平的一些任务。

参 考 文 献

Achieve Inc. (2013). Next Generation Science Standards: For states, by states. Retrieved from http://www.nextgen-science.org/next-generation-science-standards.

Adams, S., & Wittmer, D. (2001). "I had it first": Teaching young children to solve problems peacefully. *Childhood Education, 78*(1), 10–16.

Ainsworth, M. D., Bell, S. M., & Stayton, D. J. (1974). Infant-mother attachment and social development: "Socialization" as a product of reciprocal responsiveness to signals. In M. M. Richards (Ed.), *The integration of a child into a social world*. London, UK: Cambridge University Press.

Alkon, A., Genevo, J. L., Kaiser, J., Tschann, J. M., Chesney, M. A., & Boyce, W. T. (1994). Injuries in child care centers: Rates, severity, and etiology. *Pediatrics, 94*(6), 1043–1046.

Alliance for Childhood. (2013). Joint statement of early childhood health and education professions on the common core initiative. Retrieved from http://www.allianceforchildhood.org/sites/allianceforchildhood.org/files/file/Joint%20Statement%20on%20Core%20Standards%20(with%20101%20names).pdf.

Allen, B. N., & Brown, C. R. (2002). Eddie goes to school: Facilitating play with a child with special needs. In C. R. Brown & C. Marchant (Eds.), *Play in practice: Case studies in young children's play* (pp. 123–132). St. Paul, MN: Redleaf Press.

Almy, M. (1967). *Young children's thinking: Studies of some aspects of Piaget's theory*. New York, NY: Teachers College Press.

Almy, M. (1975). *The early childhood educator at work*. New York, NY: McGraw-Hill.

Almy, M. (2000). What wisdom should we take with us as we enter the new century? *Young Children, 55*(1), 6–11.

Alper, C. D. (1987). Early childhood music education. In C. Seefeldt (Ed.), *The early childhood curriculum: A review of current research* (pp. 211–236). New York, NY: Teachers College Press.

Alward, K. R. (1995, June). *Play as a primary context for development: The integration of intelligence, personality, competencies, and social consciousness*. Poster presentation at the Annual Meeting of the Jean Piaget Society, Berkeley, CA.

Alward, K. R. (2005, June). *Construction of gender in the doll corner: Thoughts on Piaget's implicit social theory*. Paper for the Annual Meeting of the Jean Piaget Society, Montreal, QC, Canada.

Alward, K. R. (2012). The conservation of meaning as a function of constraints in the social context of puzzles: Piaget's social theory revisited. In L. E. Cohen & S. Waite-Stupiansky (Eds.), *Play: A polyphony of research, theories, and issues. Play and Culture Studies* (Vol. 12, pp. 121–132). New York, NY: University Press of America.

American Academy of Pediatrics. (2007). *The importance of play in promoting healthy child development and maintaining strong parent–child bonds*. Retrieved from http://www2.aap.org/pressroom/playfinal.pdf

American Psychological Association. (2007). *APA task force report on the sexualization of girls*. Retrieved from http://www.apa.org/pi/women/programs/girls/reportfull.pdf

American Public Health Association, American Academy of Pediatrics, & National Resource Center for Health and Safety in Child Care. (2011). *Caring for our children: National health and safety performance standards: Guidelines for early care and education programs* (3rd ed.). Elk Grove Village, IL: American Academy of Pediatrics.

Anderson, G. T., & Robinson, C. C. (2006). Rethinking the dynamics of young children's social play. *Dimensions of Early Childhood, 34*(1), 11–16.

Anderson, W. T. (Ed.). (1995). *The truth about truth*. New York, NY: Jeremy P. Tarcher/Putnam.

Arce, C. (2006). Molting mania: A kindergarten class learns about animals that shed their skin. *Science and Children, 43,* 28–31.

Ardley, J., & Ericson, L. (2002). "We don't play like that here!" Understanding aggressive expressions of play. In C. R. Brown & C. Marchant (Eds.), *Play in practice: Case studies in young children's play* (pp. 35–48). St. Paul, MN: Redleaf Press.

Ariel, S. (2002). *Children's imaginative play: A visit to Wonderland*. Westport, CT: Praeger.

Ashbrook, P. (2006). Roll with it. *Science and Children, 43,* 16.

Ashbrook, P. (2012). Drawing movement. *Science and Children, 50*(3), 30.

Ashton-Warner, S. (1963). *Teacher*. New York, NY: Simon & Schuster.

Axline, V. (1969). *Play therapy*. New York, NY: Ballantine.

Ayres, J. (1979). *Sensory integration and the child*. Los Angeles, CA: Western Psychological Services.

Bahktin, M. M. (2002). The problem of speech genres. In A. Jaworski & N. Coupland (Eds.), *The discourse reader* (pp. 121–132). London, UK: Routledge Press.

Balaban, N. (1985). *Starting school: From separation to independence*. New York, NY: Teachers College Press.

Balaban, N. (2006). *Everyday goodbyes: Starting school—a guide for the separation process*. New York, NY: Teachers College Press.

Barnes, E., & Lehr, R. (2005). Including everyone: A model preschool program for typical and special needs children. In J. P. Roopnarine & J. Johnson (Eds.), *Approaches to early childhood education* (4th ed., pp. 107–124). Upper Saddle River, NJ: Merrill/Prentice Hall.

Baroody, A. J. (2000). Research in review: Mathematics instruction for three- to five-year olds. *Young Children, 55*(4), 61–69.

Bartolini, V., & Lunn, K.). (2002). "Teacher, they won't let me play!" Strategies for improving inappropriate play behavior. In C. R. Brown & C. Marchant (Eds.), *Play in practice: Case studies in young children's play* (pp. 13–20). St. Paul, MN: Redleaf Press.

---

* 为了环保，也为了节省您的购书开支，本书参考文献不在此一一列出。如果您需要完整的参考文献，请联系 1012305542@qq.com 下载。您在下载中遇到什么问题，可拨打 010-65181109 咨询。